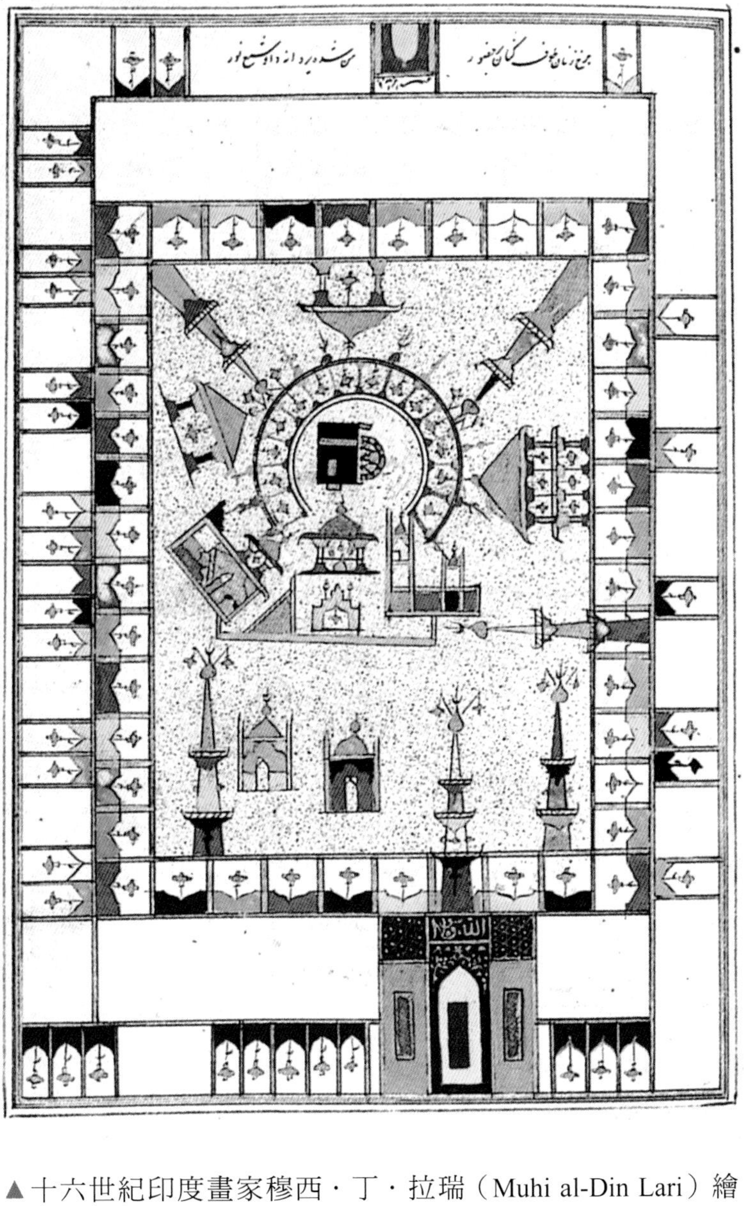

▲十六世紀印度畫家穆西・丁・拉瑞（Muhi al-Din Lari）繪製的麥加，取自他的《兩聖地導覽》（*Conquests of the Two Sanctuaries*）。

▶蘇非主義作家穆斯塔法·達里里·艾斯尼（Mustafa Dariri Erzeni）於 1388 年左右完成《先知穆罕默德生平》（*The Life of the Prophet Muhammad*），十六世紀歐斯曼藝術家阿布都拉·陸特菲（Abdullah Lutfi）為本書繪製插畫，包括這幅含有卡巴和兩位天使的作品。

▲繪有麥加禁寺鳥瞰圖的十七世紀歐斯曼磁磚；中央的卡巴被各種清晰可辨的建築物圍繞。磁磚上方的詩句意思是：「有幸造訪卡巴的人，主會原諒他。受邀到天房的人必定受到恩寵。」

۳۴

نمونهٔ قافلهٔ حاجیان ولایت مغرب

▶《朝聖者手冊》（*The Pilgrim's Companion*）當中的北非朝聖駱駝隊營區，繪製者是十七世紀藝術家薩菲・伊本・瓦利（Safi ibn Vali）。

▲十三世紀伊拉克藝術家亞赫亞・伊本・馬赫穆德・瓦希提（Yahya ibn Mahmud al-Wasiti）為《哈里里文選》（*The Assemblies of al-Hariri*）繪製的朝聖駱駝隊。《哈里里文選》收錄十一世紀以抒情散文撰寫的軼事和故事。

▲在卡巴做禮拜的朝聖者，十五世紀波斯藝術家卡馬勒・丁・畢赫札（Kamal al-Din Bihzad）繪製。

▲二十世紀中葉的麥加街頭和傳統房屋。

二十世紀中葉的麥加街頭和傳統房屋。

麥加，伊斯蘭千年聖城

文明的崛起與變調，穆斯林最深沉的傾訴

Ziauddin Sardar

佶亞伍丁・薩爾達爾｜著　高平唐｜譯

Mecca

The Sacred City

獻給已故好友阿尤布・馬利克（Ayyub Malik）
他是傑出的建築師和陶瓷藝術家，
我們在麥加、吉達和我的溫室裡
談笑風生、共度快樂時光，留下美好回憶。

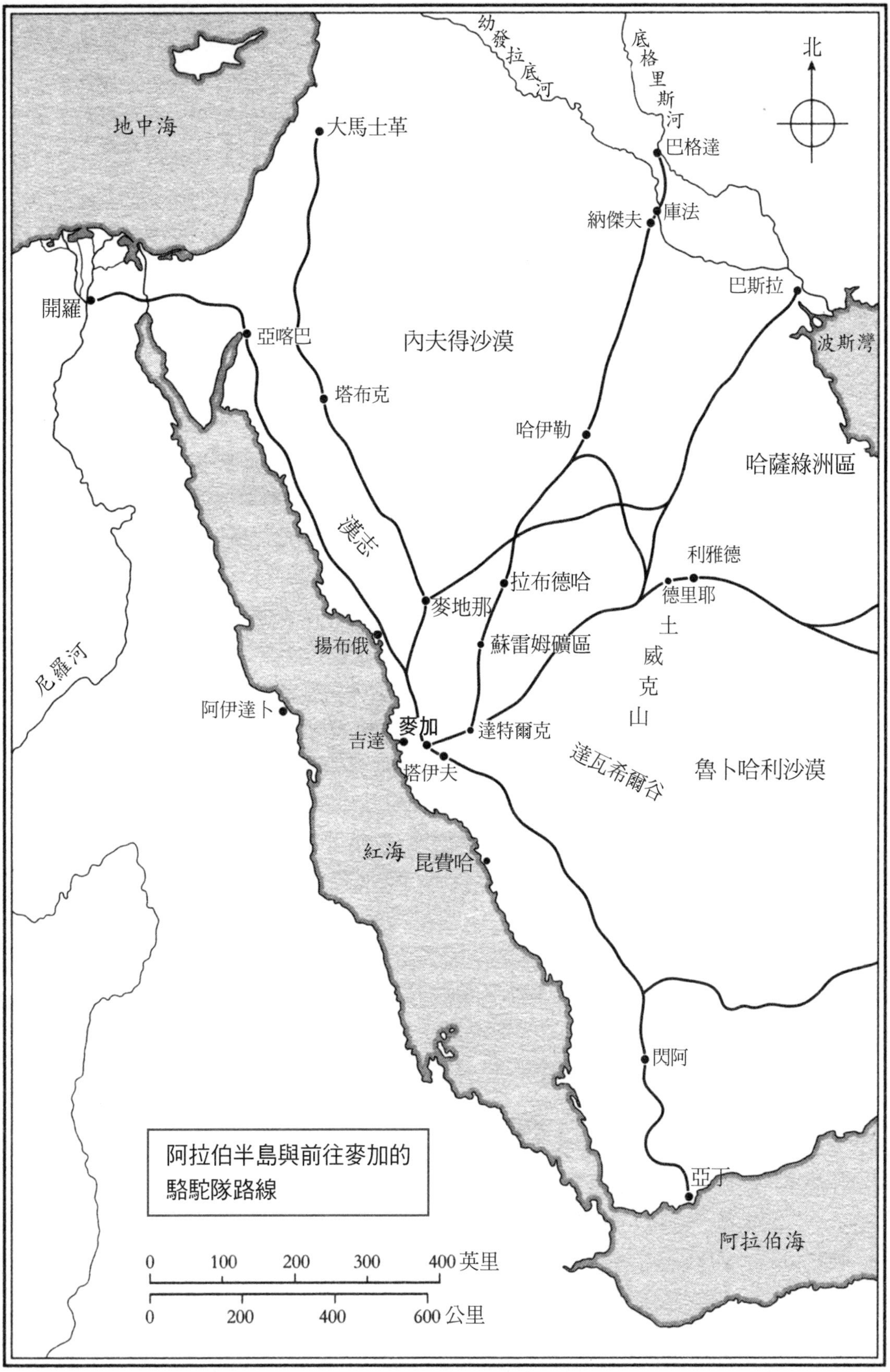

阿拉伯半島與前往麥加的駱駝隊路線

目次 Contents

推薦序

探究認知失衡下的永恆價值

國立政治大學民族學系副教授　張中復

做為一千五百年來擴展最為快速的宗教體系，伊斯蘭已成為形塑世界文明價值中一個不容忽視的存在事實。除了一神教的信仰本質外，伊斯蘭知識的豐富性與多樣性，遠遠超過一般未曾深入接觸過的人們所能理解的。更重要的是，這種深邃的信仰哲學及其自我體認的積極性，卻能在穆斯林的生活實踐中發揮得淋漓盡致，並跨越地域、國家與族群的藩籬成為一種內化的普世價值，同時也能不斷地將之傳承與延續。因此，很難想像在闡述人類歷史與文明的發展全貌時，如果忽略了對伊斯蘭的正面認知和評價，是不能僅以拼圖少了一塊的模糊概念來概括之，而應是像桌子缺少一隻腳一樣的明顯失衡。

然而，除了穆斯林世界，伊斯蘭的文明話語權始終在解讀全人類相關現象中被邊緣化。這種偏差，是不能用近五百年來西方崛起這類簡單的概念來總結。儘管西方社會在描述其自身文明史或文化史的論述中，對於中世紀時伊斯蘭所代表的知識主體的完整性，及其日後讓西方文明開啟再生動力所產生的承接效應都給予很正面的評價；可是數百年來，一神教的宗教文明觀的詮釋主體似乎被西方基督宗教所壟斷，伊斯蘭一直像是個負面的對照組而沒有得到它應有的重視。就像一般人對聖奧古斯丁（Saint Augustine of Hippo）從五世紀開始奠定基督教神學體系基礎的事蹟不至於太陌生，可是能理解自十二世紀初以來，波斯裔神學家嘎札里（Al-Ghazali）對伊斯蘭哲學以及法學有所重要貢獻的人卻是鳳毛麟角。

今天當我們談及自然科技與人文社會科學中對人類自古到今的發展總結時，占全人類約四分之一的十六億穆斯林的信仰本質與具體的生活實踐，在某些價值觀的操弄下，往往不是被刻意略過就是被斷章取義。甚至將伊斯蘭貼上保守、落後與愚昧的反文明標籤。原本認為科技發達以及人群互動交流日趨頻繁之際，這種對伊斯蘭文明認知意識的失衡或許能得到修正。但隨著強權所主控下的國際局勢日復詭譎，大眾媒體隨之刻意誤導，加上社群網路的氾濫與挑戰傳統道德價值的共暖效應，以及如美國學者杭亭頓（Samuel. Huntington）提出文明衝突論的推波助瀾，伊斯蘭有時不僅未能擺脫西方強加其上的「綠禍」（Green Peril）負面形象，同時更在當代「仇恐伊斯蘭情結」（Islamophobia）氣氛的挑動下，將這種認知意識的失衡提升到一種前所未有的非理性總結，即伊斯蘭是對人類文明與所謂的普世價值產生威脅的宗教；激進者甚至欲將之消滅而後快。更重要的是這種威脅是來自伊斯蘭的本質，並明顯與西方價值體系產生絕對的對立。

美國學者埃斯普西托（John L. Esposito）在其《伊斯蘭威脅：神話或事實》（*The Islamic Threat: Myth or Reality?*）一書中將這種伊斯蘭式對抗西方式的相對性概念總結為以下三種類型，即：一、原教旨主義對抗現代性（fundamentalism against modernity），二、靜態的傳統對抗動態的變遷（static tradition versus dynamic change），三、企圖以簡單形式的回歸或保存過去來對抗適應現代生活（the desire to simply return or preserve the past versus adaptation to modern life）等。事實上，這些型態並不能涵蓋所有西方社會與伊斯蘭互動下的全部模式，但在威脅論的渲染下，都會被隨意冠上以偏概全式的單向解讀，讓伊斯蘭成為反西方價值的同義語。而這種話語權的失衡與強權政治的操作形成一種反伊斯蘭的共犯結構，並隨著媒體社群力量的擴散而不斷蔓延，甚至成為新興種族主義與排他思想的溫床。

然而，激進與過度非理性的思維總是處在所有陣營光譜中的極端位置，雖不時會從中心方向往外滲透擴散，但願意從理性的角度來檢視伊斯蘭的歷史與當代價值的人應不會是少數。在此類知識的建構與詮釋的過程中，除了伊斯蘭教內知識體系化論述以及教外人學術專研這兩種傳統趨勢外，一種從多面向的理性思維與普及化論述來反思當代「理解伊斯蘭」意義的投入，也成為抵抗威脅論、衝突論等反伊斯蘭情結的一股新興的覺醒力量。其中部分現代穆斯林知識精英所扮演的角色更是引人注目。

以本書的作者佶亞伍丁・薩爾達爾（Ziauddin Sardar）為例，他出生於巴基斯坦，從小就在英國成長並在當地接受完整的教育。隨後他又前往沙烏地阿拉伯的大學學習，並在一九七五年十二月即二十四歲時完成了前往麥加朝聖的使命。往後薩爾達爾成為英國著名的期刊與媒體如《自然》、《泰晤士報》的專欄作家，並為英國倫敦週末電視、英國國家廣播公司（ＢＢＣ）製作一系列有關伊斯蘭的專題報導。此外，他也在英國密德薩斯大學（Middlesex University）與美國芝加哥東西大學（East-West University）等學府從事教學與研究的工作。身為作家、學者與媒體人的薩爾達爾，在觀察當代伊斯蘭事務中十分關注穆斯林少數族群權益，以及伊斯蘭政治體制在世俗化過程中所面臨的衝擊與挑戰。這可以從他先後參與英國人權與平等協會（Equality and Human Rights Commission）、內閣辦公室國家安全臨時論壇（Interim National Security Forum）的運作，以及曾擔任馬來西亞副總理、著名反對黨領袖安華（Anwar Ibrahim）的政治顧問等事蹟中得到證明。

身為穆斯林公共知識分子的薩爾達爾，在西方理科教育的背景以及對於公眾事務投入實際經驗中，使他深切感受到想要理解伊斯蘭的當代精髓內涵，必須從更為寬廣與系統性的知識結構，以及對這個結構開展身體力行式的學習體驗後才能有所成就。而這也是為什麼薩爾達爾的知識論述有時也會被列為社會建構主義論者（social-constructivist）的緣故。同時，他也強調穆斯林精英也必須做到充分的內部批判與反思，這對理解伊斯蘭的現代性適應與後現代主義趨勢而言是一種不可避免的責任。從一九七七年薩爾達爾出版第一本專著《穆斯林世界中的科學與科技》（*Science, Technology and Development in the Muslim World*）開始，他就秉持上述的理念，希望讓不同的讀者（尤其是非穆斯林）在具體的知識架構與反思精神下重新體認、理解伊斯蘭的文明內涵，以及從歷史到當代之間它所邁出的坦途與走入的歧路。

值得注意的是，薩爾達爾這部書寫麥加的論著出版於二〇一四年，可以算是他著作等身成果中的新著。從薩爾達爾三十年前像億萬穆斯林般走上麥加朝聖之途開始，那分心靈的悸動以及對信仰的回歸，多年來一直沉澱在透徹學理知識與練達人生的交錯裡。孔子說「七十而從心所欲，不踰矩」，薩爾達爾在人生接近七十的收成期重新解讀麥加的歷史定位與古今糾結，彷彿在告訴世人人心之「欲」，與伊斯蘭之「矩」，就是人類文明天秤中兩個平衡共存的端點，缺一或失衡皆不可。雖然在汗牛充棟的伊斯蘭論述中似乎都會論及麥加，但細讀本書之餘，可以充分體會到的是，麥加「聖城」的神聖性不在於它不可侵犯褻瀆，而是它那種不論是對正道還是邪路都能如大海匯納百川般的絕對包容力。雖然一千五百年來這種包容力一直受到人心私欲的侵蝕與挑戰，但它永遠就像燈塔般企圖導引在黑暗海洋中迷途的船隻。這在人類的宗教情懷中確實是一種永恆的極致。

前言

Introduction:The Lure of Mecca

麥加的誘惑

滿心謙卑的我動也不動地佇立在卡巴前，無法克制的激動讓我自覺渺小，用盡全力想留住這些感受，完整保存這次的體驗。這一幕、這道光——和逐漸散發出的一股氣味。朝覲者一定會說：「Lab-baik」。意思就是：「我來敬拜您。」這是唯一有意義的一句話，是任何人在任何時刻到這裡之後唯一能說的話。

朝聖公車塞在車陣中動彈不得。我透過清晨的薄霧，端詳綿延數英里的混亂路況。這些和美國黃色制式校車同款的公車，兩側漆上斗大的阿拉伯文和英文字，特別顯眼。每輛公車四周都繞著一股滔滔浪潮，那是披掛在無數朝聖信徒身上的白布。能看出這片人海是由獨立個體組成的唯一線索，是他們各不相同的膚色。男性朝聖者全都穿著相同的傳統服裝——兩塊未以針線縫合的白布，稱為戒衣（ihram）——穿著時袒露一肩。這一大群萬頭攢動的人潮多達兩百萬至三百萬人，他們從世界各地蜂擁而至，為了在指定的時間趕赴此地：麥加。

聚集之後，朝聖者集體繞行這座城市及周邊地區，從一處聖地移動至另一處聖地。這道獨特的浪潮本該將他們從已經在星空下待了一晚的穆茲達理法（Muzdalifah），帶往約三英里外的米納（Mina），在那裡朝著三根石柱丟擲石頭，象徵性地驅趕撒旦。但就像洶湧浪潮試圖往狹窄水道的上游衝，這股突來的人潮造成嚴重堵塞，一道道白色浪頭的波濤看不出有任何往前移動的跡象。我從高處看，令我感興趣的並非造成這種阻滯的流體動力學原理。我眼前這個推擠卻停滯的景象，就快和一直以來穿的朝聖服裝一樣成為傳統。因為塞車而動輒走走停停，正是這年代對於大批群眾依賴最先進交通工具代步的回應。我發現，這樣的堵車壅塞，和我興奮期待又念念不忘能在此時此地獲得的體驗完全背道而馳。或許正是這種理想與現實的差距，占據了我的心，或許是這地方有某種力量，當我打量著眼前景象時，浩瀚人潮中的一輛公車和一張臉孔吸引了我。

那輛公車卡在超大的壅塞車陣中。透過其中一扇車窗，我看見一名坐著紋風不動的朝聖者。他滿臉皺紋，目光卻炯炯有神，堅定地往地平線遠方望去。我被那表情吸引，起身穿過眼前的人車喧擾，彷彿時間靜止般地飄向這名長者。一路鑽過擁擠人群時，我知道他已注意到我，儘管他的眼神和肢體不曾動過。直到我接近這輛公車，他終於動了。年邁而行動緩慢的他費了極大氣力，才穿過滿車乘客下車。這個過程似乎漫長無比。我看著他蹣跚地踏出每一步，最後站在我面前。四目相望，我終於明白是什麼吸引我走向這名長者。他散發寧靜，被幸福的安定氣息圍繞。他不發一語地伸出手，把一直揪在手中的兩件床單遞給我。我直覺地接下他的包袱並跟著他，由他領著我走出人群。

到了車道旁一處安靜的角落，他示意我把床單鋪在地上。床單就像早晨微風中的帆布鼓起、飄揚。他等我把床單攤平，才放低羸弱的身軀，安頓下來。他躺著休息，對我點了點頭，我知道他在道謝。我坐在他身旁——就這樣不知過了多久。我們沒有交談，因為無話可說。後來我發覺，他已經駕鶴西歸。我畢恭畢敬地攤開第二件床單，輕輕覆蓋他全身。這時我才開始擔心。接下來該怎麼做？該拿什麼標記、怎麼處理、告訴誰、該怎麼保護他的遺體，不被某些突如其來的人群踩傷？我心中充滿疑問，但他已經找到他的答案、他的最終目的地。

當天是一九七五年十二月十六日。當時我正在履行穆斯林最重要的宗教功課之一：朝聖（Haji），就是前往聖城麥加朝聖。我內心激動、欣喜若狂，與其他兩百多萬名正在朝聖的信徒間好像有著某種連結。我希望離開時心靈能有所提升，但這名長者卻是前來求死。我感覺他比我更清楚朝聖的深層意涵。

作為伊斯蘭的發祥地和先知穆罕默德的出生地，麥加是伊斯蘭文明最神聖的城市。幾乎和所有穆斯林一樣，我從小就知道這個城市。一生至少前往麥加朝聖一次，是一門重要的功課。大多數穆斯林一輩子無緣親見麥加，但仍會學習、甚至牢記它的地理位置，而且是從長輩教導如何禮拜的那一刻起。所有穆斯林兒童準備做禮拜的第一堂課，就是學習找出麥加的方位，然後朝向聖城伏身膜拜，每天不只一次，而是五次。

我的家位於巴基斯坦迪巴爾布爾（Dipalpur），那裡是我出生和度過幼年的地方，屋內牆上掛著一幅破舊的年曆。其實，那可能是我們家唯一的裝飾品。年曆上有張照片——我如今才發現十分俗麗——那是矗立在麥加中心、被山丘圍繞的聖寺（Sacred Mosque）和高聳的宣禮塔。在聖寺的中心，也就是照片的正中央，是卡巴天房（Kaaba）。最吸睛的正是卡巴天房。它的模樣既突兀又醒目，是一個結構簡單的立方體建築，被一面繡金黑布包覆。如果聚精會神盯著這張照片看，或許能依稀看出圍繞這個中心點的一道道白色漩渦，其實是一大群朝聖者。「阿拉」（Allah）這個詞就以阿拉伯文粗體字寫在宣禮塔正上方。

時光流逝，我家那幅裝飾用的年曆上卡巴天房的影像，卻牢牢烙印在我的記憶中。我生平見過的這第一張照片，讓我更加肯定既有的認知，那就是：儘管真主無所不在，但在某種特殊的意義上，祂的神力就集中在這一處；卡巴天房就是「真主的家」。我知道，這張如此明白點出真主存在的照片，為我和這地方繫上一條密不可分的原始紐帶，持久不輟。這是種傻氣的純真，但我學習的一切都加深這股信念。隨著一層層新的認識，它在我心中不斷成長。這種個人的羈絆並非我所獨有。那是我和其他超過十億人共有的一份愛和虔誠、渴望和夢想。那是穆斯林之間共有的連結：麥加與我合而為一，同時麥加也與所有人合而為一。親臨麥加，既是個人身分認同的主根，也是整個全球性群體共有的連結。

我上的頭幾堂宗教課都在探討麥加。家母教導孩提的我唸《古蘭經》時，我就學到這部「伊斯蘭聖經」是穆罕默德最早在麥加領受真主啟示的話語。我聽過先知穆罕默德生平的故事，讓我對麥加及其周邊環境的了解，更勝於我居住的國家，像是：麥加郊區的希拉（Hira）山洞，是先知在六一一年初次領受啟示之地；麥地那（Medina），穆罕默德在世時又稱為亞斯利普（Yathrib），是先知逃離麥加迫害的避難所；而巴德爾（Badr）井和烏互德（Uhad）山，則曾是先知征戰的沙場。但在伊斯蘭傳統中，麥加的歷史遠早於西元七世紀前。卡巴天房周圍的聖域，更不乏可追溯至上古之初的傳說。穆斯林傳統中的第一位先知阿丹（Adam，即亞當）造訪過麥加，並葬在麥加。先知易卜拉欣（Ibrahim），也就是亞伯拉罕（Abraham），是一神信仰的始祖，正是他帶著兒子易司馬儀（Ismail），也就是以實瑪利（Ishmael），興建了卡巴。每個穆斯林兒童都在這些故事陪伴下長大，把這些地理知識內化成腦海中的景致後，再由其地形和歷史來定義自己的身分。

但麥加絕對不只是一個歷史上發生過許多故事的地方。正如家母過去常解釋的，麥加的重要性在於：真主在那裡向先知穆罕默德指引道德人生的方向。因此，先知的教誨和言行舉止，都是長輩告誡我應當戮力追隨，長大後變成好人的典範。麥加發生過的事，不只存在我生命中最平凡的日常生活裡，也存在於長輩用來管教輕狂少年的所有規矩中，有助於像我這樣愛交朋友的年輕人思考自己究竟是調皮搗蛋或不夠優秀。我從不曾懷疑，我必須時時望向麥加，活在這世上才有一絲價值。

我被送去接受更正規的宗教課程後，穆斯林高等學院更嚴厲的紀律，取代了家母變通體諒的教育方式。我被要求精通的課程，加深了我對麥加的迷戀。如同所有穆斯林孩童一樣，我學習到，我們信仰的五大根基之一是造訪麥加的義務，在能力範圍內一生至少完成一次朝聖，因為參與每年一次的大朝聖，是穆斯林身分的最高表現。我陶醉在這一切細節中：身為穆斯林，必須實際走路繞行卡巴天房。朝聖途中必經的其他停靠站，成為我日益豐富的地理知識中的地標：小鎮米納，朝聖信徒必須在那裡待上幾晚；阿拉法特（Arafat）位於慈悲山（Mount of Mercy）山腳——朝聖者在這裡齊聲行晌禮；一片乾燥的穆茲達理法，朝聖者在那裡露天度過一晚。那會是多麼了不起的冒險——橫越大陸，站在先知曾經立身之處，踩著他的足跡並完成他制定的同一套朝聖儀式，成為團結各個種族和國家民眾情同手足的人潮一分子。而且，最後和這龐大群眾站在一起，親自向真主祈求憐憫和祝福——當然，我就像各地的穆斯林一樣有著堅定意志，總有一天要前往麥加。我要成為朝聖者，麥加不會永遠只是一張照片：有朝一日我真的會到那裡。

我的家人確實曾橫越大陸，不過，我們是從巴基斯坦出發，繞過麥加，長途旅行到倫敦定居。我們的生活出現過許多轉折——但麥加始終是個定點。我們當然得從一個新的方向找到它的方位，但它依舊是我們不斷變化的身分的中心。我們的新家帶來了複雜的新問題，從生死存亡到柴米油鹽，但麥加永遠是我們抉擇時的主要考量。道德羅盤不會因為身處新的或陌生的環境而停止運作，否則根本稱不上羅盤。

我在倫敦成長的過程中，麥加仍然是吸引我的磁石和目標。我鑽研了穆斯林的輝煌歷史，拜讀了其他城市的故事——大馬士革、巴格達、開羅、費斯（Fez）、撒馬爾干（Samarkand）、格拉納達（Granada），以及我體內蒙兀兒（Mughal）血脈的發源地德里。這些地方見證了科學的誕生、建築的榮耀、文學的成就、辯論的精妙、創意的由來，這些遺產豐富了整個人類的歷史，因為它們的影響遠超出穆斯林土地的範圍。無論這些成就開創於何處，都因為其價值觀及優點源自於麥加而廣為流傳。顯然，這正是過去朝聖存在的原因，透過長久以來每年回到這個發源地，能讓各地的穆斯林獲得精神上的飽足與活力。

後來，當二十多歲的我夢見麥加並規畫造訪這座城市之際，其實是麥加找上了我。那是一生難得的工作機會，能夠加入甫於沙烏地阿拉伯港都吉達（Jeddah）創立的「朝聖研究中心」（Hajj Research Centre）的團隊。該中心位在剛創校的阿布都·阿齊茲國王大學（King Abdul Aziz University）校園，我的工作是調查研究朝聖的後勤補給問題，以及探討麥加的過去、現在和未來。

從伊斯蘭誕生到發現石油之前不久，麥加每年平均接待十萬名朝聖信徒，他們徒步、搭船或騎乘馱獸前往。但那樣的世界早已過去，現代的運輸連結意謂每年有多達三百萬穆斯林投入朝聖，是地球上最大規模的人群聚集。石油財富突然湧現，讓這個後勤補給的艱鉅挑戰，得以運用嶄新的方式加以克服。我聽說，讓麥加改頭換面的計畫已經上路。然而，現代化不但帶來嚴重的後果，還可能殃及池魚。一切來得太快，我還來不及透過更深入了解朝聖的發展變化，和認識麥加的歷史意義及環境，來學習如何管控即將到來的轉變。但我怎麼能拒絕？我將走入從小就憧憬的原始景象中，投入我曾想像的最偉大冒險——而且還能因為這項殊榮領薪水！

我要去麥加了。這就是我一九七五年十二月那個重要時刻出現在麥加的來龍去脈。

我在朝聖研究中心工作了五年左右。❶這五年裡，我每年都參加朝聖，研究朝聖信徒的來回過程，還有那些一年到頭隨時前來參加「較小型」朝聖、被稱為「副朝聖」（Umra）的信徒。副朝聖的儀式是朝聖的簡化版，在指定的朝聖月以外的任何時刻皆可進行。朝聖月落在伊斯蘭教陰曆的第十二個月，亦即最後一個月。在那些年，我對麥加及其周邊環境變得既親密又熟悉，看著它們改變，而改變方式幾乎完全跳脫我們中心規畫的草案和建議。在那些年和之後，我多次前往麥加，以各種交通工具往返世界上許多地方。但我依舊找不到任何方法能為那樣的體驗做好萬全準備，也找不到任何事物能比擬我生平頭一遭來到內心憧憬的這座城市，和發現自己正置身聖寺的激動。

那是傍晚時分，我穿過正面的大門「瑪利基法學派之門」（Bab al-Malik）。當我穿過那棟涼爽有遮蔭、由數不清的拱廊支撐的建築物，並走近最後的柱廊時，我開始顫抖。陰影外的光線硬生生離我遠去。那不是陽光，是某種耀眼的榮光，這裡獨有的亮光，充斥在這聖寺正中心的露天廣場。我肺裡的氧氣被抽光了。「我到了。」每次大口吸氣，這念頭就在我全身上下迴盪。「我來敬拜您。」這幾個字努力地想掙脫出我張大的嘴。我感到天旋地轉，但雙眼卻離不開卡巴。我滿心敬畏和讚嘆地站著，既崇敬又驚豔，喜悅又困惑；內心有著深沉的傷感，臉上卻同時露出無限歡欣而無法抗拒的微笑，這一刻彷彿就是永恆。我突然有股衝動想張開雙臂擁抱所有人，讓每個人都沉浸在我的喜悅裡。然而，我又幸福地感受不到這裡有其他人存在。這裡就只有我和卡巴。我怎麼會到這裡？它怎麼會在這裡，就在我眼前？那已經超出了想像，超越了理解，超脫了現實。此時此刻只能做禮拜。

滿心謙卑的我動也不動地佇立在卡巴前，無法克制的激動讓我自覺渺小，用盡全力想留住這些感受，完整保存這次的體驗。這一幕、這道光——和逐漸散發出的一股氣味。這股聖潔的味道是什麼？它瀰漫在空氣中。我認得這種焚香縈繞不散的優雅香氣，夾雜著粉塵的臭味，它是空氣中的細微沙塵摻雜了因人潮踩踏地毯而揚起的羊絨屑所散發的味道。這雜陳的氣味與湧來的人潮相互交融。還有別的，某種氣味有點強烈、有點刺激、嗆鼻的東西。突然，一群鴿子飛到我眼前的空地上方。牠們振翅的聲響嚇了我一跳，把我拉回現實時空，也讓我恍然大悟——原來那多出來的成分是鴿糞。我們都是黏土塑成的，《古蘭經》這樣說，雖然我們的位階可以爬得比天使高，但是人類的足跡卻留在土裡。那為什麼聖潔的味道不包括鴿糞的氣味呢？

我想都不想就知道接下來該做什麼。我不假思索地卡了個位子，融入人潮，開始跟著人潮不停地繞行卡巴。每位朝聖信徒必須完成七圈繞行，以卡巴為中心一繞再繞。數圈對我而言太難了。我大可走個不停。我已經變成那個有著最初形象的自己，既與歷史潮流同浮沉，也與那些在我之前走過這裡的所有人同行，又只與自己同在。朝聖者一定會說：「Lab-baik。」意思就是：「我來敬拜您。」這是唯一有意義的一句話，是任何人在任何時刻到達這裡之後唯一能說的話。

在那之後，我已經多次站在卡巴前方。我見過它的各種面貌，在不同時刻，無論晨昏，不分季節。要說麥加的四季有多麼分明，當然不切實際。從早到晚、一年到頭，都能感受到溫濕度的劇烈變化。盛夏的高溫會遠遠飆破攝氏四十度。但太陽西下後，高溫迅速消退，夜晚可能會涼氣逼人，甚至感覺寒徹骨。夏夜會如同北歐炎熱夏日般溫暖地開始，卻以帶著明顯秋日涼意的黎明結束。從白天的酷暑驟降至深夜的寒冷，絕對會讓人想套上羊毛衫或裹上溫暖的披巾。

然而，在麥加生活所受到的制約，並非來自氣候，而是儀式與伊斯蘭曆法的節律。以月內禁食的「齋戒月」（Ramadan）為例，整座城市在大白天禁食的時段陷入沉睡，並在禁食結束的傍晚及深夜時分甦醒。在齋戒月的每個夜晚，麥加大清真寺（Grand Mosque）內擠滿了參加泰拉威（Tarawih，指順尼伊斯蘭信徒在齋戒月晚上所進行的特別禮拜）這種特殊禮拜的信徒，他們大聲誦讀《古蘭經》全部一百一十四章的經文，持續一整個月。現在，任何人都能透過電視或電腦觀看麥加的泰拉威禮拜；但在當時，只有親臨現場才能目睹這種盛況。

齋戒月會因為落在年內的時間不同而有著氣溫的變化，就和朝聖月一樣。伊斯蘭曆是純陰曆，較葛雷果曆（Gregorian）少十一天，因此伊曆中的固定節日會在四季間緩慢游移。朝聖在伊曆十二月（Dhu al-Hijjah）進行，為期十天。不過，許多朝聖信徒可能提早一個月抵達，結束後又在城裡停留數星期。他們一輩子夢想著來到麥加，發現自己捨不得向這座城市說「再見」。完成朝聖的信徒能夠獲得「哈吉」（Hajji）的榮銜，但需要時間調適其重大意義。正如朝聖者歷經一番蛻變，整個麥加在朝聖期間亦復如此，它的視覺外觀和結構特徵都起了變化。原先只是個小城鎮，卻一下子遍地人山人海，不停移動的人潮匆忙地從這裡趕到那裡，從來沒有眾人皆睡的一刻。

聖寺裡總是摩肩擦踵，不分日夜。白色成為最醒目的顏色，充滿熱情與激情的朝聖者不斷推擠，只為了體驗麥加所能給予的一切，無論是攀上人生的巔峰時刻，或喧鬧不休地蒐集紀念品。瓶瓶罐罐，就連大桶裝的聖井滲滲泉（Zamzam）泉水都不可少，還有椰棗、唸珠、禮拜毯、《古蘭經》也是；任何能帶回家分享福氣的一切；無論多麼平凡，對家鄉父老都有特殊意義，因為它們真的來自麥加。湧向麥加的人潮永遠沒有盡頭；就像溫度一樣，一整年只有數字大小不同。也沒有任何方式能形容這麼大規模人潮的多元程度，不論膚色和語言，富人與窮人，有教養又懂人情世故的人與幾乎目不識丁的鄉下農夫，各種人齊聚。一個兼具各種獨特性與差異性的全球性群體，所有人懷抱著相同的目標，沉浸在共同的欣喜中。唯一不變的是這種感受之強烈。

站在卡巴前，是心中感受不會變化的一刻。然而，住在沙烏地的那些年，我目睹包圍它的城市麥加簡直完全變了個樣。在我離開前，聖寺已完成擴建，幾乎整個重建，徹底顛覆我打孩提時期就有的印象。或許是一直以為會天長地久的東西消逝，又或許是我內心嬉皮環保主義的心態作祟——甚至是幾分浪漫情懷，讓我決心要用徒步的傳統方式完成我的第五次朝聖。我第一次進行朝聖時感受到理想和現實間的差距與年俱增。人潮更加擁擠、塞車益發嚴重、廢氣有增無減、車流不斷增加，動不動走走停停讓人心煩。我想知道，沒有機動車輛前的朝聖究竟是什麼樣子。這必定會讓我更清楚數百年前朝聖者的感受。

例如，伊本．巴圖塔（ibn Battuta）遇到的情況如何？這位十四世紀作家著有偉大的經典遊記，是我心目中的英雄。❷他在西元一三二五年六月十四日從丹吉爾（Tangier，位於北非摩洛哥的濱海城市）的住家出發，二十二歲的他決心要完成朝聖，結果這成了一趟沒有回程的旅途。一如史上許多偉人泰斗，這趟一生一次的旅程持續了大半輩子。他總共完成五次朝聖。麥加之旅讓他愛上旅行，而那份愛好在具有歷史意義的穆斯林經驗中占了極大部分。受過良好教育的他，不但有能力前往麥加，還能走遍穆斯林世界，甚至在一位又一位君王的宮廷中謀得一官半職，出任法官或重要學者。他前往麥加途中曾落腳埃及，接著轉往馬爾地夫、印度、東南亞、中亞及中國，最後繞道西非返回家園。我愛上他在生活和作品中所呈現四海為家的瀟灑——在現代科技和通訊發達讓「無國界」一詞變得陳腔濫調之前的好幾百年。但他的著作也印證了，這世界對伊本．巴圖塔而言絕非千篇一律。他是個好奇的觀察家，對於遇到的人和造訪的地方，所有風土人情，各種細微大小的差異，他都充滿興趣也樂於體驗。他是世界公民，受到朝聖影響而有獨特的人生觀。

對旅遊的熱愛，對多元人文的興趣與尊重，對學習和寫出個人經歷的強烈欲望——我認為這些都是麥加的贈禮，不只是對穆斯林世界來說，也包括所有人。是它們造就了伊本．巴圖塔。於是我心想，要是我能稍微體會他的經驗，或許在我身上也能產生相同效果。他總共進行了五次朝聖，而我也將展開個人的第五次朝聖，這看來是個完美的計畫。古代朝聖隊伍是從葉門途經吉達一路走到麥加，我將重走這路線的最後一段路，從吉達出發走到麥加。對我來說，需要走三天，直線距離約八十公里。

但首先，我需要一頭驢子。

或許有人會問：為什麼不是駱駝？駱駝原本是最適合撫今追昔的選擇，但小貨車的出現已經讓這成為不可能實現的夢想。確實，我拿僑民的薪水在沙烏地工作，但絕非日進斗金；另一方面，過去這種實用的馱獸（也就是駱駝），如今已成為備受寵愛的貴族成員，最後會站上駱駝賽道一決勝負，就算易主也要價不菲。因此，要低調重現一趟歷史性的朝聖之旅，用不起眼的驢子來載運重要的飲水和其他物資，似乎是比較可行的選擇。

我原本以為，應該有機會在吉達或附近找到一頭驢子，但努力尋覓和打聽幾個星期，結果還是徒勞無功。後來在某個格外悶熱的午後，又一個受停電所苦的日子裡——當年，停電在吉達這個建築工地裡屢見不鮮——我來到殘存舊城區中我最喜歡又舒適的傳統咖啡館（quawas）。這裡的高樓無論是漆成白色或柔和的淡粉色，搭配凸出的百葉窗，都與周遭環境完美融合。走進室內，空氣因為對流而涼爽，炫目的陽光則從刻有裝飾花紋的百葉窗透了進來。走到戶外，大樓的高度和窄巷寬度間的相對關係，意謂人們可以走在涼爽的陰影中。舊城區是吉達最涼爽的地方。我知道，這會是伊本．巴圖塔熟悉的環境——不但歷史悠久，還充滿人文氣息與人情味。

事到如今，這家咖啡館的常客都知道我很想買一頭健康的驢子。這頭驢子必須具備身強體壯的重要條件，因為在吉達，大多數驢子不是太瘦弱，就是全身覆滿落塵髒汙。這天下午，當地警局的小隊長熱情地和我打招呼。我常和他一起喝茶和抽當地稱為 shisha 的水菸。

「我正盼望你來。」他說。「我找到一位願意賣驢子的貝都因人。」我二話不說，跟著他到那位貝都因人家裡。果然，他有一頭還算健康的驢子要賣。「怎麼賣？」我急切地問。

「一萬沙幣。」（約兩千英鎊）他回答。

「太貴了。」我說。「只是頭驢子耶。」

那位貝都因人說：「一個多月來，我一直聽說有個人急著買頭驢子。我猜想，要是這麼急，他會願意付個好價錢。這可是頭健康的牲畜，還活蹦亂跳呢。」

這隻老狐狸吃定我了，而且我懷疑那位小隊長也能抽成。不過，經過一番高明的殺價，我最後以他要價的一半買下驢子。

「有件事，我要老實告訴你。」貝都因人把韁繩遞給我之前說。他嚴格遵守伊斯蘭該有的規矩，那是沙烏地人的天性使然。「雖然我餵飽了牠的肚子，卻沒辦法照顧好牠的所有需求。」

「你的意思是？」有點困惑的我問道。

「唉，城裡的驢子不像過去那麼多，所以很難讓這些動物交配。我試了兩年多，可是……。」

此時，小隊長戳破了這位貝都因人的委婉說詞。這個警察說：「你買的是一頭性飢渴的驢子。但這裡就這麼一頭驢子，你還是買吧。」我別無他法，只好拎著我新同伴的韁繩出發，走過吉達舊城區的蜿蜒街道。

隔週，在伊曆十二月、也就是朝聖月的第六天，我的探險小隊在朝聖研究中心前集合。這趟麥加長征的夥伴，包括我的朋友札法・馬利克（Zafar Malik）、葉門籍嚮導阿里（Ali），還有珍貴的驢子。我們幫牠取了跟蒙古帝國可汗一樣的名字「成吉思」（Genghis）。那位皇帝是出了名的性情乖戾，動不動就沒來由地對人拳打腳踢。我們沒多久之後發現，成吉思也打算不辱其名。

我在倫敦的學生時代就認識札法。我們是死黨，年少的荒唐事多半是一起幹的。所以當我找到這份吉達的工作時，札法跟著我加入朝聖研究中心，擔任設計師和出版品主管。札法當時的（現在仍是）醒目招牌是一臉豪邁但修剪整齊的落腮鬍。札法用這方法昭告全世界，自己既不是魯莽武斷的人（總是把鬍子蓄得又長又亂），也不是極端分子（喜歡當個濃密的鬍渣男）。他還有極具感染力的幽默感，我認為是這趟旅程不可或缺的。

相較之下，我們的嚮導阿里是個快三十歲的瘦小男子。他住在葉門首都閃阿（Sanaa，一般以英文發音誤譯為「沙那」）。每當他或家人缺錢，他就會越過邊界到沙烏地工作，賺夠了需要的錢就返回老家。阿里曾到朝聖研究中心找工作，因此對當地地勢很了解，我們把他當成真主的恩賜。別看他一副弱不禁風，他的體力驚人，而且如他自己所說，他的動作可以「像沙地上的蜥蜴」一樣敏捷。

札法和我謹慎地走在隊伍前方，讓阿里對付成吉思。一開始，我們沿著吉達和麥加之間的公路走。到了城外幾英里處，我們離開馬路轉向漢志（Hijaz）山脈。我們偶爾會聽見阿里鼓勵成吉思，催促這位勉強和我們同行探險的夥伴加快腳步。我們一路走到深夜，然後按照阿里的建議在山谷裡野營。

翌日一早，我們再次出發，到了下午已步行超過十五公里，此時成吉思開始不聽話。阿里承認，這畜生愈來愈不配合。這時，札法看見遠方小山丘的丘頂站著一頭驢子。他說：「唉呀，我敢說成吉思就是因為這樣而興奮。」

阿里認為必須嚇跑那頭四處遊蕩的驢子，於是他把成吉思交給我們，衝過去要揮手趕走那不速之客，還對著我們大喊：「牽緊成吉思。」不過，阿里似乎白忙一場。他大呼小叫、扔石頭，甚至試著抓住那頭驢子，全都沒用。不過他回來時，絲毫沒有因為失敗而垂頭喪氣。「沒關係。」他說：「那頭驢是公的。」

我們如釋重負，鬆開了成吉思的韁繩。另外那頭驢子居然若無其事地悠哉走近。成吉思像是高喊勝利宣言般嘶叫起來，又跳又叫，然後甩掉身上的包袱，展開熱情的追逐。

札法眼睜睜看著灑落的水迅速擴散，在烈日曝晒的地表上蒸發殆盡。此時，成吉思已經趕上牠的獵物，彼此愈靠愈近。札法咬著下唇，用責備的眼神盯著我說：「我認為成吉思正在對另一頭驢子做不適當的肢體接觸。」還說：「我懷疑，把牠賣給你的那個貝都因老頭子，沒告訴你成吉思是同性戀。」

我正在想該怎麼辦，就感到有人不懷好意地來到。我和札法幾乎同時面面相覷，接著看到一群神情頗為訝異的貝都因人包圍我們。難道我們回到朝聖隊伍前往麥加途中常遭到搶劫的昔日？

「你們在這裡做什麼？」一名粗獷的年輕人問道。

「我們要去朝聖。」札法回答。

「朝聖？」那男的一臉困惑。他想了一會兒。「你們應該跟其他信徒一起搭朝聖公車。這不是去麥加的路。這裡只有山和一片片沙漠。」

「我們要用走的去麥加。」札法解釋道。「我們正嘗試沿著古老駱駝隊的路線走，用古代那種方式完成朝聖，跟伊本．巴圖塔一樣。」

「用走的？用走的？伊本．巴圖塔？伊本．巴圖塔？」這年輕人不懂也不相信我們的話。「為什麼要用走的？政府花了數百萬又數百萬元沙幣提供交通工具給朝聖者。公車哪裡不好？還是汽車不好？」他質問。

我們覺得，該讓這些貝都因人從幾位朝聖研究中心的頂尖專家身上學些東西。我們開始解釋，朝聖是一趟啟發心靈的旅程，朝聖這個詞正是鍛鍊的意思，因此朝聖必須是一趟高度磨練心性的旅程。我們說，相較之下，現代的朝聖用交通工具把朝聖者當成牛一樣運送，沿途行經複雜的道路、橋梁和平直路口，那些都是破壞自然環境的凶手。「我們寧願用走的，也不願見到聖潔的環境為了鋪設道路及陸橋而遭到摧殘。」我們堅稱。

這名年輕人轉身看著其他貝都因人。他們全盯著我們瞧，好像我們是來自其他星球的生物。我當下決定採取更激烈的手法。

「兄弟，你們知道嗎？」我說：「米納的汽車和公車每天排放大約五十公噸廢氣，大多數朝聖者咳嗽的時間比禮拜還長。朝聖月期間，汽車或公車得花上九個多小時才能在聖區移動一英里。還有噪音，警笛聲、喇叭聲、引擎發動聲和熄火聲。有錢的信徒開著自用車來去自如，幾乎不用跟其他國家的人打照面。沒錢的信徒卻要花時間躲汽車和吸廢氣。朝聖應該展現的手足情誼去哪兒了？」

新方法似乎奏效了。這年輕人點點頭，好像認同。為之一振的我繼續說。

「兄弟，你聽我說，我們的研究證明，如果大家都用走的，人潮就會井然有序。不會塞車、沒有汙染，朝聖者就能享受朝聖帶來的至高無上心靈洗禮，一如以往。」

「研究？什麼研究？」一名年紀較長、原本面無表情站著的貝都因人突然提出質疑。

我發現，那名年輕人消失了。

「你們做這個研究，有政府許可嗎？走路有許可嗎？還有，你們打算怎麼處理那頭驢子？牠當著我的面猥褻我的驢子。祈求真主寬恕我！」這老頭子火冒三丈地說。

我和札法來不及答話，兩輛閃燈鳴笛的警車已經開到我們身旁停車，還有一架直升機飛到我們上空盤旋。在先前那名貝都因青年的陪同下，兩名警察從其中一輛警車下來，要求我們出示證明文件。我望向札法，他居然在笑。他從口袋掏出一封信交給其中一名警察。另一名警察好奇地從他背後探頭看。

沒多久，這名警察轉身面對那群聚集的貝都因人，凶巴巴地說：「回去你們住的地方。這些人有國王陛下的許可，他們可以走路去麥加。」

幾秒鐘之後，那架直升機飛走，消失在地平線上。一如當初悄悄出現，那群貝都因人默默離開。「祝你們順利。」這名警察邊喊邊把車開走。

我們花了三個多小時才找到並逮住成吉思。又過了兩小時，我們抵達當地人稱為聖地（haramain）的外圍：戒關（miqat）。這個地點很重要，因為按照傳統，朝聖者必須在這裡淨身並換上戒服，就是那兩塊未縫合的白布。然而，戒服不只是兩塊布，它也代表心靈狀態。要進入聖地，朝聖者必須處於受戒的狀態：在戒絕所有俗世欲望的同時，還要持續禮拜及冥想，與周遭環境及自然萬物相互調和又懷抱崇敬。我們認為，這時候不便揣測這規矩到底適不適用於成吉思，以及牠是否已經、或者該說如何讓牠的需求及性欲昇華。

我們一直走到深夜，以堅果和水果乾當作一餐後，便在沙漠裡搭帳篷過夜。我們在天還沒亮就醒來，赫然發現前一晚有些蛇和蜥蜴找上門。吉達和麥加四周沙漠的爬蟲類數量驚人，包括眼鏡蛇和角蝰在內共有五十多種蛇，還有上百種蜥蜴。從沙地上留下的蹤跡推斷，附近應該有一整窩長得像鼓腹蝰蛇的沙烏地蝰蛇。牠們美麗的棕色蛇皮上有著黑色圓點。一群細長又嬌貴的蜥蜴，我想應該是蟾頭沙蜥（Toad-Headed Agama），當時還好奇地在地上爬竄。牠們的行動敏捷，讓人只看得到牠們長長的尾巴。札法還發現一群美麗的壁虎：牠們的灰色身軀只有三、四英寸長，似乎正在守衛巡邏牠們的地盤。

吃過麵包、乳酪和橄欖當作早餐後，我們再次往麥加前進。不到中午，我們已經走出沙漠。沙漠的沙子摸起來又細又軟。被風揚起的沙子輕若絲綢，很容易就卡在布料的纖維裡。它的顏色和沙漠的景致會隨著陽光而改變色調，從清晨的微淡黃，到豔陽下的耀眼金黃，傍晚變成柔和的桃紅。無論從哪個角度看，這些沙總是堆砌成飽滿的圓形。唯一礙眼的線條，是曝晒在陽光下凹凸不平的岩石露頭。宛如飽受高溫荼毒般，這些石堆的外形扭曲又難看，岩石內部熔化成液體，滲到表面凝固成一層黑色的外殼。它們簡直就像是皮膚嚴重脫水，只有從某些角度看，才會像煤塊表面般發出色彩斑斕的微光。

現在，我們已經準備好展開下一階段的旅程。我們眼前是布滿整個沙漠的岩石露頭，形成一道包圍麥加荒谷的山丘帷幕。我們開始了攀爬第一座山峰的艱難路程。成吉思果然是走得最慢、最不情願的傢伙。每走幾步，阿里就得威脅牠移動。札法一度停下來，轉身用責備的語氣對阿里說：「你這是在幹嘛？我們現在在受戒，要保持平靜、慈愛和優雅。你不可以打那頭驢子。」成吉思好像聽懂他的話，這下子乾脆不走了。牠紋風不動站著。我們試著拿堅果和水果乾引誘牠，牠吃光了食物，但就是不走。札法試著輕拍牠，還說好話，結果反而鼓勵成吉思掉頭往回走，而且開始下山。我們跟著牠。一到山下，成吉思拔腿奔向高速公路，我們跟在後面跑。我們追得愈賣力，牠跑得愈快。牠最後直奔進入麥加洲際大飯店（Mecca Intercontinental Hotel）。

麥加洲際大飯店位在市郊的吉達老街（Old Jeddah Road）上，是當時麥加唯一的五星級飯店。它的外型就像個大戲棚，仿照貝都因人的大帳篷建造。飯店正面的庭院有一口古井，由於具有歷史意義而保存下來。成吉思直接繞過這口井，衝向擁擠的大廳。五星級飯店的員工訓練有素，能應付各種突發狀況：小到延遲退房，大到發生天災。但大廳裡有驢子狂奔，卻完全是另一回事。他們全都放下手邊的事，追著成吉思跑並試圖拉住牠，賓客們則在一旁驚恐地看著。最後，幾位門房好不容易制伏這頭失控的畜牲，準備把牠和我們攆出飯店。札法試著向他們求情，他說：「現在是朝聖月，兄弟們，要對宇宙萬物展現友誼和愛啊。」

「你們愛那頭驢子是你們家的事。」門房領班惱火地說：「但請你們出去飯店外面愛。」

我們乖乖地走出飯店，把成吉思拴在庭院的古井上。我知道我們該分道揚鑣了。這個假扮成驢子的現代蒙古土匪拖慢我們的速度，帶來太多麻煩，而且似乎不能體會我們這趟探險的崇高目標。驢子根本不會受戒。阿里提議找輛小貨車，把牠載回我們位於米納的營地。與現況做出無奈的妥協，似乎是我們唯一的選擇。

我們和幾位小貨車司機商量但失敗，阿里最後找到一名司機願意以天價接下這份工作。「這樣看好了」，這司機分析說：「我一趟最多可以載五十名朝聖者。現在後面載了一頭驢子，我大概很難再攬到其他客人。誰想要跟驢子一起坐？你們必須付包車的錢。」我們知道沒別的辦法。

這輛小貨車倒車開進飯店，司機幫札法、阿里和我把成吉思安置上車，但成吉思依舊不為所動。我們又推又拉，甚至試著把牠扛上車，但牠就是不妥協。後來阿里叫我們全部退後，他說：「管它朝不朝聖，現在只剩一個辦法能對付這驢子了。」他捲起袖子，朝雙手吐口水後搓了搓。一臉果決的他撿起一根大拐杖，往成吉思站著的地方走去。札法原本作勢要阻止阿里，後來改變心意。我則成了「三不猴」的化身——不說、不看、不聽。

幾分鐘後，成吉思已經站上小貨車。阿里則坐在副駕駛座揮手道別。這輛小貨車由慢而快，加速開往我們位於米納山丘的研究營地。

我們靜靜吸了口氣，回想著從開始到目前為止的旅程。「去他的伊本．巴圖塔！」札法說：「我決定跟大家走一樣的路。」

的確如此：我們兩人現在沒力氣、也沒興趣再回頭走山路。我擔心，少了阿里這個專家帶路，我們可能會陷入百轉千迴，永遠找不到路。我們沒有多加討論，開始沿著高速公路走最後的二十公里路——這條路將帶我們一路走到卡巴天房所在的聖寺。我們幾乎馬上就後悔做了這個決定。走在高速公路上不只驚險，而且比走山路更慢、更費力——隨時都有被汽車、公車或卡車撞上的危險。確實，等到我們抵達聖寺時，我們已經好幾次差點送命。而且我們走得上氣不接下氣，還因為吸入廢氣而頭昏眼花。

我想這個故事的教訓是：該來的躲不過。唯一真正該做的選擇，是找出更好的辦法解決遇到的問題。一進入聖寺，我們對這趟旅程原本抱持的所有浪漫情懷就冰消瓦解。我們加入其他朝聖者的行列——大約八萬人——一同繞行卡巴。我在徒步苦行中尋覓的那種祥和與寧靜、沉思與歡欣、以及過去與現在的連結，從古至今一直都在這裡，不曾消失。用什麼方法到這裡朝聖並不要緊，真正重要的是站在這裡。

我們離開聖寺時，天色已經黑了。我們避開主要道路，走了大約十公里到米納。我們對米納很熟，卻還是完全迷了路。這地方看起來好陌生。為了迎合眾多朝聖者的需求，數不清的商店、攤位、小餐館一夕間如雨後春筍般冒出來，改變了這裡的樣貌。店家的遮陽棚擋住原本熟悉的地點。這裡的景色已經出現根本的改變，多了一處錯綜複雜的全新立體交流道。

「研究中心的營地應該不太難找。」札法自信滿滿地說。「它就在賈馬拉（Jamarat）正對面的山上。」賈馬拉是朝聖者進行「擲石拒魔」儀式的地點。我們只消找到賈馬拉。

我們走向一名看似虔誠的沙烏地國民兵隊員，他正拿著一串唸珠消磨時間。

札法問：「找魔鬼要走哪條路？」

這名國民兵隊員先是把唸珠捲放在右手掌心，接著繞著食指甩。「魔鬼？」他想了一下。「這裡是沙烏地阿拉伯王國，到處都是魔鬼。就算朝聖者之中也有魔鬼。所以他們才會來這裡，來祈求原諒、祈求造物主的寬恕。」

我說：「我們在找一個比較明確的指標。」

「啊！」他說：「我們有三個，隨你們挑。往那邊走。」他指了指方向。

我們順著他指的方向走，終於抵達目的地。但「大魔鬼」（Big Devil）前方根本沒什麼高山。事實上，這附近連一座山都沒有。

我納悶地看著札法。

「他們把我們的山移走了。」他不解地說。

「別傻了。」我回他：「他們哪有辦法把山移走？」

「他們把我們的山移走了。我跟你說，它本來在這裡，被他們移走了。」

這時我已經很累、很餓、也很睏了。我提議隨便找個夠大的地方躺下來。札法卻有別的想法：「他們一定會把研究營區搭建在最高峰。找最高峰，我們的營地一定在那裡。」

我們在米納四處逛，最後好不容易相中同一座山，因為我們認為，如果同事和我們所見略同，就會選擇這座山當作研究營地的據點。它一定就在這座山的山頂。

我們開始爬。這座山的道路崎嶇陡峭，海拔約五、六百公尺。我們在一片漆黑中小心翼翼緩慢行動。在每個可容身之處，都有朝聖者或坐或臥，或虔誠禮拜或半夢半醒。有幾次，我差點踩到睡著的朝聖者的臉。還有好幾次，我踩到的不是真主造人所用的泥巴，而是人體排泄的黏稠穢物。我必須更使勁才能維持端莊體面，因為戒衣寬鬆的下半截就快散了。我們鍥而不捨地爬。距離山頂剩幾步路時，我們聽見一個熟悉的聲音。我踏出最後一步，在山頂一處平地上站穩，就迎面碰上成吉思。就算一片漆黑，我都認得牠那張訕笑揶揄的臉。

成吉思正在嘲笑我們。

我們挑錯了邊上山，爬的是陡峭的那一面，而我們原本可從另一面的緩坡漫步上山。那些立體交流道和新開闢道路，害我們沒察覺到爬的是賈馬拉另一側的陡坡。但這是我們要找的山，研究營地的所在。

隔天早晨是伊曆十二月的第九天，也就是進行朝聖主要儀式的日子。這天又稱為「阿拉法特日」（Day of Arafat），兩百萬名朝聖者全部前往阿拉法特一同禮拜，從破曉持續到日落。這就是朝聖的主要儀式。我們起得晚，大約九點離開米納。兩小時後，我們抵達阿拉法特，那裡每年朝聖月會變成龐大的帳篷區，好容納停留一整天的朝聖者。這裡是一大片土地，一旁聳立的是名為慈悲山的小山丘。

太陽通過子午線時，朝聖者開始進行停駐（wquf）儀式，也就是站立。這個儀式很簡單，只消面向卡巴直挺挺站著，祈求真主赦罪。放眼望去，盡是一排排身穿白袍的朝聖者比肩站立。到了晌禮時分，他們齊一跪地行禮。對齊聚在此的兩百萬信徒中的每個人而言，這是一生中最自我、最私密、最激昂的時刻。這兒就只有自己和真主。在這裡，數目龐大的朝聖者並不是紀律嚴明的群體。在這裡，在聚集的信眾中，不管是我還是我們，都知道彼此是獨一無二的個體。這兒有種無法言傳的寧靜安詳。此刻純淨又深遠的簡樸，正是至高無上的心靈體驗。就是這一刻，讓我看到搭乘巴士前來麥加求死的那位長者內心寧靜，既幸福又篤定地面對他最後的旅程。

日落後，我們加入納夫拉（nafrah）行列：納夫拉是指浩浩蕩蕩離開阿拉法特，往穆茲達理法移動的群眾。穆茲達理法又叫「露天清真寺」（Roofless Mosque），是位於阿拉法特和米納之間的山谷。我們露天過夜，隔天一破曉就啟程走回米納。

回到米納後，我感受到的欣喜不只有精神層面。雖然經過這麼多的禮拜和內省，卻還有個尚未完全戰勝的自我。我無法壓抑內心的自負：我的朝聖與眾不同。我走過來了——在固執的驢子和現代化交通允許範圍內。我已經盡我所能追隨伊本・巴圖塔，以及他的前人，甚至是先知穆罕默德本人的腳步。我坐在位於米納最高峰的帳篷裡，在離開吉達後頭一次刮鬍子。我心想：真正的旅行或許不過如此吧。

札法帶著另一名朝聖者走進帳篷，他以好像懂得我內心最深處想法的眼神看著我。

他說：「我想你應該認識一下蘇雷曼（Sulaiman）兄弟。」

他是個瘦高的非洲人，左肩掛著一個大袋子，一派輕鬆地倚靠在一根大木樁。

「他從索馬利亞（東非一國家）來朝聖，一整路用走的，花了七年才到這裡。」

我的自負瞬間消散，我從吉達走到麥加朝聖，根本是小巫見大巫。

我也領悟到，我走這一趟其實是在尋找兩個不同的麥加。其中一個無法以任何有形的方式到達；更確切地說，用什麼交通工具或走哪條路線，根本不重要。這是我這輩子所認知的麥加：這個麥加是我打從兒時就視之為不變的心靈中心，是真主之家的所在，是我探索人生、宇宙和萬物時所依靠的道德羅盤。我唯一真正認同的麥加，是個形而上的目的地，與其說是個地點，不如說是超越時空和方位的心理狀態，它沒有方向，因為它必須無所不在，才能指引靈魂和良知。這是所有穆斯林深愛的麥加。我們面向這個麥加確實重要；但如今我了解，這個麥加在地球何處不一定重要。的確，朝聖者從世界各地跋涉到麥加，可是，到達之後才發現，麥加位於這裡或那裡並不重要。朝聖的經歷，會讓地理環境等所有世俗的獨特條件在面對更令人敬畏的必然性時都顯得渺小。在通往麥加的路上，驢子、沙漠、爬山只是讓人分心的小事。

所以，成吉思有什麼好在意？我們一直走向的是另一個麥加，一個截然不同的地方。這另一個麥加牢牢存在於時空中，見證著當地人類在歷史上命運的一切曲折變化。這是數千年來無數人不遠千里所到之處。這些旅程全都和我的一樣，並非永恆，而是歷史上特定時空環境下的結果和其中片段。這第二個麥加居住著各有優劣的血肉凡人，是時間洪流裡一個變幻無常的城市。牽著一頭冥頑不靈的驢子徒步走到這個麥加，絕不會讓我的朝聖得到更大收穫，這點可以從我遇到的索馬利亞朝聖者身上得到印證。朝聖應該讓我對歷史有不同的領悟。

了解麥加這個人類的聚居地，又有什麼差別呢？想了解麥加所有複雜的面向，就必須兼顧它神聖及世俗的特質。本書的目的在檢視那些一直像海市蜃樓般潛藏在我們認知邊緣的看法，剖析我們自認為了解且鍾愛的麥加、也是作為穆斯林意識聚焦點的麥加，一窺未曾探索的領域。了解麥加的歷史，才會相信真實歷史事件的來龍去脈。地球上這片被稱為麥加的土地有著豐富的歷史，它非但一點都不完美，還飽受千百年來干擾著穆斯林文明現實世界的種種弊病所害。

自從跟札法和成吉思開始徒步朝聖，我就用全新的角度來閱讀或重新閱讀這個最常被以文字記錄的目的地的相關敘述。得到的收穫常令我震撼，相信也會令所有讀者震撼。最重要的發現是，世人把兩個麥加混為一談，與其說這是偶然，還不如說錯誤的歷史觀成為穆斯林之間的常態。無法認清理想與現實，從古至今一直是、至今仍是穆斯林社會諸多問題存在的主要斷層。

大多數穆斯林認為，麥加對伊斯蘭歷史而言向來至關重要，我過去也這樣想。然而，麥加雖然是所有穆斯林生活裡不變的聚焦點，卻不曾是穆斯林文明歷史的中心。這怎麼可能是真的？這座聖城從來不是任何一個穆斯林社會的首府，即便對先知穆罕默德而言。穆斯林歷史正式誕生前，麥加的地位就被麥地那取代，淪為落後地方並持續下去，雖然它具有特殊的重要性。就連麥地那在穆斯林歷史的中心地位也很快黯然失色。伍麥亞朝（the Umayyad Caliphate，六六一至七五〇年）立都於大馬士革，阿巴斯朝（the Abbasid Caliphate，七四九至一二五八年）遷都至巴格達，之後的歐斯曼帝國（the Ottoman Empire，一二九九至一九二二年，昔因錯誤音譯為鄂圖曼帝國）則將重心移往伊斯坦堡。在改朝換代之間，其他穆斯林大城——開羅、費斯、突尼斯、格拉納達、科爾多瓦

（Cordoba）、廷布克圖（Timbuktu）、撒馬爾干、布哈拉（Bukhara）、德里、拉合爾——更迭興替。所有這些地方的文化、學術及成就，對麥加起不了太大作用。世界各地的達官顯要、有錢有勢的人來到聖城慷慨解囊，然後打道回府。伊本．巴圖塔等旅人也來過，但他所記述的多半是為了朝聖而順道造訪過的地方，而不是以麥加為重點。

這種失衡情況在千百年來的一冊冊史籍中反覆出現。我們聽到別人口中的麥加，有著無止境的相似之處，因為前來聖城的訪客只關心朝聖的儀式，而這些儀式從先知穆罕默德的時代以降就不曾改變。他們的著作引人入勝的篇章並非和麥加相關，而是描述往返麥加的過程，雖然麥加是個不斷改變的世界。對於這些記述朝聖的史料而言，麥加的居民不值一哂。麥加的永久居民有自己的煩惱，而他們面對這些世俗現實問題的方法，和其他穆斯林世界的人對麥加所懷抱的崇高理念大不相同。穆斯林文明所擁有的偉大理念與成就、科學與學術、藝術與文化，在麥加並不吃香。偉大的學者及科學家來訪，但麥加人對他們的博學多聞興味索然，只在乎狹隘又常故弄玄虛的神學。在觀念上，麥加的學者偏向保守，儘管影響力有限，卻不鼓勵知識及文化素質的提升，反而企圖加以限縮及譴責。

麥加為何對各地的穆斯林如此重要，有個淺顯易懂的解釋。一方面，它象徵所有精神和超脫塵世的面向，儘管宗教的本質在於如何融合這一切，並使之成為激勵俗世生存的動力。但另一方面，這地方成為一個超越時空的理想，因為歷史上能夠實現朝聖夢想的穆斯林少之又少。關於履行朝聖的義務，關鍵詞當然是「如果能力所及」。以過去社會、經濟及交通的現實情況，意謂歷史上絕大多數的穆斯林其實無力進行。朝聖信徒一直都有，但身分和國籍卻隨著時間推移而不同，而且從數字上來看，完成朝聖的人只占歷來生存過的穆斯林極小比例。因此，在麥加及其歷史上發生過的事，對於其他穆斯林世界的人而言，一直是既遙遠又多半不為人知，反之亦然。麥加忙於且關心自己身居朝聖聖地的地位，其他穆斯林世界發生的事件幾乎與它無關。

因此本書並不在探究已被理想化的麥加，而在探討麥加被理想化的由來。本書討論的是不受重視、甚至被忽視的麥加，一個曾經是百姓餬口、英雄（和惡棍）崛起、暴行肆虐、貪婪和偏狹觀念屢見不鮮的地方。它深植於時空中，也存在於那些居住在這城市的人們極度混亂的生活中，甚至進入那些前來進行朝聖的人的生活裡。其中許多內容讀來令人不舒服。即使在這個被穆斯林美化為神聖的地方，人們的雙腳卻踩在爛泥和汙物之中。麥加人對於靈魂和良知該何去何從的爭辯從沒少過，這點世人皆然。麥加的歷史就如同許多其他城市一樣，充滿恐怖與血腥。我希望這當中除了有一些值得述說的精彩故事外，也有值得我們引以為鑑的地方。

第一章

The Valley of Weeping

流淚谷

麥加有許多名稱。有人叫它巴拉德，意為主要城市，因為它是重要的城鎮中樞和市集所在地。也有人叫它卡利亞，意思是眾人像水流入水庫的匯集處。在聖經時期，它稱為巴卡，意指「沒有溪流」。希臘人將這個字翻譯成「流淚谷」。巴卡谷和缺水及「千愁萬緒」有密切關聯，是個傷心的地方。

黎明的第一道曙光點亮地平線，涼爽徐風被塵土飛揚的高溫取代。一名身穿寬鬆長袍的男子紋風不動挺立，看著一小群人匆忙走向城中心。他觀察他們進入一個圓環區域，裡面有個被雕像圍繞的立方體結構。他看著他們走過雕像，然後一個接一個俯身親吻最大的紅色瑪瑙胡巴爾（Hubal）半身雕像。

男子轉身離開這個熟悉的場景，繼續他的旅程。他遇到一個走向公墓的家族，這群人包括一名用細棉布裹著的小嬰兒。他聽到駱駝商隊趕著進城的腳步聲，於是閃到路旁。一頭又一頭載著香料、絲綢、酒和香水的駱駝大步邁進市場，後面跟著一長串腳步蹣跚的奴隸。空氣中充滿香水的搖晃聲和香氣。城市此刻生氣蓬勃。男子繼續朝城市東北方的山頭走。不到一小時後，他開始爬緩坡上山。當他走到坡度突然竄升、上山變得比較困難的地點，他停了下來。他筆直站著，轉身眺望腳下四面被山丘環繞的城市。他正凝視著麥加。

男子名叫穆罕默德，四十歲出頭，中等身材。他雖然臉部膚色淡，但風吹日晒的身體部位呈現紅色。他的臉有點圓潤，額頭寬，眉毛細但濃黑。鬈髮中分，垂掛在頸部附近。

麥加有許多名稱。有人叫它巴拉德（al-Balad），意為主要城市，因為它是重要的城鎮中樞和市集所在地。也有人叫它卡利亞（al-Qaryah），意思是眾人像水流入水庫的匯集處。在《聖經》時期，它稱為巴卡（Baca），詩篇八十四篇第五和第六節說：

> 靠你有力量、心中想往錫安大道的，這人便為有福！
>
> 他們經過流淚谷（Valley of Baca），叫這谷變為泉源之地，並有秋雨之福蓋滿了全谷。❶

有些人認為，Baca 這個字指香脂樹、讓人痛得掉牙（流淚）的樹，或哭牆岩石。Baca 的阿拉伯文寫成 Bakkah，可以譯為「沒有溪流」。這個山谷確實是草木不生的乾燥地區。希臘人將這個字翻譯成「流淚谷」。巴卡谷和缺水及「千愁萬緒」有密切關聯，是個傷心的地方。不過，良善之人通過山谷時，可以讓它變成「泉源之地」，生命的來源。

巴卡谷朝聖的焦點是一個稱為 Cube 的結構，在阿拉伯文寫成 Kaaba，即卡巴。地名拼寫字母隨著時間推移而有增減、替換，此一現象出現在許多語言中，例子不勝枚舉，鑑識語言學（forensic linguistics）即在研究這個現象。例如，倫敦（London）當初由羅馬人建立時稱為 Londinium。就麥加而言，轉變發生在唇音子音，B 變成 M，因此 Baca 從阿文中的 Bakkah 變成 Makkah，英文則變成 Mecca。❷

麥加居民一開始稱為阿里比（Aribi），意思是游牧民族或住在沙漠的人。這個名詞首先出現在記載亞述國王沙爾馬那塞爾三世（Shalmanesar III）卡爾庫爾戰役（the Battle of Qarqar，西元前八五三年）的楔形文字。那個年代的許多雕像最近在沙烏地阿拉伯北方的墳墓和公墓被發現。在這些雕像上，阿拉伯人有著橢圓形臉、又大又挺的鼻子、尖下巴、大眼眶。瞳孔放大（鑲上黑石或青金石）的雙眼或許暗示宗教恍惚狀態。抑或，它們可能顯示該地區的普遍觀念：眼睛隱藏精神力量。善意的眼神可帶來幸福，惡意的眼神可奪人性命。

麥加不是該地區唯一的主要城市。塔伊夫（Taif）綠洲位於麥加南方六十英里，因為種植葡萄、蔬果，而稱為「漢志的菜園」。麥加北方兩百英里再遠一點有個亞斯利普（後來改稱麥地那）；在穆罕默德時代，以黃金工藝聞名的猶太人，以及通曉《希伯來聖經》和《猶太法典》的學者住在這裡。麥加西南方大約六十公里是吉達港——通往外面世界的門戶。除了卡巴，麥加比起其他城市還有一個優勢：位於兩條全球主要貿易路線的交會點。第一條路線是穿越漢志山區的縱貫線，往南通往葉門，連接來自印度和東南亞的印度洋貿易，往北通往敘利亞和地中海沿岸。第二條路線是橫貫線，往東通往伊拉克、伊朗、中亞，最後抵達中國，往西通往阿比西尼亞（Abyssinia，今衣索比亞）、埃及的紅海港口和東非。

麥加的盛名以卡巴為基礎。當地事物彼此關係交錯，包括最直接、鮮明的卡巴，以及卡巴所在地流淚谷相關名稱的複雜和多層次影響。我們可以看見連結各式名稱、明白定義這個地點的微妙轉變。確定時間點則是另一回事。時間是人類理解的一個次元，對我們假設、想像和建立關聯性（有時是打破關聯性）的能力構成挑戰。許多爭論籠罩著卡巴的緣起、年代，以及環繞它發展的城市。

現代學術界有些批評者質疑，麥加是否真的是古代朝聖地點，因為當地沒有考古證據。❸可是，就這方面來說，沒有證據不過是因為當地未進行考古，兩者不能混為一談。

現在的麥加位於當今的沙烏地阿拉伯，過去八十年來由一個害怕歷史、害怕歷史證據（包括考古所得和史料）的家族統治。一九七三年六月，政府剷平整個麥加，像擦掉紙上的鉛筆字跡那樣輕易摧毀文化資產和歷史遺跡，確保麥加的歷史清得一乾二淨。沙烏地的少數考古作業，在距離聖城很遠的地方進行。對沙烏地而言，麥加沒有史前史、沒有穆罕默德之前的歷史，也沒有穆罕默德之後的歷史。抹滅麥加歷史的理由只有一個：沙烏地不希望任何人崇拜穆罕默德。他們害怕歷史遺跡而不是真主本身會成為崇拜對象。

然而，考古證據並非洞悉歷史的唯一來源。我們了解過去的窗口包括文字和回憶，後者現在稱為口述歷史。透過文字了解過去，需要類似偵探的工夫。人類的書面記載是充滿缺口、需要填補的拼圖。缺口存在的原因沒有別的：以前的作者不是為了現今的讀者寫史。他們有自己的顧慮，有自己的寫史動機，而且不須回答現今讀者的疑問。

雖然我們無法確定卡巴誕生和麥加建立的時間，《聖經》詩篇「心中想往錫安大道」的文字應該足以顯示，在某個時間點，朝聖已成為積習、具有知名度，足以列入猶太人的詩歌，讓人看懂。因此，如果專家能針對它們是何時寫的達成共識，詩篇必定可當作尋找時間點的起點。

詩篇的許多內容被認為出自先知國王大衛，他的統治時期推定為西元前一〇四〇到九七〇年。不過，詩篇八十四篇被認為出自「可拉後裔」（the sons of Korah），一個宗教歌曲演唱家族或是演唱者和樂師組成的公會。起先，可拉後裔被大衛指派在耶路撒冷興建聖殿過程中提供歌唱和音樂。可是，過了很久之後，他們仍繼續從事這項工作。詩篇八十四篇出現的時間，可能介於大衛王時代和舊約《聖經》一五〇篇詩篇已知以文字存在之間。這段時期大約落在西元前一〇四〇年之後某個時間到西元前一六五年。大多數專家一度認為這段時期的起點較接近現代，西元前三世紀是最普遍的看法。但根據同地區其他文化的相應音樂和文學形式證據，現在的共識是起源更早。❹這些背景形同大量偵探工作，可是沒有明確的結果。

不過，我們可以採用十八世紀史學家吉朋（Edward Gibbon）名著《羅馬帝國衰亡史》（*Decline and Fall of the Roman Empire*）的觀點——卡巴真正誕生年代之久遠超乎基督教時期。❺古希臘人知道麥加存在的說法，吉朋心知肚明。西元前一世紀希臘史家狄奧多羅斯（Diodorus Siculus）在《歷史叢書》（*Bibliotheca Historica*）提到卡巴；他在這套描述已發現世界各地的巨著中寫說：「那裡已設有一座殿堂，對所有阿拉伯人極為神聖、備受尊崇。」❻埃及出身的羅馬帝國公民托勒密（Claudius Ptolemy，存歿年代大約九〇至一六八年）也曾在他以希臘文撰寫的經典《地理學》（*Geography*）提過麥加。托勒密是數學家兼天文學家，他的著作在現代之前一直是知識的基礎。他探討可以居住的世界，列出阿拉伯福地（Arabia Felix，今葉門，意指富裕的阿拉伯地區）的城鎮名稱。當中有個「名叫馬可拉巴（Macoraba）的地方」❼，這個名稱「讓我們可以把它視為環繞一個神聖場所建立的阿拉伯南部地基。」❽

歷史也可以透過文物追查，特別是透過年代可上溯至西元前一萬四千年的中東長途貿易。例如，火山熔岩形成的玻璃——黑曜石——分布地點有限，獨特的化學成分讓人可掌握它在古往今來移動的軌跡。在現今的伊拉克到巴基斯坦地區，也就是哈拉帕（Harappa）和摩亨佐－達羅（Mohenjo-Daro）的印度河流域文明所在地，一連串考古地點提供了西元前三千年的貿易路線的證據。❾埃及法老王拉姆西斯二世（Ramses II）在西元前一二二四年下葬時，防腐過程使用一些來自印度甚至東南亞的黑胡椒和其他軟膏。❿長途貿易使用的載重馱獸駱駝，大約在西元前一千年被人類馴養。⓫

除了陸路，證據顯示，到了一世紀，東南亞經由阿拉伯半島連接羅馬帝國的中東地區城市、地中海世界的海上貿易已經存在。希臘文的《紅海周遊記》（*Periplus of the Erythean Sea*）記載、描述這些路線。此叢書撰寫於四〇年左右，雖然書裡未提到麥加是貿易中心，可是麥加具備所有適合的條件和地理位置，可從古時候就開始扮演連接已成氣候的全球商貿網絡的角色。

穆罕默德環顧麥加，沒有必要懷疑貿易對他所屬族群生活的重要性。他曾經從事駱駝商隊貿易。他的成績甚至引起有錢寡婦哈蒂嘉（Khadijah）的注意，她後來成為他的妻子。不過，他念茲在茲的不是麥加的經濟地位。他眺望腳下的山谷，心裡想的是，他正在看「亞伯拉罕的山谷」。他從站立的地點——大概是登上光明山（Jabal al-Nur）路途的三分之一處——他可以清楚認出位於麥加中央的卡巴。他開始思索這個城鎮和亞伯拉罕的關聯。

在伊斯蘭之前的阿拉伯故事和詩歌中，麥加是亞伯拉罕的城市。亞伯拉罕是《聖經》中的先知，以色列人和以實瑪利後代的祖先，也是一神教的創始人。的確，亞伯拉罕將山谷變成適合定居的場所前，那裡是不毛之地。據說他出生於迦勒底的烏爾（Ur of the Chaldees），此地位於現在的伊拉克境內。他的生存年代和地點不明確。猶太資料顯示，亞伯拉罕生活在西元前一八一二到一六三七年之間某段時期。這可能意謂他身處烏爾納姆的蘇美與阿卡德帝國（the Sumero-Akkadian Empire of Ur-Nammur）——烏爾第三政權。這是猶太人的主流意見，呈現在大部分的現代《聖經》地圖上，地點位於今日伊拉克境內幼發拉底河及底格里斯河交會處南方。

巴格達南方二三〇英里左右的龐大磚砌隆起物，在一九二二年開始挖掘之前，世人對烏爾城邦所知無幾。考古人員未找到和亞伯拉罕有關的物品。後來在一九二八到一九二九年挖掘期間，研究人員挖到和古代最相關的文物。那是一尊黃金和青金石小型動物雕像，動物以後腳站立，被金色樹叢的枝葉卡住。雕像讓研究人員聯想到上帝在《創世紀》第二十二章十三節對亞伯拉罕說的話——「亞伯拉罕舉目觀看，不料，有一隻公羊，兩角扣在稠密的小樹中」——因此雕像叫做「公羊纏枝」，如今收藏在大英博物館。我還記得，我第一次看到雕像時為之著迷。這尊雕像和有關麥加的豐富資訊一樣重要，確立了這個重要城市和亞伯拉罕的關聯。

可是，另一種不同意見很早就存在，伊斯蘭傳統看法和偉大的中世紀猶太學者邁蒙尼德（Maimonides）都屬於這一派。此派認為，亞伯拉罕出身烏爾法（Urfa），也就是現今土耳其南部的埃德薩（Edessa）。他們的立論是，亞伯拉罕從家鄉經由現今土耳其的哈蘭（Haran）遷徙到今日黎巴嫩和約旦河谷之間的迦南（Canaan），烏爾法是比較合理的起點。其他少數人主張他出身美索不達米亞北部，地點眾說紛紜。另有少數人對他的生存年代持不同看法：有些人認為他的年代更早，可能是西元前二一五三年。

穆罕默德站在光明山的時候，念茲在茲的不是亞伯拉罕存歿的歷史細節，而是他建立卡巴和麥加的意義與重要性。穆罕默德小時候應該聽過，亞伯拉罕之父製作、販賣偶像的故事。年幼的亞伯拉罕看父親用木頭雕刻偶像，開始產生疑問，例如：經由人手形塑的物品，怎麼會成為崇拜對象？這種質疑不但導致他屏棄偶像崇拜，更畢生奉獻於唯一的主。穆罕默德知道亞伯拉罕是阿拉的真正好友（Khalil Allah）。最近的研究證實，他認為自己（如同亞伯拉罕）相信一個萬能的主，創造天地和世間萬物的主。[12]

亞伯拉罕想要協助同胞擺脫偶像崇拜的努力失敗。他們不滿他質疑、嘲笑他們信仰的諸神，將他扔進火堆懲罰。他被主拯救，帶著妻子撒拉（Sarah）搬到巴勒斯坦，後來又搬到埃及。

亞伯拉罕夫妻想生兒育女，不過，撒拉無法懷孕，建議亞伯拉罕納女僕夏甲（Hagar，即哈哲爾）為妾。不久，夏甲生下以實瑪利。撒拉後來生下兒子以撒（Isaac），非常忌妒另一房，因而要亞伯拉罕把夏甲母子趕走。亞伯拉罕明白一屋難容二妻，於是帶著夏甲母子跟著一個大規模駱駝商隊，沿著香料運送路線往南走。

他們抵達巴卡谷的時候，和駱駝隊分道揚鑣。亞伯拉罕留下一些物資後，拋下夏甲和她的幼兒。夏甲搭了一間小茅屋居住，等待亞伯拉罕回來探視。物資耗盡後，她開始尋找糧食和水，但遍尋不著。她在薩法（Safa）和瑪爾瓦（Marwah）兩座山丘之間慌張奔波，回到小屋時發現孩子口渴大哭。她一遍又一遍奔走，越來越絕望。這個山谷名副其實：巴卡，一個沒有溪流的地方，「流淚谷」。她在兩座山丘之間來回七趟，徒勞無功。後來，按照《聖經》說的：

皮袋的水用盡了，夏甲就把孩子撇在小樹底下，自己走開約有一箭之遠，相對而坐，說：「我不忍見孩子死」，接著放聲大哭。神聽見童子的聲音；神的使者從天上呼叫夏甲說：「夏甲，你為何這樣呢？不要害怕，神已經聽見童子的聲音了。起來！把童子抱在懷中，我必使他的後裔成為大國。」神使夏甲的眼睛明亮，她就看見一口水井，便去將皮袋盛滿了水，給童子喝。⓭

夏甲和以實瑪利喝得心滿意足。那口井和它的泉源後來稱為滲滲泉。夏甲母子在山谷定居，而山谷開始成為過路旅人和商隊歇腳、飲食的地方。夏甲和以實瑪利為商旅人士提供服務，獲得報酬而衣食無虞。「神保佑童子，他就漸長，住在曠野，成了弓箭手。」《聖經》如此說。⓮

亞伯拉罕不時探視夏甲和以實瑪利。根據伊斯蘭傳說，亞伯拉罕有一次探望時，看到以實瑪利在滲滲泉旁邊的樹下磨箭頭。以實瑪利看到父親，站起來迎接。父子相擁後，亞伯拉罕說：「以實瑪利啊，主給我命令了。」

以實瑪利回答：「要順從你主的命令。」

「你會幫助我嗎？」亞伯拉罕問。

「當然會。」做兒子的順理成章回答。

亞伯拉罕指著一個高於周遭土地的小丘說：「主命我在這裡建房子。」⓯

父子倆開始一起工作。首先，他們建立天房的地基。接著，以實瑪利從附近山丘收集石頭並搬運過來，亞伯拉罕將石頭仔細堆砌，形成工整的結構。結構砌高之後，亞伯拉罕無法舉起石頭堆得更高，以實瑪利於是帶回一枚特別巨大的岩石。亞伯拉罕站在巨石上，繼續進行工程；他的工作無比辛苦，雙腳在岩石上留下痕跡。按照伊斯蘭傳說，腳踏點現在稱為易卜拉欣的立足地（Muqam Ibrahim，意即亞伯拉罕站的地方）。

那個立方體建築幾乎完成的時候，有個天使帶來一顆特別的石頭——從天堂墜落附近山丘阿布．古貝斯（Abu Qubays）的石頭。亞伯拉罕與以實瑪利將這顆來自天上的黑色石頭（al-hajar al-aswad）安置在卡巴的東側角落。沒有屋頂的建築現在已完成，亞伯拉罕宣布它是聖殿，男女信眾要從深谷徒步或騎乘瘦巴巴的駱駝朝聖。

我經常思索標準《聖經》和正統穆斯林對亞伯拉罕故事的敘述。亞伯拉罕應該是主的虔誠僕人，卻相當殘酷，忍心把夏甲和幼子拋棄在不適合居住的荒涼地區。這是先知要留給人類的典範嗎？同樣的，我也想不透，撒拉為何要亞伯拉罕納夏甲為妾。[16]更讓我疑惑的是，《聖經》和穆斯林歷史中記載的事件發生地點。

根據《聖經》，夏甲流浪到內蓋夫（Negev）沙漠的城市別是巴（Beersheba），最後落腳巴蘭（Paran）沙漠。果真如此，她不太可能出現在幾百英里外的麥加，亞伯拉罕經常探視她的可能性也不高。近來的研究顯示，亞伯拉罕和家屬可能不是住在埃及和巴勒斯坦，而是住在沙烏地阿拉伯西南部、西側與葉門接壤的阿西爾（Asir）省。[17]當然，這樣的話，穆斯林的說法比較可信。亞伯拉罕要探視夏甲和以實瑪利，相對上較容易，頻率可以較高。

一如《聖經》裡所有始祖人物，亞伯拉罕的故事互相矛盾、充滿不可能且各方詮釋不同，是缺乏明確傳記的歷史。他的故事大致上是代代相傳的口述傳說。[18]沒有實質傳記，不意謂他的故事欠缺歷史根據。亞伯拉罕、以實瑪利、以撒、撒拉和夏甲真有其人，即使他們的生平細節在不同宗教傳統中大異其趣。此外，他們的故事並非單純是麥加如何誕生的過程。他們的故事也代表麥加對數十億人的意義、為何如此的來龍去脈。故事的意義和事實細節同樣重要。

如果我們能掌握亞伯拉罕生存的時間和地點，他的生平意義會比較中肯嗎？畢竟，他的故事涵義歷久彌新，就像故事的本質不受時間限制。亞伯拉罕認識了永恆的主、感恩主並保持忠心；這是他為後人立下的模範，不論他生於何時、住在哪裡。這也是他建造的天房（卡巴）和圍繞天房成長的城市的意義。可是，我還是著迷於所有偵探工作、過濾形形色色的可取得證據，以及人類過往的拼圖在現有不完整情況下拼湊時，新舊證據被詮釋和重新詮釋的方式。

如果有人挖掘到亞伯拉罕存在的明確考古證據，我們會更加敬佩亞伯拉罕以及他的重要性嗎？我不那麼確定，而且想到一八六八年考古學家發現特洛伊城的例子。荷馬的作品深植歐洲人的想像中，而我們可以放心說，全世界對《奧德賽》（*Odyssey*）和《伊里亞德》（*Iliad*）的欣賞，未因找到特洛伊的科學證據而增加。[19]

《聖經》對亞伯拉罕和他兒子的敘述大異其趣，導致兩個截然不同的族群誕生。《聖經》讚揚以撒，《新約》和〈加拉太書〉則蔑視以實瑪利。在穆斯林傳統，以撒受到尊敬但未被紀念。以實瑪利的後代成為阿拉伯人；猶太人源自以撒和他的兒子雅各（Jacob）。一位祖先和兩個兒子最後產生三個宗教傳統：猶太教、基督教和伊斯蘭。

除了亞伯拉罕，我們幾乎要完全依賴穆斯林的資料。古代麥加沒有別的資訊來源。第一本關於麥加的著作，在八六五年之前由當地人阿茲拉奇（al-Azraqi）編纂，書名叫《麥加報告》（*Meccan Reports*）。[20]阿茲拉奇的生平幾乎無人知曉，但我們知道他的書是「現存以單一城市為主題的最早書籍」[21]，後來由他的一名學生編輯、擴充，收錄的資料到九二三年為止。不過，《麥加報告》並非傳統觀念中的歷史。首先，它的焦點是麥加地標，例如卡巴和易卜拉欣的立足地，以及麥加的住宅區。書中關於古代麥加的內容，植基於口述傳說和當地居民耳熟能詳的故事。阿茲拉奇未提供太多麥加的社會和政治組成成分，比較廣泛的歷史書則著重於當地聞人、政治和爭戰。最重要的相關歷史書之一，是四十冊的巨著《歷代民族與帝王史》（*History of al-Tabari*）。[22]此書作者塔巴里（al-Tabari，八三八至九二三年）是九世紀的史家、神學家和注經學家，熱中於收集故事；有波斯血統的他，將所有故事收錄於這套書裡，不管內容好壞、真假，而且未添加評論。伊拉克巴斯拉（Basra）出生的傳記作家伊本·薩俄德（ibn Sa'ad，七八四至八四五年）似乎同樣兼容並蓄。他原本是抄寫員，後來轉型為作家，他撰寫的八冊《大世代之書》（*Book of the Major Classes*）[23]匯集知名人物的生平資料，被認為是最早的阿拉伯文傳記文學，充滿各式敘述，我覺得內容很難全部吸收。其他歷史學家比較有辨別力。傳記作家和史家伊本·易斯哈格（ibn Ishaq，七六七或七六一年卒）撰寫《穆罕默德的生平》（*The Life of Muhammad*）時過濾資料[24]，此書第一部涉及麥加的古代史。

我們可以把這些敘述視為「聽說的」歷史，因為它們的根據是口頭描述、傳統故事、族譜、詩歌、傳說和神話。然而，這不代表我們可以把這段歷史棄若敝屣。經由口耳或文字傳遞下來的內容不一定全部和事實毫無出入。不過，這確實意謂我們對這些資料要更挑剔，過濾時要更仔細。透過謹慎、明智的檢視，我們不無可能產生麥加古代史的寫實敘述。

伊斯蘭傳統說法告訴我們，穆罕默德在光明山上苦思，追尋自己族裔墮落的原因。亞伯拉罕與以實瑪利的訓示怎麼了？哪裡出了大差錯？他自問：「除了傻瓜，誰會捨棄亞伯拉罕的宗教？」[25]他開始繼續往上爬。坡度很陡，但環境熟悉。他在距離山頂不遠處停下來喘口氣。他坐在一顆巨岩上，一邊回想他知道的麥加歷史故事，一邊再度把深邃的雙眼投向這個城市。

西元前一千年初始，亞伯拉罕興建的天房在以實瑪利後代管理下，成為聖殿。區域內各地民眾開始到天房謁拜；慢慢地，天房變成朝聖地點，吸引更遠地區的人。以實瑪利的子孫努力確保聖殿及周邊區域的氣氛祥和，環境不被破壞，樹木不會遭到砍伐。訪客和聖殿附近居民白天到卡巴朝拜，日落之後回到周遭原野的帳篷和住處休息。聖殿夜間保持孤寂。

然而，以實瑪利後代守護聖殿的角色無法持續。阿拉伯被一個叫做阿瑪里克（Amalik，《聖經》中稱為 Amalekites）的阿拉伯部族掌控，他們定居在阿拉伯半島所有主要區域和城鎮，以及敘利亞和巴勒斯坦。阿瑪里克族不同分支之間常年自相殘殺，爭戰過程中攻擊以實瑪利後代。以實瑪利後代認為動用暴力是罪行，因此未挺身反抗。阿瑪里克人將他們趕出流淚谷，他們因而成為麥加周邊地區的游牧民族。

後來，阿瑪里克人不但被逐出麥加，連漢志地區也無法立足，這是朱爾汗（Jurham）、嘎圖拉（Qatura）兩個不同部族聯手的結果。朱爾汗人源自葉門；他們遷徙到流淚谷，和以實瑪利後代不同的是，他們被認定為「道地的阿拉伯人」，因為母語是阿拉伯語。相較之下，以實瑪利後代被視為「歸化的」阿拉伯人，因為他們定居流淚谷之後才學阿拉伯語。嘎圖拉族是朱爾汗族表親，跟著他們從葉門搬到麥加。朱爾汗人住在流淚谷西側山坡，控制進出附近海港吉達的隘口，並看守卡巴附近區域。嘎圖拉人占據東側的阿布．古貝斯山，掌控來自葉門的交通。來自西方和東方的朝聖者必須交過路費給這兩個部族。這樣的安排並不妥當，兩族無法避免互看不順眼，以致爆發衝突。最後，朱爾汗人打敗嘎圖拉人，成為聖殿唯一的宗教和民間主導者，雖然我們不知道明確的時間點。㉖

朱爾汗人宣稱他們和以實瑪利後代有密切關係，主要源自聯姻，名正言順統治麥加。以實瑪利後代基於姻親身分，不但獲准住在流淚谷，有些甚至獲得神職的崇高地位。朱爾汗人統治麥加好幾個世代。他們當家期間的大部分時期，麥加相對平和，但資料顯示，朱爾汗人逐漸變得貪婪，怠忽職責。他們非但未保護交錢的朝聖者並維護聖殿的平靜，反而開始搶奪朝聖者。更糟的是，他們竊取朝聖者放在卡巴的禮物和供品。[27]小偷會爬進那棟沒有屋頂的建築，能偷的就偷。因此該區域的神聖本質已蕩然無存。情侶在聖殿中交合或從事其他不合宜舉動，被逮到的例子屢見不鮮。

朱爾汗人的領袖名叫穆達德．伊本．阿米爾（Mudad ibn Amer），自稱是以實瑪利岳父的後人。他擔心，聖殿的諸神會因為罪行處罰他的族人。早期跡象很明顯：滲滲泉水量開始減少。穆達德因而收集聖殿的寶物——據說包括一對黃金瞪羚和高級的劍——然後藏在乾涸的井裡，以免被偷。接著，他逃到沙漠，等待麥加的神審判。

在遙遠的葉門薩巴（Saba），被認為是古代工程奇蹟之一的馬里卜（Marib）大壩逐漸崩解。水壩處於失修狀態超過一世紀——根據銘文和紀錄，年代介於第四到五世紀之間。水壩即將崩潰，淹沒薩巴市。市民接到神職人員警告後，決定往北遷移避難。難民們抵達麥加時，朱爾汗人不歡迎他們，以實瑪利後代則伸出援手。雙方隨後大打出手，朱爾汗人慘敗，戰士遭到屠殺，婦女成為奴隸。穆達德從阿布．古貝斯山俯視，看到麥加的情況後痛哭，並吟誦以下詩句：

女性朗誦者，淚如雨下，
哭得眼眶都紅了，
說：「從哈戎（Hajun）到薩法，宛如（從來）沒有
朋友或同伴在麥加的夜晚一起說話。」
我回答，我的心

狂跳，有如振翅的鳥兒：
「啊，我們是那裡的人，已經被滅絕。」

眼淚決堤，為了那片土地，
安全聖殿和神聖地點之所在。
為了鴿子不受傷害的殿堂哭泣，
牠們住得安穩。那裡還有麻雀，
以及未馴化的野獸。
如果牠們離開，會願意回來。[28]

勝利的一方也有自己的問題。遠來的部族爆發瘟疫。他們認為這是不祥之兆，決定不留在麥加。有些人前往歐曼（Oman），有些人到亞斯利普，有些人則到敘利亞。薩巴人當中，唯有胡札伊族（Khuza）決定在麥加定居。他們希望以實瑪利後代回到麥加，再度擔任卡巴的守護者。然而，以實瑪利後代自相殘殺，胡札伊人因此看守卡巴。為了消弭敵意、保障和平，胡札伊的統治家族魯亥伊（Luhayy）和穆達德家族結盟。藉由這個聯盟，魯亥伊大約在基督教時代的開端於麥加建立繁榮國度。

魯亥伊的領袖阿姆爾（Amr）非常慷慨。他竭盡所能供應衣食給朝聖者，毫不猶豫宰殺自己的駱駝讓客人有肉吃。可是，他真正的名聲來自另一方面：傳說他是第一個引進泛神信仰到麥加、將偶像帶到聖殿的人。起先，有人送他一尊胡巴爾神像；胡巴爾是會提供指示的神祇。這尊神像以瑪瑙雕刻，有象徵神諭的箭。神像受損後，家財萬貫的阿姆爾以黃金修補神像的手部，然後將神像安厝在卡巴的聚寶池最上方。後來，其他家族紛紛把自己的偶像放在卡巴庭院，包括太陽神馬納夫（Manaf）、撐起彩虹的庫札赫（Quzah）、鷲神納瑟（Nasr）。這些雕刻受到希臘羅馬藝術啟發。例如，馬納夫具有明顯的希臘風格太陽神特徵。麥加眾神當中，三位比較活躍的神祇具有特殊地位，廣受阿拉伯人崇拜：母神拉特（al-Lat）；代表朔月的命運女神瑪娜特（Manat）；掌管愛、性和美麗的女神烏札（al-Uzza），她也被認為是女魔鬼。三位女神對附近地區的岩石和樹木具有超自然影響力。據說烏札經常在那克拉谷（Nakhla）的三棵樹顯靈。塔伊夫因為有一顆岩石屬於拉特而變神聖。㉙

到麥加朝聖，此時已變成純粹的泛神信仰活動。魯亥伊引進一些必須嚴格遵守的規矩和儀式。他們最重視的是盡力賺錢。朝聖日期每年由靈媒計算，而且安排和區域內一系列節慶搭配舉行。朝聖者前往麥加途中會先參加較小的慶典，然後抵達聖殿參與主要的儀式。塔伊夫附近的烏卡茲（Ukaz）會舉行詩歌比賽，民眾聚集聽詩人展現文筆和朗誦本事。有的作品是四音節短詩（rajaz），韻律有如駱駝的步伐節奏；有的作品是經典詩歌和長篇頌詩（qasidah），內容歌詠神祇、阿拉伯偉人和被施魔法的美女，或相關寓言、沙漠冒險故事。

或許也有針對真正或假想敵人的尖酸刻薄諷刺詩。神諭選出最佳的七首詩，會以手工寫在板上，然後釘在卡巴牆上。比賽結束後，詩人加入朝聖者行列。朝聖隊伍由術士和巫師帶領，充滿歡樂、繽紛氣氛，是移動的宗教馬戲團。隊伍中有些駱駝載滿地區內所有領袖和統治者贈送的禮物；還有祭祀用的駱駝，牠們披掛符咒和法器，載著各部族崇拜的偶像。根據二十世紀的土耳其裔麥加歷史專家阿汨勒．埃辛（Emel Esin）所述：

靈媒被附身，根據上身的鳥神或蛇神種類發出鳥鳴或嘶嘶聲。民眾認為可藉由打結影響別人命運的巫師披頭散髮，口中念念有詞。樂師敲鈸搖鈴鼓。朝聖群眾魚貫跟在後面，有些人穿著阿默贈送的葉門條紋長袍，袍子以阿拉伯染料染成樸素的顏色。[30]

人群不缺娛樂，在地椰棗酒和比較高級的敘利亞酒供應不絕，還有舞孃、雜耍藝人、魔術師，以及賭博和賣淫的機會。

節慶場地有如古代版的購物中心。現場有琳瑯滿目的地方產品，例如花梨木、精油、香水、金銀、阿拉伯山脈的寶石。也有進口奢侈品：印度香料、中國絲綢、埃及精棉、小亞細亞的加工皮革、巴斯拉的盔甲、來自非洲和波斯的奴隸。還有基本民生必需品：駱駝從阿拉伯半島以外地區運來的穀物、附近地區綠洲生產的蔬果。草藥醫師幫生病的人看病，外科醫生巡迴幫人治療骨折或開刀，牙醫為牙齒缺損的人裝金假牙。

不同朝聖隊伍參與節慶、詩歌競賽，甚至飲酒狂歡之後，會全部聚集在穆茲達理法。這個開闊區域距離麥加幾英里，但剛好進入神聖區範圍。麥加顯要穿著飄逸長袍迎接客人，他們的長袍反映地位和宗教角色。麥加的大祭司會點燃營火。麥加統治者的賓客和盟友會住進他們的營地。以實瑪利後代的客人住在猩紅色皮帳篷。其他人，包括普通人、貝都因人、住在距離麥加太遙遠地方的人、不是貴賓的外國人、被自己部族放逐的人、乞丐和流浪漢，則被引導至剛好位於神聖區外的阿拉法特。這些人要等候訊號。日落之後，朝聖群眾一看到訊號，立刻奔向穆茲達理法的火堆，大快朵頤麥加人準備的盛宴。晚餐後，朝聖儀式繼續。民眾敬拜神聖的樹木和岩石，將項鍊、耳環、鼻環等豐富的供品獻給神像。民眾求神問卜。從穆茲達理法到麥加，沿途有祭壇宰殺牲畜祭拜。

接近卡巴時，朝聖民眾脫光衣服。少數人會以他們在麥加購買或借來的布料稍微遮掩，但大部分的人赤身裸體。八世紀的阿拉伯史家奚夏姆・伊本・卡勒比（Hisham ibn-al-Kalbi，八一九年卒）說，他們會邊跳舞邊拍手進入聖殿。聖殿當時已安厝三百六十尊偶像，包括亞伯拉罕與以實瑪利的塑像。他們繞行卡巴的同時吟唱：

讚美拉特和烏札，
以及第三位偶像瑪娜特。
她們是最尊貴的女性，
凡人祈求憐憫。㉛

穆罕默德在光明山休息恢復體力後，繼續往上爬。他覺得麥加的生活太沉重或喘不過氣的時候，習慣爬光明山反省、沉思。他對朱爾汗、穆達德和魯亥伊的阿姆爾了解多少？穆罕默德是「文盲」，不會閱讀也不會寫字。這不必然意謂他未受過教育。他是口述文化的結晶——歷史和傳統透過傳說、族譜敘述和更重要的詩歌代代傳承。他或許熟稔麥加的古代歷史：他應該一再聽過傳說、史詩、誦詩、諷刺故事，也聽過穆達德的感嘆、魯亥伊領袖阿姆爾的雙行句：

我們從朱爾汗接過卡巴守護責任，
要讓它繼續繁榮，免於任何

為非作歹者和不信者。
這個山谷的鳥獸不會遭到干擾。
我們是守護者，不輕易拋棄責任。
不！我們是它的子民，但會毀於
時代變化和多舛命運。[32]

麥加的故事不斷在大街小巷、廣場和集會場所，以及聖殿裡面和周邊傳誦。麥加人活出自己的歷史，並注入新氣象。穆罕默德在這個緊密的部族社會，必定對自己部族——古萊什族（Quraysh）——的歷史瞭若指掌。

以實瑪利後代組成的龐大部族古萊什族，在麥加古代歷史中具有特殊地位。最早在麥加留下印記的古萊什人是塞伊德・賓・吉拉布（Zayd bin Kilab），生於四〇〇年左右。他出生後不久失怙，母親法蒂瑪（Fatima）獨力撫養他和他哥哥祖赫拉（Zuhrah）。法蒂瑪隨後認識從約旦阿卡巴（Aqaba）至麥加朝聖的男子並再嫁。法蒂瑪的新丈夫把她和塞伊德帶回家鄉，年紀較大的祖赫拉則被留下來和族人同住。因此，塞伊德在古城亞喀巴長大，置身那巴提阿拉伯人（Nabatean Arabs，阿拉伯北部民族）環境。那巴提人從綠洲居住地控制阿拉伯和敘利亞之間的貿易網絡，勢力範圍涵蓋幼發拉底河到紅海。塞伊德在繼父家必定格格不入，因為他綽號「古塞伊」（Qusayy），意思是「小外地人」。他在麥加歷史中以古塞伊為人所知。[33]

古塞伊痛恨被視為外人，決心返回麥加。不過，他母親不同意他遠行，直到他剛成年，隨著朝聖隊伍沿沙漠路線往南走。他一抵達麥加，立刻尋找理想的妻子。他向管理卡巴和統治麥加的胡雷勒（Hulayl）、也就是胡札伊族酋長提親，說要娶他的女兒胡芭（Hubba）。胡雷勒父女非常欣賞這個聰明、英俊的年輕人。古塞伊和胡芭結婚，搬進丈人家住。胡芭生了四個兒子，每個都按照卡巴裡面的神取名。古塞伊的財富與日俱增，麥加人對他的敬重水漲船高。

等到胡雷勒年事已高，無法主持儀式、管理卡巴大門時，他要女兒接下棒子。胡芭轉而找丈夫接手，引起族人不悅。胡札伊人不滿長期以來族人相傳的神聖工作，竟如此隨便交給一個年輕的外族人。古塞伊自認是以實瑪利的嫡傳後代，因此比其他人更有資格管理卡巴、統治麥加。他決定把胡札伊人逐出麥加。他召集所有親戚幫忙，包括以實瑪利後代和那巴提人。不分遠近，大批幫手策馬於夜間迅速悄悄趕到。兩個陣營在距離麥加不遠的米納爆發血戰。戰鬥很快結束，結果一面倒：古塞伊和親戚陣營獲勝，他們同意由一位仲裁者決定戰敗方的前途。仲裁者裁定，胡札伊族和古塞伊有姻親關係，因此不應該被趕出麥加。不過，古塞伊如今已是毫無爭議的麥加統治者和首席祭司。古塞伊所屬的古萊什族原本散居附近地區，他要所有族人聚居麥加。漂流二千年後，以實瑪利後代回到祖先的起源地。

古塞伊是個精明的管理者和政治人物。麥加在他的領導下欣欣向榮，居民是單一部族而團結。當時卡巴附近沒有住宅。最近的民宅位於阿布・古貝斯山的山坡，可眺望山谷。滲滲泉已被人遺忘，位置不詳。古塞伊在卡巴四周蓋新房子，呈同心圓排列。最靠近聖殿的一棟是他自己的房子，從北側將塵土飛揚的卡巴庭院封起來；房子後方是兒子和近親的住家。更後面的房子按照嚴格的階級和地位規定劃分。越顯赫的家族或氏族住得離聖殿越近。和古萊什人結盟的部族，或被視為同級的部族（例如胡札伊族），也可在這裡居住。放逐者、奴隸、外國人全部安排住在麥加外圍。市區各處開挖新的井，讓大家有水可用。民房造型仿照卡巴，呈立方體而且只有一道門。大部分房子以當地粗石建造，但有的人使用土磚或燒過的磚，還有少數人用大理石、有色石頭或來自紅海的貝殼裝飾房子。有錢人的房子甚至有柱子撐起的挑高天花板，或設置種了一棵不搭調棕櫚樹的庭院。「商販會沿著狹窄街道叫賣香料、香水、在地或進口布料、衣服和涼鞋、皮製水袋、石製器皿、蜂蜜和椰棗、塔伊夫葡萄汁和居民主食小米。市內廣場的水井設有水槽，商隊可以把駱駝趕到這裡，讓牠們跪地卸貨喝水。」[34]

新建的麥加對商貿採取開放態度。前來朝聖、參加麥加周邊眾多市集的民眾，或純粹路過的駱駝商隊，都來者不拒。為了服務川流不息的訪客，需要安全措施和適當設施。防衛是每個在地部族和氏族的義務。按照部族法則，要人人為我，我為人人。每個氏族不但有責任保護自己人，也必須保護勢力範圍內的所有客人，包括朝聖者、追求刺激的旅人、商賈和外國賓客，而且保護他們可博得好名聲。古塞伊為了其他職責成立幾個委員會：負責麥加整體行政的市政委員會、宗教學者組成的顧問委員會、領導委員會、卡巴管理委員會。一些重要工作分派給不同家族：有的負責供水給朝聖者，有的負責收稅以支應供餐給貧窮朝聖者的開銷，有的則負責照顧馬匹和駱駝。此外，有處理緊急事件的委員會和負責涉外業務的外交官。掌控所有世俗和宗教事務大局的人正是古塞伊本人。聖殿內的儀式全部由他帶領、由他求神問卜、由他監督朝聖者的飲食供應。他的房子充當市政廳，委員會會議在他家舉行，民眾上門請求他核准各種事，包括和異族通婚的許可。打仗時，他親自帶隊戰鬥。

古塞伊採取的政策有兩大要素：統一和中立。他的目的是整合幾個麥加信仰為一個，藉此凸顯統一。每個麥加氏族的神聖圖騰和代表器物，一一拿到卡巴收集。他也鼓勵阿拉伯其他部族把代表器物和神物（fetish）送到卡巴，匯集成為共同的神聖場所。麥加內部和外來所有氏族的神祇由主神伊拉赫（Ilah，字面意思是「主」）掌管，朝聖行為和麥加氏族之間的統一皆以祂為後盾。

為了保障前往麥加的朝聖者和駱駝商隊絡繹不絕，麥加必須在區域內建立中立的名聲，而古塞伊希望達成宗教上和政治上的中立。那時候，北方的漢志已有強大的猶太社區，基督教在南方的葉門特別興盛。確實，猶太人領先基督徒，很早就在阿拉伯立足。早在西元前一世紀，猶太人即以商賈身分抵達漢志；第二聖殿七〇年被毀，以及羅馬人在一三五年將他們逐出耶路撒冷後，猶太人遷徙人數大幅增加。亞斯利普、海巴爾（Khaybar）、泰馬（Taima）和斐達克（Fadak）等城鎮都有許多猶太人，他們擔任農夫、工匠、金匠、高級盔甲製作師傅。據說，亞斯利普三分之一人口是猶太人。不過，麥加幾乎沒有猶太人，雖然市內的確有一些基督徒。最大的基督徒社區不在漢志地區，而是在阿拉伯南部的納季蘭（Najran）。漢志的修道院比教堂多，這些修道院由敘利亞修士建立。麥加人敬重基督徒，認為他們有學問；阿拉伯半島成立法庭之前，基督徒早已在南方幼發拉底河西岸的基督教城市希拉（Hira）法庭精通寫作技巧。此外，基督徒也因為詩歌能力備受尊敬。在阿拉伯半島東岸，祆教（Zoroastrianism）也很重要。麥加人歡迎所有多元信仰族群，並提供服務——他們不偏好任何人，而是邀請所有人路過麥加，參與節慶和朝聖活動。「甚至連信仰基督教的阿拉伯人也到卡巴朝聖，將阿拉當作造物主敬拜。」[35]

地理上而言，麥加幾乎和區域內三大政治強權距離相同。麥加位於敘利亞和葉門的中間點，距離控制現代伊拉克的波斯薩珊（Sassanid）帝國也差不多一樣遠。古塞伊希望和這些大國相安無事，並保持麥加和統治部族古萊什族的中立。古塞伊崛起過程中，利用拜占庭帝國對麥加的興趣：他借助拜占庭的協助完全控制麥加，但不進入他們的勢力範圍。他知道，羅馬人和阿比西尼亞人都對漢志虎視眈眈，已經把觸角伸進這個地區。的確，阿比西尼亞人已經派兵往北推進到亞斯利普，以對付貿易路線上的猶太人群居處。對於一個想要發橫財，想提供很多機會讓修士、宗教學者尋找皈依者的帝國，麥加是頭號目標。保持中立並非易事。不過，古塞伊設法積極落實中立政策，並繼續掌控造就麥加富裕的南北貿易。他去世的時候，麥加已建立頗高聲望，古萊什人被認為是重視榮譽和誠信的可靠部族。

古塞伊作古後，生前職務由家人分擔。這樣做會導致家庭內鬨，而古塞伊死後沒多久就爆發內戰，他的子孫彼此兵戎相見。戰爭結束時，贏家顯然是他的雙胞胎孫子：阿布都．夏姆斯（Abd al-Shams），外號「太陽的僕人」；阿默（Amer），又稱奚夏姆（Hisham），意思是「撕麵包的人」，因為他分送麵包給朝聖者。這對有禮貌、脾氣好的年輕兄弟平分祖父的工作，奚夏姆這房繼續負責供應朝聖者的飲食。

奚夏姆文質彬彬、為人慷慨出了名，經常到區域內各地談生意。他有一次到亞斯利普，結識並愛上哈札爾族（Khazar）貴族閨秀薩勒瑪（Salma）。兩人結婚，薩勒瑪一年後生下兒子謝巴（Shaybah）。奚夏姆未能親眼看著兒子長大。謝巴出生後不久，奚夏姆到加薩出差時過世，托孤給兄弟穆塔里布（Muttalib）。謝巴當時仍和母親住在亞斯利普。

年幼的謝巴和母親一起生活到七、八歲，對射箭產生濃厚興趣。穆塔里布後來終於到亞斯利普把謝巴帶回他父親位於麥加的家族時，擔心薩勒瑪不願放人。他抵達的時候，看到一群男童在幾位長者注視下玩耍。穆塔里布問長者是否認識他姪子，他們指著謝巴說：「認識。」他們還說：「這是你兄弟的兒子，如果你想帶他走，現在就行動，免得他母親發現。如果她知道，一定不會答應，那我們只好出手阻止你帶走他。」穆塔里布朝謝巴喊：「姪子，我是你叔叔。我要帶你去你父親的族人那邊。」[36]小小年紀的謝巴毫不猶豫，爬上叔叔的駱駝。穆塔里布和謝巴一大早抵達麥加，當時麥加人正在開會。穆塔里布穿著番紅花色的高級長袍、佩掛古萊什貴族的紫色肩帶，謝巴則穿著弓箭手的樸素衣服。麥加人以為穆塔里布買了一個新奴隸，所以給謝巴取了阿布德・穆塔里布（Abd al-Muttalib）的外號，意思是穆塔里布的僕人。謝巴就以這個名字留在史書上。

阿布德・穆塔里布繼承叔叔的工作，供水給朝聖者喝，並收稅買食物，供應貧苦的朝聖者。供水的任務導致他再度找到滲滲泉，這股以實瑪利時代的泉水埋在沙子底下已經數百年而被人遺忘。他也協助建立麥加境內部族的聯盟，避免爭端和流血衝突。這些努力大幅提升他的聲望和影響力，他因而成為麥加領袖。麥加欣欣向榮，泛神信仰成功抑制基督教，麥加的偶像崇拜作法也和猶太教達成妥協，並吸納許多猶太教傳說，所以能吸引叛逆的猶太部族。最興隆的產業是偶像崇拜的生意。卡巴是偶像崇拜的中心，不但讓麥加人財源滾滾，也獲得相當大的敬重。

對於麥加的財富，其他部族和阿拉伯行政區都看在眼裡。有些部族，包括阿拉伯南部的乇山部族（Ghassanis），興建自己的聖殿，和麥加搶生意。最宏偉的建築位於葉門首府閃阿，特地設計來引開前往卡巴的朝聖者。這個構想來自阿卜拉哈（Abrahah）——六世紀中葉統治葉門的阿比西尼亞王國的基督徒總督。阿卜拉哈的壯觀教堂稱為卡利斯（al-Qalis），有華麗家具和精美塑像。阿卜拉哈認為，他的教堂不但能吸引阿拉伯各地朝聖者，也能吸引麥加人。可是，沒有人上門。泛神信仰的阿拉伯人繼續把麥加視為唯一值得朝聖的城市。葉門人前往麥加途中路過這座新蓋的教堂，甚至連進去也不願意。阿卜拉哈覺得，要增加教堂的客源，唯一辦法是摧毀舊的聖殿，除掉對手，因此在六世紀末率領大軍從閃阿出征；當時他特地從阿比西尼亞引進一頭大象當作坐騎。[37]

阿卜拉哈的部隊在穆噶瑪斯（al-Mughammas）紮營，地點距離麥加不遠。他派一批騎兵搶奪任何找得到的麥加人財產。騎兵搶到一些牛和兩百頭屬於阿布德・穆塔里布的駱駝。阿卜拉哈接著捎信給阿布德．穆塔里布：「我不是來和你交戰，我來這裡純粹要摧毀天房。如果你不抵抗，我沒有必要殺你。」麥加人評估局面，已認定自己絕非阿卜拉哈的敵手。阿布德．穆塔里布宣布無意戰鬥之後，阿卜拉哈邀請他和其他麥加領袖面商。

阿布德．穆塔里布是個英俊、氣宇軒昂的男子。兩人見面的時候，阿卜拉哈為他的氣勢折服，因此離開座位，和阿布德．穆塔里布並肩坐在地毯上。

阿卜拉哈透過通譯問：「你有何條件？」

「我要拿回我的財產，你搶走的兩百頭駱駝。」

阿卜拉哈大感意外。他回答：「我看到你的時候，佩服你是號人物，但聽到你開口，我失去敬重。你說要討回你的駱駝，卻未提到天房。我來這裡摧毀天房，那可是你們的宗教，也是你祖先的宗教的一部分。」

「我是那些駱駝的主人，想把財產要回來。」阿布德．穆塔里布回應。「至於卡巴，它自有主人保護。」

阿卜拉哈回答：「沒有人保得了它。」說完，叫麥加領袖們離開。[38]

阿布德．穆塔里布回到麥加後，通告市民立刻撤離，退到附近的山丘。不出幾小時，麥加空無一人，任由阿卜拉哈的勁旅宰割。阿卜拉哈乘著裝飾華麗的大象領軍前進，大軍逼近麥加，卡巴和麥加的滅亡似乎迫在眉睫。然而，此時出現一個奇特場面。

阿卜拉哈的坐騎開始不聽話。要牠朝麥加走，牠卻坐了下來。大象挨打，但不為所動。要牠朝葉門方向移動，牠就起身開始奔跑。要牠往東朝敘利亞走，牠開始快跑。可是，要牠往麥加方向衝，牠又坐了下來。

接下來的發展更驚人。阿卜拉哈的軍隊爆發致命疾病，可能是天花。疫情在官兵之間迅速蔓延，喪亡人數一發不可收拾。軍隊還遭到一波波鳥群啣石塊攻擊致死。阿卜拉哈看了嚇壞，下令部隊撤回葉門。他們逃離流淚谷的過程中官兵持續折損。等到阿卜拉哈回到閃阿，部隊已全軍覆沒。阿卜拉哈也病倒，甚至可能死亡。他也可能是三年後在波斯將軍瓦里茲（Wahriz）入侵葉門時喪生。不過，麥加人目睹的特殊景象留下痕跡：麥加的名聲更上一層樓，麥加人地位高人一等。如今，阿拉伯半島的歷史可從「象年」（'The Year of the Elephant'）開始計算。

阿布德．穆塔里布現在把重心轉向私事。他想要擁有大家庭，發誓說，如果神明給他十個兒子，他會將其中一個孩子獻祭偶像。他如願生了十個兒子，為了履行誓言，他按照古代麥加挑選人選的方式：用藏在胡巴爾神像底下的箭抽籤。阿布德．穆塔里布的么兒、也是最疼愛的兒子阿布都拉（Abdullah）抽到短籤。他的心意開始動搖。阿布都拉的生母和外婆家親戚也不高興，他們告訴阿布德．穆塔里布：「阿拉！你不能把他獻祭，一定要找到理由不這樣做。如果要花光我們的財產救他，我們願意。」❸❾他們建議阿布德．穆塔里布找人占卜，看看有沒有解決的辦法。神明的指示如他所願：殺一百頭駱駝，可以贖阿布都拉的命。阿布德．穆塔里布如釋重負，殺駱駝獻祭，然後帶著么兒到亞斯利普探親慶祝。

塑造麥加政治環境和社會生活的先祖，生命似乎遵循相同循環模式。阿布都拉在命運安排下邂逅並迎娶亞斯利普一個名門女子，名叫阿米娜（Aminah）。她父親是地方仕紳瓦哈卜（Wahab）。阿布都拉也不可免地踏上商貿旅途。可以預料，他一抵達敘利亞就生病。他返回亞斯利普，在那裡病逝。此時，阿米娜已經懷了穆罕默德——不是別人，正是我們跟隨前往光明山、追尋他祖先來歷的穆罕默德。

這時候的麥加和古塞伊時代不可同日而語，景氣變得蕭條。海運路線如今暢通，搶走不少生意。駱駝商隊日漸減少，經濟陷入困難，導致有些人殺嬰。不過，麥加人繼續篤信古老的宗教，也就是他們經濟發展的根源：偶像崇拜。

穆罕默德在麥加的泛神信仰環境長大。如同市內大多數人，他成為商人。而且他和父親、祖父、曾祖父一樣，進入駱駝商隊貿易行業，前往敘利亞做生意。他經由貿易和其他交易，博得「靠得住」、「老實人」外號，但未像父祖們和亞斯利普的名門閨秀結婚。穆罕默德二十五歲時迎娶麥加的哈蒂嘉（Khadijah），她是個「名聲和財富兼具」㊵的較年長婦女，被他的生意頭腦和為人打動。穆罕默德對麥加和泛神信仰沒有太大興趣，但麥加和當地人將對他有所要求。

穆罕默德三十五歲左右時，卡巴失火，建築物部分毀損。火災原因似乎是某個婦女在殿內焚香，火勢一發不可收拾。古萊什族決定重建卡巴並擴大規模。卡巴原本只及男人高，小偷輕易可以竊取寶物。卡巴沒有屋頂，門檻貼近地面，而當地經常河水氾濫，水會漫過門檻。麥加人打算加裝屋頂，並將建築物高度提高一倍。剛好，一艘拜占庭船隻在附近的吉達港岸邊擱淺，麥加人得以拆下船的木板，供新建築使用。一名擅長木工的基督徒科普特（Copt）正好到麥加。重建卡巴的工作萬事俱備。

然而，重建之前，必須拆除殘存的毀損構造。麥加人害怕眾神發怒，因而卻步。過了一段時間，一個名叫瓦利德．賓．穆皮拉（al-Walid bin al-Mughirah）的男子挺身而出，宣布「由我開始拆」。他一邊舉起尖嘴鋤動工，一邊吟唱：「主啊，不要害怕。主啊，我們只有善念。」㊶他拆了大半天，只敲掉兩個角落的一小塊。翌日上午，他回到卡巴繼續拆。其他人看到他沒有遭遇不測，便加入拆除卡巴的行列。

接著，卡巴以一層層交疊的柚木和石頭重建。麥加各族分工合作，每一族都要收集石頭，興建自己負責的那一部分結構。工程按計畫進行，卡巴高度加倍，並增設屋頂。一道門設於離地高處，以後要進入的人必須仰賴梯子。最後只剩一件物品：黑石必須安放定位。麥加人開始爭論，應該由誰安放黑石。大家拔刀相向，放話不惜流血。麥加連續四天劍拔弩張，暴力衝突一觸即發。

接著，在第五天，麥加人又聚集在新建的卡巴周圍，再度嘗試解決爭議。一位老人家上前提出建議，他的名字叫穆皮拉·賓·阿布都拉·賓·歐瑪爾·賓·瑪赫朱姆（al-Mughirah bin Abdullah bin Umar bin Makhzum）。穆皮拉建議激動的群眾讓第一個進入聖殿的人決定。群眾接受這個建議。

穆罕默德是第一個走進聖殿門口的人。大家說：「你是可靠的人，我們同意接受你的決定。」[42] 穆罕默德請人拿來一件披風。披風拿來後，他把披風攤在地上，然後親手舉起黑石，置於披風中央。接著，他說：「每一族抓著披風布角，大家一起把石頭抬起來。」[43] 這個公平的安排讓眾人點頭稱是，大家一起把黑石抬高到適當高度。穆罕默德接著把石頭安放定位。卡巴的改建大功告成。

穆罕默德花了一整天爬光明山，想的就是當時情景。卡巴改建落成剛滿五年。與麥加相關的泛神信仰和聖殿已存在幾百年甚至上千年。這段歷史讓他極為困擾。他開始爬最後一段路，這段路相對較輕鬆。山頂地面漸趨平坦。他沿著走過許多次的小徑行走，迂迴爬到山頂，然後進入藏著一個洞穴的區域。他在洞口暫停，轉身最後一次眺望麥加。閃爍的夕陽慢慢沒入地平線。他在餘暉中只能看到麥加輪廓，最後看著它被夜幕籠罩。

他走進洞穴。

第二章

'I Love Thee More Than the Entire World'

我愛你勝過全世界

他們對穆罕默德褻瀆言論的影響憂心忡忡。他們認為，穆罕默德批判他們的諸多神祇，可能帶來厄運、饑荒、不孕和流血衝突及戰爭。麥加一小撮有權有勢者早就想把叛逆的穆罕默德斬草除根。穆罕默德逃往亞斯利普那晚感嘆：「麥加啊，我愛你勝過全世界，可是你的子弟不留我活路。」

穆罕默德從山洞出來，成為先知。他後來表示：「我睡覺的時候，大天使加百列（the Archangel Gabriel，也就是吉卜利勒）帶來一大塊布，上面寫了字。他說：『唸出來。』我回答：『我不會唸。』他用力壓住我，幾乎讓我窒息，我以為自己快死了。他後來放開我，又說：『唸出來。』我回答：『要唸什麼？』我這麼說，純粹是要擺脫他，因為我怕他會再度壓我。」❶

穆罕默德轉述的內容是：「唸！以創造的真主名義：祂用一團泥土創造人類。唸！你的真主萬能，祂用筆教導，把人類不懂的事教會。」❷夢中景象變成啟示。

神的啟示沒有客觀方法檢驗，也沒有科學證據可評估。即便對信徒而言，神啟也是超乎平常理解的經驗。正如艾略特（T. S. Eliot）說的，那是永恆與時間的交會。凡人或許偶爾會對文章所描寫的這種深刻體驗的時刻驚鴻一瞥，這正是艾略特詩作〈四首四重奏〉（The Four Quartets）的主題。❸就定義而言，先知並非凡人。六一一年齋月（Ramadan）第二十七天在希拉山洞發生的事情，唯一實質證據是穆罕默德的說法，以及他從光明山帶下來的訓示。

希拉山洞中的經歷，改變穆罕默德的餘生。此後，他不斷遇到獨特、超乎意識的經驗。他在山洞中聽到的話是一連串啟示的開端，這些啟示後來稱為《古蘭經》（字面意思是誦讀）。有人問：「啟示出現時感覺如何？」穆罕默德回答：「有時候，它像鐘響震盪，這是最難適應的情況；接著它離開我，而我從啟示領悟主說的話。有時候，天使以人的模樣出現、跟我說話，而我聽得懂他說什麼。」❹

接下來二十三年，他每次獲得的啟示都讓《古蘭經》內容逐漸豐富，而《古蘭經》一再自稱是「經典」。經典這個詞意謂有作者、是特意的創作。穆斯林信仰的基礎是，經典的起源和作者是真主。要成為穆斯林，就要相信《古蘭經》是主直接說的話，透過加百列傳達給穆罕默德。先知以傳遞這些話的信差身分回到麥加，他肩負重責大任，要把神啟的第一手經驗傳達給自己族人以至全人類，並讓所有人聽得懂、覺得有意義。

在任何時代，信仰的本質是：接受訓示。這不意謂信仰是盲目接受，它應該是經由理解獲得知識的過程。接受《古蘭經》文字體例、內容和意義博大精深的穆斯林，全部都宣告它們是主的話。穆斯林也認同穆罕默德的證言，相信他誠實地依照原文轉達聽到的話。但啟示的文字以及穆罕默德解釋自己的經驗、描述他本身言行的文字之間存在明顯差異。

我們生活在多疑的時代，文字的說服力量持續受到質疑，情況日漸嚴重。從廣告詞和當中花言巧語的保證，到不勝枚舉的政治辭令的跳票承諾和幻滅烏托邦，或是根據這種說詞引發和達成的重要承諾，使我們對別人的話保持極大的合理懷疑。我們尋找其他替代方法驗證。然而，找不到其他證據時，我們要回歸倫敦證券交易所曾經通行的一句話：「我的話就是擔保。」人的本質——一個人的品德、個性和行為——經過評估，可決定他說的話是否信得過。言語確實是我們最後的憑藉。就這方面來說，我們和第一次聽到穆罕默德帶回麥加的話、聽到他所描述體驗的麥加人沒有兩樣。

我們應該如何因應最驚世駭俗的說法？假如我們生在當時，或嘗試想像現在有人宣稱自己是先知，情況會如何？這樣的場面經常引起戲劇作家、小說作家遐想，不論是以直接或隱喻方式表達。不過，重新思考自己探索麥加的活歷史學到的所有事物之後，我了解到，虛構的推測對史料中未發生的事沒有幫助。如果擺脫穆斯林閱讀有關麥加資料伴隨產生的神聖和數百年的尊敬態度，讀這些敘述的時候，麥加就栩栩如生。從小缺點到暴戾之氣，人性顯露無遺，包括經商者的市儈、欺騙，以及為了改革社會而表現的高尚情操、美德和堅決的自我犧牲。

除了我小時候讀到的宗教故事，還有更多關於真實人物、人性優缺點的動人故事，讀起來更具說服力。我覺得，當人家說《古蘭經》向麥加社會說話時，我們應該理解的特質正是這個。《古蘭經》藉由挑戰人類體認、接納、落實適合大環境的普世與永久道德原則，解決人類的脆弱和失去作用的特定社會秩序。從這方面而言，穆罕默德的任務對麥加當時現狀和那個時代的挑戰，和對現代人的挑戰一樣重大。

人類的反應從穆罕默德開始。他在洞穴中的體驗並非炫目的瞬間轉變。他走出山洞時，沒有突然了解自己成為重要人物的意氣風發。他害怕萬分，感到迷惑，嚇得幾乎說不出話。他衝下山回到麥加，試著釐清所見所聞和記得的內容。他一回到家，立刻緊抱妻子哈蒂嘉，身心靈一片混亂。安慰他、提供建言的是哈蒂嘉——年紀比他大的女性、他四個尚存孩子的母親，也是佩服穆罕默德人品和誠信而主動提出婚事的婦女。率先肯定啟示真實性的人，正是最熟悉先知本性和人格的人。

學者認為，穆罕默德又過了兩年（到了六一三年），才再度獲得啟示；他在這段期間充滿疑慮、舉棋不定甚至絕望。不過，洞中經歷非同小可，他無法置之不理或保持沉默。穆罕默德把經驗告訴家人和摯友，而這麼驚人的故事顯然無法保密。麥加不是大城市，當時只有幾千名人口，而且所有人因為緊密且交錯的家庭、部族和經濟關係相連。麥加人聽說穆罕默德宣稱從他主張的唯一的主得到訓示。畢竟，他如此頻繁到山上靜修，就是為了追求這個理念。然而，只要這件事屬於私領域，是一個值得尊敬的、和善公民的個人異想天開，它可以繼續成為茶餘飯後話題。它尚未具備可能造成麥加天翻地覆的大事特徵。

但麥加從此不一樣。獨特的經驗再度出現時，帶來的訊息清晰明確，穆罕默德被召喚要當眾宣告，麥加人的泛神信仰根基虛假，會導致他們自我毀滅、死路一條。啟示要穆罕默德告訴麥加人，「祂是唯一的主，永遠的主。祂沒有生下誰，也不是誰所生。沒有人能和祂相提並論。」❺啟示說，祂不是聖殿裡的眾多神祇，而是保佑古萊什族前往敘利亞的駱駝商隊平安、冬天和夏天都出入平安的主。「讓他們崇拜這屋的主。」❻啟示要麥加人以平等、和善態度互相對待，不要「對孤兒嚴厲」或「責罵求助的人」，而是要「談論主的仁慈」❼、樂善好施，要相信死後有來生、審判日。當審判日來臨時，「天使將匯集為惡之人、其他同類人，以及相信主之外的人，把他們帶到地獄」❽。啟示也指責麥加首長忽略弱勢者的苦境——「你們這些人不敬重孤兒，你們不鼓勵彼此賑濟窮人，你們貪婪地揮霍遺產，而且熱愛財富」❾——並形容麥加人是「偶像崇拜者」，是「最差勁的創造物」。❿

麥加領袖們驚恐不已。這些描述不但傷害他們的尊嚴和自我價值感，也顛覆他們的世界觀和所有衍生的看法。穆罕默德正在背棄自己族人的神祇、信仰、傳統作法和祖先。他也堅稱他的主和他們的神格格不入——他的主獨一無二、無所不包、是始祖，是所有阿拉伯人的創造者。這不但是宗教宣言，也是政治宣言。這意謂源自祖傳泛神信仰且獲得認可的部族區隔子虛烏有。穆罕默德主張的不僅是一套不同的信仰，也包含截然不同的社會和政治秩序。啟示強調孤兒和窮人，以及施捨並避免炫耀財富，顯示穆罕默德正在尋找新的社會團結基礎。他將現有以部族和貿易為基礎的生活方式斥為墮落，不適合此生的目的和來生。他的訊息直搗維繫麥加封建制度和所有依賴此制度者的權力源頭的根基。

麥加人的恐懼在聽到啟示的內容後舒緩一些。麥加人浸淫於詩歌，但即便以他們本身的高文學水準評比，穆罕默德的啟示也無與倫比。這個現象讓麥加人大吃一驚。他們說：「這不是詩歌」，是別的東西。也許是妖術，或是詛咒。他的話是占卜者說的，還是被鬼附身的詩人所言？他們的臆測是以當時的常見信仰為根據，必定遠比穆罕默德的說法較不荒誕。

穆罕默德開始號召民眾加入，但在一個按照階級和特權組織的社會中，麥加上流階層最初對他的早期追隨者嗤之以鼻。第一批皈依者來自他的近親。他的忠誠妻子哈蒂嘉、年輕堂弟阿里（Ali）和真心老友阿布・巴克爾（Abu Bakr）毫不遲疑就認同他是先知。並非每個麥加人都是泛神論者，城裡有一些放棄崇拜神祇的知名人士，稱為哈尼弗（Hanif），他們沒有自己的宗教，但相信只有一個神，自稱亞伯拉罕的追隨者或真理追求者，有些哈尼弗具有神祕主義傾向。接下來皈依的就是這群人，⓫他們不遵循社會傳統，沒有任何人在古萊什階級制度中擁有任何榮譽頭銜——他們大都是窮人，有些是奴隸。他們因為窮苦遭到古萊什人蔑視，幾乎不會形成制度的挑戰，遑論威脅。古萊什人戲謔這些地位低下的人說，「他們是比我們更受神青睞的人？」

只要穆罕默德暗地宣揚理念，麥加的領袖們可以把他當成暫時失常而一笑置之。可是，穆罕默德開始公開批判偶像崇拜後，嘲笑變成疑慮。一批古萊什領袖向穆罕默德的叔叔阿布・塔里布（Abu Talib）抱怨。阿布・塔里布是穆罕默德所屬哈希姆家族（Banu Hashim）的族長，委婉否認他們的指摘。不過，穆罕默德宣傳伊斯蘭的聲浪越來越大，麥加領袖階層知道此舉的影響，因而日漸憂慮。一群代表再度上門找阿布・塔里布。他怎麼可以坐視姪子詛咒他們的神、汙辱他們的宗教、瞧不起他們的生活方式、指責他們的祖先犯錯？他們斬釘截鐵地告訴阿布・塔里布：「叫你的姪子閉嘴，否則要他好看。」

我們如今知道，阿布・塔里布和姪子的關係是穆罕默德傳教成功的關鍵，但有意思的是，這項關係同時充滿矛盾。就我們所知，兩人血濃於水。阿布・塔里布按照家族傳統，收養七歲的孤兒穆罕默德，還一手養大這個孩子，教他做生意的入門功夫，並帶他參加駱駝商隊見識世面。多虧叔叔，穆罕默德在麥加占有一席之地。

我們透過穆罕默德傳記作家、歷史學者伊本・易斯哈格（ibn Ishaq）得知，阿布・塔里布顯然明白局面越來越嚴重，他把穆罕默德找來，告訴他：「不要讓我承受能力範圍以外的負擔。饒了我，也饒了你自己。」穆罕默德害怕自己即將失去叔叔的庇護，含淚回答：「以主之名，如果他們以我放棄這道路為條件，讓我右手掌握太陽，左手掌握月亮，我也絕不放棄，直到我勝利或喪命。」穆罕默德轉身離開的時候，阿布・塔里布把他叫回去：「你想說什麼就說，因為以主之名，我永遠不會拋棄你。」⑫

阿布・塔里布並未宣布自己皈依。他是個慈愛的叔父，接受姪子的良知宣示是真實訊息，不論這種宣示對其他人造成多大困擾或焦慮。矛盾之處是什麼？穆罕默德傳播的理念是要顛覆、完全取代部族團結的信念和傳統。然而，正因為阿布・塔里布提出保證團結的原則，穆罕默德才得以人身安全無虞，並因此能夠繼續追求使命。這是人類互動的矛盾，也是推動新理念通常要依賴傳統方式的矛盾。麥加千百年歷史中，這種矛盾一再出現。

古萊什人了解阿布・塔里布不會放棄姪子後，再度上門，提出一個駭人的殘酷建議。他們帶了一名健壯、英俊的年輕男子同行。他們告訴阿布・塔里布：「收養他當兒子，他頭腦聰明，可以扶養你。你把反對我們宗教和我們祖先宗教的姪子交給我們，讓我們把他殺了。一個換一個。」阿布・塔里布回答：「以主之名，這是邪惡的交易，我絕不答應。」⑬

麥加人再度被攔阻，如今面臨兩難。他們認為，穆罕默德對既有秩序造成威脅。但矛盾的是，他獲得他想顛覆的家族保護。麥加領導階層不能殺他，因為殺他會引發無法遏止的流血衝突。因此，他們尋找程度低於謀殺的其他辦法，讓穆罕默德日子難過。他們一有機會就找他麻煩、出言恐嚇，在他行進方向扔荊棘和垃圾，有機會的話拿石頭砸他。至於穆罕默德的追隨者，那些沒有家族保護的人，則遭到毆打、凌虐甚至謀殺。

反對穆罕默德的勢力來自幾個麥加顯赫人物。穆罕默德的死對頭包括另一個叔叔阿布・拉哈爾卜（Abu Lahab），他最年長的親人、古萊什族的重要領袖。阿布・蘇富揚（Abu Sufyan）和他的妻子辛德（Hind）也是，阿布・蘇富揚的財富在麥加人人稱羨。還有阿布・賈赫勒（Abu Jahl），他是想要統治麥加的馬克祖家族（Makhzum）的族長。他們基於各自利益盤算，共同反對穆罕默德。他們心想，如果要由麥加人擔任先知，為什麼不是他們當中一人得到這個身分？為什麼不是麥加的貴族？如果麥加一定要成為另一個宗教的誕生地，它的領袖必須有錢有勢，其他資格匪夷所思。

此外，他們對穆罕默德褻瀆言論的影響憂心忡忡。他們認為，穆罕默德批判他們的諸多神祇，可能帶來厄運、饑荒、不孕、流血衝突及戰爭，麥加經濟的衝擊或許最令人擔心。聖殿和諸神是麥加的主要收入來源，朝聖者付過路費進城，必須買合乎準則的服裝，才能到聖殿參與儀式，也必須花錢買供品。麥加不但擁有舉世最古老的神殿之一，也是資本主義的殿堂。麥加宗教生活的輪子能轉動，有賴哈姆人（Hums）的潤滑。哈姆人是很早以前就住在麥加的精英族群，宣稱是亞伯拉罕的子孫，以嚴格遵守宗教規矩聞名。不過，他們很懂得賺錢，例如發明新的儀式創造新財源。

麥加領袖在穆罕默德的傳教內容中，察覺到和基督教雷同的模式，而這也會帶來經濟上的麻煩。基督教和阿卜拉哈與其他從葉門移居麥加的外人有關聯，而且是他們痛恨的拜占庭帝國的信仰；拜占庭和波斯相爭數百年，想在阿拉伯取得立足之地和優勢。不過，會因為任何一神信仰言論受到最大傷害的領域，是依賴泛神信仰民眾的麥加經濟。穆罕默德在市區內廣場傳教，不但讓麥加領袖無法接受，本身也是危險的舉動。

他們必須拿出對策，以便保存並強化麥加千百年來建立的社會體系。古萊什人不斷尋找新策略，並改變攻擊方法和地點。直接對抗穆罕默德，而非透過中間人對付他的時候到了。麥加人派出他們的領袖之一烏拔・賓・拉比亞（Utba bin Rabia），他是個見多識廣的聰明人，圓滑又擅長談判。他採取利誘的外交手法。他看到穆罕默德獨自坐在聖殿，於是在旁邊坐下來。據說，他以熱情的口吻說：「姪子啊，你是自己人，屬於貴族，祖先有頭有臉。聽我說，我有些建議，或許你可以接受其中一個。」穆罕默德同意聽他說，烏拔因而說下去。「如果你要的是利，我們可以拿出財產，讓你變成最有錢的人；如果你要的是名，我們可以讓你當族長，這樣大家都要聽你的；如果你要的是權力，我們可以讓你當王。如果這個出現在你面前的鬼、你看到的鬼很厲害，你擺脫不了，我們會幫你找醫生，想盡辦法把你治好。你怎麼說？」⓮

穆罕默德以啟示的方式回答：「我和你一樣，不過是個凡人，可是我獲得『主只有一個』的啟示。選擇通往主的正道，尋求祂的寬恕。不按照指示施捨，不相信來世的偶像崇拜者要遭殃！相信來世和行善的人，必定獲得獎賞。」⓯烏拔聽穆罕默德陳述，邊聽邊摟著他並靠在他身上。烏拔回到古萊什人那邊時，大家發現他變了。原本口若懸河的他被啟示的威力撼動。他表示，穆罕默德誦念的不是詩，而是別的內容，他沒聽過這種話。烏拔告訴古萊什人：「聽我的建議，學我的作法。不要打擾他。」據說古萊什人向任務失敗的烏拔說：「他用話術蠱惑了你。」他們對他的建議置之不理。⓰

由於穆罕默德不願屈服，又不能殺他，他們認為以暴力壓制的時候到了。古萊什人信誓旦旦地說要對付他的追隨者，手下不留情。不過，情況越來越複雜。新的皈依者一個接一個被吸引加入他的小群體，惹惱麥加精英階層。麥加兩個最受敬畏的人已皈依伊斯蘭，穆罕默德的伯父哈姆札（Hamza）和歐瑪爾（Umar）都已加入穆罕默德的行列；哈姆札是個獵人而且驍勇善戰，溫瑪則是出了名的意志堅定、勇敢、作風直接爽快。然而，那些貧窮、身為奴隸或缺乏有力人士保護的追隨者則有不同的遭遇，他們可能承受統治者的全部怒氣。任何人走在麥加街頭，可以聽見被凌虐者的慘叫，或目睹有人當眾遭到毆打及暴力對待。

皈依伊斯蘭的奴隸哈班．伊本．阿拉特（Khabban ibn al-Aratt）就是受害人之一，他的主人命令他放棄皈依，否則要躺在燃燒的木炭上。哈班選擇後者，他的主人把腳踩在他胸口，讓他動彈不得。然而，哈班仍不屈服。新婚的阿瑪爾（Ammar）也不動搖，被毒打以致昏迷。他的父母想保護他，下場相同。

剛皈依者受凌虐的情況屢見不鮮，包括婦女公開遭到杖刑。世代相傳的故事中，令人印象最深刻的，可能莫過於衣索比亞奴隸比拉勒．伊本．拉巴赫（Bilal ibn Rabah，六四一年卒）。比拉勒的主人知道他皈依後，命他躺在發燙的沙子上，胸口以大石頭壓著。晚上還將他的雙腳以繩索捆綁，並拖行到麥加街道。比拉勒的遭遇至今仍被穆斯林視為重要故事，部分原因是他的典範：沒有任何事物敵得過只有一個主的信念，即便是嚴厲懲罰。他的主人一再要他放棄信仰，比拉勒每次都以一個阿拉伯字回答——Ahad，意思是「獨一」。

麥加統治階層的恐怖打壓，讓穆罕默德沒有什麼選擇。他勸追隨者搬到阿比西尼亞，今日的衣索比亞境內。這個地方對逃避禍害的人是合適選擇，因為至少可以暫時獲得庇護。阿比西尼亞雖然是基督教王國，但很早以前就和麥加建立經貿關係。因此，大約八十名可以自由行動的穆斯林偷偷離開麥加，搭乘貨船渡過紅海。

麥加人聽說這些人逃離後，火冒三丈。他們匆忙派遣一支隊伍追過去，想把人帶回。然而，阿比西尼亞國王倪古斯（Negus）不同意麥加隊伍逮人。他聽到原本是泛神信仰者訴說一神信仰言論，似乎覺得很有意思，即使未受感動。他提供這些移民庇護，古萊什人空手而歸。

在麥加，古萊什領袖準備採取下一步：這次換成抵制任何和穆罕默德所屬哈希姆家族有關係的人，我們現在把這種作法稱為封鎖或嚴厲「制裁」。當時的意思是不准自己人嫁入哈希姆家族，並全面禁止和他們做生意或其他往來。抵制規定形諸文字，掛在卡巴大門。在哈希姆家族把穆罕默德交給古萊什人之前，抵制會繼續實施。

由於徹底遭到排擠，包括穆罕默德在內的所有哈希姆家族成員除了離開麥加，沒有別的辦法。穆罕默德的叔叔阿布·塔里布仍然堅持保護他，家族成員在這位叔叔帶領下搬到附近的山洞。但不是每個人都這麼做。有些家族成員，包括穆罕默德另一位叔叔阿布·拉哈爾卜，選擇和古萊什人領袖沆瀣一氣，留在麥加。

住在麥加外圍，又沒有食物和其他必需品，日子非常艱苦。當時的記載指出，這些新科穆斯林只能吃葉子。阿布·賈赫勒、阿布·蘇富揚和其他麥加領袖虎視眈眈，確保隔絕措施嚴格執行。封鎖持續將近三年，後果嚴重到飢餓小孩的哭聲穿越隘口，傳到麥加的街道和市區內廣場。不過，這個現象無法持之以恆，部分原因是其他麥加民眾的反應。許多麥加人看到以往的鄰居和朋友受到如此待遇，開始反感。赤裸裸的極權有此效果：觸動善良民眾的良心，刺激他們動員、對抗當權者。據說，麥加市內一位哈希姆家族的年邁親戚走近一名年輕男子，問對方：「你明知自己舅舅的處境，能心安理得吃穿、結婚嗎？」年輕人回答：「我人孤勢單，能怎麼樣？如果我有夥伴，我會想辦法解除封鎖，一直努力到封鎖結束。」[17]

人們開始覺醒了。他很快找到同伴，這群人前往卡巴，對著在聖殿裡禮拜的人喊話。他們說：「麥加鄉親們，我們應該坐視哈希姆家族滅亡，照常吃喝、穿衣服嗎？以主之名，這份切斷親友關係的不正當公告拆下來之前，我們不能安穩坐著。」

阿布・賈赫勒當時在聖殿內。他怒吼：「你說謊。公告不能拆掉。」他們回嘴：「你才是大騙子。規定寫下來的時候，沒有獲得我們同意。這玩意兒是在晚上決定的，而且是在別的地方決定，不是在這裡。」[18]據說，雙方爆發衝突。有人走到卡巴門口，想拆掉公告，卻發現公告已經被白蟻吃掉。一群麥加民眾立刻拾起武器，將哈希姆家族接回麥加。

苦日子對阿布・塔里布造成傷害。他回到麥加不久之後病倒。穆罕默德趕去探視年老的叔叔，盡全力保護因他而受苦的老人家。他發現，阿布・賈赫勒和其他人已在叔叔身邊。穆罕默德把握最後機會說服他的恩人接受伊斯蘭，他說：「叔叔啊，說：『唯有阿拉值得崇拜。』」據說，阿布・賈赫勒干涉說：「阿布・塔里布，難道你要背棄（我們父親）阿布德・穆塔里布的宗教？」穆罕默德重複他的呼籲幾次。阿布・塔里布回答：「如果古萊什人不是認為我怕死才這樣說，我願意說。我應該純粹為了讓你高興才這樣說。」[19]阿布・塔里布至死未皈依。

麥加一小撮有權有勢者，早就想把叛逆的穆罕默德斬草除根，阿布・塔里布的死帶來機會。不過，他們家族的團結未隨阿布・塔里布消散。為了避免哈希姆家族報復，奪命攻擊的任務無法由單一家族負責。麥加人必須達成共識，並協調、同步行動。對付穆罕默德的行動急迫。他越來越少在麥加出現。大家看到他一早就匆忙出城。有時候，有人看到他拜訪外地其他阿拉伯部族——到亞喀巴（Aqaba），甚至更遠的地方。開始有謠言說，他正在和其他城市的部族建立聯盟。古萊什人擔心，穆罕默德傳的宗教開始延伸到麥加之外。如果他成功讓其他部族皈依，麥加神聖、舉行儀式的特色怎麼辦？朝聖人潮會被擋住，經濟命脈會乾涸。有了新的皈依者，穆罕默德可能煽動外地部族突襲麥加。

有人發現，穆罕默德的追隨者偷偷把子女和眷屬帶出麥加，民間領袖們認為這是他們最大噩夢的證據：穆罕默德準備另起爐灶。他帶來的禍害必須及時遏止，以免擴散無法收拾。麥加惴惴不安，緊張氣氛籠罩聖殿。

六二二年六月第一週，麥加領袖們召開會議。麥加所有家族和部族的首長聚集在古萊什人的會議廳（Dar al-Nadwa）。阿布・賈赫勒出席，阿布・蘇富揚和阿布・拉哈爾卜也在場。眾人提出幾項建議，其中一個是用鐵鍊綁住穆罕默德，關在房子裡。另一個是放逐他，讓麥加恢復正常。這兩個提議未過關。接著，阿布・賈赫勒開口建議：「古萊什每個氏族選出一個敏捷、健壯的人，每個人發一把利劍，然後所有人同時出手殺他。這樣，血債將由所有人分擔，哈希姆家族將無法決定如何回應。」[20]大會討論這個構想，認為是絕妙權宜之計。假如每雙手都染了血，就不能怪罪單一個人。大家就此說定，計畫將落實。

六二二年六月十三日太陽剛下山，穆罕默德的房子遭到包圍。不過，沒有人踏進去，因為攻擊者從門縫中看到屋裡有婦女。即便在如此極端情況下，真正的阿拉伯男人在夜間進入女性房間有失榮譽和顏面，就算是殺手也一樣。所以，他們等穆罕默德出門。他們等到黎明，旭日從地平線升起時，殺手們衝入屋內，利劍出鞘。他們掀開穆罕默德平時睡覺蓋的紅色被子哈德拉米（Hadrami），沒看到穆罕默德，反而看到他的年輕堂弟阿里和阿布・塔里布的兒子。穆罕默德半夜溜出房子，已經在前往麥加北方兩百英里城市亞斯利普的路上。他們立刻組隊追殺。古萊什人宣布，抓到他的人重賞一百頭駱駝，但懸賞沒有收穫。

麥加最有名的子弟已經離開出生地。穆罕默德逃往亞斯利普的那晚感嘆說：「麥加啊，我愛你勝過全世界，可是你的子弟不留我活路。」[21]麥加已經斷然排斥他。他以先知身分度過的十一年期間，除了生活困苦和迫害，以及不到兩百名的追隨者，幾乎一無所有。相較之下，亞斯利普敞臂歡迎他。當地民眾歡天喜地在街道上載歌載舞迎接先知。亞斯利普甚至改名，如今稱為麥地那－納比（Medinat an-Nabi），意指先知之城，簡稱麥地那（Medina）。不過，穆罕默德流亡並未減損麥加的地位。剛好相反，《古蘭經》一系列啟示讓麥加地位提高好幾倍。

穆罕默德在麥加傳教期間，他禮拜時誦念的《古蘭經》文字提到麥加時，使用第三人稱的「那個城」或「那個鎮」。在《古蘭經》裡面，主只有提出承諾時才提到麥加：「我以這個城市立誓——而你（先知）是這個城市的居民」[22]，還有「以無花果、以橄欖、以西奈山（Mount Sinai）、以這個安全城鎮，我們創造了最好的人類，而不是把他貶到最低層級，除了相信神而且行善的人」。[23]穆罕默德在麥地那的時候，《古蘭經》把麥加稱為「城市之母」。[24]此外，麥加作為一神信仰的中樞獲得認可和確定：「為眾人設立的第一間（禮拜用的）房屋位在麥加。它是個受到祝福的地方，所有人尋求指引的來源；那裡有明顯的跡象，它是亞伯拉罕站著禮拜的地方；進入之後，每個人都會安全。」[25]

麥加和亞伯拉罕的關聯，以及所有相關歷史，現在有了神聖的依據。後來在六三三／六三四年，麥加獲得一個永恆地位，即成為歷來所有穆斯林的主要焦點。住在麥加的時候，穆斯林朝耶路撒冷方向禮拜。如今，他們身在麥地那，《古蘭經》要他們「轉向神聖清真寺的方向；不論你們身在何處，把頭朝向它」。[26]麥加不是「先知之城」——這個頭銜明確屬於麥地那——但因為變成「阿拉之城」，在當時以及後世地位不凡。

麥加的泛神信仰者持續獲得新啟示的消息。他們預想局面的危險和迫切，災難似乎正在成形。穆罕默德成為麥地那的宗教領袖和政治領袖。麥地那原有居民和麥加來的移民，已形成一個信仰者群體——有些當地人甚至和難民分享自己的房屋及財富。穆斯林人數暴增。先知建立了一座清真寺，並訂定一些儀式，讓他宣揚的新宗教具有特色，例如宣禮（Adhaan），也就是清真寺通知教友進行每日禮拜的喚拜詞。他也積極和附近部族訂立條約。這些發展讓麥加領袖看了膽顫心驚。他們看到的最大、最顯眼威脅，和他們從敘利亞返回的駱駝商隊有關。商隊必須經過麥地那，容易遭到當地人攻擊。貿易主要在春季和初夏進行，那幾個月的風險特別大，他們必須想個辦法。

為了保障貿易安全，麥加領袖散布商隊經過時間和確實路線的謠言。雖然偶爾有一、二支商隊被發現並受到攻擊，但大多數商隊都平安返抵麥加。不過，有支規模特別龐大的商隊，牽涉金額名列年度前茅、據說駱駝超過兩千五百頭的隊伍，動態不可能保密。這支商隊由阿布．蘇富揚率領，他堅信自己會是主要目標。他先派信差回麥加搬救兵。消息傳到的時候，古萊什人早已開始準備和麥地那開戰。不久，一千名戰士從麥加啟程，另有一百名騎兵支援。麥加所有重要人物都在隊伍中，包括阿布．賈赫勒。古萊什部隊半路上得知阿布．蘇富揚的商隊已經過麥地那，安全地往麥加走。然而，穆罕默德此時率領三百一十三名穆斯林部隊抵達麥地那附近的巴德爾（Badr）谷。

古萊什部隊中有些人開始猶豫。他們出兵是要保護阿布．蘇富揚的商隊，目的已經達成。此外，如果交戰，雙方在敵對陣營中都有血親。古萊什部隊指揮官烏拔的兒子在穆斯林陣營。

阿布．賈赫勒宣布：「我對阿拉發誓，不在巴德爾紮營，就不回去。」[27]他指責古萊什人懦弱，還提醒說，他們曾立誓要讓穆斯林從阿拉伯消失。他表示，當時是剷除穆斯林勢力、一勞永逸解決他們的最佳機會。古萊什部隊聽了士氣大振，徹夜行軍，在六二四年三月十七日上午到達巴德爾。前一天大雨，駱駝和馬匹難以快速前進。古萊什部隊抵達巴德爾後發現，穆罕默德已經占據山谷的泉水，並破壞附近的水井。穆斯林部隊前一晚睡得飽，準備好戰鬥。不過，古萊什人認為，盔甲有限又缺乏騎兵的小規模穆斯林部隊不是對手，擊潰他們易如反掌。

戰鬥開始了。按照傳統，麥加派出三名好手挑戰麥地那的三名穆斯林戰士，各自捉對廝殺。三名麥加人陣亡，穆斯林則有一人重傷。古萊什人再也按捺不住，大軍全部衝向穆斯林陣營。戰役方酣，麥加人發現自己的領袖倒下。阿布．賈赫勒被殺，指揮官烏拔也死了。古萊什陣營軍心大亂。他們四分五散，有些命喪穆斯林劍下，有些自顧逃命。戰役幾小時就結束，麥加陣營七十人戰死，另有七十人被俘。

巴德爾的慘敗震驚麥加，流淚谷充滿婦女呼天搶地的哭聲。然而，男人們不流一滴淚。確實，他們的領袖曾宣布，不允許他們表現哀傷。有個麥加民眾感嘆：「生命已經了無意義。」阿布．蘇富揚現在變成麥加領袖。敗戰之軍返回時，他發誓，復仇之前，他頭髮絕不抹油，也不洗澡。他先前靠商隊貿易發大財，現在決定把賺的錢拿來建立新的軍隊，以對付麥地那。阿布．蘇富揚派出幾名詩人，運用文筆和三寸不爛之舌煽動各部族的情緒。這場爭鬥的根源是言詞：雙方陣營以武力支持己論，以創造或維持自己期望的世界。雙方的言詞涵義南轅北轍。麥加的貴族婦女——包括在巴德爾痛失父親和兒子的阿布．蘇富揚之妻、麥加軍隊統帥烏拔之女辛德；還有阿布．賈赫勒兒子伊克拉瑪（Ikrama）的妻子烏姆．哈金（Umm Hakim）——走上街頭，鼓動男人們準備報仇，喝殺子仇人的血之前不能休息。他們花了一年建立三千男子、兩百騎兵組成的軍隊，而且部隊裡還有女性。古萊什人這次決定把穆斯林殺個措手不及。他們悄悄派出急行軍到麥地那外圍，在烏互德山（Uhad）附近紮營。那天是六二五年三月十九日。

不過，穆罕默德事先獲得警告。他準備好七百人的軍隊，並擬好戰略，在山上制高點部署五十名弓箭手。他嚴令弓箭手，無論如何絕不能離開陣地。古萊什人從巴德爾之役學到教訓，特別精心安排隊形，主力部隊由阿布・蘇富揚率領，兩百名騎兵待命支援。

古萊什婦女唱戰歌，啟動戰役。她們在辛德的帶領下，邊敲小鼓和鈴鼓邊吟唱：

阿布杜達爾（Abdul-Dar）的子孫，
我們後方的保衛者，
奮力揮舞每一支尖矛！

如果前進，我們會擁抱你們，
為你們鋪柔軟的地毯；
如果撤退，我們會唾棄你們，
轉身離開，不再有愛。[28]

婦女們尚未唱完，古萊什好手已上前挑戰穆斯林。穆斯林的回擊迅速而且凶猛，帶隊者是穆罕默德的叔叔哈姆札和他的堂弟兼女婿阿里。兩人衝入古萊什陣營，消滅一整個方陣。古萊什人想要推進時，山頂的弓箭手箭如雨下予以壓制。他們嘗試左右包夾，卻被弓箭手逼退。穆斯林箭雨逼得古萊什部隊撤退。混亂中，婦女們鼓勵戰士尋找掩蔽。穆斯林部隊以為獲勝，開始收集戰利品。弓箭手也高興地離開據點加入他們。

古萊什陣營中，哈立德・伊本・瓦利德（Khalid ibn Walid）麾下部隊受到弓箭手的打擊最大。他向阿布・蘇富揚呼救，後者喊道：「撐下去！你還是可能獲勝。」阿布・蘇富揚調動騎兵繞過烏互德山，經由隘口從後方攻擊穆斯林。他先攻擊仍留在原位的弓箭手，從背後打垮穆斯林部隊。穆斯林後方部隊一個接一個倒下。在接下來的混亂中，前方部隊無法分辨敵我，開始和後方部隊打起來。哈姆札被辛德的衣索比亞奴隸瓦赫許（Wahshi）鎖定，最後命喪瓦赫許矛下。麥加部隊現在進逼主要目標：穆罕默德。

麥加人看到穆罕默德已經受傷。他們一波接一波衝向他。穆罕默德由十一名戰友包圍保護，包括阿里、歐瑪爾和阿布·巴克爾。麥加人像潮水反覆推進，但每次都被逼退。古萊什有個知名勇士成功靠近穆罕默德，用武器猛敲他的臉，以致面罩的兩個接環陷入肉裡。古萊什人朝穆罕默德放箭，他的戰友圍著他組成防線，以盾牌擋箭。這群緊密的團體慢慢往山頂移動，最後擺脫麥加人。古萊什陣營重新整隊，往山頂衝鋒，遭穆斯林投石攻擊而作罷。

麥加婦女拿陣亡的穆斯林出氣，割下他們的耳鼻毀屍。辛德和其他婦女把可怕的戰利品串成項鍊，驕傲地套在脖子上。據說辛德找到哈姆札的遺體後，剖開他的肚子想吃他的肝，可是吞不下去而吐掉。接著，她爬上一顆高大的岩石，放聲大喊：

我們報了巴德爾的仇，
戰役之後的戰役向來慘烈。
我不能忍受失去烏拔的痛，
我兄弟、叔父、長子的死也一樣。
復仇的願望滿足，立下的誓言達成。
瓦赫許啊，你平息我滿腔怒火。

有生之年，我將感激瓦赫許，
直到我的骨頭在墳裡腐朽。[29]

阿布・蘇富揚盡可能靠近穆斯林據點，然後喊道：「穆罕默德在哪？」沒有人回答。他又喊阿布・巴克爾和歐瑪爾的名字。他終於聽到不客氣的答案：「主的敵人！我們全部活得好好的。」阿布・蘇富揚說：「你們的陣亡夥伴有些遭到毀屍。我發誓，我不因為這樣而滿足或氣憤。我未禁止，也未下令毀屍。」[30]他接著帶領部隊到附近地點休息，並考慮下一步。他聽到穆罕默德派部隊追殺他之後，班師回麥加。

麥加舉城歡騰，烏互德戰役成果讓麥加民眾士氣大振。消息很快傳到阿拉伯其他部族——他們受到激勵，也想攻擊麥地那。麥加人特意煽動朝聖者對付他們的敵人。一些部族因而被鼓動，輪番攻擊麥地那，但成果有限。全程參與消滅穆罕默德戰略規畫的阿布・蘇富揚不禁覺得，他的任務只完成一半。他們需要更強的武力，一支不可能打敗的勁旅，才能徹底解決麥地那。麥加派遣密使到外地，在廢棄多年的水井旁舉行祕密會議，擬定隔年一決死戰的祕密計畫。

有一天，一小群使者抵達麥加。他們來自猶太人納迪爾族（Banu Nadir），一個被穆罕默德逐出麥地那的部族。他們想知道，古萊什人是否願意合作對付麥地那。麥加領導階層不敢相信好運臨頭。不過，阿布・蘇富揚希望擁有比兩族結合更強大的軍隊，因此拉攏其他部族。阿布・蘇富揚首先接洽強大的加塔方族（Ghatafan）和法札拉族（Fazara），兩者爽快答應加入。接著加入的有加塔方的盟友阿塞德族（Banu Asad）、納迪爾盟友薩俄德族（Banu Sa'd），以及和古萊什有血緣關係的蘇萊姆族（Banu Sulaim）。這個聯盟的規模日漸壯盛，其他部族跟進加入。不久，一支聯合軍準備好攻打麥地那，據說擁有一萬士兵和六百匹戰馬。

麥加聯軍由三大部隊組成。古萊什軍有四千步兵、三百騎兵，由身兼聯軍統帥的阿布・蘇富揚率領。另兩支部隊由加塔方族和阿塞德族首領發號施令。他們的計畫是南北夾擊麥地那，以迅雷不及掩耳之勢「上下齊攻」。計畫保密並悄悄實施，以收突襲之效。聯軍在沙漠中快速移動，於六二七年三月三十一日開抵麥地那。

不過，阿拉伯沙漠並非利於守密的地方，穆罕默德已聽聞計畫。麥加人和盟軍抵達目的地的時候發現，麥地那沒有天險的那側已挖了一條大壕溝。壕溝又寬又深難以跨越，阻止他們進城。聯軍一時不知所措，他們說：「阿拉伯人從來沒用過這種機關。」[31]有些騎兵嘗試越過壕溝，少數騎兵成功跳過去，但馬蹄一落地，就命喪刀劍之下。進攻的大軍過不了壕溝，只能從遠處發射石頭和弓箭。聯軍無法打真正的仗，各族彼此爭吵了好幾天，才決定改變策略。他們每天輪流讓一名勇士統領所有部隊全面進攻，可是斬獲有限。後來，他們嘗試策反麥地那的古萊札族（Banu Qurayza）猶太人裡應外合，這招也失敗。

古萊什領袖越來越焦急，他們原本的計畫是到麥地那打仗，並未準備以一萬名士兵圍城。物資耗盡，馬和駱駝開始死亡。同一期間，古萊什的帳篷難以抵擋冬天的寒冷和雨水。沒多久，盟軍開始互相指責，古萊什人和加塔方人隨即爆發內鬨。聯軍陷入混亂，阿布・蘇富揚明白，只要穆罕默德掌握壕溝另外一側，他們就不可能獲勝。他也心知肚明，穆斯林占上風，他們可以撐幾個月，即使撐不了幾年。

有天晚上，風雲變色，強烈暴風雨造成重創。強風吹走帳篷，牲畜驚慌竄逃，踢傷許多聯軍士兵。麥加人認為，麥地那人會以惡劣天氣為掩護發動攻擊，因而逃離。阿布・蘇富揚是最先逃走的人，他告訴士兵：「古萊什同胞啊！我們住的不是永久營帳，馬和駱駝死了。古萊札人已經違背誓言，我們聽到有關他們的不利消息。大家都看到狂風的威力，我們已經沒有飯鍋、柴火，也沒有帳篷可住。撤退吧，因為我要走了。」[32]他騎著一拐一拐的駱駝返回麥加。

對於麥加領袖而言，上一次戰勝穆罕默德的部隊無足輕重。他們打輸了所謂的壕溝之役（the Battle of Trenches）。此外，建立並維持一支軍隊所費不貲，麥加經濟如今因為吃敗仗而岌岌可危。麥加人覺得，已經沒有任何辦法阻止麥地那成為強勁競爭對手，也無法阻止穆罕默德傳教；先前和他們合作的麥地那古萊札族猶太人受到懲罰，這個消息告訴他們，新科穆斯林不會善罷甘休。不過，他們到卡巴禮拜祈求，仍然決心阻擋穆罕默德的野心。

或許，舊的聖殿認真聆聽他們的心聲，此時已淪為次要城市的麥加出現復興契機，而且原因出乎預料。新的啟示告訴穆罕默德，麥加是朝聖地點，而且對於信仰伊斯蘭這個新宗教的信徒而言，到麥加朝聖是責任：「對於有能力的人而言，前往天房是對主的責任。」[33]

六二八年三月，麥加人聽使者通報，穆罕默德將回到出生地麥加進行小朝聖——到卡巴禮拜，並在距離四百五十公尺的薩法（Safa）和瑪爾瓦（Marwah）兩個小丘之間來回奔走。麥加人大惑不解。這是崇敬麥加的方式嗎？抑或這是詭計，有如麥地那壕溝的新戰術？麥加人決定，絕對不讓穆罕默德進城。

他們開始如火如荼準備防禦麥加。古萊什人召集所有盟族，後者大舉出動，在麥加外圍紮營。他們派出兩百名騎兵，攔截大約一千四百名男女組成的穆斯林隊伍。穆斯林在麥加西方十五公里的浩德比也（Hudaybiya）停下來。穆罕默德派人傳話給麥加領袖：他無意打仗，只想前往聖殿禮拜，所以他邀請非穆斯林部族一起進行神聖儀式。他還說，按照古老傳統，所有人在聖月要遵守休戰規定，如果古萊什人堅持在聖月打仗，而且堅持阻止民眾到卡巴，不論宗教信仰為何，他們會被孤立，遭到所有阿拉伯人譴責。

古萊什人左右為難。穆罕默德已取得道德制高點。可是，他們認為，即使穆罕默德沒有惡意，也不應該允許他帶著這麼多追隨者進入麥加。他們擔心，除了明顯的軍事危險，古萊什人可能成為阿拉伯的笑柄。先鋒部隊回報，麥地那人穿著朝聖者的衣服，未攜帶武器。即使接到這個情報，麥加領袖仍不安心，另派一組人確認他們覺得不可能的消息。其他部族介入，協商進行了一段時間。最後，古萊什人任命蘇黑勒・伊本・阿姆爾（Suhayl ibn Amr）以中間人的身分代為談判；蘇黑勒是個經驗老到的精明使者，以反應敏捷聞名，受到麥加人信任。

蘇黑勒和穆罕默德見面，兩人深談許久。他們談妥條件，準備形諸文字變成正式條約。穆罕默德開始口述給堂弟兼親信阿里：「以仁慈、憐憫的阿拉之名。」泛神信仰的蘇黑勒插嘴：「我不承認，所以要寫『阿拉，以您之名。』」穆斯林憤怒抗議並拔劍，阿里拒絕刪掉他剛寫的字。不識字的穆罕默德接過筆來，問清楚爭議的字詞位置，然後親手刪掉「阿拉的使者」。他告訴阿里：「寫這是主的使徒穆罕默德和蘇黑勒・伊本・阿姆爾的協議。」蘇黑勒再度提出異議。「如果我見證你是主的使徒，就不會跟你打仗了。寫你自己和你父親的名字。」穆罕默德重新口述：

穆罕默德・賓・阿布都拉與蘇黑勒・伊本・阿姆爾達成協議。兩造同意停止戰鬥十年。在這段期間，如果任何人未經監護人允許即投奔穆罕默德，將歸還主人；如果穆罕默德底下任何人投奔古萊什人，將不會還給穆罕默德。在此條件下，兩造相安無事、不起戰爭。雙方將不彼此展現敵意，也不暗藏禍心或背信。想和穆罕默德締約結盟者可自由為之，想和古萊什人締約結盟者可自由為之。[34]

雙方並且同意，穆罕默德那一年不進入麥加，但古萊什人不反對穆斯林隔年到聖殿。穆罕默德和追隨者可以進入麥加停留三天，條件是朝聖者在城外卸下武器。穆斯林認為這種協議不是條約，而是低聲下氣投降，因此請求先知不要簽署。

不過，穆罕默德態度堅決。他要簽署協議前，一名年輕人從麥加那方衝了出來。他叫阿布・絳達勒（Abu Jandal），是蘇黑勒・伊本・阿姆爾的兒子。他因皈依伊斯蘭，受到凌虐和囚禁。他腳上拖著斷裂的鐵鍊，衝向穆斯林。蘇黑勒看到自己的兒子，站起來賞了他一巴掌，然後抓住他的衣領說：「穆罕默德，你我的協議在這個男子投效你之前就敲定了。」穆罕默德回答：「你說的沒錯。」[35]阿布・絳達勒交還古萊什人。穆罕默德要求雙方成員過目條約內容，然後返回麥地那。

麥加人堅定認為，他們談了一項非常有利的條約（編按：即浩德比也條約）。他們阻止穆罕默德進入麥加——至少擋了一年。皈依伊斯蘭、逃到麥地那的麥加人將會交還他們，而任何從麥地那過來的人則歸他們。條約看起來對麥加是雙贏局面，對麥地那卻是令人遺憾的不利安排。他們覺得，幾年的和平足以讓麥加從先前的戰役恢復元氣、重建經濟，並再度籌組軍隊對付麥地那。

穆罕默德翌年按照條約，回到麥加進行副朝聖。麥加人不想看到副朝聖場面，大部分古萊什貴族離開麥加到山丘上，少數幾人從附近山頭看熱鬧。穆罕默德有將近兩千名穆斯林跟隨。所有人在城外卸下武器，跟著穆罕默德快步繞行卡巴。穆斯林在市區內四處走動，從麥加遷到麥地那的人向同伴介紹他們以前住的房子。三天過去，麥加人從山上下來，要求穆斯林離開。

「伊斯蘭威脅」出現，讓麥加人暫時忘記自己的部族間糾紛，但如今沒有共同敵人可同仇敵愾，昔日的紛爭再度浮現。例如，在浩德比也條約和古萊什人同一陣營的巴克爾族（Banu Bakr）決定和仇人胡札伊族算舊帳，而胡札伊人和穆斯林結盟。巴克爾和胡札伊兩族交戰多年，當初為何爆發衝突，已不可考。巴克爾族在古萊什族暗中支持下夜襲胡札伊族。胡札伊族躲到聖殿，巴克爾族不敢冒犯卡巴的神聖地位，於是停手。最後，他們的領袖說話了。巴克爾領袖告訴族人，如果不現在下手，將錯過千載難逢的機會。巴克爾族於是進入聖殿，屠殺大部分胡札伊人。大約四十名胡札伊人躲過一劫，逃到麥地那，並把經過告知穆罕默德。

穆罕默德傳話給麥加。他說，麥加人有三條路。第一，為每個被巴克爾族殺害的胡札伊人賠付贖罪金。第二，古萊什族放棄和巴克爾族結盟。第三，宣布浩德比也條約作廢。古萊什人毫不猶豫選擇最後一條路。

不過，麥加領袖阿布·蘇富揚心存疑慮，因為條約對麥加有利。他決定前往麥地那，看能否說服穆罕默德不毀約，但穆罕默德拒絕見他。阿布·蘇富揚嘗試和任何麥地那人見面，甚至想拜訪穆罕默德的女兒法蒂瑪。可是，沒有人願意會晤他；阿布·蘇富揚返回麥加，不確定自己是否該建議古萊什同胞準備打仗。

六三〇年一月一個寒夜，麥加人看到附近沙漠出現點點火光而熱鬧起來。舉目所見是一排又一排烽火。麥加領袖急忙到聖殿開會。據說，阿布·蘇富揚表示：「我從沒看過這麼多烽火、這麼大的陣仗。」[36]他要求幾名領袖陪他一探究竟。「火光原野」是大批穆斯林紮營的結果，阿布·蘇富揚被穆斯林發現，帶到穆罕默德面前。

穆罕默德問：「阿布·蘇富揚，你為何仍然否認阿拉是唯一的神？」

阿布·蘇富揚回答：「如果有神，祂現在應該會幫我們。」

「你懷疑我不是他的使者？」

「這一點，我還有疑慮。」[37]

穆罕默德吩咐旁人把阿布・蘇富揚帶到附近山丘最高處，讓他親眼看隊伍行進。幾小時後，有些記載指超過一萬人的穆罕默德大軍動了起來。

阿布・蘇富揚看到一個又一個部族打著自己的旗號朝麥加前進。首先看到的是皮法爾族（Ghifar）旗幟，接著是朱黑那族（Juhaina）、胡宰姆族（Hudhaim）、蘇萊姆族、薩俄德族、麥地那的穆斯林輔士（Ansar），他們裝備精良，準備好戰鬥。據說，阿布・蘇富揚驚訝地問：「這是什麼樣的軍隊？」其實，穆罕默德未遇到抵抗就進入麥加，並宣布放下武器的人都免於一死，包括躲到阿布・蘇富揚家的人、關上自己家大門的人、進入聖殿的人。大部分麥加人一一照做，但一小群古萊什人決定反抗，以弓箭攻擊穆斯林軍隊。根據記載，衝突很快結束，接著大勢平靜。

穆罕默德的聲音迴盪在麥加街道和廣場：「古萊什人！我是穆罕默德……阿拉是唯一的神。祂沒有別的神輔佐。我廢除所有以血緣和財產為本的特權，除了維護聖殿和供應朝聖者飲水的特權。人類源自阿丹，而阿丹出自塵土。」[38]

穆罕默德講完，麥加居民——合力想謀殺他的領袖和部族首長；以及把他趕出麥加，凌虐、謀害他的追隨者的人；還有向麥地那發動血腥戰爭的人——全部集合在他面前。

穆罕默德問群眾：「你們覺得我會如何對待你們？」

大家回答：「你會善待我們。你是高貴的兄弟，是高貴兄弟的兒子。」

穆罕默德說：「去吧。你們是自由之身。」[39]

先知回到出生地，完成他的核心道德使命。他在大勝的時刻向世人展現，和平共存不僅可能做到，也是行善、讓所有人擁有正義與平等的必要基礎。

要完成先知角色的驗證過程，還有最後一個動作。穆罕默德獨自走到聖殿。他繞行卡巴七圈後，在薩法和瑪爾瓦兩座山丘之間走動。那一帶有三百六十尊麥加人以次要神祇膜拜的偶像——一尊在薩法，一尊在瑪爾瓦，其餘分布在兩座山丘之間。他用隨身棍杖逐一敲毀所有偶像，邊敲邊唸：「真理降臨，虛偽消散；虛偽必定消散。」[40]有些記載指出，卡巴牆上刻有聖母瑪利亞，先知未動聖母的圖像。

現在，那些當初被迫遷移到麥地那的穆斯林來找穆罕默德。他們的房子被麥加人據為己有，如今想把財產要回來。麥加人心裡有數、擔心無家可歸，但穆罕默德說服追隨者放棄合法索討的權利。

翌日，穆罕默德坐在薩法山上高處。麥加居民排隊向他致敬，有些人按照部族傳統宣誓效忠他，有些人表示有意皈依伊斯蘭。先知要每一個想信奉伊斯蘭的人發誓遵守基本禮儀、行為符合道德規範、以平等和敬重態度彼此對待。接著，他以手輕觸一盆清水，皈依者跟著做，莊重完成皈依儀式。皈依者包括辛德，她是害他吃盡苦頭的主要人物，是阿布·蘇富揚的妻子，麥加打贏烏互德之役時歡天喜地，將穆罕默德戰死的叔叔哈姆札開膛剖肚吃他的肉。辛德戴面紗凸顯自己的地位，同時避免被認出身分。她不卑躬屈膝但態度尊敬，而穆罕默德不知道她的身分，問她是否立誓只承認唯一的真主。

她回答：「以主之名，你對我們加諸你沒有對男人提出的要求，我們會遵守。」

他說：「你不可偷竊。」

她回答：「以主之名，我以前從阿布·蘇富揚那裡拿了一點錢，我不知道我這樣合不合法。」

阿布・蘇富揚當時在場。他表示，既往不咎。但她提到丈夫的名字，而且他介入，讓辛德的身分曝光。

穆罕默德問：「你就是辛德？」

她回答：「我是。原諒我過去所作所為，主就會原諒你。」

他說：「不可通姦。」

她說：「自由的女人可以說通姦嗎？」

他又說：「不可殺你的孩子。」

她回答：「我把他們撫養長大，而你在巴德爾之役那天把成年的他們殺了，所以你知道他們的下場。」

他說：「不可造謠生非。」

她回應：「以主之名，誹謗是丟臉的行為。不過，有時候不理會誹謗比較好。」

他說：「不可違抗我要你行善的命令。」

她回答：「如果我們要違抗命令，就不會等這麼久（大排長龍等著見先知）。」[41]

穆罕默德於是接受她皈依。如果我們閱讀經典文獻，不受後代穆斯林史家加油添醋或增補內容造就的刻板印象影響，女性全面參與麥加的故事且扮演要角無庸置疑。從穆罕默德元配哈蒂嘉到辛德，以及他女兒法蒂瑪，加上第三任妻子阿伊莎（Aisha）和其他妻子，我們看到女性在歷史上發揮積極作用。

穆罕默德出生在麥加。這個城市是他的哈希姆家族的根，他在這裡有兩棟房子。他是傳遞訊息讓麥加成為其使命精神中樞的先知。不過，讓麥加人意外的是，他以勝利者之姿和平回歸十五天之後返回麥地那。

麥地那而不是麥加成為新成立伊斯蘭國度的首都。先知宣布，他有生之年和死後都會留在麥地那。六三二年夏天，先知宣布有意到麥加朝聖。消息傳得很快，漢志境內各地民眾湧向麥地那，很高興有機會跟著先知朝聖。但這次朝聖和先前的朝聖不同，這是朝聖的開始。朝聖是伊斯蘭方式的朝聖，是紀念、慶祝聖寺的一神信仰歷史的朝聖。

麥地那成為焦點，它不但是新興穆斯林國家的首都，也是文化和知識中心。相較之下，麥加明顯沉寂。麥加全年大致上蟄伏，只在朝聖期間充滿生氣。的確，伊斯蘭歷史在這個階段遺忘麥加，焦點完全投注在麥地那。然而，一個居民思想獨立的城市不會甘於長期銷聲匿跡。麥加有雄心壯志，它想要擺脫朝聖的宗教和俗世桎梏大展鴻圖，提升到超脫俗世的玄學領域。

第三章

Rebellions at God's Earthly Throne

真主的凡間統領發生叛變

麥加忙著擴張聖地的時候，首都麥地那陷入權位繼承的激烈較勁。前三任哈里發都是麥加出身的麥地那人，全部屬於古萊什族，但來自不同氏族，而且沒有任何一個來自穆罕默德的哈希姆家族。先知的堂弟兼女婿阿里當選第四任哈里發後，繼承事宜出問題。政治運作受到宗教強力影響，先知死後數十年內，麥加成為兩起重大叛變的焦點。

先知過世之前，又去了麥加一次。那是六三二年三月的事，當時是伊曆的十二月。他這次以朝聖者身分進行第一次、也是僅有的一次朝聖——到麥加朝聖。後世所謂的「告別朝聖」因為兩個原因而意義重大。首先，它展現朝聖進行方式，確立朝聖的儀式。從此，朝聖者跟隨穆罕默德的腳步按部就班，持續至今。其次，穆罕默德在朝聖高潮的講道內容總結他傳教的重點。穆斯林經常背誦這些內容。

先知帶領超過九萬人的隊伍——裡面有善男信女和夫妻，他們全部穿著朝聖的傳統服裝：男性服裝為兩片簡單的無縫邊白布，一片圍住下身，一片披在上身；女性則穿樸素的白衣。從麥地那到麥加途中，隊伍停在各個清真寺禮拜。路途中，眾人的禮拜聲充斥在乾燥的沙漠空氣中：「主啊，聽您差遣！聽您差遣！您是唯一的神！主啊，聽您差遣！讚美主！」抵達麥加後，隊伍在城市的外圍過夜。翌日上午，穆罕默德直接前往聖寺，繞行卡巴七次，然後在亞伯拉罕立足處禮拜。接著，他在薩法山和瑪爾瓦山之間奔跑七次，所有同行的人照著做。

大約一天後，也就是伊曆十二月八日，穆罕默德騎駱駝前往米納谷。他在那裡停留一晝夜，然後在隔天、亦即九日日出時騎駱駝到阿拉法特的慈悲山。他登山時，舉目所及都是朝聖者，並且被群眾包圍。太陽過頂點後，他坐在駱駝上講道。傳遞者分布在適當位置，一句不漏向外轉述他的話。根據傳說，離他最近的傳遞者就站在他的駱駝下方，頭頂因而沾滿駱駝嘴巴滴落的泡沫。

穆罕默德開始說：「大家好。因主的恩典，希望聽到的人能記下來。很多學法理學的人並不了解……要知道你的財產、你的血，神聖不可侵犯，一如你的這一天、這一個月、這片土地的神聖地位。要知道，人心不會違背三件事：主所作所為的真誠、掌權者的忠告、穆斯林的群體歸屬感。蒙昧時期（jahiliyya，伊斯蘭之前的時期）所有規矩廢除，就在我腳下。」❶接著，他鼓勵穆斯林善待彼此，莫施加或承受不公平，莫對他人或自己不義，避免放高利貸，要理智思考。他呼籲夫妻尊重彼此權利，要大家好好照顧孤兒和窮人，並宣布所有穆斯林是一個大家庭：「要知道，每個穆斯林都是另一個穆斯林的兄弟，而且穆斯林以兄弟之誼相待。兄弟自願給你的，才能合法拿取，因此不要犯錯。」❷

講道完畢，穆罕默德帶領群眾禮拜。日落時，他騎駱駝到穆茲達理法，露天夜宿一晚。伊曆十二月十日上午，他返回米納谷，停下來朝撒旦的象徵扔小石頭。回到住宿的帳篷之後，他屠宰六十三頭駱駝，每一頭代表他一歲的年紀，然後把肉分送給窮人。最後，先知剃頭，宣布朝聖功德圓滿。

穆罕默德直接回到麥地那。幾個月後，他在六三二年六月八日歸真。麥加如今已改頭換面，穆罕默德以勝利者之姿站在麥加市中心廣場那刻開始，一切改變了。有些人聽過穆罕默德在出生地宣布特赦，或者兩年後聚集聽他在朝聖的尾聲講道，在這些人的一生中，麥加發生過影響深遠的大事。不過，這些事件對麥加產生的效應完全始料未及。在這個混亂的新世界，確立麥加成為新宗教焦點地位的那一刻，當地開始長期沒落成寂靜而冷門的地點。麥加成為真主的城市的卓越地位奠定，萬古不變。然而，麥加如此長時間想要捍衛的利益已經顛覆。周遭世界發生這麼多變化，麥加人花了一段時間才明白，降臨他們身上的命運變化已成定局，但有得有失。

麥加在蒙昧時期擁有的實力已經轉移。麥加仍然擁有至高無上的宗教地位：身在麥加，就是受主眷顧。可是，要和穆罕默德在一起——也就是擁有塵世權勢和地位——必須待在麥地那，為了紀念先知而改名的城市。麥地那成為穆罕默德創建的新社會首都和政治中樞，一切很合理。麥加堅決地迫害伊斯蘭，排斥自己的根源是亞伯拉罕及一神信仰之城的意義。更名為麥地那的亞斯利普，擁抱穆罕默德傳達的訊息，並堅定支持相關訊息主張的嶄新精神和社會秩序。麥地那是新社會的搖籃，新的生活方式的溫床，而穆罕默德的追隨者即將和全世界分享這種生活方式。選擇麥地那當作政治運作的策略中心，確立社會團結不再依賴部族根源。這個現象表示，信仰的凝聚力和投入是群體的新基礎。

麥加精英階層必須將自尊連同戰敗吞下去。他們幾百年來捍衛、爭取的政治自主權結束。精英階層因為麥加是泛神信仰重要朝聖地點而獲得的地位和利益，已完全改觀。要在這個新世界前進、改善經濟，麥加人必須另覓途徑。為了在世局走向中擁有影響力，他們不得不離開麥加。

穆罕默德的另一個決定，緩和了麥加受到的衝擊。在接受麥加人臣服以及不少當地人皈依之後，他指派許多麥加領袖在麾下出任要職。曾經公開策畫對付穆罕默德、長期大力反對他的阿布・蘇富揚和他的兒子穆阿維亞（Muawiya），以及哈立德・伊本・瓦利德等人，在他們抗拒的制度中獲得優渥職務。這是和平與和解的舉動，他們隨同先知遷徙到麥地那，在當地和麥加的漫長對抗中擔任堅強後盾的支持者，看了感到震驚。

穆斯林史家強調，泛神信仰時代的麥加沒有任何文物留存，麥加古代史像水蒸氣般一去不復返。不過，蒙昧時期的態度和展望在麥加仍隨處可見——而且完好如初。伊斯蘭主義下的麥加人和泛神信仰時代的麥加人一樣，極為重視部族結構和忠誠、血親的原則。表面上，麥加已成為伊斯蘭城市，但在深處，看不見的舊文化特徵層面歷久不衰。剛皈依的人熱心投入伊斯蘭計畫，可是，舊秩序的勢力會找到辦法在新體系中運作。穆罕默德最後布道的內容，似乎對麥加影響有限。

先知死後，新的領袖在麥地那宣布繼任。第一任繼承者（又稱哈里發，caliph）阿布・巴克爾當然是麥加人。他只統治了兩年，由另一個麥加人歐瑪爾接任。其實，對於接下來數百年的一連串繼任者，麥加出身家族、血統、部族的問題仍然關係重大。直到一五一七年，最後一個麥加家族成員才失去哈里發的寶座，因為他們被歐斯曼帝國征服。那時候，祖先來自麥加的哈里發早已成為傀儡領袖，他們存在的意義是讓實質掌權者增添威望。

從阿布・巴克爾領導開始，哈里發的關注重點不再是漢志和競爭者，不僅限於阿拉伯和擾攘的部族分裂局面。阿布・巴克爾承擔起將穆罕默德的訊息傳遞給外面更大世界的使命。不出數十年，穆斯林軍隊進入並控制伊拉克、波斯、敘利亞、巴勒斯坦、埃及，並到達地中海。這些對麥加有何影響？

麥加的優秀人才必定都流失了。年輕人、上進者、有野心的人離開麥加。許多人找到管理新征服領土的穩定職務。當然，情況允許時，他們或許會為了朝聖和家庭責任返回麥加。不過，這些接下任務的人必定改變很多，他們對家鄉的看法，和不屈不撓驕傲捍衛昔日泛神信仰制度的時期南轅北轍。也許很多人在新征服地區定居、娶了當地女子，並建立以麥加根源為傲的新血脈。穆斯林開疆闢土速度快、範圍廣，因此麥加周遭地區、麥加人所遭遇的變化帶來的影響很難掌握。有一件事可以確定：從這個時期開始，麥加發生的事、面對的情況，受到快速擴張的穆斯林世界左右。

眾多麥加人將精力投注於外地的同時，留在麥加的人必須應付朝聖的需求，行之已久的相關工作如今具有新的重要性，卡巴和聖寺的條件必須改善。聖地沒有圍牆，四面被民宅包圍，周遭的巷弄形同卡巴入口。朝聖者人數不斷與日俱增，聖地區域非得擴建不可。聖殿也經常受到洪水威脅。實際上，六三八年，也就是耶路撒冷向第二任哈里發歐瑪爾投降那年，卡巴因豪雨造成的洪水而受災。緊鄰卡巴和卡巴周邊的民宅被收購、拆除，聖地範圍擴大。歐瑪爾也興建一道尋常男子高度的圍牆圍繞聖地，並在牆上掛油燈照明。亞伯拉罕低地水道（Sayl Wadi Ibrahim）被人工改道，河岸築起高大土堤，以阻擋洪水、保護聖地。六四六年，第三任哈里發歐斯曼（Othman）再度擴大聖地。他收購更多土地，並興建走廊，為禮拜信眾提供遮蔽。

麥加忙著擴張聖地的時候，首都麥地那陷入權位繼承的激烈較勁。第一任哈里發（繼承者）阿布・巴克爾從六三二年統治到六三四年。歐瑪爾接替他，從六三四年統治到六四四年，其次是六四四年統治到六五六年的歐斯曼。雖然第一任到第三任哈里發的權力傳承順利且民主，但歐瑪爾和歐斯曼都遭到謀害。前三任哈里發都是麥加出身的麥地那人，全部屬於古萊什族，但來自不同氏族，而且沒有任何一個來自穆罕默德的哈希姆家族。先知的堂弟兼女婿阿里當選第四任哈里發後，繼承事宜出現問題。政治運作受到宗教強力影響，先知死後數十年內，麥加成為兩起重大叛變的焦點。

阿里在歐斯曼遇害翌日當選。古典波斯史家塔巴里（Abu Ja'far Muhammad ibn Jarir al-Tabari）形容，阿里是個「膚色發黃相當明顯的人，雙眼大又沉悶，肥胖，禿頭，身材偏矮」❸，不過，這些有貶意的形容詞忽略了外界稱為「伊斯蘭武士」的阿里擁有英勇氣概和寬大胸襟。他知識淵博、藝術造詣高，散發神祕氣息。中古時期的人認為他是穆斯林畫家的資助者，許多迷你畫的靈感來源顯然是他。外界認為有一本收錄精彩講道、書信和名言的書是他的著作❹，而他也是有名的詩人。他的大部分支持者是土生土長的麥地那人。麥加人覺得他們未受到適當徵詢，對新的哈里發選舉結果不滿。當時住在麥地那的古萊什族主要人物，包括一些覬覦哈里發名位的人，未宣示效忠阿里，立刻返回麥加。阿里指派新的地區首長取代歐斯曼任命的官員時，麥加和敘利亞不服從命令。敘利亞當時由辛德和阿布・蘇富揚的兒子穆阿維亞當家。穆阿維亞和歐斯曼有親戚關係，他主張，殺害歐斯曼的凶手、如今和阿里同一陣線的人受到法律制裁之前，阿里不能名正言順統治。

在麥加，叛變正在醞釀。核心人物是阿伊莎，先知最年輕的妻子、阿布・巴克爾的女兒。麥加人也堅決認為，殺害歐斯曼的凶手應該繩之以法，並要求哈里發繼承問題應取決於所有穆斯林群體參與的協商會議（Shura）。接下來的發展顯示麥加世界的新層面。麥地那人贊成但麥加人反對的決定，不再只是兩個城市之間的糾紛。這種情形的影響不只限於漢志地區。關鍵行動在伊拉克發生，雙方產生的衝擊迴盪在穆斯林世界。阿伊莎集結一支古萊什族眾多部族組成的大軍，六五六年十月率領部隊開往伊拉克南部的巴斯拉（Basra），在那裡和更多部隊會合。她和阿里的總督短暫交戰後奪下巴斯拉。

阿里集結更大的部隊，包括曾經反叛歐斯曼的領袖，開往巴斯拉對付阿伊莎。雙方在城外短兵相接，兩邊陣營都有先知的親密夥伴。兩支部隊都由許多部族組成，大多數部族在兩邊都有人，有的支持阿里，有的挺阿伊莎。教友和教友對陣。不意外，有些人拒絕戰鬥，他們宣稱兩邊都不支持。特使來回奔波，進行漫長交涉。兩邊陣營互相指控對方。雙方避免交戰。可是，有一天凌晨，天還沒亮的時候，曾經合謀反叛歐斯曼的人突襲阿伊莎的部隊。局面一片混亂，兩邊陣營都以為遭到對方攻擊。黎明時，兩軍爆發血戰。這場戰役後來稱為駱駝之役（the Battle of the Camel），因為戰鬥圍繞阿伊莎騎乘的駱駝進行。這是一場血腥的戰鬥，雙方傷亡慘重；估計幾小時內有一萬五千人喪生。最後，阿里的部隊獲勝。阿伊莎回到麥加待了一小段時間，隨後搬到麥地那，被阿里嚴禁參與政治。

駱駝之役重創麥加。相關記憶後來糾纏麥加好幾百年。伊斯蘭的第一次內戰——基本上是先知大家族的內鬥——重點遠超過將殺害歐斯曼的凶手繩之以法。基本問題是誰有權力統治：穆罕默德家族成員，或是整個穆斯林群體推舉的人選？畢竟，先知已經廢除以血緣為根據的特權。這場戰役和女性待遇也有關係。我們已經看到，麥加女性非常獨立，而且她們在伊斯蘭出現後，積極捍衛先知賦予的人人平等權利。阿伊莎有一些可以合理抱怨的遭遇。她的姊姊烏姆・庫勒蘇姆（Umm Kulthum）拒絕嫁給歐瑪爾，因為他「粗魯對待女性」。❺婦女長期積極參與公共事務，但歐瑪爾把她們關在屋裡。沒有人徵詢她們對社會議題的看法，也無人理會她們對政治事務的看法。她們被指示要隨時聽丈夫的話，她們擁有財產的權利甚至受到質疑。

關於女性，伊斯蘭之前的風俗不但保留下來，甚至更強化。女性群體的不同意見由阿伊莎發聲，也由她具體呈現。在穆斯林歷史中，若說阿伊莎形同遭到軟禁確定了女性的命運，還言之過早。她繼續發揮影響力，但通常從幕後運作；她在政治上隱身深閨，雖然她關於先知言談舉止的回憶，對伊斯蘭研究的發展舉足輕重。不過，我認為駱駝之役和後續效應，是影響後世思想的重大事件。阿伊莎的遭遇和歷史上所有戰敗者一樣：戰亂歸咎到她頭上，出兵理由的正當性卻無人聞問。而且，她被影射抹黑為「弱者」性別中固執、衝動的典型，證明她不適合參與政治。因此，男性以她為例子硬拗，將女性排除在公共事務之外，把她們貶抑為適合從事家庭管理，淪為沉默的旁觀者角色。❻

戰勝阿伊莎並未鞏固阿里短暫的統治。穆斯林如今散布廣大區域，要從麥地那管理所有區域幾乎不可能。在持續重新調整穆斯林世界政治控制中心的過程中，採取第二個步驟似乎是因應環境的合理之舉。首都每改變一次，俗世與控制的中樞就和宗教焦點麥加離得更遠。阿里選擇伊拉克的庫法（Kufa）當作都城。庫法二十年前才建立，它是從擊敗薩珊帝國的穆斯林部隊軍營發展而成。這個從軍事單位轉型的城市，原本是要區隔穆斯林和他們統治的非穆斯林人口。穆斯林帝國擴張過程中，軍營轉變成都市成為常見模式。理論上，它們可將穆斯林與物質誘惑隔離，不被其他文化及風俗吸引。當然，這種安排未奏效，其實也無法成功，但世界因此多了一些輝煌的新城市。新首都被認為具有更重要的策略意義，清楚顯示哈里發和他們政府的觀點正進行務實調整，以適應更加全球化的展望。

在麥加，昔日貴族的剩餘成員不滿自己失去權勢，以懷疑的態度看待哈里發。以往的反應即將重現，他們的看法不難想像；在任何巨變時期，這種現象很常見。短短二十五年內，這個宗教和社會方面的激進新實驗，已經大幅改變世界。領土擴張的成果豐碩——許多穆斯林認為是奇蹟，他們擁有的機會幾乎不可限量。不過，實驗的成果也包括混亂和內戰。或許一切太激進了。他們需要呼吸的空間，需要時間讓新理念鞏固。這不一定代表放棄集體協商推舉領袖的新方式，而是暫時採用可靠的舊方法，以便達成某種程度的穩定。

麥加精英階層不必遠求，就能找到完美人選，一個可以恢復部族和血緣關係的人。阿布・蘇富揚和辛德的兒子穆阿維亞正好擔任理想職位，可接下哈里發的重任。雖然較晚皈依伊斯蘭——在麥加被征服之後——他仍獲先知任命為祕書。二十五年後，他位居敘利亞總督要職。當時的評論家寫道，他非常擅長政治運作。「他高大臃腫，膚白腿粗，頭小眼凸，鬍子染色，表情嚴肅。」❼他很精明，能將機會運用得淋漓盡致。他喜歡爭辯，如果辯輸，他會以幽默言詞挖苦對手。

阿里平定阿伊莎的叛變後，注意力轉向穆阿維亞的威脅。六五七年五月，阿里率軍前往敘利亞對付穆阿維亞，後者集結軍隊移向幼發拉底河，阻擋阿里推進。一個月後，兩軍在當今敘利亞的錫芬（Siffin）附近相遇，當地就在幼發拉底河畔。兩位領袖都未得到麾下部隊全力支持。雙方進行好幾個星期的冗長交涉，但毫無成果。後來，七月底爆發激戰，雙方傷亡慘重，但阿里陣營開始明顯占上風的時候，穆阿維亞指示部隊把《古蘭經》綁在矛頭。這被認為是要求停戰的動作，阿里的部隊立刻收兵後退。雙方進行更多談判，兩邊陣營同意各自推派一位獨立的仲裁者，並遵守他們對於領導權的裁定。

然而，不是每個人都贊成仲裁。阿里陣營有一個嚴格團體認為，阿里同意仲裁，等於置真主於不顧。唯有真主有權力決定由誰統治，這個問題的爭議無法以妥協方式解決。他們宣稱，「決定權只屬於真主」。阿里同意仲裁，不僅放棄自己是唯一合法領袖的名分，也等於背棄伊斯蘭。持這種看法的人退出阿里的部隊，在伊拉克的納拉萬（Nahrawan）運河岸紮營，後來被稱為出走派（Kharjites）。

出走派或許是伊斯蘭第一批暴力極端分子，雖然他們和阿伊莎一樣，因為目睹周遭的不平等而心生不滿；在他們眼中，不平等現象延續了麥加在蒙昧時期的舊模式。阿拉伯人在穆罕默德死後二十五年仍然認為自己高人一等，出走派覺得無法苟同。阿拉伯人的優越感展現在他們為非阿拉伯皈依者「擔保」的作法，這樣形同把新教友變成阿拉伯人的客戶，而不是把新皈依者視為平等的人。這是以往精英階層維持自己精英地位的另一個辦法，以凌駕信仰的平等關係。不過，穆斯林帝國在七五〇年之後全面廢除擔保的作法——除了一個持續實施到現在的區域。在沙烏地阿拉伯和幾個波斯灣國家，外籍勞工仍然需要擔保人，而且權利不如本國人。

出走派看不慣把非阿拉伯人視為次等人的作法，認為這樣有違伊斯蘭教義。他們也反對只由阿拉伯人統治的慣例，前四任哈里發就是範例，其中三人來自同一族——古萊什族。更讓他們生氣的可能是，有些阿里的支持者主張他有統治的權力。出走派認為，部族、氏族或家庭因素不應該牽扯領袖的選擇；只要道德上毫無瑕疵，任何人都有資格擔任哈里發。此外，出走派不認為伊瑪目（imam）——具備宗教和政治權威的領袖——不可或缺。剛好相反，「他們將群體的宗教領袖和政治領袖切割。」❽整體而言，出走派嚴守教條、堅持原則不可改變，將意見相左的人視為叛教者，因此可以判死刑。

起先，阿里選擇忽略出走派，比較關切仲裁結果。可是，協商拖拖拉拉，經常惡化成人身攻擊。阿里的代表、麥加人阿布．穆薩（Abu Musa）一度對穆阿維亞的仲裁代表阿姆爾（Amr）吼道：「你就像隻狗，挨打的時候伸長舌頭，就算沒挨打，舌頭還是伸得老長。」阿姆爾反擊：「你像隻拿著書的野猴。」❾不意外，他們無法化解誰當領導者的爭論，建議組成規模更大的協商會議解決，一如阿伊莎先前提出的意見。不過，他們有一點共識：歐斯曼遭到不公不義的謀害。

穆阿維亞、他的家人和追隨者認為他們的主張證明正確，將殺害歐斯曼的凶手繩之以法的要求合情合理，尤其是對阿里和他的追隨者；阿里的追隨者包括合謀殺害歐斯曼的人。穆阿維亞宣布自己是敘利亞「信徒的領袖」。他對埃及也有盤算，埃及不巧由阿里任命的官員統領，而他涉及謀害歐斯曼。穆阿維亞指派仲裁代表阿姆爾帶兵攻擊埃及，阿姆爾幾乎兵不血刃就獲勝。他被任命為埃及總督，立刻宣布承認穆阿維亞是合法的哈里發。阿里覺得他不得不再度和穆阿維亞兵戎相見。

然而，阿里這次居於劣勢，因為出走派公開指責阿里和追隨者是叛教者。他們宣稱，身為穆斯林就是當一個完人，沒有觸犯任何罪惡的空間。有罪惡的穆斯林不再是穆斯林，而是叛教者。他們說，對付叛教者的唯一辦法就是處死。因此，任何承認阿里統治權的人就是罪人，死有餘辜。曾在庫法殺害一些阿里追隨者的出走派，如今選擇直接和阿里作戰。

閱讀阿里如何因應出走派的威脅，可以了解他處理衝突的方式——以理智和神學辯論。阿里在一場布道批評出走派之後，出走派從清真寺四周跳起來，高喊口號：「唯有真主擁有權威。」有一個人喊道：「局面對你和你的追隨者已經很明顯，如果你認為真主有其他人幫助，你的所作所為將徒勞無功，你將會成為迷失的人之一。」阿里回答：「要有耐心，因為真主的允諾是真理，不要讓理念不堅的人鄙視你。」[10]阿里也要出走派解釋，他們為何認為對抗其他穆斯林是合法舉動，但出走派只有一個答案：準備受死。阿里甚至承認自己判斷錯誤：「對於曾受誘惑，在我們之中找到懺悔的人，你有何指摘？」出走派喊：「早日上天堂」，然後發動攻擊。

六五八年發生在納拉萬運河邊的戰鬥，短暫而且一面倒。出走派——總共一千五百人，包括先知的許多門徒——在短時間內幾乎全軍覆沒，只剩下一人。他們似乎一心求死。雖然阿里無法阻止這種結果，納拉萬屠殺傷害了他領導穆斯林群體的道德權威，他的支持度進一步流失。他已經失去西部的敘利亞和埃及兩個行政區的控制權。未參與納拉萬之役的出走派，一有機會就扯他後腿。最後，他們趁他在庫法清真寺禮拜時成功殺掉他。六六〇年，穆阿維亞在耶路撒冷自立為哈里發，並建立伍麥亞朝。伍麥亞人屬於麥加的伍麥亞氏族，而伍麥亞被認為是麥加最有權勢的大家族。因此，過去不斷反對穆罕默德的麥加精英後裔，反而成為他的繼承者。穆阿維亞的母親辛德如果在世，必定驕傲。

穆阿維亞來自麥加，許多出走派也是，而納拉萬屠殺導致很多麥加人痛不欲生，幾乎沒有一個家庭未失去親友。很多人穿黑衣表示哀悼，並藉此抗議伍麥亞的統治。他們公開表態不認同伍麥亞人喜歡奢侈、鋪張。伍麥亞人的喜好令人回想起泛神信仰時期的奢華，並證明新領導人採用了他們淘汰的帝國的習慣和行為。聖寺經常舉行會議，討論叛變、對伍麥亞朝發動游擊戰的計畫；這些會議通常由出走派主導。穆阿維亞建設麥加，試圖安撫麥加的批評者。他擁有市內大部分土地，顯然因為地位之故，擁有投資的本錢。他付錢興建麥加第一間磚造房屋，使用窯燒磚和石膏混泥沙建造。哈蒂嘉的房子改建成清真寺。不過，麥加人想知道，穆阿維亞憑什麼重新開發他們的城市。他以武力或透過條約征服麥加嗎？如果他用武力奪下麥加，那麼市內房屋是公共財產，他無權買賣，如果他是因為條約成為麥加統治者，那麼（也唯有在這種情況下）房子可以當成私人財產買賣。穆阿維亞明白，麥加人如此不斷唱反調，他無法將自己出生的城市當成首都，漢志地區內也沒有任何其他地方適合。

這意謂政治權力的中心要再度遷移。阿里以庫法為首都，穆阿維亞選擇大馬士革——他先前展開建立哈里發王國大業的基地。他計畫將大馬士革一座古教堂改成宏偉的清真寺，和麥加聖寺一較高下。大馬士革的清真寺不設卡巴，而是擺設受洗者約翰的遺骨，以增加宗教吸引力。這項計畫反而讓許多麥加人更加憤怒，第二次叛亂勢不可免。

六八〇年，穆阿維亞的兒子、阿布・蘇富揚的孫子亞濟德（Yazid）一世繼承王位。一些重要人物拒絕效忠新的伍麥亞哈里發，當中包括先知最親近門徒的兒孫；他們自認更有資格當統治者，例如阿布・巴克爾的孫子阿布都拉・伊本・祖拜爾（Abdullah ibn Zubayr）和第四任哈里發阿里的兒子胡賽因・伊本・阿里（Hussain ibn Ali）。

叛亂者分別前往麥加尋找棲身之所，並規畫下一步行動。這或許是麥加幾百年來扮演角色的第一個證據——它是不受掌權者青睞之人的避難處。這個現象肯定了麥加作為宗教焦點的名望和重要性，也肯定了麥加處於偏遠位置，與真正的政治權力中心存在安全距離。麥加既是中心，也是邊陲。

麥加民眾聚集在阿里次子胡賽因身邊。胡賽因決定前往伊拉克，並挑戰亞濟德。派駐庫法的代表告訴胡賽因，他會受到歡迎，並在對抗亞濟德的戰爭中獲得奧援。支持胡賽因的麥加人不相信庫法人，並且認為，在這個階段就對抗亞濟德並不明智。胡賽因的堂兄弟勸他不要衝動：「你要去的地方有亞濟德的稅吏和幹部，他們掌控財政。那裡的人受制於當地貨幣，我不確定口口聲聲說要幫你的人不會和你作對。」⓫胡賽因未接受他的忠告。

胡賽因成為哈里發的競爭者後，阿布都拉．伊本．祖拜爾不確定該如何因應。想要當哈里發的欲望，導致他和胡賽因關係惡化。不過，兩人在聖寺不期而遇時，一直對彼此異常彬彬有禮。一天上午，伊本．祖拜爾告訴胡賽因：「我想不通我們為何讓這些人決定事情，自己袖手旁觀……我們應該控制這個政府，而不是由他們作主。」接著，伊本．祖拜爾問胡賽因有何打算。胡賽因回答：「我曾考慮去庫法，我在那裡的追隨者和當地貴族已寫信給我，我讓真主決定。」伊本．祖拜爾回應：「如果我在那裡擁有同樣的追隨者，我不會找別人幫忙。」他想了一會兒，覺得胡賽因可能懷疑他的動機。「可是，如果你留在漢志，你可以在這裡推動計畫，沒有任何阻力。」伊本．祖拜爾離開後，胡賽因說：「我離開漢志前往伊拉克，他最高興不過。他知道，如果我在場，他沒有說話的分，因為大家絕不會認為他和我平起平坐。因此，他巴不得我離開這裡，好讓他為所欲為。」⓬

胡賽因和穆斯林歷史上許多人一樣，對伊本．祖拜爾相當不公平。雖然胡賽因受到敬重，有許多文章敘述他的生平⓭，伊本．祖拜爾卻幾乎被人遺忘，其實他獲得更多麥加人支持。麥加人認為胡賽因的目標注定失敗，悲劇即將來臨的陰影籠罩麥加。胡賽因帶著七十二人組成的部隊一啟程，麥加人就開始痛哭。

前往庫法途中，胡賽因接到消息說，他在當地的支持者大多已被亞濟德下令處死，而且就像他先前聽到的警告，庫法人已經轉向支持亞濟德。他率領的小群追隨者在距離庫法五十英里（約兩天路程）的卡爾巴拉（Kerbala）被亞濟德部隊攔截。卡爾巴拉之役發生在六八〇年十月十日，直到現在，世界各地仍藉由演出轟轟烈烈的戲劇紀念當天。描述卡爾巴拉之役的戲劇，通常一一重現當時情景，配合哀悼儀式，形成許多什葉派穆斯林宗教儀式的重要部分。戰役幾小時就結束，胡賽因部隊不是亞濟德部隊的敵手，戰役以所有人遭到屠殺告終，胡賽因的親人和子女也被誅殺。和胡賽因一起戰死的人，大多來自麥加的哈希姆氏族。卡爾巴拉的悲劇再度使麥加成為流淚谷，哀慟之地。男人公開在街頭落淚，女人嚎啕大哭，全市的人穿黑衣哀悼。

麥加現在轉而力挺阿布都拉．伊本．祖拜爾，但支持他的人不只有麥加人。他所處宗教為本的政治圈，顯然獲得絕大多數穆斯林的共鳴，他們認同「他代表的主流價值觀」。⓮不過，伊本．祖拜爾舉棋不定。他的母親阿斯瑪（Asma）鼓勵他公開宣布反抗亞濟德。阿斯瑪是阿伊莎的姐姐，乃早期穆斯林歷史中另一位強勢女性——雖然她幾乎完全被早期歷史學家遺忘。她在父親阿布．巴克爾和先知從麥加逃到麥地那的過程扮演重要角色，當時她懷了伊本．祖拜爾。她一生經歷動亂、戰爭和政治恐怖，如今是明智、勇敢的九旬老嫗。她兒子是第一個在麥地那出生的穆斯林孩子；他出生時，先知在旁邊，幫他取名阿布達拉（Abd-Allah），意思是「真主的僕人」。阿伊莎反抗阿里時，他先生是最強力的支持者之一，在駱駝之役喪生。阿斯瑪設法為兒子灌輸鋼鐵般的決心，並鼓勵他發展出色的詩歌能力。伊本．祖拜爾和父親一樣，曾經在埃及和穆斯林擴張的東疆呼羅珊（Khorasan）打仗。他是老練的戰士。他雖然不支持出走派，但認為他們的疑慮不無道理。血統和族裔與伊斯蘭的平等觀念毫無關係。非阿拉伯穆斯林必須獲得平等待遇，女性權益必須維護，統治者必須信仰虔誠、公正。在母親鼓勵下，他宣布伍麥亞朝沒資格、不適合統治穆斯林群體——等於宣布麥加獨立。那是六八三年的事。

穆阿維亞的兒子、哈里發亞濟德派兵平亂。這支部隊配備巨型投石器，包圍麥加並朝卡巴發射石塊。有些石塊擊中卡巴。這種褻瀆行為讓麥加人怒不可遏，不論是出走派還是非出走派，所有麥加市民團結起來，支持伊本．祖拜爾捍衛聖地。婦女持刀參與戰鬥，或照顧傷患。婦女在幾次小規模交戰中英勇作戰，逼得伍麥亞部隊後退。一枚燃燒彈擊中卡巴，帷幕和木造結構起火。黑石被另一枚石塊擊中，裂成三塊。整個卡巴眼看即將瓦解。不過，敵軍雖然不斷發射石塊攻擊，仍被擋在城外無法進入麥加。

圍城兩個月後，大馬士革傳來哈里發亞濟德亡故的消息。攻擊麥加的軍隊停手，不知道如何是好。伊本．祖拜爾如今面臨兩難。他是否應該趁亞濟德之死出兵攻擊大馬士革？似乎不是只有漢志地區公開反對伍麥亞統治，而是整個穆斯林帝國都有意見。伊本．祖拜爾逐漸被視為哈里發政權的合法繼承者。然而，另一方面，麥加需要照顧；卡巴狀態如此糟糕，「鴿子揮翅就足以造成倒塌」。這又是一個無法避免的「如果」情況。史學家湯普森（E. P. Thompson）形容這種臆測是「狗屎」——雖然他是以令人咋舌的極長德國字總結——可是，早期穆斯林歷史中的幾個假設性時刻造成左右為難的局面，一再吸引我。不然，大家認為本書提到的男女英雄在歷史的推移中為何最後淪落配角，一如麥加？他們為何最後總是顯示出歷史的可能發展，而不是決定歷史的走向？我們為何每天必須在政治、社會、經濟方面做抉擇，讓好的決定勝出？這可不是假設性問題。

如果伊本．祖拜爾選擇消滅眾人唾棄的伍麥亞朝，不無可能改變穆斯林歷史走向。一個在新社會秩序的道德原則理念下長大的人會當家作主。接著，導致穆斯林世界發展失衡的新舊型態之間的內在衝突，想必有可能化解。出走派長期鮮少共鳴，說不定他能引導出和平共存的路線，緩和出走派寧願以死明志但非常誘人的極端嚴格基本教義思想？說不定他會讓麥加變成我小時候想像、希望看到的模樣？

伊本．祖拜爾決定專心重建聖殿，堅持拒絕離開麥加。他做的以及未做的事留下千古影響。我覺得，他選擇的要務實際上造就了兩個麥加：中樞和邊陲，理想與現實。權力和政治權威將繼續遠離麥加，由世代傳承的帝國原則緊緊掌握。麥加這個宗教區域的神聖地位獲得保障，繼續和由誰統治的迫切問題保持一段距離，也因而能忍受穆斯林群體意識的紛歧。接下來千百年，宗教學者也對各種統治者和君王保持戒心，和他們保持距離；激進分子一直找不到和平共存的辦法，來培育並完全實現伊斯蘭的民間社會理念。

麥加歷史記錄了伊本・祖拜爾投入於打造未來，展開聖寺的第三次擴建。聖寺由第二任哈里發歐瑪爾進行首度擴建，接著由第三任哈里發歐斯曼擴建，但場地仍無法容納與日俱增的朝聖者。伊本・祖拜爾夜以繼日重建戰火毀損的聖寺。他從葉門找來傑出工匠，重建基礎；從附近山頭切割石塊，以葉門黏土製作的灰泥堆砌。卡巴規模擴大，一樓增加兩道門，信徒進入更方便，建物另外加開兩面窗。卡巴牆壁內外都塗抹麝香，卡巴本身披上埃及進口的特殊布料奇巴提（Qibati）。信眾繞行卡巴時走的路線鋪上石板。鄰近的建築物被收購，整個聖寺範圍擴大，圍牆整修，並興建以木板遮蓋的新柱廊，整個園區如今呈正方形。擴建花了九年完成，工程終於結束時，民眾歡天喜地大肆慶祝。伊本・祖拜爾宣布：「任何人只要效忠我，都可以進行副朝聖；只要有能力，任何人都可以提供祭品。」他奉獻一百頭駱駝，將肉分給窮人。麥加人爭相釋放奴隸並捐獻。

伊本・祖拜爾忙著重建聖寺期間，哈里發政體領袖已經傳承。亞濟德的王位傳給幼子。男童無法爭取到支持，帝國按照部族界線分裂。亞濟德的兒子六八四年去世時，阿布・蘇富揚的香火斷了。不過，這絕不意謂伍麥亞朝終結。他們推舉家族最年長成員、七十歲的馬爾萬・伊本・哈基姆（Marwan ibn Hakim）為哈里發。他只統治混亂的一年，王位傳給強勢的兒子阿布杜・馬立克・伊本・馬爾萬（Abd al-Malik ibn Marwan，六八五至七〇五年在位）。阿布杜・馬立克擅長管理，具有政治敏銳度的他，指示忠心的將領哈嘉吉・伊本・尤素福・沙乍非（Al-Hajaj ibn Yusuf al-Thaqafi）

鎮壓叛變的麥加。哈嘉吉已經平定伊拉克和伊朗境內的反叛伍麥亞朝活動。他起先打算包圍麥加，餓死伊本．祖拜爾和他的追隨者。但他明白麥加人可以撐相當長時間後，決定改變策略。六九二年三月，他打著朝聖的幌子往麥加前進。部隊抵達麥加外圍後，開始以投石器攻擊麥加。朝聖期間──六九二年五月──雙方短暫停火，並裝模作樣進行朝聖。等朝聖者一離開，就恢復戰鬥。

投石器的轟炸破壞了新擴建的聖寺。卡巴經常中彈，變得搖搖欲墜。麥加市內物資耗盡。伊本．祖拜爾的盟友有些不堪饑饉而背棄他。其他人，例如嚴格宗教信念讓他無法忍受的出走派，被他送走。伊本．祖拜爾不願看到聖寺再度毀滅，決定打開城門讓伍麥亞大軍進入，犧牲自己的性命。哈嘉吉部隊進入聖寺，發現除了伊本．祖拜爾，沒有其他人的蹤影。他正在禮拜。伊本．祖拜爾禮拜完畢後，冷靜抽刀衝向伍麥亞部隊，殺死任何靠近的人。有人擲磚塊擊中他的臉，他血流如注。他搖晃了一下，立刻被敵軍包圍。士兵們手下不留情，他不支跪地。一名士兵砍下他的首級時，他喊道：「我的傷口不會在腳後跟，而是前面。」哈嘉吉將他的遺體倒掛釘十字架，就在麥加城外。

麥加市民聚集瞻仰他的遺體。一名曾經陪伴先知穆罕默德、如今眼盲體衰的長者在十字架底下哀悼──具體呈現麥加的哀痛。哈嘉吉的將領之一塔立克．賓．阿姆爾（Tariq bin Amr）看了伊本．祖拜爾的屍體之後說：「天底下沒有比他更有氣概的男子漢。」哈嘉吉問：「你要稱讚違背信徒統帥的人？」塔立克毫不猶豫回答：「對。他讓我們免於責難。要不是他英勇，我們找不到藉口。我們包圍了他七個月。他沒有護城河、沒有堡壘、沒有要塞；可是他和我們勢均力敵，甚至每次交鋒時都占上風。」[15]最傷心的莫過於阿斯瑪，年逾一百歲的她把兒子從十字架解下來。伊本．祖拜爾生前決心留在麥加；死後，阿斯瑪將他的遺體帶到麥地那，葬在先知墳墓旁。

在哈里發阿布杜·馬立克·伊本·馬爾萬指示下，當初導致伊本·祖拜爾忽視俗世權力、全心投入的聖地建設全部剷除。馬爾萬的重建具備王室等級的豪華裝飾。哈嘉吉當家作主——他並非最適合擔任麥加總督的人選。卡巴的兩道門之一封起來；另一道門檻加高，以便讓少數獲得允許的特權人士進入。伊本·祖拜爾擴建的部分拆除。聖殿內部所有地方，包括環繞庭院的柱廊，都鋪上金色和銀色石板。穆罕默德不會贊成這樣做，但伍麥亞人似乎不覺得不妥。他們重建麥加，以炫耀俗世的實力。麥加議會以往開會的地點——古塞伊舊居，被哈里發買下，以彩色石頭和馬賽克裝飾。外引進彩繪玻璃，裝在王子、政要、富豪的窗戶。有錢人家徹夜點油燈，形成的影子投映在聖寺。外國王公獲邀到麥加居住。貴族家裡聘請許多詩人、畫匠、工匠、樂師和歌手。奢華和享受程度大幅提升，遠超過麥加人以往見聞。民眾態度散漫，在聖寺裡的舉止甚至接近淫穢地步。進行環繞卡巴儀式時，將男女分開變得必要。

將伊本·祖拜爾從歷史上抹除後，伍麥亞人對聖城失去興趣。越來越多光鮮的城市吸引他們的注意力。他們把時間和金錢花在耶路撒冷和大馬士革；他們在巴勒斯坦、約旦和敘利亞興建城堡與宮殿，並且在新征服的領土上興建新城市。哈嘉吉擔任麥加總督兩年期間，深知民眾痛恨伍麥亞朝。這些古萊什族後裔被認為是嗜血的暴君，這種觀點並沒錯。他們滿足於將麥加作為擴張帝國的一種展示手段。

伍麥亞朝擊敗伊本·祖拜爾後，又延續了五十八年。六六一到七五〇年的八十九年期間，總共產生十三位哈里發。他們開疆闢土，西起西班牙，東至現在巴基斯坦的印度河流域，以及遠至中國邊界的中亞，都由穆斯林統治。不過，他們的統治經常受內部歧見和叛亂干擾。而哈里發也成為好逸惡勞和奢侈的代名詞。

比較虔誠的麥加居民，對伍麥亞領袖的行為感到憤慨。麥加市內的出走派仍未放棄摧毀「不信神」哈里發的希望。不滿伍麥亞統治的叛變情緒逐漸醞釀，不僅漢志地區如此，整個穆斯林世界都是，尤其是非阿拉伯人的外族（ajam）之間。最後導致伍麥亞朝終結的決定性叛變，起自非阿拉伯人的外族區域——伊朗東部的呼羅珊。領導叛變的是阿布・馬斯林（Abu Muslim），一名頭腦相當好的煽動者，他利用形形色色的民怨推翻伍麥亞朝。叛變由阿巴斯（Abbasid）氏族領袖醞釀並耐心策畫。七五〇年，伍麥亞朝最後一任哈里發馬爾萬二世，在伊拉克摩蘇爾東方的札布之役（the Battle of Zab）慘敗。阿巴斯成員阿布・阿巴斯・阿布都拉・薩法赫（Abu al-Abbas Abdullah as-Saffah）成為哈里發（七四九至七五四年在位）。

發生在距離麥加遙遠處的事件，決定了穆斯林世界的命運。不過，阿巴斯朝還是和麥加有關聯。阿巴斯源自哈希姆族的先知叔父阿巴斯・伊本・阿布・穆塔里布的家族，自認是穆罕默德真正傳人。新的哈里發上台，開始新的朝代，麥加表示歡迎，並稍微鬆了一口氣。麥加高度期盼一個比較認同他們理念的政權。不過，伍麥亞的過分行為要先算帳，必須為伊本・祖拜爾的遭遇復仇。

新任哈里發的稱號「薩法赫」意思是「濺血」，在伊拉克的希拉（al-Hira）即位。儀式在七四九年舉行，因為場合需要，極為盛大華麗。近親環繞新的哈里發，大家坐在精雕細琢的椅子上。被罷黜的伍麥亞統治家族坐在地上，每人分配兩個座墊。加冕儀式剛結束，有人向薩法赫通報，麥加來了一名不速之客。宮廷人員在薩法赫耳邊輕聲說：「有個男子騎著純種駱駝，站在大門外求見。他來自漢志，是個黑人，蒙著臉。他不願說出姓名，也不願揭開蒙面布，除非見到您。」蒙面男子被帶進來。他先看薩法赫，然後看坐在地上的伍麥亞朝成員。接著，他吟了一首詩。詩的內容描述伍麥亞的暴行，以及伊本・祖拜爾的遭遇。那首詩呼籲哈里發「當心犯錯」、「根除惱人的樹和樹枝」、「斬草除根」，同時「用您的劍清理害群之馬」。⑯

那首詩達到效果。薩法赫開始激動得發抖，眼淚滑落臉頰。「敗類」，他朝著坐在地上的伍麥亞成員怒吼。「我的親友被你們謀害的景象歷歷在目，而你們還好好活著。」他指示呼羅珊侍衛好好伺候他們。侍衛以棍棒逐一毆打伍麥亞人，直到所有前朝的人斷氣，包括伍麥亞王室成員。侍衛打完後，薩法赫命人取來地毯，蓋住抽搐的屍體。豐盛菜餚就擺在地毯上，薩法赫和群臣一起享用晚餐。蒙面男子悄悄離開現場。

追殺、消滅伍麥亞朝成員的工作繼續徹底執行。七五〇年一月，伍麥亞朝第十四任、也是最後一任哈里發馬爾萬二世．希瑪爾（Marwan II al-Himar）在摩蘇爾東方札布河（底格里斯河支流）附近的最後一役，慘敗在薩法赫叔父阿布都拉．伊本．阿里（Abdullah ibn Ali）手下。幾個月後，阿布都拉．伊本．阿里在七五〇年六月邀請大約八十位伍麥亞親王到敘利亞的堡壘，慶祝他成為敘利亞總督。這些親王入席準備享用大餐，卻遭到攻擊屠殺。阿布都拉的兄弟達伍德（Dawud）被任命為麥加與麥地那的總督，並接到特別指令：清除兩個聖城的伍麥亞成員。伍麥亞只有一位親王倖免。外號古萊什獵鷹的阿布杜．拉赫曼（Abd ar-Rahman，七三一至七八八年）想盡辦法逃亡，淪為難民流浪，最後到達西班牙，在西班牙建立自己的新政權——哥多華侯國（Emirate of Cordoba，七五六年成立，後伍麥亞朝）。他建立的政權稱為安達魯西亞的伍麥亞哈里發政體。

流血清剿結束後，阿巴斯家族的統治讓麥加恢復和平與繁榮。親王們和公主們經常到麥加進行副朝聖。阿巴斯朝於七六二年設立新首都巴格達，每年從巴格達出發的朝聖隊伍，通常由哈里發本人或他們指定的繼承人帶領。因此，巴格達通往麥加的道路養護良好，經常修繕。哈里發薩法赫死後，繼任者是他的弟弟曼蘇爾（al-Mansur，七五四年至七七五年在位）。曼蘇爾七五四年率領隊伍進行年度朝聖時，接到哥哥去世的消息，因而自立為哈里發。曼蘇爾是第一個徹底改變聖寺的人，讓它規模無與倫比。他以幾何方式重新規畫聖地。他的建築師利用墨繩標定新範圍的對角線，並在北側和西側擴建，將聖地容納人數加倍。舊有的古萊什會議場地、古塞伊的房子如今納入聖寺範圍，聖寺北面的西方角落增建一座宣禮塔。聖寺增加七道門，其中賈瑪族門（Gate of Banu Jamah）有三層拱門，下方有溪水流經。聖寺也增加眾多大理石柱，內部以馬賽克和《古蘭經》書法裝飾。

曼蘇爾的兒子哈里發馬赫迪（Caliph al-Mahdi，七七五至七八五年在位）繼續父親的工作。他在七七六年十月進行朝聖，離開麥加前下令進一步擴建、裝飾聖地。聖寺加了兩道新的有頂拱廊，並興建五道新的大門。特殊大理石柱從埃及和敘利亞引進，豎立形成格網。卡巴布幕拆除，噴灑香水，然後覆上新的特殊罩幕（kiswa）；一如以往，這種布料來自埃及。馬赫迪七八〇年返回麥加視察並再度進行朝聖，發現卡巴並非位於聖寺中央。先前進行這麼多次擴建，已經導致卡巴位置偏差。馬赫迪召來建築師和建築工人，經過反覆計算，獲得的結論是：因為乾河床和水道之故，不可能將卡巴設於聖寺範圍的正中心。「麥加的乾河床可能會被大洪水沖刷，而且非常深」，他們向馬赫迪報告。「我們擔心，如果改變乾河床現有走向，洪水不會按照我們的規畫路線走。此外，乾河谷周邊有許多建築和民宅，代價將非常高昂，計畫最後可能無法成功。」

馬赫迪回答：「不論如何，聖寺必須擴建，直到卡巴位於正中心，我傾家蕩產在所不惜。」[17] 因此，聖寺再度擴建。為了確定中心點，河床沿線建築屋頂暫時插上長矛，直到沿線兩端，然後丈量矛尖的距離，以決定哪些區域納入聖寺圍牆範圍，哪些區域保留為河床區。接著，馬赫迪爬上阿布．古貝斯山頭，觀察聖寺園區。他得以確定卡巴應該位於哪個點才算園區中心點，進而能劃定必須拆除的房子，以清出空地容納乾河床的水道路線。擴建工程七八三年動工，可是馬赫迪未能目睹他「最關心的事」完成就過世了。工程在他兒子哈里發穆薩・哈迪（Caliph Musa al-Hadi，七八五至七八六年在位）任內完成。哈迪在位一年死亡，由哥哥哈倫・拉希德（Harun al-Rashid，七八六至八〇九年在位）繼位。哈迪命在旦夕時，工程必須趕工；大理石柱由塗抹石膏的石頭取代，屋頂也未完全按照馬赫迪的指示興建。馬赫迪的擴建規模不僅是歷來最大，也被認為是最細緻、華麗的一次，後來的哈里發無人比得上他的成就。

聖寺如今共有四百八十四根柱子，大部分柱子的底座塗成金色——以雕刻的柚木和金色模組裝飾，柱身漆上不同顏色，包括紅色、紫色、綠色、淺黃棕色、金色。所有柱子都以阿拉伯文字裝飾——其中兩根以庫菲體（Kufic）銀字特別提到馬赫迪。大門總共有十九道，有的通往寺內廳堂，有的是出口，每道門都有馬賽克裝飾。聖寺四個角落各有一座宣禮塔——曼蘇爾蓋了一座，馬赫迪增建三座。塔尖上有垛口，聖寺內部有二百七十二個垛口，窗戶有灰泥粉飾，還有以灰泥浮雕、鐵欄杆裝飾的拱型開口。增添兩層新的天花板，上層是葉門進口杜姆樹木板，下層是漂亮的柚木板，上面有《古蘭經》文字、先知禮拜內容，以及為哈里發馬赫迪禮拜的文字。園區內特殊地點，例如亞伯拉罕立足處，受到特別處理，以黃金裝飾。通往卡巴門戶的門框也以金箔裝飾。聖寺（阿拉伯語稱為Haram）如今有了鮮明而且可立即分辨的特徵。聖寺的外觀和內部成為麥加與伊斯蘭的象徵。不是我初次看到的照片中景象，而是當代的模樣。

徹底改變的不只是聖寺，麥加也改頭換面，它變成富裕的大都會。阿巴斯家族在麥地那覺得不自在，因為阿里的後代繼續住在那裡，而且宣稱擁有統治權。七六二年，阿里的支持者（什葉派）已開始在麥地那反叛阿巴斯政權。因此，阿巴斯將關愛投入祖居地麥加，毫不吝嗇。幾位哈里發到麥加時出手大方，贈禮給麥加居民和朝聖者。例如，據說馬赫迪第一次朝聖時，分發三千萬迪拉姆

（dirhams）以及十五萬件衣服。來自巴格達、大馬士革、開羅和呼羅珊的駱駝商隊不但帶來朝聖者，也載來捐贈物資和禮品。幾乎每一年，麥加其中一個廣場會以特別禮物裝飾。有一年，巴格達送來原本屬於喀布爾王的王座。隔年，中國送來坐在正方形銀製王座的黃金塑像。王座來自吐博王（the King of Tibet），擺放在以金銀小鈴鐺裝飾的絲毯上；吐博王信奉伊斯蘭後，致贈金像給麥加民眾。

朱貝妲公主（Princess Zubaidah）經常到麥加，她是曼蘇爾的孫女，也是哈倫・拉希德的妻子。她展開並督導一項龐大的工程，為麥加提供永久、穩定的水源。工程包括興建地下水道，從胡乃恩泉（the Spring of Hunayn）——位於東方往塔伊夫的路上十二英里——和其他地方，將水引到麥加。工程八一〇年完工，估計耗費一百七十五萬第納爾（dinars），或者如同朱貝妲親口形容的：尖嘴鋤每挖一下，要一枚第納爾金幣。她接著在阿拉法特挖了一道露天水渠——以她命名為朱貝妲泉——並在當地設置數個噴泉。

阿巴斯統治時期被某些歷史學家稱為知識和文化「革命」[18]，那段期間受到波斯、印度、古希臘的影響滋潤，文學、哲學、神學、自然科學全部欣欣向榮。當時的人注重四處遊歷，尋找知識和學問。毫不意外，麥加因為地位特殊，而且道路品質和其他旅行設施改善，經常成為周遊學者造訪的第一站。麥加在地人不過幾千人，可從穿著分辨的外地客絡繹不絕，使得麥加人口膨脹。阿巴斯人和他們的官員、首長穿黑衣。黑色原本是出走派、其他信徒和阿里追隨者（什葉派）衣著的顏色，他們穿黑衣表示抗議，或當作哀悼卡爾巴拉之役的象徵。阿巴斯朝希望藉由採用黑衣收服異議分子，並監控唱反調的人。異議分子和阿里的追隨者，被強迫穿戴綠色外套和頭巾。平民大多穿白衣。學者和追求知識的人喜歡大頭巾、寬袖外套、肩上掛披巾。服裝會暴露地位、職業，甚至意識形態和政治傾向。

在麥加街頭隨處可見的學者是搶手人物，他們在市區各廣場授課。向來是禮拜地點的聖寺，也變成傳播知識的場所。學者、旅行者、神祕主義者——各種有學問的人在麥加傳道、授課或學習。有些人甚至從尼羅河、北非、波斯或印度徒步數百英里前來朝聖，然後停留數年學習或授課。有些人從此未離開。

這是先知穆罕默德言行被收錄、伊斯蘭法確立的時代。偉大的先知穆罕默德言行（聖訓）編纂者伊瑪目布哈里（Imam Bukhari），是造訪麥加的知名人物。他八一〇年出生在中亞的布哈拉（Bukhara），十六歲時隨寡母和兄弟到麥加朝聖。他在麥加停留幾年，接著轉往阿巴斯帝國其他學習中心。他編纂的正典《布哈里聖訓集》（*Sahih Bukhari*）許多內容無疑是在麥加收錄的。

伊斯蘭四大法學派其中的兩個創辦人，也可在麥加看到身影。創立夏非儀法學派的伊瑪目穆罕默德・賓・伊德利斯・夏非儀（Muhammad bn. Idris Shafii）在聖寺有一個特別保留區域。他七六七年出生在迦薩，屬於古萊什族，族譜可追溯到先知的祖父穆塔里布。他年幼失怙，由住在葉門的母親撫養長大。他母親覺得他應該生活在祖先的地方，在他大約十歲時把他送到麥加寄住親戚家。過著苦行生活的夏非儀，二十歲時已因學識和正義感聞名。他是溫和派，不怕犯錯，討厭神學和神學家。夏非儀的學生阿赫瑪德・伊本・漢巴勒（Ahmad ibn Hanbal）也很出名，他是漢巴理法學派（Hanbali）創始人。他雖然是阿拉伯人，卻出生在中亞（七八〇年），後來定居巴格達。虔誠的伊本・漢巴勒因為對《古蘭經》的見解，遭阿巴斯哈里發馬蒙（al-Mamun，八一三至八三三年在位）迫害。他後半輩子待在麥加，後來返回巴格達，八五五年去世。大約同一時期，麥加出現唯一聲名遠播的史家阿茲拉奇，也就是第一章提到的《麥加報告》作者。

被麥加吸引的人不只有學者。對於身懷特殊使命——以先知的「熱力四射光澤」照亮心靈——

的神祕主義者，麥加也如同磁鐵。他們在麥加市內和附近冥思，並過著苦行生活。外來客可從穿著分辨，但神祕主義者不同，從外表不易區分。「衣著可憐」、手持新月形梳子、漫無目的在街道行走而且想幫路人梳頭的男子，可能是大名鼎鼎的神祕主義者曼蘇爾．哈拉智（Mansur al-Hallaj）。他八五八年出生於波斯，曾三度前往麥加，每次停留一年。據說，麥加居民看到他衣衫襤褸覺得可憐，把不要的舊袍送給他，他拒絕收受，還吟詩：

> 如果你今晚看見我穿著
> 比這破舊一倍的衣服，
> 放心吧，雖然背後破爛，
> 這件衣服帶給我
> 莫大的自在。⓳

麥加居民，不論是當地人還是外地客，不太可能認同哈拉智的非正統思想。他認為人主合一，時常在充滿神祕色彩的冥想中出神。他會在這種情況下宣稱：「我就是真理。」這樣的論調導致他在巴格達接受漫長的審判和監禁，最後在九二二年三月受正統派法學家審判後處死。

還有一位在麥加貧民區整修住宅的木匠，或許自稱札希德（Zahid，意為苦行修煉者），但他的真實身分可能是蘇丹易卜拉欣．賓．艾德汗（Sultan Ibrahim bin Adham，大約七三〇至七七七年）。他原本是波斯的巴爾赫（Balkh）蘇丹，有一次坐在王位時，有人呈上一面鏡子。根據傳聞，他說：「我照鏡子，只看到一個邁向墳墓的迷途者，正朝著沒有朋友鼓舞的地方走。我看到眼前道路漫長，而我缺水斷糧。我看見公正的審判者，而自己缺乏受苦受難的任何證據。在那一刻，我的王位變得可憎。」[20]易卜拉欣放棄王位，過著神祕主義者的生活，長時間流浪在麥加街頭。麥加另有一個前任王公，他是知名的波斯蘇非道團成員巴亞濟德．巴斯塔米（Bayazid Bastami，八〇四至八七四年），經常在聖寺附近乞討，外號「高貴的乞丐」。巴亞濟德經常處於出神狀態，並在這種狀態下說出最無法想像——但也屬於神祕主義——的詞語：「榮耀屬於我！」、「在我這身衣服裡，除了真主沒有別的」[21]，還說「我是我，沒有真主但有我，所以拜我！」還有一個名叫拉比雅．阿妲維雅（Rabiah al-Adawiyah，七一三至八〇一年）的神祕主義者，會漫無目的在麥加遊蕩。她當初從阿拉法特一路爬到麥加，抵達卡巴。她後來在附近沙漠隱居，以少許食物茹素過活。[22]整體而言，麥加人不太理會他們身邊的神祕主義者。不過，這些人後來成為蘇非道團（Sufism）——伊斯蘭密契傳說——歷史中的重要人物。

麥加成為大都會，神學學者、史家、神祕主義者、外地人聚集熱烈辯論和探討學問之際，明顯缺少一樣東西：哲學。幾乎沒有任何知名哲學家從巴格達或穆斯林統治的西班牙造訪麥加。巴格達是穆斯林思想和學術中心；伍麥亞朝碩果僅存的親王，在西班牙成立自己的哈里發政體，將那裡轉變成高度發展、進步的文明。麥加是反理性主義者的天堂，麥加沒有哲學的部分原因，是受到嚴守教義派、出走派和其他保守派的影響，他們想盡辦法讓伊斯蘭保持「純淨」，不被創新（bida）汙染，或受到外來思想、理念影響。還有部分原因是，這是麥加抗衡巴格達、表達不同立場的方式，因為巴格達不但流行哲學和理性主義，並當成法規落實它們。確實，阿巴斯朝「把理性思考當作真理和事實的唯一根據，因而認為哲學的範疇和宗教相同」。[23]麥加人認為，這等於把源自啟示的宗教伊斯蘭和哲學——人類思考的產物——置於同等地位，這種看法幾乎和認為神不只一個一樣糟。

麥加對哲學的不屑，因為文字獄（Mihna）而加強；文字獄也讓伊本・漢巴勒建立當時最偉大經典學者的名聲。Mihna 的意思是「考驗會」或「審判」（文字獄），是阿巴斯朝哈里發馬蒙（al-Mamun）企圖將個人神學看法強加在子民身上的舉動。馬蒙是理性主義者，擁護希臘哲學，學識淵博、思想開明的他，被稱讚促進了穆斯林文明世界的思考和學習。他對於《古蘭經》和先知穆罕默德的言行研究深入，據說聖月期間背誦《古蘭經》三十三遍。然而，這位培養並塑造人類史上最豐碩科學與哲學發展的統治者，卻也發動伊斯蘭歷史中最接近西班牙宗教法庭的迫害。文字獄的內容包括馬蒙發給判官、行政首長以及當時知名學者、思想家和人士的詔書，當中詢問的特定問題。所有穆斯林，不論派別，都持相同看法：《古蘭經》是真主說的話，未摻雜其他。馬蒙想知道的是，《古蘭經》是否為創作。這位哈里發身為理性主義者，認為《古蘭經》是創作出來的。他主張，把《古蘭經》視為非創作產生的、真主說的話，是一種精神獨裁，讓人和知識探索、理性思考、哲學絕緣。可是，嘗試推翻某種精神獨裁，馬蒙卻變成獨裁者。提出錯誤答案的人面臨監禁、鞭笞、免除公職甚至凌虐。

馬蒙制裁的主要對象是一群特定虔誠的法學家，他們自稱是聖訓捍衛者（Ahl al-Hadith），把先知穆罕默德的言行視為主要的宗教權威來源。他們極端保守，全心投入擬定伊斯蘭法（Shariah），主張「光憑《古蘭經》和先知的典範，就足以讓人類族群達到全心奉獻給真主的生活。如果真主在律法中毫無爭議，就可以產生這樣的感受。」[24] 他們因而抱持如此信念：《古蘭經》是真主流傳千古的話，穆斯林群體不需要理性思考，只需要真主的法，一如穆罕默德言行展現的範例。聖訓派強調道德紀律的重要，「感性重於知性」[25]，並且認為，以理性分析他們的信仰，汙辱了真主的能力。馬蒙認為他們的立場屬於反啟蒙主義者，對伊斯蘭文明和文化嚴重不利。

伊本．漢巴勒是三十多名被帶到伊拉克官員面前的法學家之一。聽到哈里發詔書內容後，學者們試圖含糊回應，假裝不堅持己見。「《古蘭經》是真主的話。」他們回答。被逼問之後，他們說：「真主是萬物的創造者。」官員問：「《古蘭經》不是一件物品嗎？」他們接著討論什麼是物品。他們最後達成結論：「除了真主，所有物品都是創造出來的。」但這還是沒有回答特定問題，他們受到進一步逼問。他們異口同聲回答，「顯然哈里發聽到我們沒聽過的，知道我們不了解的。」㉖伊本．漢巴勒是兩位明白說出自己觀點的學者之一。他表示：「如果你我保持沉默，那麼誰來教導無知的民眾？」官員如實把他們的答案呈報給馬蒙，馬蒙下令把伊本．漢巴勒五花大綁，帶到他面前進行辯解。然而，不知為何，伊本．漢巴勒從未見到馬蒙。伊本．漢巴勒坐了二十八個月的牢。馬蒙死後，由他的接班者穆塔西姆（al-Mutasim，八三三至八四二年在位）和瓦西格（al-Wathiq，八四二至八四七年在位）繼續實施文字獄。經過不光彩的十六年後，文字獄終於在八六一年結束。

在麥加，文字獄被視為聽命國家的腐敗理性主義者和敬畏真主的獨立傳統學者之間的激烈鬥爭，這種觀點並非無的放矢。理性主義者雖然確實有學問、重視哲學、主張思想自由，但整體上也傾向於自我放縱、喜歡享樂。外界認為，哲學家們宣揚自由理念，是因為他們將法律和宗教視為限制，是阻止他們隨心所欲的障礙。這些主張思想自由的人士大多屬於國家機器，或者和國家及其政策站在同一邊，於事無補。相較之下，傳統學者非常虔誠，至少外界認為如此。例如，伊本．漢巴勒展現堪為楷模的謙虛、知足，以及強烈的正義感、公正，他為普通人——理性主義者和哲學家們瞧不起的人——奉獻。確實，哈里發馬蒙在第一封文字獄詔書中形容平凡男女「無足輕重」、「粗俗」，是「缺乏見地和自省」㉗、不知道如何思考的人。學者和哲學家、理性主義者形成強烈對比，因為他們重視凡夫俗子珍惜的事物：真主、先知、《古蘭經》、先知的言行和典範、人人平等的態度。伊本·漢巴勒甚至拒絕官方因為他受到不公待遇給予的補償，並反對家人接受國家補貼。

麥加崇拜虔誠的法學家。他們的言行不會錯，他們關於伊斯蘭法學（fiqh）的著作被奉為圭臬，被認真研讀。在麥加待了九年的夏非儀教導學生，不要採取邏輯推理，避開哲學和理性推測。他宣稱，邏輯神學毫無用處。研擬伊斯蘭法，類推是唯一可以使用的工具；所有事務必須從主要來源──地位最高的是《古蘭經》，但大部分時候是先知的言行──以類推法推論。伊本·漢巴勒教導學生，先知門徒──稱為tabeen──的意見必須尊重、遵守。如果先知繼承人的意見紛歧，那麼所有不同意見都應該被認為是對的。在所有牽涉宗教的事務中，仿效（taqlid）先知門徒和他們的繼承人、繼承人後代是常態，創新應該避免。

麥加尊重虔誠的法學家和他們的傳統，產生重大影響。這種態度導致宗教學者地位崛起，成為神學和伊斯蘭法學不容置疑的權威。到麥加的朝聖者和旅客聽到法學家虔誠的故事，返回穆斯林世界各地時全心相信宗教學者和傳統，對哲學、理性和推論則興趣缺缺。麥加成為傳統和傳統主義、尤其是嚴格又極端保守的漢巴理法學派思想的堡壘。住在麥加幾個月之後，沒有人不受影響──這種影響力持續一千四百多年。

此外，麥加發生的其他事，讓這個城市的地位不同凡響。麥加發生過的苦難、流血事件、圍城和叛變，促使當地人覺得自己非常特別。麥加不能只是朝聖的城市、伊斯蘭先知的出生地、傳統的堡壘。沒錯，即便擁有第一座清真寺興建地點的美名也不夠。它必須是在天堂而不是塵世創造的城市：就在創世紀的源頭。

因此，麥加為自己創造一個新的神話。一開始是個寓言，從《古蘭經》裡阿丹被逐出樂園的故事衍生闡述。真主創造阿丹，要他和他的妻子住在伊甸園。「你們想吃什麼都可以吃，但不可靠近這棵樹，否則你們會犯錯。」真主告誡他們。[28]可是，撒旦欺騙他們，用謊言引誘他們上當。「他們吃了那樹上的果實後，發現自己赤身露體，他們開始用伊甸園的葉子遮住身體。真主呼喚他們：『我不是警告你，撒旦是你的敵人？』他們回答：『主啊，我們違背了本性，如果你不原諒我們、不憐憫，我們將會送命。』因此，阿丹和妻子被逐出伊甸園，趕到凡間，「他們有地方吃住——暫時如此。」真主說：「你們將在那裡生活，在那裡死亡，你們會在那裡繁衍。」[29]

不過，阿丹被逐出天堂後，到了凡間的何處？麥加人自有答案。根據史家塔巴里，阿丹在星期五日落時貶到凡間，落到印度或錫蘭（斯里蘭卡）境內的布赫山（Mount Budh）。他懷念以前在天堂聽到的天使聲音，而且覺得寂寞。他說：「主啊！您創造的這片土地只有我一個人生活、讚美和崇拜您嗎？」真主回答：

我將安排你的子孫讚美和崇拜我。我將安排房子興建，上面會提到我，讓我創造的人可以讚美、提到我的名，稱它為我的家。我將挑選一棟房子凸顯我的大方，冠上我的名、稱它為我的家，讓它與眾不同。我將安排它宣揚我的偉大，也給它宏偉地位。此外，因為我無所不在、無時不在，我將讓這棟房子變成安全的聖地，它的神聖將擴及周遭的人、埋在底下的人、住在上面的人。敬奉我的神聖的人，我必須對他寬大為懷。威嚇當地居民的人，侵犯我的神聖地位的人，將失去我的保護。我將安排在麥加所在山谷興建第一間房子，當作祝福人類的象徵。眾人到這間房子時，將衣衫簡陋、風塵僕僕……激動地吶喊：聽從您的旨意！淚流滿面，大聲呼喊真主偉大……阿丹，你有生之年，將住在那裡。接著，所有民族、世代和你子孫的先知將住在那裡，一個民族接著一個民族，一個世代接著一個世代。[30]

後來，阿丹被真主命令前往從天堂拋至凡間的聖殿，並環繞聖殿，一如他在天堂看到天使圍繞主的王位。原本是白色的石頭，因為他降臨凡塵而變成黑石。他前往麥加途中，獲得一位天使幫助。「阿丹每次經過草地或喜歡的地方，就會告訴天使：我們在這歇一下！天使會說：好呀！如此周而復始，直到他們抵達麥加。他停留過的每個地方變成耕地，路過不停的每個地方變成荒涼沙漠。」[31] 抵達麥加後，阿丹興建聖殿。繞行聖殿後，他走到阿拉法特的荒野，進行朝聖的所有儀式。全部過程結束後，天使說：你已完成朝聖，毫無瑕疵。阿丹大感意外。天使注意到他的訝異，說：「阿丹！你被創造之前兩千年，我們就已經到這聖殿進行朝聖。」[32] 阿丹覺得受到訓斥。聖殿是真主的王位在凡間的映射。阿丹在阿拉法特的平原和妻子團聚，他們和子孫住在麥加附近。阿丹死在麥加，由他虔誠的兒子瑟斯（Seth）埋在麥加地區最高山阿布．古貝斯山腳的洞穴。他的妻子埋葬在吉達（Jeddah）。

在寓言中，麥加代表凡間的真主王位。正如天使在天堂中不斷繞著主的王位禮拜，凡間的人類重複繞著卡巴走。麥加是天堂的反射，它不但是通往天堂之路，也是人間天堂。它或許位於「荒涼的谷地」，可是它的實際本質在別處。麥加不只是個都市，而是個玄學概念：天使們早在阿丹被創造之前就到聖地進行朝聖，原因在此。

這個寓言變成官方信條，並積極對外推銷。麥加人非常自豪，把寓言告訴客人，包括朝聖者、學者、學生和行走四方的旅客。寓言傳播到四面八方。對於各地穆斯林來說，麥加現在成為真主最早創造的城市，一個在死前體驗天堂的地方，一塊吸引每位信仰者靈魂的磁鐵。

第四章

Sharifs, Sultans and Sectarians

沙里夫、蘇丹與教派

互相角力爭取權力和地位的各種團體及派別希望在麥加留下印記，各自宣稱獨家擁有麥加是天堂這項主張的權威。每個派別在聖寺內有自己的專屬區域，由各自的伊瑪目或領袖帶領祈禱。不同派別越界到他派地盤，或辱罵、挑戰他派，導致嚴重糾紛的情況屢見不鮮。

伊斯蘭誕生後，麥加提升到超自然層次的過程花了至少兩個世紀。麥加從此不但被視為正確伊斯蘭教義和行為的來源，也被認為所有事物受到上天眷顧，不論好壞。當然，麥加有些事物向來被視為受到祝福：滲滲泉受主的命令在荒漠中湧出，幫助缺水斷糧的夏甲和以實瑪利度過難關，顯然是神的恩賜。卡巴象徵信仰敬拜的中心，不過，卡巴和任何與它相關的物品，距離被認為具有神奇力量只差一小步。覆蓋卡巴的刺繡圍幔布塊賣給有錢人，但免費送給窮人。沒多久，任何和麥加有些微關係的物品——遺物、書籍、當地產品——都受到另眼對待。如今，甚至麥加的土壤也被認為神聖且珍貴。

麥加提升到這種地位，帶來複雜問題。例如，哪些物品是否神聖由誰決定？進出麥加的規定又由誰制定？朝聖者如果擔心他們在麥加取得的遺物或物品落入非穆斯林手中，就會毫不猶豫把它們毀掉。有些人甚至認為，接觸非穆斯林會導致麥加朝聖的功德化為烏有，並造成某種形式的汙染。麥加沒有任何穆斯林以外的人，非穆斯林已經被擋在城外。伍麥亞朝第一任哈里發穆阿維亞禁止猶太人和基督徒進入麥加與麥地那。

我越思索這種影響深遠的決定，越好奇它是否為隱性極權（Orwellian）造成的結果。穆阿維亞是折磨穆罕默德的阿布．蘇富揚和辛德之子、麥加傳統的守護者，他是否想把父母一直想要的方式制度化？穆斯林統治範圍往阿拉伯之外迅速擴張，麥加地位高人一等的想法未消失。新的皈依者被當作客戶，阿拉伯穆斯林軍隊在軍營中受到孤立，都是明證。然而，麥加的封閉和其他地方的作法構成強烈對比。穆罕默德當初在麥地那建立的是宗教多元群體，包含穆斯林、猶太教徒、基督徒與多神教徒。這種異教環境有助於維持伊斯蘭的偉大城市。的確，今日的巴格達、大馬士革、開羅、馬拉喀什（Marrakesh）、哥多華、德黑蘭仍看得到異教遺緒。不過，麥加截然不同。麥加是天堂入口，卻只限穆斯林進入，這種封閉態度暗示天堂是穆斯林獨有的財產。

因此，穆罕默德宣揚的開放、包容訊息具有新的涵義。伊斯蘭變成教徒專有的財產。另一種看法認為，伊斯蘭是一套評判所有人類和他們所作所為的價值觀；這種看法從未消失，只是成為麥加代表價值觀的次級附屬品，這種想法的負面效應到現在仍非常明顯。伍麥亞朝臭名流傳，尤其是對宗教學者而言，但他們將非穆斯林拒於麥加城外，為穆斯林心態帶來某種程度的封閉，其遺緒直到今天仍無人質疑，這種現象頗有意思。不過，我們必須說，把麥加這個人間天堂當成禁果的翻版，多年來引起非穆斯林探險者無法壓抑的好奇、永無止境的誘惑；稍後會再談到。

互相角力爭取權力和地位的各種團體及派別，希望在麥加留下印記，各自宣稱獨家擁有麥加是天堂這項主張的權威。每個派別在聖寺內有自己的專屬區域，由各自的伊瑪目或領袖帶領禮拜。信眾禮拜後坐在各自派別代表色的油燈前，聽伊瑪目或領袖講道，誇耀所屬派別的優點。到了九世紀末期，四大法學派已經確立，「唯有儲存在記憶中的才是真知」❶的舊理念，被強調形諸文字的聖訓和判決的新理念取代。亞伯拉罕立足處附近區域保留給夏非儀的追隨者，其他學派的追隨者也劃有特定區域，這三派包括：伊本．漢巴勒，文字獄的英雄；阿布．哈尼法（Abu Hanifa，六九九至七六七年），哈那非學派創始人；馬立克．賓．阿那斯（Malik bin Anas，七一一至七九五年），夏非儀的老師及瑪利基學派創始人。阿里黨羽、之後以「什葉派」著稱的阿里追隨者，以及其餘祕密結合反對阿巴斯朝、有些具有暴力傾向的各色團體，在聖寺中也各有特定區域。

不同派別越界到他派地盤，或辱罵、挑戰他派，導致嚴重糾紛的情況屢見不鮮。神聖場地向來不能保證假道學人士不會滋事，這是個可悲的事實，而且不僅伊斯蘭如此。聖寺曾飽受哈里發繼承問題引發的熱戰摧殘，如今為了信念正確性而在聖寺附近大規模衝突和打架的情況司空見慣。有時候，派別之間的爭吵太激烈，聖寺大門必須關閉，以免衝突的團體從外面打到裡面。朝聖期間，每個派別都想吸引朝聖者注意，因為朝聖者可能成為追隨者和傳播他們理念到穆斯林世界其他地區的使者。

在麥加悠久歷史中，麥加人此時把朝聖者視為宗教和經濟資源的看法超越任何時代。當地有句俗語說：「我們不種麥或粱，朝聖者是我們的作物」❷，這句話必定是在此一時期出現。其他城市，例如海港吉達，一年到頭都有生意人；穆罕默德墳墓所在地麥地那，則有絡繹不絕的旅客。可是，麥加幾乎完全依賴每年特定期間抵達的大量朝聖者。朝聖者不但帶來宗教熱潮，也為麥加長住居民和其他朝聖者帶來需求甚殷的商品。較窮的朝聖者可能從家鄉攜來藝品或產品交易，以貼補遠赴麥加的費用。或者，他們可能在途中向村民和貝都因人購買手工藝品或廚房用具，在麥加市集變賣牟利。除了物資，朝聖者必須攜帶生活必需品：蜂蜜、奶油、食用油、橄欖、米、麥；唯一例外是肉，必須在麥加購買。一年大部分時間，麥加人依賴向朝聖者購買的物品以及從朝聖者身上賺的錢過活。朝聖期間，麥加居民近半數成為朝聖者的房東和導遊，其他人則照顧聖寺，仰賴朝聖者的捐獻餬口。

麥加人口在朝聖期間會暴增數倍，意謂麥加必須提供朝聖者無法自備的其他必需品，像是水。朝聖者不但要喝水解渴，每天五次禮拜前還要用水淨身（wudu），這個特別的洗滌儀式是普通盥洗之外的動作。水源是麥加長期問題，朝聖期間總是供水不足。可是，麥加也經常發生洪患，曾經整修聖寺的人都煩惱過這個問題，包括六三八年首度整修的哈里發歐瑪爾。由於洪水問題嚴重，阿巴斯朝哈里發穆俄塔迪德（al-Mutadid，八九二至九〇二年在位）下令挖空乾河床，讓洪水毫無阻礙地流過河床，而不會進入聖寺。這項工程導致聖寺區域進行另一次整修和擴建。

不過，朝聖並非麥加人專屬的財源。對於土匪和貝都因人而言，朝聖也是豐富的收入來源，因為他們經常攻擊、搶劫朝聖隊伍。前往麥加的旅程從穆斯林各自居住地點開始，但通往麥加的駱駝商隊路線在三個樞紐交會，朝聖者會在樞紐聚集成群，展開最後一段旅程。第一條是非洲北部和西北部的朝聖者，他們在開羅加入商隊行列，再出發穿越西奈半島，沿著海岸平原走，大約四十天後抵達麥加。第二條商隊幹線在大馬士革會合，然後往南經由麥地那到麥加，大概花三十天。第三條動脈從巴格達穿越阿拉伯半島。這些商隊宛如移動的小型城市：所有人，以及生活需要的所有物品，全部在隊伍裡。除了運送貨物，還有經營雜貨店的商人；醫療設施不缺；有學問的人會教導朝聖者如何進行不同的宗教儀式；追求知識的神祕主義者和學者眾多；另外還有樂師、歌手和各種娛樂表演者。從強盜角度而言，最重要的是，隊伍中有值錢貨物——香料、服飾、珠寶——哈里發和蘇丹把這些貨物送到麥加當作禮物或出售賺錢。可想而知，這種誘惑難以抵擋，誘惑大到商隊彼此搶劫的情況時有所聞。

九世紀末期，也就是阿巴斯朝中葉，嘎爾馬提派（Qarmatians）經常攻擊商隊，並造成聖城羞辱和流血。和先前的出走派一樣，嘎爾馬提派於八七〇年左右在敘利亞和美索不達米亞，從以實瑪利後代的社會改革運動起家。「對當時的社會不滿與宗教訊息刺激下」❸，他們擁抱激進方案，但一如出走派，很快淪為極端主義派系。天堂的願景怎麼會讓人心墮落呢？這個長久存在的人類複雜疑問並非假設問題，也不是伊斯蘭獨有。嘎爾馬提派反對阿巴斯哈里發們的奢侈浪費。伍麥亞朝仿效希臘化的敘利亞而有浪費風氣，阿巴斯朝建都於泰西封（Ctesiphon），並沿襲採用一度統治波斯帝國的薩珊帝國的鋪張。泰西封遺址鄰近巴格達——阿巴斯朝七六二年建立的新首都。嘎爾馬提派決心推翻阿巴斯朝，主張「舊有的生活方式必須根除，特權階級要推翻，必須由純真的正義當道」。❹

這項運動的名稱來自哈姆丹．卡爾馬特（Hamdan Qarmat），他在八九四年建國，勢力範圍從伊拉克庫法延伸到伊拉克南方沿海地區、阿拉伯東部至巴林。嘎爾馬提派將首都設在巴林主要城市哈吉珥（Hajr），開始創建烏托邦社會。例如，國家根據平等原則組成，財產共有，借貸不收利息。土地和財產平均分配給國民，每個人都不用繳任何稅。如果有人變窮或欠債，公庫會提供無息貸款協助。民眾以選舉方式選出領袖伊瑪目，以及六名顧問組成的諮詢會議；諮詢會議以協商方式敲定政治決策。工人組成公會。大部分人茹素，所以這派人有時被誤稱為「菜販」。他們吸引城市年輕人，後者會在特殊的講習班接受訓練，灌輸革命性的狂熱理念。

> 有著作提到，一名虔誠的母親到沙漠中的訓練營，尋找加入叛軍的兒子。營中充滿叛逆氣氛，講究平等，特意排斥既有社會的特性——並要求成員嚴格遵守革命性規範，讓她看了大驚失色。擺脫母親管教的兒子不認親娘，凸顯自己的強悍、冷酷。母親和兒子斷絕母子關係，回家後嚴厲譴責嘎爾馬提派。❺

雖然嘎爾馬提派篤信平等和理性，他們和抱持烏托邦思想的人一樣，認為未來會出現救世主。他們相信馬赫迪（Mahdi），也就是彌賽亞，即將來臨。為了準備迎接他的降臨，一個強大的軍事化、宗教化國家有其必要。等待應允的馬赫迪出現期間，他們追隨北非法蒂瑪朝創建者伍稗達拉．馬赫迪（Ubaydallah al-Mahdi，九〇九至九三四年在位），並狂熱地傳播他的教義。他們認為，歷史不斷重演，周而復始。

觀察人們過去以宗教之名做的事，我覺得我們確實陷入「今天暫時停止」的處境；比爾．墨瑞在一九九三年的同名電影中，日復一日過著同樣的生活，直到他覺悟，自己必須改變才能打破循環。要是人生和那部電影一樣就好了。可是看看，古往今來各個宗教的派系和彌賽亞運動，人們重複宣揚相同的主題和觀念，不論理念多崇高，最後下場都不好。彌賽亞狂熱容易演變成暴力行動、高壓措施，以及無法容忍不認同他們世界觀的人。他們挑戰自己生存的社會，並經常遭到社會的暴力懲罰，這種情況層出不窮。看看英國內戰（一六四九至一六八八年）之後宗教狂熱產生的非英國國教基督徒教派，包括狄格（Diggers）、麥吉頓（Muggletonians）、再浸禮會（Anabaptists）、勒浮樂（Levellers）。❻他們反對英國國教與王室的腐敗、專制，主張的社會改革方案在許多層面酷似嘎爾馬提派，而且造成流血和壓迫。

嘎爾馬提派變成小圈子群體，雖然每個新人必須經歷的入會儀式並非祕密。確實，我們可以辯稱，嘎爾馬提派是史上第一個共產主義國度，也是一個發展出強烈史達林主義傾向的國度。他們在庫法開啟長達將近一世紀的恐怖統治。他們威脅巴格達，但阿巴斯朝將領大致能遏止他們。不過，讓人印象最深刻的是他們在麥加的行動，以及對麥加做的事。

嘎爾馬提派認為，到麥加朝聖是異教徒行徑。他們在阿拉伯東部鞏固實力後，和貝都因部族結盟，開始搶劫朝聖隊伍。十世紀頭幾十年，他們騷擾伊拉克的朝聖隊伍，九〇六年突襲巴格達的朝聖隊伍，屠殺人數估計達兩萬人。接下來數十年，巴格達的隊伍未遭搶劫、順利抵達聖城的例子很少，九二五年的隊伍甚至根本到不了麥加。因為嘎爾馬提派的恐怖威脅，巴格達往麥加的交通幾乎中斷。

後來，嘎爾馬提派於九三〇年一月在阿布・塔西爾・嘎爾馬提（Abu Tahir al-Qarmati）率領下攻擊麥加。當時正值朝聖期間，滿城朝聖者措手不及。十九世紀史家庫特布・丁（Qutb al-Din）曾描述接下來的情景：

他們持劍騎馬進入聖寺，擊殺繞行天房的人——所有人正在禮拜，穿著戒衣，在這種聖潔情況下手無寸鐵——最後，他們總共在聖寺、麥加和附近山谷殺害三萬人左右……阿布．塔西爾醉醺醺拔劍策馬衝刺，在天房（卡巴）前停下來，坐騎在那便溺……滲滲泉和麥加其他所有水井、水池堆滿殉難者遺體。阿布．塔西爾走到卡巴門口，邊把門扯下來邊吼：「是我，阿拉，是我。祂創造萬物，我消滅它們。」他接著罵朝聖者：「你們這些混蛋！你們說，每個進到這裡的人都安全（《古蘭經》3．97）。我們幹了這種事，你們的安全在哪？」一名決定犧牲自己成為烈士的男子抓住阿布．塔西爾坐騎韁繩，說：「那個高貴句子不是指你剛才講的意思，而是指任何人進來之後，要讓他安全。」阿布．塔西爾聽了掉轉馬頭，不理會他。❼

嘎爾馬提派在麥加停留十一天，在此期間掀開蓋住滲滲泉的圓頂，搶走寶物。他們離開的時候，把黑石帶走。二十年後，黑石於九五一年歸還麥加，但已解體。有些說法指出，黑石裂成七塊，代表易司馬儀派承認的七大伊瑪目。據說，阿布．塔西爾死得很慘：「身體長瘡，皮肉被蛆啃食。」❽麥加沒有人為他掉淚、難過。

聖寺發生的屠殺和褻瀆震撼伊斯蘭世界，那些事件象徵穆斯林陷入宗教與政治的紛擾和不同主張。這個情況相當諷刺，因為阿巴斯朝被認為是整合時期。在此期間，穆斯林社會的代表性制度和傳統習俗成形，開啟重大成就。這意謂大環境有一種基本的熟悉感，穆斯林從已知世界的一端旅行到另外一端時，覺得有歸屬感、屬於團體的一部分。這種型態持續至今，穆斯林世界如今分成各自迥異的國家，這是我四處旅行所感受到的。

那也是知識大放異彩的時期，開啟穆斯林文明的黃金時代，其成就和穆斯林社會的領土擴張一樣出色和寬廣。阿拉伯語不只是誦經、宗教禮拜的語言，六九六年，阿拉伯語被宣告為帝國、政府的語言。在整個穆斯林世界，它變成溝通和學習的共通語言，對穆斯林和非穆斯林都是。八一三年左右在巴格達成立的智慧之家（Bayt al Hikma），被認為是哈里發馬蒙的功勞。智慧之家蒐集遠近的手稿，將波斯、希臘和印度的知識翻譯成阿拉伯文。從中國傳入的造紙術，讓「有經書的子民」（穆斯林喜歡如此自稱）成為書的文明。七九三年，一座造紙廠在巴格達成立。免費使用的圖書館成為穆斯林城市的共同特點，館內收藏數十萬本書籍。科學和學術團體大量出現。這是歷史上偉大的博學多聞者、大師的時代，他們對科學、數學、醫學、哲學許多領域的發展有所貢獻。科技進展帶來新奇機器和新產業的發展；當時有伴隨新灌溉技術出現的農業革命，作物可從帝國一端移到另一端種植。❾

一間以我們現在認知的醫院形式存在的免費公立醫院，於八〇六年在巴格達成立，並教導醫學和藥理學。其他城市仿效。高等教育中心逐漸出現，散播新的醫學知識，成為歐洲早期大學的模範。❿距離巴格達遙遠的哥多華（九七〇年）和廷布克圖（Timbuktu，位於馬利，九八九年）等城市都有高等教育中心。法學的理論和實施成形，可由各個法學學派研討、擬定，雖然學派之間差異甚大。求知的文化，以及它產生的制度型態和作法，讓穆斯林文明具有一致性。九八七年出版的《那迪姆書目》（*Fahrist of al-Nadim*）內容總結穆斯林文明的博大精深和開放態度。⓫這本書是訪客在巴格達的那迪姆書店可以自行謄抄的書籍目錄，附有註解。目錄不但收錄有關伊斯蘭的宗教書籍，也包含穆斯林所知其他重要宗教的書籍；除了阿拉伯文，還有所知世界各式各樣語文的著作和文法；希臘、波斯、印度的經典著作，以及穆斯林學者撰寫的科學、哲學、文化、進修著作。這種文化活力經常被帶到麥加，並經由麥加傳遞。確實，這是藉由前往麥加朝聖的義務所刺激和促進的，有利於文化活力發展。不過，通常經由迂迴路線往返的朝聖者返鄉後，這種活力顯然從麥加離開了。麥加和其他城市不同，麥加未成立偉大的圖書館，沒有大學，也沒有其他穆斯林世界大城市擁有的醫院。麥加越成為天堂領域的一部分，越不需要遵守凡塵的常態。

另一方面，嘎爾馬提派象徵的穆斯林世界分裂，絕不只限於該派的活動。阿巴斯朝歷任哈里發的不同能力和興趣，以及他們名義上統治的遼闊領土，促使許多史家改寫葉慈（W. B. Yeats）的詩〈二度降臨〉（The Second Coming），主張權力中心無法持久。

我個人認為，繼續引用他的詩形容十世紀的穆斯林世界，非常合適。那個時期，無政府主義似乎猖獗，而且大部分穆斯林地區都可預見這種情況。要總結嘎爾馬提派在麥加的恐怖行徑，葉慈的詩句再恰當不過：

血色昏暗的潮水四處氾濫，
無邪的禮儀已被淹沒……⓬

詩歌曾經是、現在仍是阿拉伯人最喜愛的藝文形式。伊斯蘭「黃金時期」鼎盛期間，基督徒統治的西班牙地區大舉複製蔚為風潮的大學，教師們因為學生太愛讀阿拉伯情詩，但不用心學拉丁文而感到絕望。⓭因此，引用現代英文詩巨擘、同時也是愛爾蘭籍詩人的作品加以平衡，似乎適當。穆斯林世界的分崩離析，發生在阿拉伯行政區首長和部族領袖征服地方勢力之際，導致一連串政體和國家出現。這是一個持續的惡性循環：在中央衰微的局面刺激下，中央政府和政治控制權不斷受到侵蝕。這種分裂通常因為爭執激烈的宗教歧見更加複雜，而歧見難免牽扯麥加。最後，三個相互競爭的哈里發政體成立。這種情況造成麥加的熟悉舊場景浮上檯面：血統之爭。

哥多華侯國（後伍麥亞朝）七五六年成立，創建者是阿布杜・拉赫曼一世（Abdur Rahman I），外號古萊什獵鷹。這位伍麥亞朝唯一倖存親王的血脈可追溯到歐斯曼，先知的第三任繼承人。十世紀初期的混亂期間，阿布杜・拉赫曼三世（九一二至九六一年在位）於九二九年自稱哈里發和信仰的捍衛者。大多數「信仰者」的定義是順尼伊斯蘭（Sunnis，一般常譯為遜尼派），他們認為，前四任哈里發是穆罕默德的合法繼承人，強調穆罕默德的順納（Sunnah，行誼）是律法的基礎。面對巴格達號令不彰的阿巴斯哈里發，大剌剌主張順尼正統需要一個新的捍衛者，這是大膽行徑。西班牙的伍麥亞新哈里發和巴格達的阿巴斯哈里發受到第三人挑戰：勢力越來越大的北非法蒂瑪哈里發，他自稱因為血統之故，是唯一的正當繼承人。這個主張源自麥加的血脈，而且和南轅北轍的宗教詮釋交纏。法蒂瑪朝是易司馬儀派，屬於什葉派分支。法蒂瑪哈里發政體創建者是伍稗達拉・馬赫迪（Ubaydallah al-Mahdi，九〇九至九三四年在位），嘎爾馬提派效忠他。他在九〇九年推翻當地的阿格拉卜朝（Aghlabid）政權，在摩洛哥建立權力基地，冠上馬赫迪和哈里發的稱號。法蒂瑪哈里發政體自稱是正當的政權（dawlat al-haqq）。法蒂瑪朝名稱來自伍稗達拉，宣稱是法蒂瑪和阿里的後人；法蒂瑪是穆罕默德的女兒，阿里則是先知的堂弟和第四任繼承人。當然，這個血統的真實性引起宗教學者激烈爭論，造成可繼承的宗教權威問題占據中央舞台。這是血統的迫切問題，各族為了俗世和宗教因素流血衝突。所有人在單一統治政體下形成團結群體的理想，從這個時候開始變成海市蜃樓。

法蒂瑪朝的凶殘和嗜血不輸嘎爾馬提派。嘎爾馬提派搶奪陸路的隊伍造成破壞，在地理上構成麥加的威脅，法蒂瑪朝則擁有海軍，控制地中海的航運路線，因此直接威脅伍麥亞朝統治的西班牙。法蒂瑪朝攻占西西里，掠奪法國和義大利海岸，並劫掠熱那亞。不過，他們的最大目標是埃及，嘗試四次後終於在九六九年攻下。進占埃及後，他們建立新首都開羅——阿拉伯文寫成 al-Qahira，意思是勝利。此時，阿巴斯朝哈里發有名無實，巴格達的實質控制權落入布伊族（Buyids），他們原本是哈里發政體傭兵，屬於裏海西南方代蘭（Daylam）地區的勇猛高山族。由於各地不穩定、中央衰微，布伊族部隊九四五年掌握了巴格達。哈里發穆斯塔克菲（al-Mustakfi，九四四至九四六年在位）被他們從藏身處找到，交出最高控制權。布伊族領袖和三個兒子冠上響亮的頭銜，分別是第一大公（Chief Amir）和國家的「強化者」、「支柱」和「後援」。授予一個新的世襲政權行使有效統治權後，運勢欠佳的穆斯塔克菲被弄瞎並遭到罷黜。布伊族是什葉派，卻以順尼派阿巴斯統帥的名義發號施令，證明如假包換的無政府主義當時盛行；布伊族一直這樣做，直到一〇五五年當家作主時期結束。名義上的哈里發們只是傀儡，拿到錢維持名號。塞爾柱人（Seljuks）取代布伊族成為王位幕後掌權者後，哈里發們的處境好不了多少。

不同哈里發對立和名義上的哈里發是宗教問題。穆斯林世界各地的紛擾，是無法避免的實際問題，這對麥加有多重影響和意義。穆斯林文明的文化結晶或許會經過麥加，但留下很小效果。政治上無政府狀態的效應和它導致的亂局，卻造成實質與直接衝擊。嘎爾馬提派的恐怖行徑，可能是外面廣大世界影響麥加的高潮和最嚴重實例，但不是最後一個。只要不穩定狀態持續，不論麥加的超凡地位提高到何種程度，都無法阻擋外在世界事件影響麥加和當地居民。爭取所有穆斯林的宗教和政治效忠的不同王國，對麥加構成棘手問題。而且，一如以往，麥加的經濟好壞取決於穆斯林能否前往這個朝聖地點。在長達一個多世紀期間，麥加的命運起伏，跟隨更大的穆斯林世界中的事件發展而起落，這些變化通常讓麥加的生活毫無像天堂的體驗。

偉大的波斯旅行家納瑟·霍斯羅（Naser-e-Khosraw）一〇五〇年八月抵達麥加，發現這個城市人口稀少，需要大規模整修，而且鬧饑荒。他寫道：「我估計，麥加居民不超過兩千人，另有約五百名外國人或旅客。」⓮小麥奇缺而昂貴，因此，許多居民離開。其實，麥加已經萎縮，整個城市「只有兩箭之遙見方。」⓯

塔吉克出生的納瑟·霍斯羅（一〇〇四至一〇七四或一〇八八年）提供我們最早的麥加生活目擊描述。他是塞爾柱政府官員。塞爾柱是源自突厥部族的順尼穆斯林，逐漸吸納波斯文化，十世紀到十四世紀初期統治安那托利亞（小亞細亞）到波斯之間的廣大區域。納瑟的主要職責包括收稅，可是他最愛的是詩歌和哲學，導致他無法避免接觸酒和女人。一〇四五年，他出現心靈危機，放棄官位和財產，過起修行生活。他改信易司馬儀教派並開始周遊各地，一方面滿足心靈饑渴，一方面宣揚易司馬儀派教義。他從波斯東北部旅行到亞塞拜然、亞美尼亞、安那托利亞、敘利亞、巴勒斯坦、埃及、耶路撒冷；很自然的，他最後到麥加進行朝聖。一〇四六年三月到一〇五二年十月期間，他三度造訪麥加。他文化素養高、充滿好奇心，是個觀察入微的人，將見聞詳細記載下來。他最後的成果是《列國遊記》（*Book of Travels*），被認為是穆斯林世界偉大的文學作品之一。

納瑟對於在麥加遇到的朝聖者印象不太好。他對葉門朝聖者的描述相當無禮，顯然有種族歧視，他說：「他們大致上看起來像印度人：穿沙龍，留長髮和結辮子的鬍鬚，像印度人那樣在腰際綁著稱為卡塔拉（kattara）的蓋提夫（Qatifi）匕首。」⓰他誤以為印度拳刃（katar）的名稱來自阿拉伯文 qattalla（意指謀殺）。因此，可憐的葉門朝聖者被他形容為具有印度血統的凶手。不過，他對麥加本身及其代表性建築、儀式的敘述比較客觀。

聖寺坐落於麥加中央，而且：

> 街道和市集圍繞它建立。每個山丘開口處都興建壁壘並開城門。市內唯一有樹的地方是聖寺西門，那裡有幾棵樹圍著一口井。聖寺東側有一個大市集，呈縱向延伸。南端是阿布．古貝斯山。阿布．古貝斯山的盡頭是薩法山，這座山有如階梯，岩石排列方式讓人可以往上攀爬禮拜……市集另一端是瑪爾瓦山，這座山沒那麼高，上面蓋了許多豪宅，因為它位於城市中央地帶。人們在薩法和瑪爾瓦之間奔走時會穿過市集。[17]

從呼羅珊到伊拉克，來自各地的人有臨終醫院收容，可是大部分已經殘破，阿巴斯朝興建的「優美構造」也一樣。「麥加的所有井水太髒、喝起來太苦」；城裡蓋了許多水池盛接山上流下來的雨水，但「它們都乾了」。雖然蓋了地下水道將水引到麥加，但流到麥加的水量不多。「因此，有人挖了池子蓄水，運水人把水打起來之後運到麥加販賣」。[18]納瑟設法在市集買到一些葡萄和西瓜。

納瑟寫道，包含聖寺的聖地「長為東西向，寬為南北向。不過，圍牆未直角相接，因為角落有弧度，讓整體呈橢圓狀，理由是人們在寺內禮拜時，必須從各個角度朝向卡巴。」因此，聖地有些地方較窄，有些地方較寬。「三道大理石柱撐起的拱頂柱廊圍繞聖寺。柱廊中央有個正方形區域。柱廊面對聖寺前庭，橫向有四十五個拱頂，縱向有二十三個拱頂。大理石柱總共有一百八十四根。」石柱經由海路從敘利亞運來，納瑟敘述一個有關石柱的故事：「據說，這些石柱運抵麥加時，在船上、車上用來固定石柱的繩索割下來，以六萬第納爾出售。有一根紅色大理石柱放置在稱為集會門（al-Nadwa Gate）的地點；據說，它的價格以重量計算。」聖地有十八道門，「每道門都有大理石柱支撐的圓拱，可是沒有任何門安裝可以關閉的門扉」。[19]

庭院中央是卡巴。卡巴東面有一面柚木門，黑石安置在卡巴其中一個角落，「大約位於男人胸口高」。「柚木門正面有字和銀環。上面寫的是銀邊金字，包含下列《古蘭經》文字：『位於麥加，第一間指定人們禮拜的房子』」。[20]門上裝了兩個大銀環，「高度無人能及」，還有一具大尺寸的銀鎖。

納瑟觀察開啟卡巴的儀式。他寫道，卡巴的門只在伊曆八月（Shaban）、伊曆九月（Ramadan）、伊曆十月（Shawaal），也就是齋月及前後月分的星期一打開。掌管卡巴鑰匙的伊瑪目由六名助手伴隨抵達。他靠近卡巴的時候，旁人拿來梯子，架在門前。「長者爬梯，站在門檻。要開門時，左右各一人拉開錦緞，好像捧著剛獲得的巨袍。」[21]門打開時，現場聚集的朝聖者舉起雙手，大聲讚美主——整個城市的人聽了，就知道卡巴的門已經打開。伊瑪目獨自進入卡巴禮拜。接著，「兩扇門扉拉開」，伊瑪目布道。布道結束後，朝聖者可以進入卡巴。

時至今日，卡巴打開程序大致相同。進入天房的機會被視為殊榮，納瑟顯然覺得這種經驗令人興奮，但我必須承認自己一九八七年獲邀進入卡巴時，激動程度少很多。卡巴是我日常禮拜、讚美主時面對的方向。當你置身在卡巴裡，位於羅盤中央點時，要朝向哪個方向？圓點沒有方向。因此，雖然我感激自己有機會進入，但我怎麼也想不通它為何讓人這麼激動。我進入卡巴的感受，遠不如我每次站在外頭注視卡巴產生的敬畏。

納瑟形容，進入卡巴後，看到地上鋪了白色大理石；裡面「有三個類似講台的小櫃子，一個面對門，其他兩個位於北側。」他表示，卡巴內部柱子「直通天花板，以柚木製作，除了一根圓柱外，四面都有雕刻」。[22]牆面是多種顏色的大理石，西側那面牆有六個銀色壁龕（mehrab）——在一般清真寺裡代表麥加的方向——「每個高度大約是成年人的身高，以黃金和拋光的銀華麗裝飾。朝聖者在卡巴裡面時，朝門的方向禮拜。」

納瑟進行四次朝聖後，從麥加前往塔伊夫，再轉往巴斯拉。他離開的時候，麥加極不穩定，需要強勢的政府管理。朝聖者的安全必須加強，嘎爾馬提派的力量需要壓制。麥加被衰微的巴格達阿巴斯朝和崛起的北非法蒂瑪朝兩股競爭勢力包夾。最糟也距離較近的是長年死對頭：麥地那的統治者，不斷威脅要攻占麥加。先知在世期間，「先知之城」變成漢志首府，即使哈里發政體首都越換越遠，它的地位未變。之前三百年，麥地那是漢志的領頭羊。麥加巴不得獲得所在地區的主導權，希望保有多年來的獨立，並擁有一個可以抗衡兩個哈里發政體的強勢統治者。

眾多宗教派系和部族爭奪麥加的核心勢力。每個團體都試圖爭取支持，尋找掌控麥加的機會。實力最強的是第四任哈里發阿里的後裔及支持者。傳統上，朝聖者的安全由他們負責，他們在這些動亂時期動用所有影響力達成臨時協議，讓朝聖隊伍安全通行。在更早時期，先知的家族和宗親把麥加當成基地，對大馬士革的伍麥亞哈里發和巴格達的阿巴斯哈里發展開攻勢。如今，麥加請求他們擔任強勢領導者，帶領穆斯林世界和麥加擺脫血腥的敵對政權政治局勢。

在政策上，伍麥亞和阿巴斯兩國的哈里發們都嘗試指派先知家族後裔擔任麥加總督。不過，隨著時間推移，身為先知家庭成員具有的意義和重要性不同。一開始，在第二任哈里發歐瑪爾（六三四至六四四年在位）時期，先知的近親獲得特別俸。第三任哈里發歐斯曼（六四四至六五六年在位）時期，事情變得複雜，因為許多宣稱和穆罕默德家庭有親戚關係的群體也要求福利。阿巴斯朝七五〇年當權後，重新定義先知穆罕默德的親戚：他的近親只限於阿里後人，或者與阿里曾祖父哈希姆有血緣關係的人。不過，什葉派認為，阿里和妻子法蒂瑪（先知女兒）以及他們兒子哈珊（Hassan）、胡賽因（Hussain）的後代，才算是先知真正的後裔。九世紀結束之前，這個定義在漢志地區已廣泛被民眾接受。因此，稱為沙里夫（sharif）的麥加統治者必須是阿里嫡傳，來自定義非常狹隘的家族。

沙里夫這個字在語源學上經歷幾次變化。七、八世紀時，它通常用來指「重要人士」。沙里夫是品德毫無瑕疵、因為學識而思想開明的人。後來，這個字用來暗示繼承的貴族地位；到九世紀下半葉成為頭銜時，它象徵名正言順宣稱擁有先知「家族成員」地位的人：阿里和法蒂瑪的尊貴後裔。因此，因血統而尊貴的概念和這個頭銜合而為一（和伊斯蘭理念有相當差距），沒有其他人可自稱沙里夫。不論在何處，麥加注重血統問題的傳統觀念似乎揮之不去。確實，這種態度持續至今。世界各地有些人的名字中包含代表尊貴的 syed、sayyid（男性）或 sharifah（女性），意指先知後代。這些人可能分布在天南地北，相聚時很少像一般家族聚會時熱絡。剛好相反，他們之間通常氣氛緊繃，常常坐著一談就是幾小時，追溯族譜中艱深的枝微末節，以便向對方證明自己祖先如何從麥加遷徙到印尼或西非甚至更遠的地方。雖然沒有俗世好處，血統帶來的尊貴和地位非同小可。當然，人們認為它們的重要性不只如此，但我認為，擁有正統血脈的人可繼承實質權力和財富，並非神聖現象。

麥加人處理這個問題的經驗豐富。他們經常開會討論，誰是「俗世神聖王位」的合適統治者。不過，麥加第一位沙里夫不是當地人。他隨著朝聖隊伍從開羅抵達麥加，在大家不知不覺中掌控麥加。他是溫和的什葉派賈俄法爾・伊本・穆罕默德・哈珊尼（Jafar ibn Muhammad al-Hassani），他確實帶著法蒂瑪朝軍隊，可是若說他征服麥加，這次征服連歷史學家也未發現，或認為這次權力移轉重要到必須記錄確切日期。他的征服發生在九六五到九六八之間任何一年，但也有人認為是九五一到九六一年之間。麥加第一位沙里夫可能在九六五到九六九年間開始統治，剛好和法蒂瑪朝征服埃及同一時期。

賈俄法爾是個獨立的人，他雖然和法蒂瑪朝軍隊一起抵達麥加，卻成功平衡法蒂瑪與阿巴斯兩個競爭政權的利益，讓麥加自主。他建立的政體——以他命名為哈珊尼王朝——成功改善人數變多的朝聖隊伍的安全。賈俄法爾由兒子伊薩（Isa）繼承，後者統治十四年。伊薩和父親一樣，拒絕臣服法蒂瑪哈里發，因此法蒂瑪朝企圖以飢餓策略逼他就範。法蒂瑪阻止麥加從埃及進口物資，也不讓其他地區的物資運抵麥加。伊薩被迫認輸。從此，他星期五在聖寺講道時必須提到法蒂瑪哈里發的名號，並讚美哈里發。頭銜和地位舉足輕重，其他主張擁有哈里發資格的人尋求所有穆斯林的效忠。麥加成為公布證據宣稱自己擁有優越俗世權力的首選地點。

諷刺的是，屈服於法蒂瑪朝，讓麥加保有某種程度的獨立。九九四年，伊薩由弟弟阿布杜·富圖赫·伊本·賈法（Abdul Futuh ibn Jafar）繼任，阿布杜·富圖赫統治了四十五年左右。嘎爾馬提派的影響力此時已經式微，他們和法蒂瑪朝的差異已經很大，因而導致衝突。嘎爾馬提派在九八五年被布伊族逐出伊拉克，到了一〇七七年，連巴林的領土也沒了。麥加相對上安全、繁榮。不過，法蒂瑪的勢力範圍仍繼續擴展，後來延伸到巴勒斯坦和敘利亞。新的法蒂瑪哈里發哈基姆（al-Hakim，九九六至一〇二一年在位）即位時，年僅十一歲。他隨即出現言行脫軌的跡象，包括宣傳被穆斯林視為異教信仰的說法。他自認不只是擁有宗教和政治權威、地位神聖的哈里發，也是「宇宙智者」——真主和被創造者之間的主要連結。麥加人認為他徹底瘋狂。

沙里夫阿布杜．富圖赫在自己的職位上擁有足夠信心，覺得拯救穆斯林免於異端信仰、並在過程中自立為哈里發的時機已經成熟。他這項努力可能受到阿布杜．卡西姆．馬格利比（Abdul Qassim al-Maghribi）鼓舞，後者是愛記仇的哈里發哈基姆處死的丞相的兒子。被哈里發軍隊追殺的阿布杜．卡西姆逃離開羅之後，在敘利亞投靠貝都因部族。貝都因人不但阻擋哈基姆的部隊，更成功把他們趕出敘利亞。阿布杜．卡西姆接著說服敘利亞的貝都因人效忠麥加沙里夫，阿布杜．富圖赫則被邀請到敘利亞宣布自己是新的哈里發。阿布杜．富圖赫號召麥加族人組成大軍，開往敘利亞。為了強化自立為哈里發的合法性，他攜帶阿里的傳奇配劍以及先知的一些遺物。不過，開羅的哈里發不像麥加人以為的那麼愚笨，他知道阿布杜．富圖赫的計畫，送了相當多錢給每一位宣誓效忠麥加沙里夫的貝都因酋長。阿布杜．富圖赫抵達敘利亞時，和前輩一樣發現，金錢比聖物或血統更能買到效忠。同一期間在麥加，他某個親戚趁虛而入，宣布自己是沙里夫。阿布杜．富圖赫即時趕回，重掌大權並恢復麥加的秩序。

哈珊尼王朝在阿布杜．富圖赫的兒子穆罕默德．修克爾（Muhammad Shukr）手上終結。修克爾一〇三九年成為沙里夫，在位二十二年。他是個和氣大方的人，喜愛詩歌，以筆名泰吉．馬立（Taj al-Maali）創作。他沒生兒子就去世，在那個時期很少見。他的家族自然為了繼承問題爆發爭執，麥加出現常見的結果。修克爾的一名奴隸接掌統治者角色，嘗試恢復秩序。這反而導致家族紛爭火上加油。哈珊尼家族成員甚至開始沒收聖地的貴金屬和裝飾品據為己有。麥加政治局面太混亂，以致葉門統治者穆罕默德．蘇雷希（Muhammad al-Sulaihi）不得不介入。他一〇六三年到麥加朝聖，然後留下來恢復當地秩序和治安。哈珊尼家族似乎覺得外人介入比自相殘殺好。他們請蘇雷希決定指派誰出任麥加統治者。

蘇雷希挑選穆罕默德·伊本·賈法爾（Muhammad ibn Jafaar）。他是穆罕默德孫子哈珊的後代，名正言順成為新的沙里夫。他以阿布·哈希姆（Abu Hashim）的名字聞名（可能是因為他其中一個兒子叫哈希姆），一〇六三年成為新的哈希姆朝第一任統治者。阿布·哈希姆在位初期必須長時間對抗親友，因為他們當中不少人仍懷抱政治野心。反對勢力平息後，阿布·哈希姆開始打響自己的名號。

關鍵決策當然是要投靠誰：巴格達的阿巴斯朝、開羅的法蒂瑪朝，還是崛起的新勢力——一〇五五年取代布伊族成為東方帝國實質主人的塞爾柱蘇丹。阿布·哈希姆大剌剌將自己待價而沽，效忠出價最高的人。他表達效忠的方式是在呼特巴（khutba，星期五的講道）特別提到哈里發的名字，增加讓哈里發稱號多出現幾次的儀式。他甚至暗示，出價最高者的名字可以列入喚拜（Adhaan）內容。阿巴斯朝似乎得標；當時的哈里發穆克塔迪（al-Muqtadir，一〇七五至一〇九四年在位）覺得在呼特巴被提到很光彩。

阿布·哈希姆在星期五的講道把法蒂瑪哈里發略過不提，而是提到阿巴斯哈里發，麥加人知道有何後果。法蒂瑪幾乎立刻切斷麥加從埃及進口物資的管道，一如以往。阿布·哈希姆被迫以較高價格購買物資，為了籌錢只好出售聖地的裝飾品。阿巴斯哈里發餽贈三萬第納爾相助。不過，這筆錢撐不了多久，因此法蒂瑪哈里發的名字再度出現在呼特巴之中。其實，呼特巴改變太多次，權力大於阿巴斯或法蒂瑪哈里發的塞爾柱蘇丹阿杜·達拉·阿爾卜阿斯蘭（Adud ad-Dawla Alp-Arslan，一〇六三至一〇七二年在位）決定結束這齣鬧劇。蘇丹派遣一支突厥部隊到麥加。部隊朝聖後留在麥加市內及附近，一有機會就騷擾、羞辱阿布·哈希姆，最後把他逐出麥加。

阿布·哈希姆和塞爾柱蘇丹之間失和，造成朝聖者吃盡苦頭。來自伊拉克的朝聖隊伍原本被麥加引頸期盼，現在卻拉響警報，變成麥加居民武裝的信號。朝聖隊伍的領導者已經從阿里派——先知穆罕默德堂弟阿里和先知女兒法蒂瑪的後代——轉變為突厥官員和士兵。阿布．哈希姆對攻擊、搶奪伊拉克朝聖隊伍毫不猶豫。雙方的敵對和搶劫行為，一直持續到蘇丹阿爾卜阿斯蘭和哈里發穆克塔迪都去世，阿布．哈希姆一〇七五年回頭效忠法蒂瑪哈里發。

阿布．哈希姆朝統治麥加期間如果不算動盪，並無值得大書特書之處。麥加是伊斯蘭最神聖城市和朝聖地點，穆斯林世界的蘇丹和哈里發，不論他們屬於沒落還是崛起的政體，都企圖影響這個城市。麥加要保持主權，必須不斷進行政治平衡運作。可是，無政府狀態因為沙里夫的貪得無饜和劫掠行為而變本加厲。哈希姆朝成員認為他們天生擁有神賜的麥加統治權，自認身為阿里後裔可以為所欲為，永遠都能獲得麥加居民支持。這種想法似乎其來有自。麥加居民尊敬哈希姆家族、忠心支持他們，很少質疑他們的過分行為。阿布．哈希姆一〇九一年由兒子卡希姆（Qasim）繼承，卡希姆統治到一一三二年去世為止。卡希姆剛上任就對付塞爾柱士兵，在烏斯蕃（al-Usfan）的戰役擊敗他們；烏斯蕃在麥加北方五十英里左右，位於朝聖隊伍路線上。卡希姆完全掌控麥加之後的第一項行動，是對朝聖者課重稅。沙里夫們還任命一群死忠的凶狠貝都因年輕人擔任衛隊。他們利用衛隊恐嚇朝聖者，必要時仰賴他們在麥加執行命令。

在如此普遍失序和爭奪權力的時期中，麥加和更廣泛的穆斯林世界，沒有任何人注意到遙遠的法國克萊蒙（Clermont）一〇九五年發生一件事，也就不足為奇。當時歐洲也有自己的問題，巧取豪奪的封建貴族互相廝殺、爭奪權力。可是，一個解決辦法垂手可得。西方基督教世界的領袖、教宗烏爾班二世（Urban II）呼籲基督徒帶著十字架前往聖地，從異教的撒拉遜人（Saracen，指阿拉伯人）奪回耶穌行走過的土地，並捍衛被包圍的教友，藉此贖罪。這就是後來稱為十字軍東征的運動濫觴。烏爾班二世的呼籲引起農民和貴族熱烈迴響。充滿血腥的第一次東征從屠殺歐洲猶太人開始，成功抵達目的地耶路撒冷，於一〇九九年奪下它。中東地區出現新的複雜局面，持續將近兩個世紀；一個拉丁王國在互相競爭的穆斯林勢力之間成立。耶路撒冷的淪陷（或者說解放）一開始看似重大，但它對基督教世界和穆斯林世界的持續無政府狀態作用有限。

接下來四分之一世紀，麥加的統治者父死子繼。由於他們大都叫卡希姆或哈希姆（麥加人取名相當沒創意），而且經常和伊拉克朝聖隊伍的領袖交鋒，要分辨他們並不容易。他們和伊拉克隊伍衝突、和入侵者對陣太多次，統治者家族決定興建堡壘以加強防衛。堡壘蓋在俯視麥加的阿布．古貝斯山。統治者家族遇到攻擊或麥加政治局勢不穩定時，便躲到堡壘保命。他們把有些貝都因部族當成常備軍，定期支付的金額增加，聘請的貝都因衛兵也增加，後者因為攜帶大型長矛而被稱為「長矛兵」。增加的安全措施最後證明不是那麼有用。一一七五年，沙里夫米赫薩爾．賓．伊薩（Mikhthar bin Isa）當家時，伊拉克朝聖隊伍領袖因為非常討厭米赫薩爾，決定推翻他。經過血戰，米赫薩爾落敗，阿布．古貝斯堡壘嚴重受損。米赫薩爾被麥地那埃米爾（emir，穆罕默德後裔的尊號）取代。

對麥加人而言，這個情況比死還糟糕。他們寧可被異教徒而不是麥地那人統治。麥加人大舉起事，讓麥地那的統治者日子難過。麥地那埃米爾發現無法統御麥加而撤兵，感到顏面無光。他統治麥加不到一星期。米赫薩爾最後重拾權柄，他重新掌權的第一件事，是對朝聖者課徵重稅。

此時，中東的政治樣貌已經大幅改變。法蒂瑪朝統治埃及的最後遺緒，被新成立的艾尤比（Ayyubid）朝清除；艾尤比由馬力克．納希爾．薩拉丁（al-Malik an-Nasir Salah-ad-Din）在埃及創建。他是真正的英雄，而且不只我如此認為，因為支持歐洲十字軍的抹黑穆斯林宣傳中，似乎唯有薩拉丁一人未被批評。㉓有時候，英勇的高貴情操不受任何邊界限制。他提倡正統的順尼伊斯蘭宗教和教育政策。艾尤比朝於一一七三年侵略葉門，一方面想要摧毀不聽話的易司馬儀派，另一方面則想控制通往印度的貿易路線。阿拉伯南部的大部分地區──亞丁、哈德拉毛（Hadhramaut）、帖哈瑪（Tihāmah）、閃阿以南區域──如今都在引進中央管理制度的薩拉丁控制下。薩拉丁也積極對十字軍發動聖戰；他最後成功讓突厥人、庫德族、阿拉伯人為同一使命團結。不過，麥加人對中東震天價響的十字軍戰吼置若罔聞。他們忙著自相殘殺、抵抗伊拉克的朝聖隊伍，或敲朝聖者竹槓。

大部分朝聖者的盤纏除了旅程所需，所剩無幾，米赫薩爾的重稅令他們不勝負荷。有些人半路上遭搶劫後抵達麥加。繳不起稅的人會被米赫薩爾關起來。貧苦朝聖者遭到凌虐並不稀奇：「諸多虐待方法之一，是綁住睪丸吊起來」。㉔朝聖者在米赫薩爾手中「受到最慘痛的壓迫，嚴厲程度無從緩解」。麥加人似乎樂在「奪取朝聖者的大部分物資、搶劫他們、找理由讓他們一無所有」。㉕

米赫薩爾倒行逆施、麥加政局不斷動盪，以及朝聖者遭到他們毒手的消息，傳到開羅的蘇丹薩拉丁耳中。薩拉丁發函給米赫薩爾。信中說：「你我身負照顧朝聖者的責任。莫忘此一崇高任務和遠大目標。對真主的僕人好，將獲得真主加倍酬勞；照顧他們的人，將獲得真主無盡的關愛。」㉖蘇丹廢除朝聖稅，以開羅每年提供的補助代替其收入，另外固定從埃及運送穀物和其他各種禮物到麥加。米赫薩爾被鎮住。麥加和平、穩定，幾年內改頭換面。

因此，伊本．朱貝爾（ibn Jubayr）一一八三年到麥加時，看到的是一個繁榮的城市，此時距離納瑟．霍斯羅到麥加已有一百三十年。伊本．朱貝爾是公務員之子，一一四五年生於西班牙瓦倫西亞（Valencia）。他熟稔《古蘭經》、先知言行以及法律、文學，被認為非常虔誠。格拉納達（Granada）當時是穆斯林世界最富裕、最輝煌的城市之一，他擔任格拉納達總督的機要一段時間後，出任朝聖工作人員，一一八三年二月三日開始麥加之旅。他從熱內亞搭船啟程，先到埃及展開深入探索，沿著尼羅河進行無數次探險後，穿越沙漠和海洋抵達麥加。伊本・朱貝爾觀察入微，將旅途見聞詳細記錄下來。因此，《伊本・朱貝爾遊記》（*The Travels of Ibn Jubayr*）提供我們十二世紀末葉的麥加最可靠、最精確的描述，也是最受推崇的記載。

沙里夫米赫薩爾統治期間，伊本・朱貝爾搭乘簡陋船隻越過紅海，經由吉達進入聖地。他發現自己盼望走訪的土地和家鄉有天壤之隔。他形容，吉達大部分居民「生活困苦，最硬的石頭也會難過得碎裂。他們做各種生意，例如出租駱駝（如果擁有駱駝），賣動物奶或水、採集到的椰棗等物品或收集到的柴火」。[27]伊本・朱貝爾從札希爾（al-Zahir）門進入麥加；這個門是麥加三個主要城門中最大的一個，吉達、麥地那和敘利亞的旅客都走這個門。札希爾門又稱副朝聖（Umra）門：它是進行副朝聖的起點，教徒在這裡沐浴後換上戒衣，再進入麥加。那裡有沐浴場所，設置一排長椅和一排水杯，還有裝滿水供教徒淨身的浴缸。整個沐浴區有遮蔭，被花園環繞。淨身過程迄今不變，我和朋友札法帶著壞脾氣的驢子成吉思朝聖時，也照老規矩做。

一如所有記述麥加朝聖經驗的人，伊本・朱貝爾詳細描述聖寺。確實，在相關旅遊書——穆斯林文獻中的獨特類別——最有意思的部分是往返麥加的篇幅。這些書講到麥加時，形容聖地的文字千篇一律。我認為，這個現象可以諒解。作家們親眼目睹天堂的入口，麥加的理想境界。況且他們是為了那些可能沒機會親自到麥加一趟的人而寫。鉅細靡遺的文字描繪，是為了將他們念念不忘的城市印象深植各地穆斯林心目中。

伊本・朱貝爾的突出之處在於，他對於時間和地點的描述較全面。我們從他的文章獲得的最重要資訊是，麥加的情況已比納瑟・霍斯羅時期大幅改善。他的詳細描述中含有一些美妙的並陳敘述，因此更勝一籌，不論並陳是有意還是無意之舉。「聖寺被柱廊圍繞。柱廊所及之處的拱頂下都有長椅，上面坐著《古蘭經》謄寫者和朗讀者，以及一些裁縫師。」㉘伊本・朱貝爾看到，柱廊後方的牆腳，學生們圍成圓圈聽老師講課——每個派別各自成一圈。

他指出，卡巴面對東方的那道門靠近主要角落，也就是黑石所在的角落。這道門鍍銀，製作工夫精細。他表示，門上刻有金字，「優雅字體又長又粗，形狀和美感吸引目光」，文字內容為：「主的僕人和哈里發，伊瑪目阿布・阿布都拉・穆罕默德・穆克塔菲・阿姆里拉赫（Imam Abu Abdullah Muhammad al-Muqtafi Amri Ilah），領導者，下令興建這些。願主保佑他和他正直的祖先伊瑪目，讓他香火綿延不絕、永保榮華，直到復活日。伊曆五五〇年（西元一一五五年）立。」門上還有兩個葉片型裝飾，有人在上面寫：「這樣明智嗎？」㉙

關於黑石本身，伊本・朱貝爾寫道，破裂的四片已經接合。「傳說嘎爾馬提派——願真主詛咒他們——敲破黑石。黑石的邊緣已用銀片包覆固定，在石頭黑色光澤和擦亮的表面襯托下，銀片閃閃發亮，呈現動人景象，觀者不忍移開目光。」接著，他以朝聖者的真誠繼續寫：「親吻黑石的時候，感覺柔軟潮濕，令親吻者著迷，永遠不願移開雙唇。」㉚在亞伯拉罕立足處，也就是先知亞伯拉罕站著興建卡巴的地點，伊本・朱貝爾說他可以清楚看到兩個腳印：「滲滲泉的水倒入兩個受到祝福的腳印，我們喝裡面的水……這雙腳的足跡歷歷在目，一如尊貴、受到祝福的大腳趾遺跡。」㉛

伊本・朱貝爾拜訪聖寺後探索麥加。他發現，市內有兩個浴場，以當時的兩位著名法學家命名。他在阿布・古貝斯山頂發現一座收容所，以及一座可俯視麥加的清真寺。山頂上還有「一棟高大粉飾灰泥建築的殘骸，它是米赫薩爾的父親、麥加大公伊薩興建的堡壘，但因為發生爭端，伊拉克朝聖隊伍的埃米爾將它摧毀」。㉜伊本・朱貝爾從阿布・古貝斯山觀察麥加，發現這個城市具有特殊能力，一個「明顯的奇蹟」：能夠擴展以容納在朝聖期間聚集膜拜卡巴的所有穆斯林。他以略帶驚訝的語氣寫道，這個「位於河床、寬度只有一箭之遙甚至更短」的城市，可以調整擴大，容納「多不勝數的人」——「它擴張收容來客的樣子，就像子宮容納胎兒。」㉝他說，阿拉法特和麥加附近其他神聖城鎮，也有相同場景。

伊本·朱貝爾走訪麥加和周邊地區許多清真寺和神聖地點。他的第一站自然是穆罕默德出生地，那裡蓋了一座清真寺，外表「以黃金裝飾」；清真寺在伊曆三月（Rabi al-Awwal，先知出生月分）每星期一開放。他接著參觀哈蒂嘉的房子，以及先知女兒法蒂瑪和外孫哈珊、胡賽因出生的地方。「這些神聖地方上鎖、有人守衛，建築風格恰如其分」。他在亥珠蘭之家（The House of Khayzuran）——先知和門徒祕密禮拜的場所——停留一段時間，也參觀阿布·巴克爾的房子；歐瑪爾位於薩法山和瑪爾瓦山之間的房子讓他感到訝異，「中央是一口井，他坐在上面裁決公務」。伊本·朱貝爾甚至參觀哈嘉吉將伊本·祖拜爾遺體釘在十字架的地方。

伊本·朱貝爾訪談新來後到的朝聖者，意外發現麥加沒有人犯罪：「我們發現，所有定居下來的朝聖者，不論以前來過的朝聖者或已經定居很久的朝聖者，都表示不敢置信，以往搶奪朝聖者、將他們財物搶走並肆虐聖寺的盜賊已經消失。以前的人不能讓財物離開視線，否則一眨眼就會被小偷以驚人的手法和速度從手中或腰際摸走。」此外，「朝聖者也表示，麥加今年貨物充足、價格低廉，和以往的經驗恰好相反」。㉞

的確，麥加的市集「盡是好東西以及各種水果，包括無花果、葡萄、石榴、榲桲（quince）、桃子、檸檬、胡桃、棕櫚果、西瓜、黃瓜，還有茄子、南瓜、胡蘿蔔、花椰菜等各式蔬菜以及辛香料植物」。他特別喜歡西瓜，形容「它具有一個特點，那就是聞起來最香甜。如果有人端著西瓜走過來，你會先聞到香味，由於香甜宜人，你幾乎捨不得吃」。[35]

不過，市場不僅充斥著蔬果。由於「來自東西南北」的朝聖者能夠安全旅行不被搶劫，他們與朝聖隊伍中同行的貿易商和生意人，把各式各樣的商品帶到麥加販賣：「珍珠、藍寶石、其他寶石等貴重物品；麝香等香料、樟腦、琥珀、蘆薈；印度藥品和印度、衣索比亞其他進口物品；伊拉克和葉門產品；呼羅珊的商品、馬格利比的貨物，以及形形色色無法計算或估計的用品」。確實，麥加那一年貨物和商品太多，因此朝聖結束翌日，也就是宰牲節，聖寺本身變成大型市場，從麵粉到瑪瑙，從小麥到珍珠，每樣東西都拿出來買賣。麵粉在集會所出售。不過，「部分市場位於柱廊」，奴隸在那裡轉手。熟稔伊斯蘭法的伊本・朱貝爾是虔誠教徒，對這等景象感到不滿。他告訴讀者，「眾所周知，律法禁止這樣做」。[36]

可是，他對星期五講道和禮拜的排場及儀式興致盎然，似乎贊成沙里夫們改革和新增儀式，以增加神祕感並炫耀自己的實力。亞伯拉罕立足處，放置一座裝有四個輪子以便移動的講台。主麻禮拜時，講台移到卡巴面對亞伯拉罕立足處那側，倚靠卡巴放置。講道者（Khatib）從先知門進入聖寺。「他穿著鑲金黑衣，頭戴鑲金黑頭巾，肩披精緻布料製作的泰拉森（taylasan，傑出學者使用的綠色披風）」。他平靜、莊嚴地「徐步走在兩名同族宣禮員舉起的兩片黑布條之間。前方另有一名族人拿著一支磨過的紅桿，尾端綁著一條又長又細的捻皮繩索，繩索末端有一小段皮鞭。他用力甩皮鞭，發出的聲音大到聖寺內外都聽得到，有如通知講道者抵達。他不停甩鞭，直到大夥接近講台。」講道者終於走到講台時——他似乎花了一輩子——轉身親吻黑石。

講道者接著由滲滲泉宣禮員引導登上講台；滲滲泉宣禮員是聖寺的首席宣禮員，也穿黑衣。

講道者肩上扛著一把劍，未綁著而是用手握住。講道者登上第一級階梯時，宣禮員把劍綁好，他接著用力抖劍鞘的金屬環，所有在場的人聽得到聲音。登上第二級、第三級階梯時，他分別再抖一次劍。上到最後一級階梯時，第四次抖劍，並站著面對卡巴以低沉嗓音喚拜。接下來，他轉向左方和右方，說：「願和平與真主的慈悲與祝福降臨爾等。」眾人回禮後，他坐下來。宣禮員站在他前方，齊聲喚拜。喚拜結束，講道者開始講道，提醒、規勸、激勵教友，口若懸河。講畢，他在傳統講道者的座位坐下來，第五次抖劍。接著，他進行第二階段呼特巴。[37]

引起糾紛，讓諸多哈里發和蘇丹兵戎相見的正是第二段禮拜。誰在講道中被提到以及名字出現的順序，不能等閒視之。對於爭奪所有穆斯林效忠的人，沒有更好的場所可宣傳自己的地位，並主張自己統領整個穆斯林世界的權利。講道者一開始說的話很明顯：

多次為穆罕默德、他的家人祈福，請求主憐憫他的門徒，特別提到四位哈里發（阿布・巴克爾、歐瑪爾、歐斯曼和阿里），為穆罕默德的叔父哈姆札和阿巴斯，以及孫子哈珊、胡賽因禮拜，以這句話將他們連接在一起：「願真主愛護他們。」他接著為哈里發們的母親、先知的妻子們禮拜，並請求真主憐憫美麗的法蒂瑪和偉大的哈蒂嘉。

此時，政治力介入。伊本・朱貝爾寫道：「他接著為阿巴斯哈里發阿布・阿巴斯・阿赫瑪德・那西爾（Abu l'Abbas Ahmad al-Nasir）禮拜，其次為麥加埃米爾穆克提爾・伊本・伊薩（Mukthir ibn Isa）禮拜」，後者一直追溯到阿布・哈希姆的血緣被提及，以強調他統治麥加名正言順。到目前為止，信眾保持沉默。伊本・朱貝爾表示，講道者接著「為薩拉丁・艾尤比和他的繼承人兼弟弟阿布・巴克爾・伊本・艾尤比禮拜。禮拜文提到艾尤比時，四方信眾齊喊『阿門』，情緒激動。」我的英雄是大家的英雄，眾望所歸。整個禮拜過程中，「兩個黑布條插在講台第一道階梯，由兩名喚拜者扶著。講台側面有兩個鐵環，黑布條插在那裡」。❸❽講道完畢，講道者離開時的排場和儀式和抵達時一樣。

伊本・朱貝爾在聖寺看過沙里夫米赫薩爾幾次。米赫薩爾會從先知門進入聖寺，有隨從同行，包括《古蘭經》朗讀者和長矛兵；「長矛兵揮舞長矛，走在前面」。他穿白衣，頭戴高級白羊毛頭巾，腰配短劍，看起來「樸實、冷靜、尊貴」。他走到亞伯拉罕立足處，隨從攤開一張布毯供他禮拜。親吻黑石後，他開始繞行卡巴。完成第一圈後，一名不超過十一歲、穿著個人最好衣服的男孩爬上滲滲泉的圓頂蓋，以美妙的嗓音讚美米赫薩爾。男孩一開始說：「真主啊，今天請賜予我們的埃米爾永恆喜悅和廣被恩澤。」接著，「他舌燦蓮花，以韻文歌功頌德，最後以三、四句詩歌讚美埃米爾和他的高貴祖先與先知的卓越，復歸寂靜」。❸❾不過，他只在米赫薩爾繞完下一圈之前安靜，接著重複剛才的讚美——直到米赫薩爾繞完七圈。

米赫薩爾或許「尊貴」，但從行為來看，決不「樸實」。伊本・朱貝爾也發現，他沉迷於奢華和享樂，即便是麥加的支持者也不以為然。只要蘇丹承諾贈與的財物運抵，他就很高興。如果禮物因為某種原因遲到或未送到，他會動朝聖者腦筋。伊本・朱貝爾說，他下令「朝聖者相互作保承諾會繳稅，才能進入聖寺。假如薩拉丁的錢和食物送達，那就沒事；否則，他不會放棄向朝聖者收稅。他這麼命令，好像真主的聖地是他掌握的遺產，向朝聖者課稅是合法行為。」❹⓿此外，他的衛兵——長矛兵——一有機會就恐嚇麥加居民讓他們聽話，而且時常趁機幹些姦淫擄掠的事。蘇丹薩拉丁對米赫薩爾的行徑清楚得很。

一一八四年一月，埃及貴賓來訪的消息，成為麥加街頭巷尾的話題。蘇丹賽夫・依斯蘭（Sayf al-Islam，又稱塔格塔金，Taghtakin），亦即蘇丹薩拉丁的兄弟，正在前往聖城途中。伊本・朱貝爾寫道，「至於他此行的原因，大家說他要前往葉門，因為那裡發生爭端，而且埃米爾展開叛變。不過，麥加人憂心忡忡，恐懼籠罩心頭」。沙里夫米赫薩爾出城迎接他，但「其實是表示臣服」。賽夫・依斯蘭進入聖寺時造成轟動：「眾人為他和薩拉丁禮拜的聲音響徹雲霄，聲音大得震耳欲聾，難以分辨字詞。宣禮員站在滲滲泉上方的位置高聲禮拜、讚美他；眾人的聲音蓋過宣禮員；當時場面和音量令人嘆為觀止」。[41]

米赫薩爾講究排場，他的衛兵總是手握長矛和出鞘的劍，他總是要求隨從穿華服；賽夫・依斯蘭則相反，展現樸實作風。「劍入鞘」、「扔掉華服」，展現「謙卑」。他的部隊「像飛蛾撲火般奔入聖寺。他們因為慚愧而低下頭，鬍鬚被淚水打濕」。

賽夫・依斯蘭在麥加停留幾個月，並進行一一八五年的朝聖。此時，阿布・朱貝爾已離開麥加，正在返回格拉納達途中。米赫薩爾自知沒有麥加的控制權，帶著支持者退到傾頹的阿布・古貝斯山堡壘。蘇丹原本打算廢除沙里夫這個頭銜，隨後又改變心意。他反而重申開羅會協助朝聖者，並強調會繼續每年提供補助和經常供應穀物。接著，他召集米赫薩爾的貝都因護衛，也就是長矛兵。他當著無力干涉的米赫薩爾面前，下令將這些殺人、搶奪的衛兵在廣場處死示眾。他宣布，沒有人能凌駕法律——即便是沙里夫們和他們的侍衛。最後，他命人鑄造有薩拉丁名字的硬幣，當作麥加的合法貨幣。

即使是強大的艾尤比蘇丹，也只能暫時改善麥加的局面。賽夫・依斯蘭前腳剛走，麥加的統治家族後腳就從堡壘回到麥加。米赫薩爾再度掌權，直到一二〇〇年。向來效忠統治家族而不是重視正義、公平對待朝聖者的麥加人力挺米赫薩爾，慶祝麥加重獲自由。朝聖者被課徵更沉重的稅。同一期間，麥加人恢復傳統作風，包括不時搶奪朝聖隊伍。

不過，阿布·哈希姆建立的政體已日薄西山。漢志其他地方正在醞釀革命。沒多久，麥加有新的領袖。十三世紀初，麥加的政治權柄轉移到另一沙里夫家族手上，然後持續六百年。

第五章

Love and Fratricide in the Holy City

聖城的愛與兄弟相殘

阿赫瑪德在位末年深信埃及人或自己親戚想殺害他。他開始穿鎖子甲，以致無法進行副朝或朝覲。即便要繞行卡巴也成問題。阿赫瑪德的憂慮並非杞人憂天。不過，鎖子甲沒有必要。他被毒死。沒幾天之後，他的年輕兒子穆罕默德進行朝覲時，在米納被人刺死。無可避免，政治動盪緊隨而來。

十三世紀第一年，麥加瀰漫歡慶的氣氛。值得慶祝的事很多。一一九五年底，一股黑風突然颳起，籠罩全城。連日下紅色沙雨。有些麥加人認為，世界末日來臨，他們要面對審判日。可是，怪風來得急也去得快，聖寺受到衝擊，但卡巴只輕微受損。這是第二次倖免於難；十年前，麥加驚險逃過基督教大軍的攻擊。

對於大部分麥加居民，十字軍是遙遠事件。對十字軍東征而言，穆斯林世界的中心點是邊陲；戰事主要發生在耶路撒冷——基督徒認為的世界中心。基督徒稱為「地球肚臍」的石頭在那裡，位於聖墓教堂（the Church of the Holy Sepulchre）。中古時期歐洲繪製的地圖，比較像呈現《聖經》歷史而不是地理實況，同樣把耶路撒冷當成中心點。❶與基督徒交戰及戰勝的消息，經常透過朝聖者和埃及來的訪客傳到麥加。一一八七年，薩拉丁成功解放耶路撒冷時，民眾爭相至聖寺禮拜。薩拉丁立刻讓耶路撒冷恢復開放狀態，穆斯林、猶太人、基督徒和平共存❷，一如先前四個半世紀由穆斯林統治期間；中東所有其他大都市皆如此。十字軍掌控的八十八年期間，耶路撒冷封閉，只對基督徒開放。

薩拉丁戰勝十字軍，距離他兄弟讓麥加免於沙里夫的貝都因長矛兵荼毒僅兩年。麥加沒有人認為，基督教異端分子會真的進入漢志地區。這是無法想像的。從伍麥亞朝第一任哈里發開始，這片土地四百多年來是封閉的，裡面只有穆斯林。人間天堂麥加不會受到侵犯。

法國騎士沙蒂永的雷納德（Reynaud de Châtillon，一一二五至一一八七年）另有看法。❸他是個窮騎士，參與第二次十字軍東征後，留下來尋找發財機會。基督徒在中東建立的海外拉丁王國（Latin Kingdom of Outremer）是不折不扣的邊疆社會，對於願意冒險、東征的騎士是充滿機會的領土。雷納德因為兩段幸運的婚姻而獲得重要地位。海外王國似乎產生許多需要丈夫的富有女繼承人。第一段婚姻讓雷納德成為安提阿（Antioch）王子。他後來遭到伏擊，成為穆斯林部隊的俘虜。他被關了十四年後獲贖，囚禁期間學會阿拉伯語和突厥語。重獲自由後，他發現自己成為需要再娶的鰥夫。第二段婚姻讓他取得外約旦（Outrejordan）的土地。外約旦是拉丁王國最大的領地，包含蒙特婁（Montréal）和死海東方的卡拉克（Kerak）兩座城堡。工事堅固的城堡居高臨下，是十字軍控制他們征服的土地和人民的利器。雷納德如今擁有兩座最好的城堡，而且城堡位居通往麥加的朝聖路線上。他可以從這些據點出兵阻撓、搶奪朝聖隊伍並全身而退。

雷納德在自己的領土內很安全，獨立運作而不是聽命耶路撒冷王。他想出一個大膽計畫。他想攻擊伊斯蘭的核心：聖城麥加和麥地那。他的算盤是劫掠這兩個城市，從麥地那偷走先知穆罕默德的遺體，並從麥加奪走卡巴的珍寶。雷納德一一八一年展開行動，攻擊經過卡拉克城堡的朝聖隊伍，破壞了他和薩拉丁之間的停戰協議，以致薩拉丁「怒不可遏，發誓絕不原諒他」。❹麥加人以為十字軍只是遙遠威脅的原有想法，頓時煙消雲散。

穆斯林史家把雷納德形容為四處搶奪的嗜血大盜，他確實是，而且對基督教友和敵人而言同樣不可信賴。他最喜歡的消遣是把囚犯從城垛推下去，看他們跌落下方岩石粉身碎骨。不過，他也擅長運用策略。他突襲攻占阿卡巴灣的埃拉特港（Elat），接著奪得巴勒斯坦南方一個港口的船隻，將船拆解後用駱駝載運穿過沙漠，運到埃拉特重新建造。他也組成槳帆船隊，槳帆船（galley）主要用人力划槳操縱，比阿拉伯人的帆船更快、機動性更高，因此能夠切斷阿拉伯小港口之間的通訊，擄獲商船並阻礙海運。一一八二年大部分時間，雷納德的軍隊恣意在紅海沿岸掠奪、破壞村落。他們搶奪更南方的艾札布（Aydhab），這個港口是朝聖者從尼羅河前往麥加的重要啟程站。甚至有一說認為，他曾考慮航行穿過曼達卜海峽（Bab al-Mandab），尋找通往印度的香料路線。❺

接著，雷納德的槳帆船隊摧毀一艘航向吉達的大型朝聖船。薩拉丁一一八三年一月採取因應行動，派出擅長海戰的指揮官率領艦隊出擊。這位將領兩個月內終止雷納德在紅海的活動，燒掉他三艘槳帆船，並俘虜他的大部分士兵。可是，一小支雷納德部隊殺出一條路到內陸，朝麥地那前進。

各方估計不一，但外界認為，這支部隊約有裝備齊全的三百人，由俘虜的穆斯林帶路前往麥地那。在沙漠跋涉五天之後，他們在距離麥地那幾英里的山丘頂紮營，與薩拉丁的弟弟阿迪勒．伊本．艾尤比（Adil ibn Ayyub）短兵相接。戰鬥很快結束。大約一七〇名十字軍未戰死被俘虜。有些俘虜在穆納（Muna）當著大批麥加群眾面前處死。其他人被帶到開羅，受到公開羞辱。在亞歷山卓，這是伊本．朱貝爾首先看到的景象：「大批人群聚集，看俘虜被駱駝拉進城，他們面對駱駝尾巴，被手鼓和號角圍繞」。[6]

在穆斯林世界被稱為「西方惡魔」的雷納德也沒有好下場。十字軍在一一八七年的哈丁（Hattin）戰役慘敗，他淪為俘虜，被帶到薩拉丁面前。雖然薩拉丁寬大為懷出了名，但他這次破例，親手砍下死敵的首級。

麥加除了逃過十字軍毒手，還有其他可以慶祝的事。麥加居民決定選擇伊本．祖拜爾重建卡巴完工週年當作慶祝的日子。那天是伊曆五九七年七月（Rajab）二十七日，相當於西元一二〇一年五月二日，慶典從副朝聖開始。當天因為另一個因素而重要：它是穆罕默德「夜行登霄」紀念日，先知在那一晚先飛到耶路撒冷，再登上天堂。為了進行副朝聖，麥加居民必須前往市區外稱為戒關（聖城邊界）的地點，換上戒衣，經過淨身儀式後，以朝聖者身分回到城裡。麥加所有人離開城區前往戒關。他們以朝聖者身分返回時，發現麥加被一名善戰的親王占領而大吃一驚。麥加如今有新的統治者。他名叫卡塔達．伊本．伊德里斯（Qatada ibn Idris）。

卡塔達是哈希姆的後裔，據說個子瘦高，是個值得尊敬的人，以虔誠和勇武出名。他可能參與麥地那附近痛宰雷納德部隊之役，然後在戰役後率兵長驅直入空蕩的麥加。他當時剛滿七十歲。沙里夫米赫薩爾之子基於義務，嘗試在麥地那埃米爾協助下奪回麥加，但徒勞無功。麥加新統治者具有相當高的政治技巧，而且野心不只限於麥加。他想要統治整個漢志地區，讓漢志變成獨立領土，正如以往穆斯林世界許多地區那樣。不到兩年，他讓麥地那臣服，並奪得塔伊夫和區域內其他城鎮。結果證明，他是個強勢和非常獨立的統治者，也成為後來所有沙里夫的祖先。卡塔達為麥加帶來十年的和平與繁榮。

麥加處於相對平靜的狀態，極為幸運。有位知名訪客到麥加，他需要安詳與平靜環境進行鴻篇巨著。穆希丁・伊本・阿拉比（Muhyi Din ibn Arabi）一二〇二年進行朝聖時，在穆斯林地區已享有「最偉大的大師」美譽。他在一一六五年出生於安達盧西亞的穆爾西亞城（Murcia），在塞維爾（Seville）受教育，據說十六歲時離群索居。二十五、六歲時，他已因出類拔萃的靈性和豐富的想像力聞名。在麥加停留三年期間，為他的許多作品提供靈感，包括三十七冊的《麥加啟示錄》（*Meccan Revelations*）[7]；此一巨著嘗試揭開朝聖的神祕面紗，同時為麥加增添（另一道）玄學色彩。

伊本・阿拉比的文字充滿想像力，且極具洞察力。他層次豐富的文字通常是所見意象的產物和探索。伊本・阿拉比大量運用象徵主義，是個愛用複雜暗喻的作家，有時幾乎難以讀懂，時常讓學富五車的學者絞盡腦汁解讀。他在麥加看到一些意象，當中最重要的是和卡巴的接觸。在這個意象中，伊本・阿拉比看到自己繞著卡巴，發現卡巴「用身體推我，將我從繞行路線推開，用清晰可聞的話威脅我」。他因為害怕而動彈不得。接著，卡巴「收起尾巴，準備從基座上站起來聳立」，開始說話。它告訴他：「上前來，好看清楚我要對你做的事！你竟然貶低我的力量，提高人類的力量。你相信不可知論，而不是相信我。力量屬於有能力者。我不准你繞著我打轉。」伊本・阿拉比害怕之餘，企圖躲起來自保。「我看到它跳起來，撩起衣服，我也覺得它似乎故意遮住自己以攻擊我，而且看起來正在移動。」他嘗試寫一些讚美的句子，以平息卡巴的怒氣：「它聽到我讓它聽的內容而顯得高興，恢復原先狀態。」❽

這個意象導致伊本・阿拉比認為，絕大部分穆斯林並不了解卡巴、聖寺、朝聖各種儀式的真正象徵意義和麥加的重要性。成千上萬穆斯林到聖城，卻未探訪它。他們特地來看一些事物，但眼見而心不至。他們特地來感受一些東西，可是沒有感覺。他們仍未受麥加的真正天堂維度感動。伊本・阿拉比從一個遇見聖人的尋常朝聖者角度述說長篇故事，傳達這個觀點。聖人問他：

「看過麥加沒有？」我回答：「看了。」他又問：「你看麥加，是否感受到真主在看你？」我承認：「沒有。」他說：「你沒有用心看麥加。」

「你進去聖寺了嗎？」我回答：「有。」他說：「你進去的時候，是否覺得自己已經拋開所有不該有的念頭？」我說：「沒有。」他說：「你不算進去過。」

「看見卡巴沒有？」我說：「有。」他又問：「你看到想看的東西嗎？」我回答：「沒有。」他說：「那麼你沒有見過卡巴。」

「你脫掉衣服了嗎？」我回答：「脫了。」他問：「是不是什麼都放下了？」我回答：「沒有。」他說：「你沒有脫掉衣服。」❾

這個故事帶我們走過麥加每個地點和朝聖的每一道儀式，說明大部分穆斯林的動作是機械式的，缺乏精神意義。伊本·阿拉比在書中其他篇幅展現每個地點、儀式的多重意義和重要性，並深入探討朝聖的象徵意義。因此，繞行卡巴就像繞著真主的王位。黑石是真主在人世間的右手；觸摸黑石就是接觸真主，從此改頭換面。在薩法和瑪爾瓦兩座山丘之間奔跑，是最熱誠的行為；它是在真主陪伴下從真主的一側跑到另一側。

我們讀完無數寓言、眾多抽象詩歌、艱澀散文，被精心安排的隱含意象弄得頭昏腦脹之後，伊本·阿拉比暗示，造訪麥加和聖寺就像走訪自己的房子。他寫道，麥加的真主之家有如你家，而且：

> 和你同類，也就是創造出來的。因此，祂對你提出走訪房子的指示，就是祂親口指示你認識自己的話語：「自知者知主也。」因此，你走向房子，就是走向自己。如果你進入自己內心，你可以認識自己。當你認識自己，就認識主，你因而知道自己是不是祂。你將獲得健全知識。❿

伊本·阿拉比似乎暗示，看著麥加就是照著神鏡：它反映你的內在神聖本性，鏡中影像可以引導你成為真正了解主的「完人」。對於伊本·阿拉比來說，鏡子的意象具有最根本的重要性；這是他的「存在單一論」哲學不可或缺的一部分；存在單一論（wahdat al-wujud）意指真主和祂創造的萬物密不可分，宇宙中的唯一真理是主。

並非每個麥加人都認同伊本·阿拉比象徵性、臆測性、充滿意象的分析。伊斯蘭教四大法學派在麥加有不少成員，他們都對「存在單一論」敬謝不敏。開始有謠言說這是異端邪說。有些傳統學者故意唸錯他的名字，輕描淡寫將穆希丁（意為宗教復興者）唸成馬希丁（Mahi al-din）或穆密丁（Mumit al-din，意指宗教毀滅者），藉以表達他們的看法。伊本・阿拉比不理會這種冷嘲熱諷。況且，他有其他要務。到麥加之前，他幾乎一輩子花在探索靈性、追求神聖的愛。麥加對他影響深遠，後世學者因而將他的生命分為麥加之前和之後兩個階段。他在麥加期間不但完成《麥加啟示錄》（*Meccan Revelations; Futūḥāts*），也寫了另一巨著《諸先知的智慧》（*Fuṣūṣal-Hikam*）＊的前面幾章和其他眾多著作的篇章。他在麥加也找到塵世的愛。他迷上房東的漂亮女兒。想當然耳，她成為他筆下美麗和智慧的化身，並刺激他寫出一大冊詩集。《欲望的闡釋者》（*Interpreter of Desires*）⓫是一本傑作，不像他的神祕主義著作那麼晦澀；本書向阿拉伯早期詩歌傳統致敬。內容有許多伊本・阿拉比的招牌象徵主義，但也大量運用阿拉伯常見的沙漠意象和心愛對象的諸多名稱：

多神奇！火燄中有陰涼處，
我的心如今可隨意變形，
有如草地對羚羊，修道院對修士的感受；
有如神廟對偶像，卡巴對朝聖者的作用；
像舊約《聖經》，像《古蘭經》。
愛是我的信仰。不論它的駱駝行至何處，
我的宗教，我的信仰就在那裡。⓬

麥加街頭年輕人和打情罵俏民眾對《麥加啟示錄》興趣不大，對《欲望的闡釋者》卻趨之若鶩。他們純粹以世俗、肉體上角度閱讀並愛上它，讓伊本・阿拉比感到失望。確實，他們自然而然這樣做。原因是，麥加歷史上雖然出現各種政治動盪和暴力，卻有一個以情詩為核心的欣欣向榮文化環境。伊本・祖拜爾抵抗亞濟德的部隊時，麥加正進行另一項革命。伊斯蘭之前的詩歌正轉變成截然不同的形式。一種新體裁的情詩（ghazal）出現，這種抒情詩有押韻對句和重複處，每句音節數相同。情詩的主要開創者是古萊什詩人烏瑪爾・伊本・阿比・拉比亞（Umar ibn Abi Rabia，七一二年卒）。[13] 烏瑪爾百無禁忌的詩歌在麥加蔚為風潮；後來，他聲名遠播，烏瑪爾體裁（Umari）成為漢志地區自由情詩的代名詞。新詩體廣為流傳，以麥加為靈感來源的語言和文化都加以仿效，即使與阿拉伯距離遙遠。它在我生長的烏爾都語（Urdu）地區詩歌中大放異彩。情詩最後在一九五〇和六〇年的經典時期進入寶萊塢電影，知名詩人為寶萊塢電影不可或缺的歌舞片段創作歌詞；在最好的電影中，這些詩句是說故事的建設性元素，而不是當今流行的無意義短歌。

烏瑪爾大致上根據自身經驗創作情詩，他對苦命情人的渴望並無興趣。同時期漢志詩人賈米爾（Jamil，七〇一年卒）創造苦命情侶經典主題的情詩。在賈米爾的詩中，感情路不順利的情侶希望擁有彼此，他們很少見面或成為眷屬，通常因為欲望無法滿足，傷心而死。這不只是阿拉伯詩歌的常見主題，波斯、突厥和烏爾都情詩也如此。對於烏瑪爾而言，麥加已有太多痛苦和哀傷。他比較有興趣的是愛情的喜悅，情人們不受阻礙地擁抱，引領他們的愛情開花結果。在傳統阿拉伯詩歌

---

* 編按：此處原文誤植為 *Futūḥāts*，*Futūḥāts* 即為《麥加啟示錄》的阿拉伯文書名。研判應指 *Fuṣūṣ al-Hikam*（*The Ringstones of Wisdom*，或譯為 *The Bezels of Wisdom*）。

中，故事總以過去式陳述。烏瑪爾認為，愛情存在於現在，是一個障礙重重的遊戲，但有禁忌的報酬，也因而更加吸引人。[14]麥加人或許尊敬法學家和宗教學者，但烏瑪爾強調，麥加有其他英雄：尋找性征服對象的年輕男子。這種男子通常是他詩歌的主角——沒有女性可以抗拒的俊男。在極少情況下，傳統阿拉伯詩歌裡的情侶真的見了面，但場景的描述在他們相會後結束，其餘任君想像。烏瑪爾相反，他描寫情侶寬衣解帶，揭露這對年輕愛侶之間的嬉戲，更進一步說明他們如何避免被逮個正著，並設法在幽會後偷偷溜走不被發現：

他們在我後方拖曳衣服下襬的褶邊，
衣服布料柔軟，
好讓足跡不被人發現。[15]

除了一對情侶，詩中通常有第三個人，這個心腹第三人透露祕密給讀者、安排情侶幽會並協助他們從危險情況脫身。烏瑪爾一首詩中，協助情侶幽會的人是女方奴婢，她幫男方喬裝女性逃脫。朝聖隊伍把朝聖者帶到麥加，但也帶來年輕女子。烏瑪爾和他的年輕門徒經常「站在角落，觀察所有（朝聖的）女郎走過」。他們一發現目標，就跟在後面：

我發現她晚間和其他女性走在聖寺和（黑色）石頭之間。
她告訴一個同伴：「那麼，為了烏瑪爾，我們來破壞繞行活動。
追上他，以便讓他看到我們，接著，好姐妹，給他眨個眼暗示。」

她回答：「我眨過了啊，可是他轉身離開。」

她聽了朝我衝過來。[16]

烏瑪爾的詩顯然直接吸引聖城的年輕男性。這些詩的對話語氣平易近人，大幅提高流行程度。麥加年輕男性巴不得追隨烏瑪爾的腳步。由於他的人氣持續不墜，年輕男子難免嘗試以相同方式解讀伊本・阿拉比較晦澀的詩。這樣做的問題不只是以非神聖方式閱讀《欲望的闡釋者》，另一問題是：這本書和烏瑪爾的情詩一樣，具備音樂性。

到了伊本・阿拉比的時代，穆斯林世界的音樂理論已非常發達。對數學的興趣導致穆斯林哲學家和思想家研究音樂，對於他們當中許多人而言，音樂不只是娛樂來源，也有醫療作用：可以用來安撫靈魂、平靜情緒。麥加有學問的人都熟悉伊拉克人金迪（al-Kindi，八七三年卒）的音樂研究，他從宇宙角度書寫關於音樂的文章，人稱「第一位阿拉伯人哲學家」；有學問的人也熟知同時期巴格達另一偉大哲學家法拉比（al-Farabi，九五〇年卒），他著有《音樂大典》（*Kitāb al-musīqī al-Kabīr*），詳細介紹當時使用的主要樂器，以及這些樂器產生的音階。[17]麥加的學生也研讀偉大波斯博學者伊本・西那（ibn Sina，一〇三七年卒）的作品，他的《醫典》（*Canons of Medicine*）包含剖析音樂療效的篇幅。[18]他徒弟伊本・佐拉（ibn Zola，一〇四八年卒）寫的音樂論文在麥加流傳。因此，受過教育的麥加年輕人懂得音樂（musiqa）理論與歌唱（ghina）技巧。

傑出樂師是伍麥亞和阿巴斯宮廷不可或缺的部分。他們融合拜占庭和波斯音樂實務的影響，不少技巧高超的歌者和演奏者到麥加朝聖，然後停留一段時間，在麥加有錢人家裡表演；他們只有名字留下來：伊本・米斯賈赫（ibn Misjah，可能卒於七一〇年）、伊本・穆赫里茲（ibn Muhriz，七一五年卒）、伊本・蘇雷吉（ibn Surayj，七二六年卒）、馬巴德（Mabad，七四三年卒）。他們在麥加留下學生，而這些學生後來變成出色的樂師，在麥加周圍替富有的顧客表演。在聖寺之外，麥加有個蓬勃、活潑的音樂場景。在這些場合裡，烏瑪爾的詩歌經常被拿來以輕鬆方式表演。如今，伊本・阿拉比的《欲望的闡釋者》也變成曲目之一。它由知名演唱家表演，而且增添明確的俗世意味。這導致議論紛紛，傳統學者藉機把它當作批評伊本・阿拉比神祕主義哲學的根據。

伊本・阿拉比看到詩被濫用感到震驚，被迫撰寫《欲望的闡釋者》詳細註解，說明每一句都有好幾層意義，並指出，他詩中的「愛人」絕非烏瑪爾寫的情人，而是神聖之美的象徵。他放棄追求房東的女兒，迎娶另一麥加女子法蒂瑪・賓尤努斯（Fatima bint Yunus），只為了證明自己的論點。

雖然在麥加遭到非議並被指為異端邪說，伊本・阿拉比為這個城市深深著迷，圍繞它創建一套形上學和哲學，至今仍讓人津津樂道。他喜愛麥加人：「麥加這片土地是真主最好的地」，而真主最好的地只會孕育最優秀的人。麥加人「是真主的鄰居，屬於真主之家的人，而且他們是最接近第一個禮拜場所的創造物。因此，真主以祂的名──唯一的主──給他們自我啟示，而且只有聖寺的人獲得這個自我啟示。他們根據優秀程度一較高下。」⑲

有鑑於他對麥加的熱愛，我們自然不意外看到伊本・阿拉比在《麥加啟示錄》主張，麥加和麥地那沒有必要爭執哪一個最特別。兩個都是神聖的城市。不過，麥加無與倫比：

麥地那人啊！你們土地的地位超越其他地區
但麥加的地位更高，
那裡有作為朝拜方向的聖寺

全世界的清真寺都朝向它。
真主讓那裡的土地和活動變神聖
雖然每個地方都可合法進行活動。
那裡有各種指標和儀式
所有人跋涉到神聖的那裡……
找你們的埃米爾，不要攻擊一個
巨大的城市，你們最好當心。
真主將雨帶到麥加谷地
你們將能解渴，雨會落在麥地那。[20]

神祕主義者的問題在於，他們沉醉於神聖的愛，經常閉著眼睛遊蕩。麥加或許值得真主眷顧，可是麥加人是另一回事。過去發生許多事，以後會繼續發生。我不得不承認，我越深入探索真實城市麥加的歷史，而不是理想化的天堂麥加，越認同嘎爾馬提派關於改革不夠的日子循環不已的理論。沉醉在美好憧憬的神祕主義者可能來來去去，他們離開的城市會以舊有模式繼續生活下去。卡塔達或許成功實施以隔絕方式統治麥加的政策，除了兩方面：他對待伊拉克朝聖者的方式，以及他的兒子。麥加人和伊拉克朝聖者一二一〇年發生過節，一二一二年重演。

一二一二年的朝聖隊伍中，阿迪勒・伊本・艾尤比的妹妹、薩拉丁的母親拉比亞夫人（Rabia Khatoon）隨行。進行投擲石頭的儀式時，易司馬儀派刺客在穆納包圍一名沙里夫，他是卡塔達的堂兄弟，長相神似。易司馬儀派刺客在當地活躍已數十年，為了宗教和政治目的殺害許多領袖人物。

他們誤認並錯殺卡塔達的堂兄弟。卡塔達聽到消息後怒不可遏。他召集非洲衛兵，爬上穆納兩側山丘，以投石器和弓箭發動攻擊，並在翌日搶奪朝聖者。雙方都有死傷。有人建議朝聖隊伍領袖，把朝聖者從穆納轉移到麥加主要城門之一札希爾門附近的朝聖者常用營地。卡塔達將此舉解讀為朝聖者即將戰鬥，他先發制人，殺死數以百計的朝聖者。他宣布，「我視死如歸，絕不會讓他們留半個活口。」㉑

朝聖隊伍領袖無計可施，因此把朝聖者帶至他所知的最安全地點：拉比亞夫人紮營處。拉比亞夫人召見卡塔達，高姿態質問他朝聖者犯了什麼罪，抑或他只是以親戚遇害為藉口搶奪朝聖隊伍？面對艾尤比朝女統治者質問，卡塔達同意停止攻擊，但條件是朝聖者須賠償他十萬第納爾。朝聖者湊了大約三萬第納爾，其中不少來自拉比亞。數百人繼續在她的帳篷附近待了三天，以確保獲得她的庇護，「許多人挨餓、受傷、衣不蔽體，有的行將就木。卡塔達認定，刺客是哈里發派的，他因而發誓，明年要殺光所有巴格達的朝聖者」。㉒

雖然他如此發誓，抑或因為他說這種話，卡塔達隔年派他兒子里加勒（Rijal）到巴格達道歉。哈里發原諒他的過分舉動，並致贈大量禮物和金錢。卡塔達獲邀訪問巴格達。其實他一直走到庫法才改變主意，折返麥加——並再度道歉，這次以詩歌向哈里發致歉。

數百年宗教狂熱、思想和詩歌的主題，是要說服穆斯林，麥加與眾不同，是一個地位超越其他所有地方的城市。不過，有一點顯示，麥加和穆斯林世界其他地方並無二致，而且毫無神聖的平和，那就是：追求權勢。麥加的確是一面鏡子，反映塵世的現實。沒有任何事能比卡塔達一二二〇年結束統治後與後續局面更清楚展現這個現象。他當時已經九十歲，健康迅速惡化。他的八個兒子為繼承問題鬧翻，雖然卡塔達希望由里加勒接棒。可是，他的長子哈珊（Hassan）先下手為強。哈珊先謀殺可能和他競爭的叔叔。接著，他以枕頭悶死父親。一名在揚布俄（Yanbu）的兄弟被請回麥加，也遭到謀殺。其餘兄弟逃出國，除了里加勒。

哈珊接著殺害一名伊拉克朝聖隊伍的埃米爾，並將他的頭掛在聖寺一個噴水池，因為他懷疑對方到麥加是要支持里加勒。可是，哈珊統治麥加的野心被艾尤比親王瑪斯悟德（al-Masud，又稱Aqsis）阻止。哈珊謀殺兄弟、把他們趕出聖城之際，擔任葉門總督的瑪斯悟德趁虛而入，在城裡攻擊哈珊。哈珊逃走，瑪斯悟德留在麥加七年。瑪斯悟德一二二八年去世後，他其中一名副手取得權柄。哈珊在揚布俄組建軍隊，攻擊派駐麥加的葉門部隊，企圖奪回麥加但落敗，撤退到巴格達並在那裡過世，未能重返麥加。

如今，里加勒嘗試取回父親遺留的位子。他一二二九年首度嘗試失敗，一二三二年成功，但隔年被迫再度出逃。接下來二十年，麥加統治者幾乎每年換人，埃及人、敘利亞人、葉門人和沙里夫們全都互相競爭聖城的掌控權。一世紀後的阿拉伯歷史學家和社會學創建者伊本・哈勒敦（ibn Khaldun）提出偉大理論，必定是受到麥加統治者的啟發。伊本・哈勒敦在學術作品《歷史緒論》（*Introduction to History*）寫道[23]，歷史不斷重演，每個循環重複以前發生過的錯誤——這是「今天暫時停止」比較文雅和高深的說法。

雖有政治動盪，到麥加觀察並記錄這些愚行的訪客絡繹不絕。幸好，並非每個到麥加的訪客都專注於這個城市的馬基維利式政治或晦澀的宗教儀式。波斯人伊本・穆加維爾（ibn al-Mujawir）一二二六年到一二三〇年間造訪麥加時，比較注意人而非政治。伊本・穆加維爾可能來自呼羅珊，非常熟悉伊斯蘭世界的東部行政區，且懷抱文學企圖心。他和當時大多數穆斯林旅者不一樣，並非學者、法學家或宗教思想家。他顯然是非常虔誠的人。他主要興趣是貿易和商業，除了朝聖之外，對麥加的宗教地位和儀式不感興趣。他注意的焦點是社會風俗、市場、貨幣，以及魔法故事和奇聞軼事。伊本·穆加維爾極有幽默感，他形容自己是「歷史地理學家」。他的旅遊見聞《阿拉伯導覽》（*Tarikh al-Mustabsir*）[24]以押韻散文撰寫，提供十三世紀上半葉麥加和周邊地區有趣的社會生活細節。

伊本·穆加維爾認為，麥加人不高尚，這個看法和伊本·阿拉比不同。他表示，麥加人「膚色深，因為他們的門徒大多是阿比西尼亞和努比亞（Nubia）出身的黑人奴隸女子。老實說，他們身材高大，家境貧窮，但屬於眾多家族和部族，知足常樂」。[25]他的敘述讓人產生興趣、著迷處是人文細節。例如，他寫道，麥加人的衣服使用尼夏普爾（Nishapuri）高級絲綢和亞麻布製作，女性戴軟帽（bonnet）。由於常被稱為面紗的伊斯蘭頭巾（hijab）多年來定義爭論不休，抑或哪種頭部服飾符合「伊斯蘭」服裝要求眾說紛紜，如果伊本·穆加維爾能更清楚說明他的「軟帽」意思，將有助釐清爭議。他比較專注於告訴讀者，麥加婦女根本不漂亮，她們臀部大，「原因是她們特意增大臀部」，而且因為她們「經常四肢著地跪著」[26]——擦地板或滿足追隨烏瑪爾·伊本·阿比·拉比亞腳步的歷代男性的欲望。

伊本·穆加維爾在距離麥加幾里的城鎮馬哈利卜（al-Mahalib）發現，女性只有皮革遮身：「女子將兩片皮革縫在一起，中間挖一個洞，然後套在身上。她走動的時候，整個身子都看得見，從上到下。」這段文字呼應他形容當地人貧窮的說法。不過，它也揭露傳統對《古蘭經》的評論意見。經書裡要女性「拉過頭巾遮住胸部」[27]，導致有些人詮釋為，此舉是要女性遮住裸體，而不是要營造我們現在熟悉的景象——用遮蓋全身的黑長袍（abaya）包住。十三世紀時，女性要服裝樸素顯然仍有問題。

伊本·穆加維爾在《阿拉伯導覽》運用兩個虛構人物——載德（Zayd）和阿姆爾（Amr）——說明他遇到的人物和部族的風俗。因此，他寫道，「載德在麥加和阿姆爾女兒訂婚時，所有要結婚的人公開找妻子上床，大肆張揚。」為何如此？我們知道，由於麥加人和朝聖息息相關，他們的社交生活在朝聖期間暫停。朝聖者離開後，麥加人繼續從事訂婚、家族喜慶、婚禮。新郎們等不及，所以訂婚後就行房——在完婚之前。雙方談妥嫁妝金額後，婚姻就開始了。伊本·穆加維爾表示，「手腳染色裝飾」以象徵即將結婚的是男性。我一直以為，這種作法是女性專有的。在印度次大陸（又稱南亞次大陸或印巴孟次大陸，是喜馬拉雅山脈以南的一大片半島形陸地，亞洲大陸的南延部分）確實如此；在那裡，一群婦女會在緬蒂彩繪（mehndi）儀式之前聚集，新娘耐心地坐著，讓他人在手部和腳部以指甲花顏料彩繪複雜圖案。新娘要耐性子坐更久，等候顏料乾燥。

新人雙方家人聚集，每個人手上都有一張紙，上面寫著賓客姓名，以及他們打算送給新郎的禮物重量和數量，「每個人根據自己條件和經濟能力送禮，女性也照樣做」。接著，新郎到聖寺，進行繞行和其他儀式，然後手持一根蠟燭「前往岳家，和新娘相會。兩人圓房，男方停留七天」。新郎第七天告別，帶著客人提供的禮金離開，把這筆錢當作成家本錢：「他立刻開了一家可以賺錢養家的店」。世界上許多地方都有這樣的習俗。人類學家形容這是互惠作法，因此是部族團結的要素。新郎並非接受施捨，他必須在親戚結婚時償還禮金，「金額和他們給他的一樣，甚至更多」。[28]

在麥加附近的馬哈利卜，婚姻習俗更怪：

> 如果載德向阿姆爾提親，並獲得正面回應，載德直接和阿姆爾女兒上床將她破處，並同眠一夜。他翌日上午離開，將鞋子留在阿姆爾女兒房間，讓阿姆爾知道他覺得滿意。婚事就這樣敲

定；如果他穿上鞋子離開，阿姆爾便知道載德對他女兒不滿意。即使今日，家世最顯赫的人仍然這樣做。[29]

雖然我們沒有理由懷疑伊本．穆加維爾的敘述，他顯然非常不敬重麥加人。他認為，比起巴格達的進步大都會環境（他在名字冠上巴格達的所有格，以反映他在這個城市住了一段時間）或是波斯的文化水準，麥加人沒有文化素養，深陷部族風俗不進步，缺乏基本禮儀。有時候，他直接譴責。他寫道：「普天之下，沒有人比這些靠朝聖者賺錢的人更齷齪、更無知、更罪惡、更卑鄙。」麥加人把朝聖者稱為「真主的乞食飯碗！」

如果你告訴他們：「真主切斷你們不合法擁有的糧食。」他們會回答：「非也，是真主切斷你們合法擁有的糧食。你可以看到，我們得到的唯一好處是這些黑色山脈；我們沒有農業，沒有牲畜，沒有收入或任何東西可以捐贈……因此，真主在這個地區給我們優勢，讓我們從你們朝聖者得到該得的，以及不該得的三分之一。」[30]

然而，就某方面來說，麥加人似乎遺忘住在天堂的精神意義。

有時候，伊本．穆加維爾藉由簡單陳述事實，凸顯麥加人的邪惡行徑；例如，他指出，麥加人在朝聖期間稍微調整度量衡標準，好占便宜。有時候，他以巧妙的評論（通常以故事方式呈現）顛覆他的觀察。他寫道，剛出麥加界線，有個地方叫「馬革他拉特．卡立卜」（Maqtalat al-Kalib，意為「屠狗處」）。「地名由來是，有個貝都因人養了一條狗，這條狗攻擊村裡一名男子，咬他並造成他一眼失明，男子因而打死狗。狗主召集父系親戚，被咬的人也召集自己親戚，雙方爆發戰鬥。他們纏鬥不休，直到所有人送命。因此，那個地方後來稱為屠狗處」。[31]

狗被殺的地方可能並未實際存在。伊本．穆加維爾或許只是把這個故事當作麥加政治機制的寓言。麥加雖然地位崇高，當地居民的政治和社會行為卻毫不神聖或不值得讚賞。沙里夫們名不副實：不高尚、沒人性。一個又一個統治者侵略麥加，趕走現任統治者後，以武力和恐怖手段當家，過沒多久，自己也被新的沙里夫取代。里加勒前前後後總共統治麥加多達八次。局面絕不美好，而是把政治控制權當成血腥的大風吹遊戲。穆罕默德．阿布．努梅伊（Muhammad Abu Nomay）一二五四年掌權後，麥加出現某種程度的政治穩定。他後來被稱為阿布．努梅伊一世，身材魁梧、面貌黝黑，因為五項特質受到麥加人敬重：榮譽感、慷慨、耐心、勇氣、善詩歌。他比較喜歡沙漠而不是清真寺，他以嚴格但公正作風統治麥加將近五十年，有時兒子從旁協助，有時和麥地那埃米爾合作。麥加需要他帶來安定。

他在關鍵時期統領麥加。十三世紀中葉，整個穆斯林世界發生巨變。一二五八年，巴格達遭到洗劫的消息傳到麥加。蒙古大軍在旭烈兀率領下從中亞出擊，一路以龐大實力摧枯拉朽。那是人類造成的毀滅性海嘯，震動全世界。麥加以複雜心情面對消息。巴格達的哈里發政體瓦解，哈里發和他的兒子們被殺，整個城市被焚的消息引發震驚。沒有朝聖者會從伊拉克來的明顯事實特別引人憂慮——實際上，接下來九年，巴格達的朝聖隊伍未出現。不過，由於麥加長期和巴格達互相敵視，巴格達哈里發政體滅亡，也讓麥加鬆了一口氣。伊拉克隊伍再度出現的時候，將不再具備政治重要性。

開羅也發生政治地震，艾尤比朝的權柄轉移給瑪穆魯克（Mamluk）朝。埃及現在由昔日的奴隸統治，他們在阿巴斯和艾尤比兩個政體都擔任過傭兵。埃及的瑪穆魯克朝蘇丹札希爾・魯克恩丁・拜巴爾・班達格達里（az-Zahir Rukn-ad-Din Baybars al-Bandaqdari，一二六〇至一二七七年在位）要進行朝聖的消息，特別引起麥加的注意。

拜巴爾是個重量級人物。㉜高大的他聲音有威嚴，精力充沛，喜歡到處遊歷，經常出門。他在克里米亞出生，小時候被當成奴隸買賣。他的第一任主人很快把他賣掉，因為據說他有個小缺陷，可能是藍色眼珠之一有白內障。他後來成為艾尤比統治者的侍衛，進而當上傭兵軍隊統帥。他率兵大敗法國國王路易九世的第七次十字軍東征部隊。十字軍當時打算直接攻擊埃及，正面挑戰中東的實際權力中心。路易九世在尼羅河的達米埃塔港（Damietta）登陸，最後在一二五〇年的法里斯庫爾（Fariskur）之役被俘，部隊遭殲滅。以巨額贖金換得自由後，他撤退到阿卡（Acre），再返回法國。路易九世一二七〇年展開第八次十字軍東征但未完成，他與拜巴爾交鋒，被認為確定了拉丁帝國海外王國的末日。海外王國城池陸續淪陷：安提阿在一二六八年，的黎波里在一二八九年，最後一個堡壘阿卡在一二九一年失守。

將近兩百年的衝突，對歐洲造成決定性影響。十字軍並非個別的軍事行動，而是無所不包的社會及文化運動，塑造了歐洲對自身及更大世界的看法。那是交流密切的時期，向穆斯林世界學習的正確資訊傳入歐洲。借鏡自穆斯林的大學在歐洲各地成立，傳授偉大穆斯林學者的著作，這些學者的姓名拉丁化之後名聞遐邇。在歐洲支持十字軍的理念是一項複雜的宣傳工作，也大量散播錯誤的伊斯蘭、先知和麥加資訊，當作流行文學作品和理解的共同要素。這些不當觀念的遺緒，並未隨拉丁王國或十字軍東征結束而消散：它們的文化後遺症持續至今。十三世紀時，這種不當觀念助長敵意，使得敵人的敵人可能變成朋友。當局派出基督教傳教士，嘗試讓十字軍和蒙古人合作，但有效的協同行動從未落實。一二六〇年，拜巴爾再度率領傭兵先鋒部隊在艾因加魯特（Ain Jalut）之役阻止蒙古軍隊推進；他在那一年成為埃及蘇丹。

拜巴爾一二六九年抵達麥加時，正值權力巔峰，確實也是穆斯林世界最強大的統治者。他帶著大量禮物，慷慨分送給麥加居民和朝聖者。他也帶來新的卡巴帷幕——吉斯瓦（kiswa）——上面繡了他的姓名。據說，他停留期間，每天有鮮花從埃及運到。拜巴爾竭盡全力弭合聖城統治家族的內部紛爭。他認為阿布．努梅伊是個有幹勁、有能力的統治者，樂見麥加由他掌管。因此，穆斯林世界許多地區仍因蒙古人來襲而天翻地覆時，麥加因為地處邊緣而倖免。的確，麥加從率領穆斯林對抗蒙古侵略的強勢與富有領袖而獲益。

有些記載指出，阿布．努梅伊雖然有許多優點，卻有三十個缺點：他的兒子們。他臨死前讓位給兩個兒子：胡梅札（Humaidha）及魯梅薩（Rumaitha）。阿布．努梅伊在一三〇一年以七十歲之齡安詳辭世——在麥加統治者之中是難得現象。他葬在劃定為沙里夫專用墓地的麥加公墓。他墓地上方的圓頂剛蓋好，兒子們就爆發戰爭。

阿布．努梅伊的三十個兒子當中，有四個實際上先後統治麥加：阿布．蓋斯（Abul Ghaith）、烏泰法（Utayfa）、胡梅札、魯梅薩。這些兄弟之間鬥爭的故事相當複雜，但簡單來說如下：胡梅札不太願意按照父親的安排，與兄弟魯梅薩共享權力。他也擔心其他手足挑戰，因此，他在一三一四年殺掉阿布．蓋斯。根據記載，他把屍首帶回家，然後邀請所有兄弟共進晚餐。兄弟們抵達並就座後，每人後面都站了一名抽出劍的奴隸衛兵。主菜是他們的兄弟阿布．蓋斯，全屍煮熟。胡梅札的兄弟們有的看了心裡有數，逃離漢志地區；有的團結在一起，發誓除掉胡梅札。到最後，胡梅札被迫逃亡。

他投靠伊拉克的蒙古統治者。此時，蒙古人已皈依伊斯蘭。昔日熟悉的麥加吸引力，在星期五呼特巴被提到名字、在整個穆斯林世界面前被宣告擁有統治正當性的前景，是胡梅札獲得支持所需的僅有要素。因此，胡梅札一三一八年帶著蒙古軍隊返回麥加，並攻占這個城市。埃及瑪穆魯克朝蘇丹納瑟．納瑟丁．穆罕默德（al-Nasir Nasir-ad-Din Muhammad）的名字立刻被拋棄，由巴格達蒙古王阿布．塞伊德．呼爾班德（Abu Said Khurbandr）取代。可想而知，蘇丹納瑟不高興。他派遣一支軍隊要逮捕胡梅札，後者及時逃離麥加。這造成麥加權力真空，躲到埃及的烏泰法立即趁虛而入。兩年後，也就是一三二〇年蘇丹的軍隊終於逮到胡梅札，將他處死。烏泰法遵照父親遺願，同意和魯梅薩共同統治麥加。兩兄弟和平統治了幾年。

麥加再度繁榮，主因是國王和皇帝爭相施惠而不是動武。阿布．塞伊德．呼爾班德嘗試重新取得麥加人好感。他大手筆提供黃金、現金給麥加。納瑟不落人後，增加小麥和玉米供應量，這些食物在饑荒時期尤其受歡迎。一三二五年，西非馬利皇帝曼薩．穆薩（Mansa Musa）朝聖，出手闊綽無人能及。曼薩．穆薩的帝國控制並供應西方世界大多數金礦的貿易，首都廷布克圖（Timbuktu）以學者和有知識的人聞名。[33]他穿越非洲，在開羅加入朝聖隊伍，抵達麥加時受到熱烈歡迎。據說他帶了多達六萬名朝聖者，以及數百頭載著黃金的駱駝。

到底有多少黃金，學者爭論不休。「有人說一百頭駱駝載著黃金，有人說沒有駱駝但有一百五十公斤黃金；也有人說，五百名奴隸各背六磅黃金，加上三百頭載了三百磅黃金的駱駝；還有人說，五百名奴隸各扛兩公斤的金棒。」[34]不論曼薩．穆薩帶了多少黃金，他的慷慨沒有止境，而且他對所有人一視同仁，不論是麥加人或朝聖者、統治者或尋常百姓，都非常尊重，大方致贈禮物。隨行黑人的舉止、禮貌讓麥加人印象深刻。他的相貌特別令麥加人震驚：臉色蒼白，在麥加人眼裡似乎白裡透紅又透黃，因而覺得這位非洲君主長相獨特。此外，曼薩・穆薩和其他造訪麥加的大部分君王不同，沒有政治動機。他到這裡純粹為了朝聖，完成宗教任務後就離開——行李輕了許多，但多了一位他在麥加遇見的安達魯西亞詩人為伴，兩人形影不離。更重要的是，他也僱用一名安達魯西亞建築師跟著回去馬利。這個建築師蓋的皇宮已經不存在，但他蓋的津加里貝爾（Djinguereber）清真寺至今仍在廷布克圖聳立。

曼薩・穆薩分送的黃金如此多，以致開羅到麥加區域的金價下跌十年。那次帶著黃金朝聖的消息不僅傳遍穆斯林世界，也傳到歐洲，產生廷布克圖是黃金之城的傳說。這個非洲內陸傳說城市引發的歐洲探險，幾乎不亞於聖城麥加的誘惑。直到十九世紀下半葉，廷布克圖位置之謎才解開，大家方才知道，這個古老大學城的泥磚建築物屋頂根本不是黃金打造的。

曼薩・穆薩的大手筆，他人難望其項背。蒙古王阿布・塞伊德・呼爾班德隔年嘗試另一招。他派一頭大象到麥加。大象被牽著繞聖寺一圈，並被說服進行朝聖所有儀式，包括繞行卡巴。接著，大象被帶到麥地那，走訪先知的清真寺和墓地。這頭可憐的動物在麥地那城門死亡。

「韃靼（蒙古）王」派出大象和曼薩・穆薩散財之後不久，知名突尼西亞探險家伊本・巴圖塔造訪麥加。他從一三二五到一三五四年間總共到麥加五次，每次都進行朝聖，並停留一年。他在《遊記》（*Rihlah*）[35]寫道，第一次到麥加時，統治者是兄弟檔沙里夫：自稱「宗教之劍」的魯梅薩與自稱「宗教之獅」的烏泰法。烏泰法住在瑪爾瓦山腳下的房子，距離聖寺很近，哥哥魯梅薩住在麥加外圍的寺院，在夏巴家族門（Gate of Bani Shayba）附近。每天早上，兩位統治者住處門口會敲鼓，敲得相當久。伊本・巴圖塔發現，麥加「是一個建築密集的長方形大城，坐落在山谷空曠處。這個山谷如此封閉，造訪的人實際抵達之前，完全看不到麥加」。[36]

伊本・巴圖塔證實了伊本・朱貝爾一百四十二年前的許多觀察，尤其是聖寺和主麻禮拜、呼特巴的相關儀式。不過，他的敘述和伊本・穆加維爾南轅北轍，指「麥加市民樂於助人，慷慨至極、心地善良，不吝協助窮人和離群索居者，熱心對待陌生人」。麥加人衣著高雅潔淨，由於大多數人穿白衣，因此衣服永遠看起來雪白無瑕。他們大量使用香水，以眼影（kohl）美化雙眼，經常用刺茉樹（arak）新鮮小樹枝刷牙。

伊本・巴圖塔表示，麥加人慷慨解囊，即使只有一條麵包，也樂意捐出三分之一或一半麵包，「心甘情願，毫無怨言」。他看到在市集工作的孤兒，覺得佩服。麥加人到市集買穀物、肉類和蔬菜時，會把採買到的食物交給某個孤兒；孤兒把穀物放入一個籃子，把肉和蔬菜放入另一個籃子，提到委託人的家裡，好讓委託人的家人煮飯。委託人繼續到處忙自己的事。沒有任何孤兒違背託付——剛好相反，孤兒絕對誠實地將委託人的食物送到家。「他們拿到幾枚銅錢的固定跑腿費」。[37] 此外，伊本・穆加維爾對麥加婦女的臀部不敢恭維，伊本・巴圖塔的看法大相逕庭，認為「麥加婦女擁有罕見的絕色，虔誠貞潔」。不過，她們的確大量使用香水，寧願晚上餓肚子，把省下來的飯錢拿來買香水。集體主麻禮拜前夕，婦女會成群進行繞行卡巴的儀式。「她們穿著最好的衣服，聖寺瀰漫她們身上的香水味」。[38] 確實，伊本・巴圖塔覺得沒有什麼可以抱怨，除了高溫，因為氣溫熱到聖寺的石地板燙腳。

烏泰法和魯梅薩之間的和平並未持久，兩兄弟又開始爭執，納瑟要他們到開羅的朝廷。到開羅之後，烏泰法遭到監禁，一三四三年死於獄中。魯梅薩獲准返回麥加，在他兒子阿赫瑪德（Ahmad）輔佐下統治麥加。其實，納瑟受夠了麥加政治紛擾，考慮撤銷沙里夫這個頭銜，一勞永逸。可是，宗教學者建議他不要採取如此激烈手段。他們或許腐敗嗜殺，但仍是先知的後代。對沙里夫採取終極制裁措施，可能導致人民造反。納瑟接受建言。魯梅薩也了解到，沙里夫面臨存亡關頭。他決定調整自己的野心和行為。

魯梅薩的確明智，因此在一三四四年，也就是臨終前兩年，把權位讓給兒子阿吉蘭（Ajlan）。經常被人稱為「果斷者」的阿吉蘭，三十七歲成為麥加統治者，斷續統治二十五年，曾出現資格上的爭議，七十歲時去世。這段期間，麥加和平穩定，他得以花不少時間從事建設。他在麥加蓋了幾個蓄水池以及救濟院、學校，並在附近興建幾座堡壘。為了讓中東所有君王滿意，他允許星期五的呼特巴中提到蒙古蘇丹名字。他最有名的事蹟是嚴厲對待柴德派（Zaidis）；柴德派是效忠胡賽因・伊本・阿里之孫柴德・伊本・阿里（Zaid ibn Ali）的什葉派分支。柴德派在神學上比較接近順尼派而不是什葉派，是葉門的主要教派。他們在麥加人數不多但活躍，參與過麥加發生的許多政治動亂和反叛。他們的最終效忠對象是自己的伊瑪目和精神領袖。

許多沙里夫本身原本是柴德派——這是他們祖先的信仰派別。不過，到了這個時期，麥加——以及穆斯林世界大部分區域——主流派別是夏非儀派。阿吉蘭下令將麥加不少知名的柴德派綁在廣場的柱子當眾鞭笞。有個柴德派宣禮員慘遭毒打而喪命。可是，大多數柴德派寧可忍受迫害而不願放棄信仰，有的設法逃到葉門。

阿吉蘭的兒子阿赫瑪德（Ahmad）延續父親的政策。麥加此時已經發展得不錯，而且因為到訪的君王餽贈，變得相當富裕。政治穩定帶來自己的收穫。阿赫瑪德變得如此強大，連埃及蘇丹也覺得受到威脅。被稱為「宗教彗星」的阿赫瑪德・伊本・阿吉蘭接到幾次造訪埃及開羅的邀請，但他總是找藉口留在麥加。阿赫瑪德從一三六〇到一三八六年統治麥加，在位晚年深信埃及人和親戚想殺害他。他開始穿鎖子甲，以致無法進行副朝或朝聖，即便要繞行卡巴也成問題。阿赫瑪德的憂慮並非杞人憂天。不過，鎖子甲沒有必要。他在一三八六年被毒死。沒幾天之後，他的年輕兒子穆罕默德進行朝聖時，在穆納被人刺死。無可避免，政治動盪緊隨而來。接下來十二個月，麥加出現五名統治者，其中三人同時統治。

阿吉蘭兒子當中的兩個（幸好他只有五個）設法將麥加管理得相當成功。阿里・伊本・阿吉蘭（Ali ibn Ajlan）統治了七年——從一三八七到一三九四年。阿里被殺後，他的兄弟哈珊（Hassan）繼任，想辦法和他人共同統治維持生存，直到一四二五年。哈珊在漫長統治期間建立一支傭兵組成的常備軍防衛麥加，軍隊在歷任統治者之間傳下去。他也成功說服埃及蘇丹授予他掌管整個漢志地區的「副蘇丹」頭銜。不過，哈珊和獨立統治的父親阿吉蘭不同，逃不過埃及瑪穆魯克朝蘇丹的影響。他的職位比較像蘇丹的諸侯而不是獨立沙里夫。

這樣的安排證明對麥加有利。麥加迫切需要政治穩定。聖寺西側一三九九年焚毀。起火點是透過一道門和聖寺相連的學校，火勢迅速蔓延，超過一百根聖寺柱子化為灰燼，屋頂塌落。火舌接著延燒到北側，摧毀兩道門廊。火勢很可能輕易吞噬整座聖寺，但突如其來的洪水阻止災情惡化。麥加人非常憂心，希望統治者全心投入重建聖寺。聖寺如今已擴大許多、變得非常複雜，重建工作超過麥加人財力和能力範圍。哈珊身為「副蘇丹」，獲得瑪穆魯克朝蘇丹納瑟・法拉赫・賓・巴爾乍格（al-Nasir Farah bin Barqaq）鼎力支援，後者派遣知名建築師阿米爾・畢斯特・札西里（al-Amir Bist al-Zahiri）督導聖寺的重建，大部分麥加人參與重建工作。石頭從麥加附近山丘切割運來，興建新的柱子取代一百三十根損壞的大理石柱。屋頂延後改建，等待適當木料從外國運抵。工程終於完成時，天花板垂掛一排排刻有裝飾花紋的油燈。

在這段期間，哈珊的三個兒子爭奪繼承權。為避免未來發生流血局面，埃及蘇丹札希爾・塞夫丁・賈克馬克（al-Zahir Sayf-ad-Din Jaqmaq）挑選巴拉卡特（Barakat），任命他為哈珊在世期間的共同攝政。如此安排有很好的理由。麥加有許多學校及教育機構，城裡隨時有尋找學生的學者。不過，麥加的教育課程和其他地方的常態不同。麥加提供的學術幾乎只限神學和法學領域，要獲得哲學和修辭、天文和數學、醫學和地理、音樂和文學方面的適當教育，必須到開羅、大馬士革或巴格達。麥加有錢人通常把兒子送到外國接受更完整的教育。巴拉卡特在埃及受教育，文學造詣名聞遐邇。他成為炙手可熱的老師，來自世界各地的學生拜在門下。他在埃及時，賈克馬克親自邀請埃及最傑出的學者和文人會晤他，巴拉卡特因此與賈馬馬克熟識。哈珊一四二五年去世後，巴拉卡特順利繼任，並統治麥加直到一四五五年過世，過程中只有小波折。

巴拉卡特不只有文學素養，他的才智、純正的虔誠和良好政績也出名。確實，他或許是麥加迄今唯一讓民眾深信其節操的沙里夫，未殺害任何人以取得權位，或因信念不同而鞭笞任何人。他衣著樸實——他和麥加平民的差別僅有頭巾。他雖然是統治者，麥加人直接稱呼他的姓名。他花了很多時間維修公共建築，並興建新的公有建物——一座清真寺和幾間客棧——這些建物施工品質良好，一直到十八世紀末仍廣泛使用。

不過，巴拉卡特一世純粹以埃及蘇丹的代表身分統治麥加。到了這個時期，麥加統治者和居民已經不太在意埃及越來越大的政治影響力。麥加渴望和平，而埃及的影響力不但為麥加帶來和平，也提升沙里夫的精神地位。蘇丹每年會致贈吉斯瓦和赫拉（khila）。吉斯瓦是卡巴的黑色帷幕，在朝聖期間的盛大儀式中運抵；舊的取下，換上新的。象徵榮譽的袍子赫拉同時抵達。這件袍子凸顯沙里夫被授予權威和合法統治權。雖然蘇丹和沙里夫之間顯然有極大信任而且關係良好，但蘇丹不想冒任何險。他在聖城部署一支五十名騎兵組成的常駐部隊。他們其實以工程人員身分來到麥加，負責聖寺重建工作，但以軍人身分留下來。他們的指揮官稱為「聖地督導」，表面上服從沙里夫命令，實則直接向蘇丹通報麥加的政治和經濟局勢。沙里夫指派一名大臣——通常是受過教育的外國人，處理財務和管理徵稅作業，麥加的稅收因而穩定下來。巴拉卡特一世推行的許多慣例，像是天課（zakat，濟貧的宗教稅）、朝聖稅、其他稅賦，持續實施好幾個世紀。

巴拉卡特一世死前明確指定繼承者。他的要求獲得蘇丹首肯，蘇丹在漢志與麥加的代表同意他挑的人選。因此，權位順利、和平地從巴拉卡特一世轉移給兒子穆罕默德。穆罕默德統治四十年，延續父親的建設。他在麥加市內和周邊增加新建築，尤其是麥加附近梅穆娜（Maymuna）美輪美奐的清真寺。梅穆娜是先知娶第十二任妻子芭拉．賓．哈里斯（Barra bint al-Harith）的地點。先知為她取了「梅穆娜」的暱稱，意思是受到祝福，這樁婚事是先知遷到麥地那之後重返麥加的第一件大事。

拜占庭帝國歷史悠久的首都君士坦丁堡被攻陷的消息傳來時，穆罕默德統治麥加已經三年。歐洲害怕的同時，麥加歡天喜地。整座城的人湧向聖寺，禮拜感恩。比較有見識、受過教育的麥加人看得出來，穆斯林世界的權力分配即將發生重大轉變。歐斯曼帝國蘇丹麥何密二世（Mehmet II），又稱征服者，在一四五三年五月達成阿巴斯哈里發和瑪穆魯克朝蘇丹做不到的功績。確實，他戰勝拜占庭，完成一項長久的努力；早自伍麥亞朝第一任哈里發穆阿維亞之子亞濟德六七〇年首度直接攻擊君士坦丁以來，穆斯林部隊一直未能完成目標。

時間會告訴我們，歐斯曼的勝利對麥加有何意義。在同時期，麥加繼續受埃及蘇丹的影響。瑪穆魯克朝蘇丹阿沙拉夫．塞夫丁．卡特巴（al-Asharaf Sayf-ad-Din Qu’it Bay）一四六八年即位後，成為麥加的主要贊助者。卡特巴來自切爾克西亞（Circassia），小時候是奴隸。蘇丹賈克馬克注意到他才智過人，收他為手下。他從基層迅速竄升，最後成為蘇丹。卡特巴掌權之後十年，幾乎將麥加每一座重要設施都加以清洗、整修。穆茲達理法清真寺以石灰重新粉刷，阿拉法特的水井疏濬，卡巴內部加蓋屋頂。被遺忘多年的水道重新疏通。埃及朝聖者使用區域重新裝修並擴大。舊的救濟院整修，並興建新的。興建四所新學校，夏非儀、哈那非、漢巴理、瑪利基四大法學派各分配一所。一四七九年，卡特巴親自進行朝聖，整個朝廷的官員隨行。他完成夢想，在麥加貴族和宗教學者見證下清洗卡巴內部。卡特巴和穆罕默德的關係密切，穆罕默德甚至將兒子之一取名為卡特巴。

穆罕默德在一四九五年去世，留下十六個兒子。最有名的兒子是巴拉卡特·伊本·穆罕默德（Barakat ibn Muhammad），他和祖父一樣，以學識和虔誠聞名。他也在埃及受教育，罕見的是，在一位知名女性法學家門下受教。卡特巴欣賞他，同意由他繼任沙里夫（巴拉卡特二世）。然而，他的兄弟哈姆札（Hamza）和賈詹（Jazan）有意見。接下來，戰鬥和搶奪朝聖隊伍持續一段時期。巴拉卡特二世幾度嘗試奪取麥加，和兄弟們會戰幾次。有一次，他被埃及部隊統帥俘虜，綁上鐵鍊送到開羅。不過，他最後終於成功控制麥加。其實，他後來成為整個漢志地區的統治者。他的兄弟卡特巴和兒子阿里共同擔任麥加總督。

然而，中東政治版圖即將發生另一次巨變。歐斯曼蘇丹塞利姆（Selim）一五一七年併吞埃及，瑪穆魯克朝滅亡。漢志地區，包括麥加和麥地那，變成歐斯曼帝國一部分。逐漸老邁的巴拉卡特二世立刻派遣十三歲兒子穆罕默德·阿布·努梅伊（Muhammad Abu Nomay）到塞利姆的朝廷。此舉不僅是要向新統治者輸誠，也是要確保麥加擁有一定程度的獨立。歐斯曼蘇丹高興地接見麥加的年輕特使。阿布·努梅伊或許年少，但他能言善道。他把聖城的故事告訴蘇丹塞利姆，並詳細敘述漢志的政治局勢。蘇丹認可沙里夫統治麥加的權力，確認聖城的獨立地位，甚至同意沙里夫的主權應該從麥加擴及麥地那、吉達以及整個漢志地區。條件只有一個，麥加必須承認中央政府（Sublime Porte，原意指皇宮正門）——歐斯曼帝國代稱——地位最高。

年輕的阿布．努梅伊帶著蘇丹塞利姆的詔書（firman）回到麥加。詔書在麥加廣場和聖寺宣讀，並穿上蘇丹賞賜給沙里夫的榮譽長袍。主麻的呼特巴如今只提到一個名字：歐斯曼蘇丹。

第六章

The Caravans of Precious Gifts

運送貴禮的駱駝隊

歐斯曼的所有禮物每年在特定期間收集起來。負責的官員會到主要城市的各個區域收集大眾捐贈的財物——每一項財物的名稱和捐贈者在見證人面前詳細記錄於特別帳簿。朝聖前三個月的伊曆賴哲卜月（Rajab）第十二天，聖城特別捐駱駝隊從伊斯坦堡出發，展開前往麥加的漫長旅程。

塞利姆一世在一五一七年擊敗瑪穆魯克朝後，在阿勒坡（Aleppo）大清真寺參加主麻禮拜。從此，他管轄麥加的主權獲得廣泛認可。伊瑪目講道時，當著阿巴斯朝最後一任哈里發穆塔瓦基勒三世（al-Mutawakkil III）面前宣布，蘇丹塞利姆一世現在是「兩個聖地（麥加和麥地那）的統治者」。伊瑪目承認歐斯曼帝國實力更強，但特意不提「兩個聖地的守護者」頭銜；這個頭銜屬於瑪穆魯克朝元首。不過，塞利姆一世立刻主動糾正，他說：「我只是兩個聖地的僕人」。❶這個名稱比哈里發、也就是當時各個穆斯林統治者採用的頭銜更重要。❷可是，不論蘇丹的頭銜為何和重要性如何，麥加如今必須仰賴君士坦丁堡（後來改稱伊斯坦堡）提供保護和財務支援，而不是依靠開羅或巴格達。麥加迫切需要保護，不足為奇。塞利姆一世剛從阿勒坡啟程前往開羅時，葡萄牙艦隊進入紅海意圖攻擊吉達和麥加的消息就傳來。麥加民眾乞求援助。

穆斯林世界朝向麥加禮拜，麥加居民的命運則由更廣大世界其他地方發生的事決定。外面更大世界的局勢再度改變。數百年來，權力中心所在地距離麥加越來越遠。宣稱擁有統治權的正當性早就和麥加的族裔及血脈沒有關聯，而是以照顧聖城的責任和統治能力呈現。要有效統治、保護或服務麥加，不只必須協助麥加居民，也要確保朝聖者——麥加生存命脈——旅行路線的安全。正如瑪穆魯克朝以沉重代價學到的，干擾朝聖和威脅麥加是葡萄牙人的目標，因為他們想要獨占印度洋的香料貿易。

葡萄牙人抵達麥加，不但代表穆斯林世界內部局勢改變，也象徵長期發生的全球權力結構徹底變化。紅海是印度洋貿易網的主動脈。自古以來，印度洋海運路線在變化模式固定的季風驅動下，將印度香料、紡織品與其他產品運到阿拉伯和埃及，再經由紅海在中東地區交易，進而運到歐洲。葡萄牙人為了「保障自己的貿易優勢，展開摧毀穆斯林貿易的攻勢」。❸伊斯蘭教沿著貿易路線傳播到印度洋沿岸，而且海運路線帶來朝聖者。葡萄牙人決心攻擊麥加，為歐斯曼帝國帶來艱鉅挑戰，因為歐斯曼不但不熟悉對手帶來的威脅，也對印度洋世界陌生。為了有效服務、保護麥加，歐斯曼積極在軍事、外交、知識方面展開將近半世紀的努力，學會了解所知無幾的穆斯林世界區域並與之往來。在許多方面，歐斯曼這些努力與葡萄牙侵略者的「發現」相互呼應。

葡萄牙人能抵達紅海是經過長時間準備。他們的旅程始於一四一五年奪得摩洛哥的海港休達（Ceuta）。❹他們希望取得傳說中的曼薩・穆薩黃金並運送回國。可是，金礦並非位於摩洛哥境內。西班牙國王不氣餒，特許從事私掠船事業（privateering venture）。私掠船沿著西非海岸尋找黃金以及通往傳說中的印度香料群島的航海路線過程中，年復一年掠奪；他們也尋找可能對穆斯林宰制歐洲經濟和歐斯曼勢力擴張構成後防挑戰的盟友。

葡萄牙人的航海探索和鄰居西班牙一樣，獲得天主教宗以十字軍東征的條件、遣詞用字和協定提供授權並宣告正當性。❺問題在於，兩國的航海人員都缺乏如何到達印度的明確觀念；除了印度擁有什麼的古老傳說，資訊有限。過了將近一世紀，達迦馬（Vasco da Gama）終於在一四九八年率領小型艦隊進入印度洋。他發現的雖然不全然是穆斯林海洋，卻是一個秩序井然的貿易世界，從印尼群島到非洲東岸，各個穆斯林國家、社區和商人生意興隆。從海上前往紅海的朝聖路線是這個系統不可或缺的一部分。到底有多少朝聖者從海路前往紅海，又有多少人跟隨陸路的隊伍前往，還有待研究。海路貿易的範圍和價值相當大，向來不容置疑，伊斯蘭的傳播和渴望進行朝聖的穆斯林人數與日俱增，則仍是灰色地帶。可以確定的是，葡萄牙人出現後，貿易與朝聖路線的防禦引起憂慮。

塞利姆一世研擬保衛麥加的計畫時，從歐洲探險者獲得充分的資訊。塞利姆一世抵達埃及不過幾星期，他轄下一名海軍將領就親自呈上一幅世界地圖，上面記錄葡萄牙和西班牙「發現」的詳細資料。這幅地圖在一五一三年完成，內容備受矚目，作者是皮瑞・雷斯（Piri Reis），又稱哈吉・阿赫梅・穆西丁・皮瑞船長（Captain Hajji Ahmed Muhiddin Piri，大約一四六五至一五五四年）。皮瑞・雷斯是歐斯曼海軍名將克瑪勒・雷斯（Kemal Reis）的姪子，可能生於加里波利（Gallipoli），祖先來自安納托利亞。和所有歐斯曼水手一樣，克瑪勒和皮瑞常被形容為含貶意的有牌海盜（corsair），意指歐斯曼海軍不過是一幫海盜。沒有人比皮瑞・雷斯更能斬釘截鐵證明這種錯誤說法。歐斯曼人相當用心訓練水兵，讓他們學習最新的駕駛和導航技術，而且在蘇丹麥何密二世（一四五一至一四八一年）任內，開始對地圖與地圖繪製產生濃厚興趣。皮瑞・雷斯的世界地圖放在托普卡比皇宮（Topkapi Palace）庫房數百年無人知曉，一九二九年被發現重見天日，引起轟動。這幅地圖是顯示新發現的美洲海岸線的已知最早地圖之一。[6]根據地圖上的註記，美洲的資訊抄錄自哥倫布（Christopher Columbus）的航海圖，皮瑞・雷斯顯然熟稔葡萄牙和西班牙國王授權的探險。他也知道教宗一四九三年調停的托爾德西里亞斯條約（Treaty of Tordesillas）；這項條約將東半球的探索和掠奪權利給葡萄牙，西半球則給西班牙。

皮瑞・雷斯地圖的用意是在同一幅地圖上結合所有已知資訊，並以相同比例呈現整個世界。地圖的製作比較依循歐洲最新繪製慣例，而不是阿拉伯地理學家的方法。不過，這幅地圖最特別之處或許是，對於印度、巴基斯坦東南部和中國，也就是印度洋和更遠的地方，相關資訊來自「四個葡萄牙人繪製的」地圖。[7]圖面上的印度洋部分缺了一塊。歷史學家推測，塞利姆一世親自切割那部分，以利擬定因應麥加最新威脅的計畫。

皮瑞・雷斯的生涯顯示，歐斯曼人承擔起保衛麥加的責任時，已經是地中海的海軍強權。事實證明，他們的印度洋知識大多來自敵人，而不是來自他們擁有的印度洋地區、當地人豐富資訊，以及阿拉伯數百年來擅長的航海能力。皮瑞・雷斯在漫長生涯中似乎常在關鍵時刻出現，參與重大事件，他重新現身在印度洋對抗葡萄牙人之前，在蘇丹贊助下，許多重要的阿拉伯地理學和旅遊文學被翻譯，並收藏在歐斯曼圖書館。皮瑞・雷斯未參與行動時退居加里波利，在那裡完成巨著《海事全書》（*Kitab i Bahriye*），這套書在一五二一年完成初版，一五二五年推出二版。❽它將阿拉伯、西班牙、葡萄牙、中國、印度和更古老的希臘地圖的資訊全面合成後呈現。第一部敘述各種風暴、羅盤使用技巧、利用星星判定方位的方法、海岸線的詳細海圖、主要海洋和周邊陸地的特色。這套書是學術巨作，並非海盜的手札。

葡萄牙人來者不善，每次遭遇穆斯林就針鋒相對。情況很快明朗：他們的計畫包括攻擊麥加、干擾海上的朝聖旅程。葡萄牙文獻許多地方提到「征服」麥加聖寺，和奪取穆罕默德陵墓的野心；文獻內容按照古老傳說，仍然認為先知的陵墓漂浮在麥加城空中。瓦斯科・達迦馬確實有個重大發現，有助推動計畫——航行相關海域的貿易船隻和葡萄牙船不一樣，並沒有武裝。

一五〇二年，達迦馬再度出勤，率領第三支葡萄牙年度艦隊。他對東非海岸課徵黃金稅；他在這裡發現穆斯林領航員，引導他進行以印度為目標的「發現之旅」最後一段航程。他接著擊沉屬於瑪穆魯克朝蘇丹的朝聖者船隻《梅利號》（*Meri*），造成船上三百人全數喪生。瑪穆魯克朝蘇丹阿斯拉夫・康蘇赫・蓋瓦里（Al-Asraf Qansuh al-Gawri，一五〇一至一五一七年在位）不得不回應，開始在蘇伊士（Suez）建造艦隊。問題是，瑪穆魯克人缺乏必要資源，為了在海上有效反擊，他們主要依賴競爭者歐斯曼帝國提供軍事援助和彈藥。歐斯曼人身為地中海霸權，不只使用火藥技術，更是箇中佼佼者。皮瑞・雷斯在運送物資到埃及的代表團中服務，代表團運送紅海艦隊所需的木材和火砲。

紅海艦隊尚未成軍，法蘭斯高・德・阿爾梅達（Francisco de Almeida）以葡萄牙國王的總督身分抵達；葡萄牙國王自稱是「征服衣索比亞、阿拉伯、波斯、印度的航海與商業領主」。當時正逢收復失地運動（Reconquista），也就是終結伊比利半島穆斯林統治的努力，阿爾梅達的成就和這項運動息息相關。他參與一四九二年攻陷格拉納達的戰役。皮瑞・雷斯也參與，因為他就在歐斯曼出動防衛曾經強大的西班牙伍麥亞哈里發政體最後一個前哨站的艦隊中。格拉納達陷落後，皮瑞・雷斯曾兩度返回西班牙，幫忙撤離被西班牙國王驅逐的猶太人和穆斯林，將他們送到安全的歐斯曼領土。

阿爾梅達指揮二十一艘船，任務是在印度洋各個重要地點建立堡壘，更重要的是，阻止穆斯林航行紅海——前往麥加的門戶。[9]他積極執行任務，掠奪東非海岸的城鎮，焚燒蒙巴薩（Mombasa），奪走一千五百條人命，攻擊亞丁，進入紅海航行，然後襲擊阿拉伯半島沿岸港口，砲轟印度的古里（Calicut），並搶奪所有遇到的船隻。印度穆斯林每七年朝貢收集到的金銀給麥加沙里夫，載運金銀的船被他擄獲。一五〇七年，他占領阿拉伯海岸的馬斯喀特（Muscat）。

同一年，蘇伊士艦隊終於準備就緒。與其說艦隊是瑪穆魯克人因應的對策，不如說是所有憂心各方的聯合武力。印度古吉拉特（Gujarat）外海的迪烏島（Diu）已派特使到埃及，建議籌組聯盟對抗入侵者。歐洲與中東貿易優勢受到威脅的威尼斯加入聯盟，一支重要的歐斯曼水兵部隊也加入。艦隊先停靠吉達加強當地防禦工事，接著在印度西岸喬爾港（Chaul）外海突襲葡萄牙人。阿爾梅達的兒子在戰役中喪生。一五〇九年，他在迪烏島外海擊敗瑪穆魯克艦隊復仇。挑戰葡萄牙但失敗的開銷，進一步削弱瑪穆魯克朝。內鬨分裂的瑪穆魯克政權，顯然須依賴其他勢力協助，以履行保護聖城的責任，而他們的優勢地位一去不復返。

阿爾梅達由阿方索・德・阿爾布克爾克（Alfonso de Albuquerque）接替，後者是落實葡萄牙獨霸印度洋大戰略的真正創建者。第一要務是建立艦隊的永久基地。一五一〇年，基地在印度馬拉巴（Malabar）海岸的果亞（Goa）成立。一九六〇年代之前，這個地方一直是葡萄牙據點。葡萄牙人認為，有了印度省（Estado de India）總部，要主宰印度洋，他們只須控制其餘三個關鍵點：馬來半島的麻六甲、波斯灣咽喉的荷姆茲、紅海出口的亞丁。阿爾布克爾克一五一一年首先拿下麻六甲。一五一三年，他包圍亞丁。如果亞丁被葡萄牙掌控，通往麥加的海路將受阻。瑪穆魯克聯軍艦隊和葡軍交戰一整天，只成功解除封鎖；葡軍船隻躲到曼達卜海峽的卡馬蘭島（Kamaran），從當地干擾紅海航運，後來撤退。隔年，阿爾布克爾克不但成功奪得荷姆茲市，也拿下荒涼的荷姆茲島，這個小島後來成為葡萄牙人最賺錢的印度洋貿易據點。他們的主要目標只剩下征服亞丁。葡萄牙每年派艦隊封鎖曼達卜海峽，雖然未能完全封阻所有通過紅海口海峽的海運，麥加向新的歐斯曼君主求助時，並非杞人憂天。

歐斯曼必須建立自己的紅海航線，每年派遣艦隊反制葡萄牙的威脅，而且必須加強印度洋的知識。一五三八年，他們準備好發動大規模攻勢。他們派遣一百艘船和兩萬名水兵，從紅海航行到印度洋。歐斯曼的計畫是聯合印度古吉拉特統治者班德・沙赫（Bandar Shah），大舉攻擊果亞。歐斯曼艦隊抵達時，班德・沙赫已死於葡萄牙人手中，他的繼承人因而放棄和歐洲聯盟。嘗試包圍迪烏島未果之後，歐斯曼艦隊返航。回程途中，他們征服葉門大部分區域並奪得亞丁。葡萄牙人反擊，包圍吉達並干擾紅海海運，後來再度在亞丁建立據點。

十年後，歐斯曼在新的印度洋艦隊司令皮瑞・雷斯率領下，展開第二次大規模攻擊。皮瑞・

雷斯成功奪回亞丁，接著從葡萄牙手中解放馬斯喀特，然後航向波斯灣，打算奪取荷姆茲島。他占領市區，但無法奪下城堡。皮瑞．雷斯轉而攻占卡達半島和巴林。他後來帶領艦隊開往歐斯曼一五三四年兼併的伊拉克，停在巴斯拉。他因為外界完全不清楚的原因丟下艦隊，回到蘇伊士。埃及的總督勃然大怒。不平凡時代的非凡人物、「可能是歐斯曼最傑出的地圖製作者」皮瑞．雷斯如今已經九十歲，遭到公開處決，因為他「在波斯灣面對葡萄牙人時折損船隻」。[10]他的故事和後來的英國海軍上將拜恩（Admiral Byng）類似。[11]拜恩因為沒有勝算，不願帶領艦隊和法國軍艦對陣，遭處決「以儆效尤」；我們只能假設，帝國的運作中存在某種共同的不理性思維。

最可悲的事後諸葛是，皮瑞．雷斯一五四八到一五五二年的征戰在許多方面而言是成功的。那段時期是轉捩點，葡萄牙人放棄獨占所有印度洋貿易，改而比較收斂，變成貿易網的一部分。他們也繼續推動所謂的「簡單保護網」政策，規定船隻必須付錢取得只有葡萄牙才能核發的海上貿易執照（cartaz），以進行貿易和航行，否則將被擊沉。大家可以忍受印度洋這種規定，況且保持貿易和航行順暢符合各方利益。這不代表令人害怕的攻占麥加呼聲終止，或者葡萄牙國會及宗教委員會不再要求遏止穆斯林朝聖。不過，在實務上，新世界的西班牙官員想出一個美妙句子形容這種情況：「我服從，但口是心非」（obdezco pero no cumplo）。印度洋仍有衝突，其他歐洲強國後來也介入分一杯羹，但十六世紀其餘時間出現某種程度的穩定，麥加和海上朝聖航行安全無虞。

由於有海軍，歐斯曼人得以履行保護和服務聖城的責任。他們在這個過程中掌握並融會貫通大量的東方和西方新知識。他們如今是真正的世界強權：在印度洋站穩腳跟，與印度各統治者建立關係，包括後起之秀蒙兀兒帝國（Mughal）；幾乎占領整個北非以及黎凡特（Levant）地區、伊拉克和阿拉伯，勢力近逼維也納，以致歐洲各地心生畏懼。麥加的安全與朝聖者往來交通由他們保障，沒有地方比聖城更能展現他們的實力。歐斯曼在鼎盛時期對麥加出手大方，留下明顯印記。麥加或許一如以往，是呈現穆斯林世界情況的舞台；說得明確一點，是呈現穆斯林主導勢力的舞台。

歐斯曼人抵達後，麥加進入一世紀的和平繁榮時期。麥加似乎沒有內鬨，幾乎是先知穆罕默德逝世後首見。告訴塞利姆一世許多麥加故事的阿布・努梅伊，年僅十九歲就繼承父親巴拉卡特二世，後來被稱為阿布・努梅伊二世（一五二四至一五八四年在位）。在歐斯曼保護下，沙里夫阿布・努梅伊二世統治範圍大幅擴大，往北遠及海巴爾（Khaybar），往南直抵哈里（Hali），往東觸及內志（Najd）地區。「歐斯曼政府」提供麥加優渥福利，並且「支付相當於一萬五千到一萬七千枚金幣的現金，給住在朝聖者隊伍旅行路線附近的貝都因人；不過，相當大比例的金額是以銀幣支付。因此，貝都因人能夠在市區的市集購買某些商品，例如武器和紡織品」。[12]年輕的阿布・努梅伊二世致力改善麥加和當地民眾處境：他興建許多學校、法院、救濟院和朝聖者旅社，並整修聖寺。歐斯曼蘇丹、王室成員、總督、高官、富有商人和熱門基金會爭相出錢，在麥加興建清真寺、噴泉、學校、公共浴室、圖書館和醫院。麥加終於迎頭趕上，擁有穆斯林都市數百年來常見的基礎建設。蘇丹穆罕默德四世（一六四八至一六八七年）之妻蘇丹古樂努絲（Gulnus）在麥加設立保健診所，後來又興建兩間醫院。歷史與文化資產，例如穆罕默德出生的房子，進行整修並受到蘇丹保護。修復舊城牆並在旅行路線沿線興建堡壘，以保護朝聖者。

麥加改頭換面。阿布・努梅伊二世統治六十年，直到高齡八十歲。麥加在他統治期間無比幸福，是恰當的形容。麥加的建築出現明顯風格，開始呈現歐斯曼城市的風貌。連棟透天房屋加蓋陽台，將家庭生活區延伸到街道和前庭，盡量創造長方形空間，以致街道沿途出現懸空房間互爭高下的景象。房子的地基通常採用磚塊和石頭興建；二樓則以木頭、磚塊搭蓋，以抹泥籬笆牆隔間。

市內住家設置花園的例子屢見不鮮。木製格子門窗、古典門面、拱頂和高大精緻的宣禮塔遍布市區。埃及大理石如今被花卉圖案的歐斯曼磁磚取代。麥加強烈反映伊斯坦堡的時尚，現在絕非「荒谷」。

麥加得以迅速發展，不只是因為歐斯曼政府慷慨解囊，也要歸功於特殊制度——聖城特別捐（surre）——的建立。「surre」這個歐斯曼文意指特殊禮物，包括金錢和物品，為了唯一目的而收集：分送給麥加和麥地那的居民及朝聖者。這些財物的捐贈者不只是蘇丹和歐斯曼政要，也包含歐斯曼所有民眾，他們每年捐贈後，趁朝聖期間送到麥加。許多基金會——稱為聖城慈善基金會（Awqaf al-Haramain）——在安納托利亞和其他地區成立，提供資金給麥加的計畫和機構。這些基金會有特定宗旨：有些純粹是為了麥加貧民募款，有些是為了整修宗教地點募捐，有些則是籌錢付薪水給圖書館人員、教師、技術人員、醫生、護士和清潔工。藝匠公會每年會撥出時間為聖城製作特定產品；立誓保護窮人的「青年行善團」閒暇時間大多花在為麥加貧民募款；歐斯曼婦女為聖寺裡的聖陵製作特別的針織布幔。歐斯曼的所有禮物每年在特定期間收集起來。負責的官員會到主要城市的各個區域收集大眾捐贈的財物——每一項財物的名稱和捐贈者在見證人面前詳細記錄於特別帳簿。朝聖前三個月的伊曆賴哲卜月（Rajab）第十二天，聖城特別捐駱駝隊從伊斯坦堡出發，展開前往麥加的漫長旅程。

伊斯坦堡所有人會為駱駝隊送行，目睹隊伍啟程之前舉行的盛大儀式，並享用為這個場合準備的大餐。每項儀式精心策畫進行，由禮賓官員督導。如果不嚴格遵守適當禮儀和規矩，就稱不上歐斯曼人。禮賓首長會宣布捐贈的禮物、產品和金錢。接著，在蘇丹面前清點捐贈的財物；聖城特別捐錢袋和捐贈帳冊會以蘇丹印璽彌封，連同蘇丹給麥加沙里夫的詔書交給特別捐官員。接下來，禮物裝到駱駝背上，駱駝隊在《古蘭經》誦讀聲和讚美先知的歌曲、詩歌中，從托普卡比皇宮啟程前往麥加。隊伍沿途在六十個地點暫停，在賴哲卜月之後的聖月（Ramadan）停在大馬士革。隊伍在每個休息站受到良好照顧和周全保護。抵達麥加後，在另一場隆重儀式中將特別捐錢袋交給沙里夫。

特別捐隊伍除了帶來金錢和禮物，也帶來另一種無價的資源：學者、知識分子、神祕派人士、建築師、工匠。他們到麥加不是為了賺錢，而是要服務這個城市。許多人獲得宗教基金會的補助，以幾乎免費的方式為麥加居民、朝聖者和當局提供服務。確實，有的學者攜帶大量特別捐款項，分發給學生。毫不意外，許多學者，尤其是法學學者，吸引不少從穆斯林世界各地前來的學生，因為這些學生知道，麥加提供優厚待遇給追求知識的學生。聖寺如今不僅是朝聖、禮拜的地點，也具備大學的功能。這裡有訪問學者、學生的宿舍，也有館藏年復一年增加的壯觀圖書館；書籍是特別捐駱駝隊帶來的禮物之一。

麥加本身有許多伊斯蘭學校，它們具備高等教育機構的角色，附設小學、中學和圖書館。麥加最古老伊斯蘭學校的設計者，是偉大的歐斯曼建築師米麥爾．錫南．阿嘉（Mi'mâr Sinân Âğâ，一四八九或一四九〇生，一五八八年七月十七日卒）；他簡稱錫南，是伊斯蘭的米開朗基羅，在十六世紀初蘇丹「大善人」蘇雷曼（一五二〇至一五六六年在位）統治期間設計學校。這所學校其實有四所，因為裡面有四棟建築，每一棟各供伊斯蘭四大法學派之一使用。其他伊斯蘭學校冠上興建者的名字，例如馬魯二世（Murut II）、達烏德（Dawud Pasha），或冠上提供資金的團體、運動的名稱，像是馬赫穆迪亞（Mahmudiya）。這些機構的課程包括研究《古蘭經》、先知穆罕默德生平、邏輯學、數學、醫學、形而上學與自然科學。麥加跟上穆斯林世界的知識文化走向。

伊斯蘭學校的教授通常是各地清真寺信眾的領導者，極受敬重——他們如此受尊崇，因而必須互相較勁以維持聲望：不同學校的教授會在公開辯論中彼此唇槍舌劍。客座教授必須先講一堂課，獲得認可後才能招收學生、與其他教授辯論。他們通常在清真寺授課，教授坐小凳子（教授椅），學生們盤腿席地而坐，面對教授形成一個小弧形。⑬麥加的知名法學學者和法學教授，其中許多是女性，會在城中特定地點進行自己的討論課（halqa，指聽眾在清真寺圍著老師而坐聽講）；他們在這個場合發表法學裁判和伊斯蘭飭令（fatwa）——個別學者對特定議題的法律意見。

被稱為「真主的客人」的族群包括許多神祕主義者，他們到麥加躲避俗世的殘酷現實。他們躲在市內的修道院、收容所和聖陵中，寧可獨處。有些蘇非主義者喜歡在黑暗中冥想，在聖陵或在黑色帷幕底下與他人隔離。神祕主義者及他們經常躲藏的陵墓受民眾敬畏。陵墓的整修和維護得到特別的關心與注意，裡面有許多裝飾並鋪上豪華地毯。特別捐隊伍總是帶來裝飾聖陵用的特定禮物和用品，以及專供維護陵墓和照顧神祕主義者的款項。

很多歐斯曼神祕主義者跟隨詩人和蘇非主義者尤努斯・埃姆萊（Yunus Emre）的腳步⑭；他是歐斯曼文學泰斗，早在歐斯曼控制麥加很久以前的十四世紀初到聖城。據說他徒步沿著駱駝隊路線走到麥加，一路低頭、雙手交叉貼在胸前表示謙卑。尤努斯抵達麥加後寫了一首詩，至今仍在土耳其以聖歌傳唱：

我快速離開羅馬人土地，
成為融化的蠟燭。
讚美主，因為我可以在那裡低下頭，
主的使徒，通往卡巴的路多美好。

啟程的時候，月亮升起，
我誦唱謝恩禱。
跟我走，讓我們一起流浪，
主的使徒，通往卡巴的路多美好。
山頂接近了，
我們渴望喝口水，因為很熱。
死在路邊的人無人哀悼，
主的使者，通往卡巴的路多美好。
群山聳立俯瞰卡巴，
以及讓頓悟源源不絕的泉水。
尤努斯記得關愛而哭泣，
主的使者，通往卡巴的路多美好。15

歐斯曼讓麥加轉型為蓬勃發展的大都會中樞。麥加雖然依賴埃及供應穀物，但市集裡物產豐富，市民生活富足。沙里夫和他的家人獲得吉達稅收的五成，並從蘇丹得到優厚薪俸和養老金，沒有必要對市民課稅造成負擔，況且市民人數遠少於「客人」和外國專業人士和學者。我們相當清楚十六世紀下半葉的麥加人口，因為必須撥款給每個家戶的歐斯曼官員和當地貴族製作了所有居民的清單。清單涵蓋「全部有人住的民宅和所有住在市內的人，但不包括商人和軍人——也就是婦孺和僕人加上成年男性，總數一萬兩千人」。16 朝聖人數也大幅增加，從十三世紀中葉的八萬人左右，增加到十六世紀初的十五萬人。另一方面，歐斯曼親王和公主不斷造訪，他們自然要求隆重禮遇和歡迎儀式。有位公主帶了四百頭駱駝，每頭載著相同的轎子，讓人無法分辨她坐哪一頂轎子。據說她後來自殺，因為她無法擺脫自己不喜歡但死纏不放的追求者。不同種族、階級和宗教派系的人，不分男女，全部在麥加混合，創造充滿活力的多元文化、崇尚知識的社會。

不過，麥加還是有緊張的局面。歐斯曼人堅持介入司法的執行。傳統上，麥加首席法官是麥加主要學派夏非儀派的法官（qadi）。這個職位數百年來由同一家族擔任。現在，首席法官由伊斯坦堡指派，大多數麥加人非常不滿。歐斯曼人嚴守順尼伊斯蘭教義，對什葉派沒有好感。一五〇一年，新登基的薩法維朝（Safavid）沙赫易司馬儀（Shah Ismail，一五〇一至一五二四年在位）自稱是伊朗皇帝，並宣布什葉派信仰是國教。歐斯曼和薩法維朝接下來長期角力，干戈相向與持續的緊張局勢交雜，使得歐斯曼的東向擴張受到限制。外在更廣世界的紛爭，反映在麥加順尼派和什葉派學者、法學家的激烈爭執，彼此指責對方是異說。

後來，歐斯曼有機會讓伊斯蘭兩大派別順尼派和什葉派團結起來化解糾紛。波斯王納迪爾沙赫（Nadir Shah，一七三六至一七四七年在位）在薩法維朝滅亡後掌權，他和歐斯曼蘇丹接洽，提出一個相當開明的建議。納迪爾的軍事才能和「女色」、「飲酒作樂」的喜好同樣出名⓱，他出身歐斯曼部族，敬重歐斯曼人。他雖然是什葉派，卻大力削弱什葉派烏理瑪（ulama，意為學者），作法包括沒收財產、裁撤政府中的神職、廢除宗教法庭的管轄權。⓲納迪爾表示，如果蘇丹讓什葉派和麥加其他學派平起平坐，並同意什葉派成為伊斯蘭第五個學派，他願意承認伊斯坦堡的蘇丹是哈里發。如此一來，蘇丹實際上將變成順尼和什葉兩個族群的哈里發。可惜，歐斯曼拒絕此議，因為他們擔心自己人會轉而信奉什葉派。團結伊斯蘭、終結千百年敵意和可悲戰亂的大好機會因而錯失。

歐斯曼蘇丹們雖然不重視化解順尼和什葉兩派的恩怨，卻無條件投入於改善伊斯蘭最神聖的城市。這被視為慈善之舉，或許是要彌補他們之中沒有任何人曾前往麥加進行朝聖。他們展開許多重大工程；歐斯曼人延續以前的作法，嘗試將聖寺保持在麥加中央。進行任何工程之前，他們費心諮詢當地學者、法學家和重要人物。對於麥加，他們不惜成本，花許多工夫在公關上，以提高哈里發政體的地位，並爭取麥加人和朝聖者的信任、讚美。顯然，在大眾傳播之前的時代，要在整個穆斯林世界面前建立、宣傳威望，麥加是無與倫比的地點。不過，麥加和伊斯坦堡距離遙遠、往來費時，加上缺乏工程師和熟練工人，不容易尋找、運送最適合聖寺的建材，要製作繁複的金銀裝飾曠日費時，而且麥加氣候惡劣，意謂宏偉的工程通常要花費數十年。

一五五七年，麥加再度嚴重缺水，建設麥加的工作變得更艱鉅。朱貝妲公主在八一〇年送給聖城的禮物——綿密輸水道——已經乾涸。沙里夫向蘇丹蘇雷曼（一五二〇至一五六六年在位）請求緊急援助；蘇雷曼是塞利姆一世的兒子和繼承人，不但有「大善人」之稱，也被稱為「法律制定者」。給水工程估計要三萬五千第納爾；蘇雷曼的妹妹堅持由她支付。埃及蘇丹的司庫伊布拉辛・貝伊（Ibrahim Bey）被指派負責督導工程。幾個月後，他帶著四百名瑪穆魯克士兵和一組來自安納托利亞、大馬士革與阿勒坡的工程師抵達麥加，更重要的是，帶來蘇雷曼的妹妹提供的五萬第納爾。工程師決定遠從朱貝妲的井挖水渠。他們剛動工，就遇到一顆幾乎無法切割清除的岩石。他們嘗試燃燒大量燃料將岩石燒毀。雖然費盡千辛萬苦，耗盡麥加和附近地區所有柴火，十年後仍然進展有限。工程師們筋疲力盡，有些工人因為炎熱和勞累而喪生。麥加人大失所望。

蘇雷曼指派穆罕默德・貝伊・阿克馬爾・薩迪（Muhammad Bey Akmal Zadi）擔任新的督導。他向蘇雷曼的妹妹拿到更多資金，但還是失敗，而且在工程中賠上性命。麥加還是沒有多少水，市民開始表達不滿。蘇雷曼命令吉達總督卡西姆・貝伊（Qasim Bey）和麥加的瑪利基學派法官胡山（Hussain）共同接手。卡西姆・貝伊一五七一年死後幾個月，胡山終於完成工程。麥加總算有源源不絕的水，全城大肆慶祝。工程的總費用估計達五十萬七百第納爾，完全由蘇雷曼的妹妹提供，她後來還出資在麥加興建一系列噴泉。

蘇雷曼比較關切擴建聖寺，以容納與日俱增的朝聖者。他下令當時在伊斯坦堡興建壯觀蘇雷曼清真寺的錫南前往麥加，擬定擴建聖寺的計畫。蘇雷曼特別想把拱廊的屋頂改成圓頂。錫南一五五八年完成蘇雷曼清真寺，隔年抵達麥加。他在麥加待了多久不得而知，但他停留得夠久，足以進行補救工程，在水渠興建期間疏通幾條輸水道改善供水，並擬定整修和擴建聖寺的詳細方案。可是，他在安納托利亞有太多工程待完成，尤其是普遍被認為屬於傑作的愛第尼（Edirne）塞利姆清真寺，因此無法全心投注在麥加。他在世時無法落實麥加的計畫。不過，蘇雷曼統治期間，卡巴的天花板變更，聖寺內（稱為馬塔夫「al-Mataf」的區域）地板重鋪，並興建新的高大宣禮塔。蘇雷曼另外送了一座精雕細琢的大理石講壇到聖寺。

錫南的計畫由徒弟賽德夫哈爾・梅赫默德・阿加（Sedefhar Mehmed Aga，一五四〇至一六一七年）實現。阿加和師父一樣優秀與知名，擅長各種藝術形式，也是傑出音樂家。他除了興建伊斯坦堡的藍色清真寺，也建造歐斯曼愛琴海地區馬尼薩（Manisa）的穆拉德三世（Murad III）清真寺，並製作鑲有珠母和龜甲的精緻胡桃木王位，在愛第尼興建橋梁跨越登薩（Tunca）河。他名字中的賽德夫哈爾（珠母工人）是後來添加的頭銜，因為他原本是鑲嵌工匠。阿加一六〇六年十月成為首席御用建築師，是「生前即有完整傳記的少數歐斯曼藝術家之一」[19]，被蘇丹塞利姆二世（一五六六至一五七四年在位）派到麥加。他在塞利姆二世特別指派的技藝純熟埃及建築工人協助下，按照錫南的計畫整修、擴建卡巴的庭院。聖寺十九個大門翻新，但保持原位。他設置新的門，聖寺如今總共有二十六道門：東面五道、西面六道、南面七道、北面八道。門口原有的柱子改成大理石柱，中間增設黃色石柱，以支撐取代木製舊拱門和圓頂的灰泥粉飾石頭拱門和圓頂。總共有八百八十一道拱門支撐環繞聖寺的拱廊，聖寺後方另有較小的拱門。聖寺原本的平坦屋頂如今被四面共一百五十二個小圓頂取代。錫南必定認可某些工程，因為他在一五八三年以九十四歲高齡第二度到麥加進行朝聖。

梅赫默德·阿加完成工程後，塞利姆二世指派一位優秀藝術家負責內部裝潢。他以書法作品與金色圖案裝飾圓頂內部。這位藝術家叫阿布都拉·陸特菲（Abdullah Lutfi）。他完成聖寺裝潢後留在麥加，畫聖地的素描；在這段期間，聖寺的柱子掛上精心設計的漂亮油燈，庭院有椰棗樹造型的燭台。四大學派老師的座位更新，由形狀優雅的歐斯曼亭子（kiosk）取代。禮拜的呼喚如今從「哈里發宣禮塔」開始，其他六座宣禮塔的宣禮員呼應；哈里發宣禮塔是七座塔中最高、最細的一座，有三層歐斯曼風格鮮明的陽台。聖寺現在具有強烈的歐斯曼建築與風格印記。

陸特菲回到伊斯坦堡的時候，塞利姆二世已由穆拉德三世（一五七四至一五九五年在位）取代。在新蘇丹指示下，陸特菲開始把素描轉成令人讚嘆的纖細畫（miniature）。這些畫其實是要呈現穆斯塔法·達里里·艾斯尼（Mustafa Dariri Erzeni）的《先知穆罕默德生平》（*The Life of the Prophet Muhammad*）。艾斯尼是盲眼學者，屬於蘇非道團，一三七〇年左右到麥加。[20]他被麥加人稱為「艾斯倫的瞎子」（the blind man of Erzerum），在麥加有許多追隨者。他的先知傳記在麥加非常有名且被廣為閱讀，具有神祕主義傾向的陸特菲無疑受到他的影響。

陸特菲在數十名藝術家協助下，花了將近二十年才完成作品：八百一十四幅纖細畫，製成六冊，成為第一部以繪畫形式完整呈現先知穆罕默德生平的作品。繪畫風格獨特，相當大膽但個性難以捉摸。景物簡單，人物線條清晰，細節不多。有一幅顯示麥加和阿布．古貝斯山上的卡巴，前景有棟四方形建築，還有騎馬及飛翔的天使。呈現先知出生的畫只有五個人物：新生兒先知被金色雲朵包圍；他的母親坐在右邊，臉遮住，有三名天使服侍。另一幅畫顯示襁褓期的先知由奶媽餵奶（乳頭相當清楚），他的母親和其餘八名婦女坐在旁邊看著他吃奶。先知的臉永遠遮住，但同伴的臉則畫出來。

陸特菲的風格和印度畫家穆西．丁．拉瑞（Muhi Al-Din Lari，一五二六年卒）較早的波斯纖細畫南轅北轍。我們對拉瑞所知不如陸特菲；他為自己的朝聖指南《兩聖地導覽》（*Futuh al-haramayn*）畫插圖。㉑拉瑞和陸特菲形成強烈對比，因為他的畫提供很多細節，「呈現聖寺的空間配置」。㉒例如，他筆下的聖寺顯示，卡巴位於環狀拱廊包圍的中心，還畫出分配給各學派的禮拜地點以及滲滲泉位置；這幅畫以不透明水彩與金粉繪製，廣為人複製。環繞卡巴的門上面刻有名稱。庭院角落有四座宣禮塔，還有幾棟小建築和講壇。園區大門入口通往一個被兩排柱廊圍繞的大庭院，柱子之間懸掛油燈。拉瑞顯然運用個人在麥加的經驗繪畫，「精心表現建築細節，並採用鮮豔顏色讓場景生動」。㉓

拉瑞和陸特菲影響後世許多藝術家；他們的作品被同時期與後世藝術家抄襲，直到十九世紀。我們在關於伊斯蘭藝術和朝聖書籍中看到的古典插畫，不是出自他們之手，就是受到他們啟發。然而，沒有任何人以文字介紹這兩位開創性藝術家。

蘇丹穆拉德三世未能活到目睹陸特菲的建設大功告成，他去世後幾天，工程在一五九五年一月十六日完成。沙里夫阿布．努梅伊二世也未能見到聖寺擴建後的新模樣。他一五八四年因公到內志時去世，當地距離麥加大約十天路程。由於麥加在阿布．努梅伊二世統治期間脫胎換骨，難怪麥加人景仰他。他的遺體從內志運回麥加，全城人為他送終。出殯隊伍從一側進城時，婦女哭聲迴盪山谷，原本在葉門工作的新任沙里夫從另一側進入。

阿布．努梅伊二世過世後，由兒子哈珊．伊本．阿比．努梅伊（Hassan ibn Abi Nomay）繼承。沙里夫哈珊掌權時五十九歲，他延續父親的作風，但花相當多時間在熱愛的詩歌上。他在位期間，詩歌蓬勃發展，聖城充滿音樂和文化氣息。他興建一座特別的宮殿，名為「快樂宮」（House of Happiness），詩人、音樂家和其他藝術家可在那裡展現技能。他似乎認為，文化和都市息息相關，覺得游牧民族和住在沙漠的人沒教養。因此，據說他對貝都因人嚴厲，甚至獨裁。後來，麥加人認為他是最後一位有頭腦、有才能的統治者，他在位期間是麥加「黃金時期」。想當然耳，麥加接下來四十年過得愉快、繁榮。哈珊一六〇二年去世，他的兒子伊德瑞斯（Idris），又稱阿布．阿翁（Abu Aun）在無人異議情況下被推舉為繼承人。阿布．阿翁決定和兄弟、姪子一起統治。雖然現在有三名統治者，麥加仍然政治穩定。阿布．阿翁一六二四年去世幾年後，情勢急轉直下。

一連串發生的事件起初相當平凡。蘇丹指派阿賀馬得總督（Ahmad Pasha）擔任新的葉門首長。阿賀馬得在傳統的盛大儀式中抵達吉達。不幸的是，他的其中一艘船在港口附近深水區沉沒，而他的大部分私人物品遺留在船上。在麥加，阿布．阿翁的姪子莫赫辛（Mohsin）成為沙里夫。阿賀馬得送信給莫赫辛，要求派兩名潛水夫打撈他的行李。潛水夫確實抵達，但連續嘗試好幾天仍一無所獲。阿賀馬得開始起疑，最後認定，未到吉達迎接他的莫赫辛必定指示潛水夫不必努力尋找。阿賀馬得的看法受到工於心計、懷抱野心的莫赫辛親戚阿赫瑪德．伊本．塔里布（Ahmad ibn Talib）影響。阿賀馬得逮捕、處死莫赫辛的使者，並提撥資金和部隊給阿赫瑪德，要他到麥加接掌權力。

可是，阿赫瑪德尚未到達麥加，阿賀馬得已一命嗚呼，死因可能是他處死的使者家屬下毒。阿赫瑪德趁機掌控所有駐紮在葉門的歐斯曼部隊，在大軍護送下前往麥加。阿赫瑪德和部隊接近麥加的時候，莫赫辛準備戰鬥。不過，已經過慣好日子的麥加人說服他避免兵戎相見，沙里夫莫赫辛只好退位。阿赫瑪德意氣風發地進城。24

沙里夫阿赫瑪德的統治只持續兩年。他進入聖城後第一項行動是逮捕、處死宿怨已久的麥加穆夫提（mufti，伊斯蘭最高法官）。他指控穆夫提阻擋他和一位公主的婚事，而且在她嫁給另一名男子時誹謗他——說他是魔鬼化身。此外，阿赫瑪德的兄弟過世時，穆夫提穿白衣而不是黑衣致唁。如果這樣還不夠，穆夫提發表對他不利的法學裁決，這份裁決的謄本在莫赫辛宮殿中的坐墊底下發現。

穆夫提或許所言不差。愛戴法官的麥加人對他被處死感到震驚。他們鄙視新的沙里夫阿赫瑪德，認為他簡直是魔鬼。麥加人祕密傳訊給伊斯坦堡的蘇丹，開始擁護可能的繼任人選。不久，新的葉門首長坤索瓦總督（Qunsowa Pasha）上任。他在一六三〇年抵達吉達，並宣布要參訪聖寺。坤索瓦和所屬部隊接近麥加，阿赫瑪德出城相迎。阿赫瑪德和隨從受到熱情禮遇，並獲邀檢閱護送坤索瓦的士兵和水兵。部隊在帳篷前列隊，阿赫瑪德檢閱時有軍樂隊演奏。坤索瓦隨後邀請阿赫瑪德到他的帳篷下棋。兩人一直下棋到日落。棋局結束後，坤索瓦離座。一群歐斯曼水兵進入帳篷，悄悄掐死阿赫瑪德。坤索瓦要阿赫瑪德的隨從返回麥加，把消息傳出去。25

接下來幾年，麥加出現相當單調的現象：沙里夫家族成員互相爭奪權柄。統治者一個換過一個，沒有人在位超過一年，即使獲得歐斯曼官員撐腰。在同期間，麥加面臨迫切問題。聖寺重新設計、整修、擴建、美化的同時，園區裡最重要的物品——卡巴——大致保持原狀。從蘇丹塞利姆時期、也就是十六世紀初開始，卡巴面臨解體的情況很明顯。修修補補行不通；它需要整個改建。麥加的順尼伊斯蘭四大法學派法官（qadi）和伊斯坦堡的伊斯蘭大長老（Sheikh al-Islam，是蘇丹的「伊斯蘭事務總顧問」，身分為「國師」，是全國位階最高的宗教學者）都認為必須改建。麥加人支持高階法官的看法，贊成卡巴改建工程不能拖下去。不過，有一個嚴重問題：麥加的什葉派伊瑪目宣布，拆除卡巴違反教規。唯有倒塌，卡巴才能重建。爭議持續好幾年，幾乎拖了一、二十年。這件事終於在一六二九年由真主解決。當時下著傾盆大雨，卡巴淹水，東面和北面的牆傾倒，屋頂塌落。大約五百名麥加民眾喪生。即使如此，仍不足以讓什葉派伊瑪目改變心意。第二次洪災導致更大破壞之後，整個卡巴搖搖欲墜。伊瑪目終於同意拆除；各方一致同意拆掉卡巴殘存部分。開挖作業在麥加人密切觀察下進行，直到挖到亞伯拉罕的地基。大家決定在這些地基上興建新的卡巴，利用伊本．祖拜爾時期留存下來的大部分石材興建。

蘇丹穆拉德四世（一六二三至一六四〇年在位）派自己的管家督導重建工程。管家是高加索出身的虔誠男子，害怕麥加人。他深信麥加人會挑他毛病，因此下任何命令之前都會禮拜很久。來自伊斯坦堡、安卡拉和其他歐斯曼城市的建築師提供輔佐。黑石由一位印度建築師專門負責安放。一如先前的卡巴重建——先知穆罕默德和伊本．祖拜爾時期——整個城的人參與工程。四大法學派領袖、什葉派伊瑪目和他的屬下、法學家和法官、大小官員、市民和訪客、男人和女人以及兒童，全部輪流尋找並運送石頭。施工期間，他們經常誦念《古蘭經》。

在卡巴內部，舊的柱子拉直，塗上添加番紅花和阿拉伯膠的防護塗料，然後貼上金箔。蘇丹蘇雷曼贈送的銀門重新安裝。蘇雷曼的另一個禮物——雕工精緻的木製講壇，擺放到定位。一個伊斯坦堡贈送的新筧嘴安裝在卡巴屋頂，上面鑲有藍色琺瑯文字。印度贈送一組銀色活動樓梯，以利人員爬過卡巴的門。整座卡巴覆蓋兩層吉斯瓦，一紅一黑。最後，庭院的沙子洗淨。天房——亞伯拉罕和穆罕默德信仰的主要象徵，如今大功告成——重建後可使用千百年。[26]

麥加由札伊德．伊本．穆赫辛（Zaid ibn Muhsin，一六三一至一六六六年在位）統治；他雖然年僅二十五歲，卻已在多場戰役證明身手。他相當狡猾，行事少有顧忌，在漢志南部貝都因部族之間長大，並在那裡鍛鍊出勇氣和自信。火器已出現在漢志，札伊德是率先使用的麥加沙里夫。他軍隊手中的新武器無往不利，他因而能夠征服麥加市內和附近交戰的大部分部族和氏族，恢復些許和平。然而，麥加過去數十年面對的政治和宗教糾紛，與現在發生的事比起來小巫見大巫。

坤索瓦總督解決沙里夫阿赫瑪德之後，接著轉往葉門。不過，他在那裡的軍事行動一敗塗地，決定從水路返回埃及，欠缺紀律的部隊則由陸路回去。坤索瓦部隊兩名將領馬赫默德（Mahmoud）和阿里．貝伊（Ali Bey）送信給札伊德，要求返回埃及途中在麥加停留。兩人宣稱，必須先休息恢復身心疲勞，才能繼續勞累的旅程。札伊德舉棋不定。他召集麥加人，聽大家的意見。民眾的共識是，不能相信那兩位將軍。他們或許表面有禮，看似和善、舉止無可挑剔，接著卻悄悄掐死沙里夫——正如以前一位沙里夫的例子——或者，直接占領麥加。那是支問題重重的戰敗軍隊。札伊德認同民眾看法。他拒絕讓將軍們進城。他也下令將麥加到軍隊紮營處昆費哈（Qunfidha）沿途水井加滿水。

將軍們對他不好客之舉感到不滿，認為形同宣戰。他們決定強行進入麥加。札伊德召集自己的部隊，並向吉達的歐斯曼總督求援，總督急派援軍。一六三一年三月十八日朝陽升起時，札伊德和馬赫默德、阿里．貝伊將軍的部隊相遇，地點就在麥加城外的瓦迪阿巴（Wadi al-Abar）。接下來發生麥加近代史上最慘烈的戰役。超過五百名麥加士兵陣亡，包括多名沙里夫的家人和氏族成員。吉達總督也勞累致死。沒有幾個人活下來；甚至連遠遠看熱鬧的民眾也有幾人送命。札伊德獨自設法逃到麥地那。馬赫默德和阿里・貝伊意氣風發地進城，麥加如今任他們宰割。

接下來是浩劫。將軍們的部隊殺死任何有能力作對的人，查扣食物並掠奪整座城。婦女和男童遭到強暴。有錢人遭到刑求，被逼說出財物藏匿處。姦淫擄掠持續一星期。士兵們搶完麥加之後，目標轉向吉達，在那裡重施故技。附近部族看到麥加變得沒有法紀、沒有政府，趁機重新幹起攻擊、搶奪朝聖隊伍的勾當。麥加深陷絕望。

札伊德在麥地那嘗試重整旗鼓，研擬挽救麥加的計畫。他向埃及與伊斯坦堡的穆拉德四世緊急求助。穆拉德四世迅速行動，派遣七名將軍相助，每人率領大軍，另外送一件榮譽法袍給札伊德。穆拉德四世的部隊幾星期就抵達麥地那，札伊德在先知清真寺獲頒象徵性法袍，代表他擁有統治麥加的合法地位。札伊德跟著部隊討伐搶奪麥加的叛軍。

馬赫默德和阿里・貝伊聽到大軍朝他們而來，跟著所屬部隊逃亡。穆拉德四世的大軍一直追到內志邊界，將他們擊潰。不過，兩位將軍躲到一座城堡。馬赫默德和阿里・貝伊派人送信說，如果放他們生路，他們願意投降。兵不血刃順利重返麥加的札伊德召開戰爭會議。麥加居民、歐斯曼士兵、麥加學者和法學家齊聚聖寺，討論掠奪、侵犯聖城的叛軍命運。札伊德主張赦免兩位將軍，尤其是阿里・貝伊。原來，麥加遭到劫掠期間，阿里・貝伊尊重沙里夫氏族的婦女。他用心保護札伊德家的女性不受士兵侵犯，還每天探視，問她們是否需要任何東西。可是，與會者要求報仇，懲罰兩人。經過激烈辯論，會議決定：如果阿里・貝伊逮捕馬赫默德送到麥加，可以獲得赦免。阿里・貝伊果然把馬赫默德押到麥加，獲准回到埃及。

馬赫默德「遭到毆打凌虐，並裸體遊街示眾；他仰臥綁在駱駝背上，頭朝駱駝尾巴以加重羞辱，由駱駝載著走過麥加街道。」㉗羞辱完畢，他在城門外被釘上十字架。掛在十字架上時，麥加人割開他的手臂和肩膀，並把浸過油的布條塞進傷口點燃。一、兩天後，他從十字架被解下來，抬到公墓，當時的他右手和左腳掌被釘在墳旁的柱子上。他痛得不斷哀嚎，詛咒麥加和當地民眾，並咒罵沙里夫和學者們。兩天後，他終於斷氣。

另一方面，學者和法學家組成的法庭進行審判，對象是一群和叛軍合作的麥加人，以及企圖奪權的沙里夫氏族成員。每個人的審理結束後，學者們發表判決——結果永遠相同：真主的判決。判決宣布後，犯人立刻以大刀處決，斬下的首級懸掛示眾。

報復的渴望終於獲得滿足，政治穩定恢復。麥加享有幾年的安定繁榮，直到穆拉德四世要求札伊德做一件事。穆拉德四世說，什葉派的麻煩特別多：他們「領走麥加所有補助的三分之一」㉘，延宕重建卡巴的重要工作數十年，而且波斯的什葉派無意臣服中央政府。因此，札伊德能否將什葉派異端分子逐出聖城，並禁止他們以後進行朝聖？

札伊德對這個命令不以為然。他和麥加上層階級都不想驅逐什葉派，因為他們大多是麥加非常重要的熟練專業人士。什葉派朝聖者帶來錢財和貨物——麥加永遠不夠的資源。而且，將什葉派逐出麥加，將使該地區不守規矩的部族有藉口搶奪富有的波斯人。不過，札伊德無法公開和穆拉德四世唱反調。公開作對不但會觸怒穆拉德四世，還可能使札伊德和麥加人被貼上異端的標籤。札伊德覺得自己不能不接受穆拉德四世的命令，但可以採取經典的「虛與委蛇」策略。歐斯曼帝國的麥加總督剛下令什葉派離開，札伊德就偷偷允許他們留在麥加並參與朝聖。

穆拉德四世指派一名歐斯曼官員擔任聖域巡撫，造成關係更加惡化。札伊德怒不可遏，他認為，此舉顯然代表歐斯曼帝國想加強控制麥加。他比以往更加決意維持自己在麥加和周邊地區的權威，因此暗地展開行動對付漢志地區的歐斯曼官員。在他主使下，歐斯曼帝國的吉達巡撫穆斯塔法・貝格（Mustafa Beg）遭到貝都因人謀殺。有人懷疑，麥地那的歐斯曼法官被謀害，也是他幕後安排。穆斯塔法・貝格從塔伊夫前往吉達時，被迫獨自通過狹窄山谷且和隨從分散。一名貝都因人從山上朝他衝下來，以餵毒的匕首刺傷他。穆斯塔法・貝格三小時內斷氣。法官前往清真寺進行宵禮途中遭到暗算。他和同伴騎馬經過財政司時，一名貝都因人從暗處竄出，持劍砍殺他後逃逸。奄奄一息的法官，趴在馬背上騎到先知的清真寺，馬兒一直走到第四任哈里發歐斯曼的禮拜壁龕，禮拜的信眾看了大驚失色，將他的遺體抬下馬。

對於歐斯曼的麥加巡撫，札伊德必定有類似的計畫。不過，選擇在伊斯坦堡而非漢志再度下手，事實證明相當有利。穆拉德四世指派阿比西尼亞人巴希爾大臣（Bashir Agha）擔任麥加巡撫，並授與他極大的權力。札伊德知道，如果讓巡撫上任，他自己的權威和自主能力將形同虛設。聽命於阿比西尼亞人，即使他是歐斯曼官員，也讓札伊德不是滋味。因此，巴希爾大臣抵達揚布俄港（Yanbu）時，札伊德並未前往迎接。他派遣副手去迎接，並授與另一項任務：摸清楚巡撫部隊的規模和武器。札伊德的副手蒐集到必要的情報，但也獲得一項重大消息：巴希爾大臣剛收到伊斯坦堡通知穆拉德四世去世的信函，而他想隱瞞消息。札伊德獲報後變得更大膽，決定不宴請巡撫洗塵，或為巡撫及隨從安排特別的住處。巴希爾大臣接近麥加的時候，札伊德出城相迎。兩人並騎往聖城前進，但札伊德不斷策馬，因此一直領先些許。他們抵達麥加城門時，札伊德轉身面對巴希爾大臣，喊道：「願蘇丹安息。」巴希爾大臣立刻明白，札伊德已經知道穆拉德四世過世，他自己的巡撫職位跟著斷送。

札伊德繼續統治麥加四分之一世紀。他的主要功業是阻止歐斯曼人干涉麥加與漢志地區的事務；他小時候在貝都因部族長大，因而對他們有影響力且獲得信任，有助於他管控漢志。他是新的沙里夫世襲族裔札伊德家族的始祖，接下來三個世紀，他們家族和巴拉卡特．伊本．哈珊十五世紀中葉開創的巴拉卡特家族互相角力。

札伊德在一六六六年去世。一如往例，他的兒子們爭奪繼承權。兩名主要競爭者——薩德（Saad）和哈姆德（Hamud）——開始攻擊對方的房子。兩人的支持者徒手搏鬥，並在市集與聖寺附近發生幾起小衝突。三天後，薩德占上風，主因是他得到哈里發的支持與認可。沙里夫薩德身高普通，膚色棕黃，鬍鬚稀疏，民眾認為他為人慷慨，但他其實非常無情。他將兄弟哈姆德逼出聖城，不過，哈姆德未被打敗，且不願放棄爭奪麥加統治權。哈姆德開始搶奪駱駝商隊，一有機會就恫嚇麥加人。他的手下會在夜間潛入麥加搶劫、綁架民眾。恐怖主義成為麥加常態，持續三年。

麥加的問題不僅如此。一個永恆的都市並不能自外於歷史。穆斯林世界的繁榮被全球局勢變化削弱，最後自主權也受影響。一六〇〇年，兩個新勢力進入印度洋：荷蘭及英國的東印度公司。他們挑戰葡萄牙對直航歐洲海運路線的獨家控制權。兩家公司的組織架構、功能與以前的組織大相逕庭。十七世紀期間，他們對全球貿易結構的影響與日俱增。海上貿易逐漸侵蝕陸路貿易商隊的經濟實力，將商隊帶來的收入從傳統受益者轉移，並使商品分銷模式出現微妙轉變。即便是經由印度洋海路前往麥加的朝聖者，也日漸可能搭乘英國、荷蘭、法國或丹麥的船隻。此外，皮瑞．雷斯在大西洋發現的新陸地，帶來源源不絕的白銀，這些財富利中藏弊。西班牙人一五四五年碰巧在現今玻利維亞境內的波托西（Potosí）發現一座銀礦礦山。新世界每年運來的金銀逐漸充斥世界經濟。歐斯曼帝國第納爾的價值隨之貶損。幾個戰線經常爆發戰事，吞噬帝國的活力與財力。歐斯曼帝國一五二九年包圍維也納，達到勢力與擴張的巔峰；一六八三年，在維也納之役被擊退。漫長而緩慢的蕭條過程展開，為整個穆斯林世界帶來可怕後果。

麥加的生活跟著歷史潮流變動，貿易商隊變得稀有。麥加一六六七年陷入嚴重饑荒。市場空蕩蕩，民眾開始變賣財產買食物。民眾用鷹嘴豆和蠶豆製作麵包。無計可施的窮人為了尋找食物，襲擊有錢人的房子。有人吃貓狗、蝙蝠、老鼠——任何可以果腹的。沒多久，完全沒有可吃的東西，路邊開始出現餓死的人。沙里夫薩德緊急向蘇丹求助。最後，在朝聖季節來臨前不久，十艘船滿載穀物從埃及抵達，麥加人鬆了一口氣。

在歷史走勢的衝擊下，麥加不只經濟和政治命運受到重創，知識和文明的命運也跟著起伏。民眾認為，麥加的困境反映在天象。一六六八年六月某天早上，日出兩小時後，一道從太陽方向射出的強光出現在天空。這道藍、黃、紅夾雜的「強光延伸到西方，看到的人無不暫時失明」。[29]大多數麥加人覺得這是壞兆頭：是明顯的跡象，是真主將懲罰聖城叛亂與紛爭（fitna）的警告。比較有知識的麥加人知道，那個飛過天際的訪客是彗星。有識之士中，最有名的是摩爾族（Moorish）天文學家穆罕默德・伊本・蘇萊曼・馬格利比（Muhammad ibn Sulaiman Maghribi）。西班牙國王腓力三世（King Philip III）一六一四年驅逐穆斯林，他是最後一批被逐者之一。被逐出安達魯西亞的穆斯林大多棲身摩洛哥，或是遷徙到歐斯曼帝國轄下的阿爾及利亞、突尼西亞。馬格利比選擇到麥加，並花時間在聖寺庭院設置日晷。彗星出現當天，馬格利比剛好啟用日晷。未受教育、無知的麥加人自然而然把兩件事連結在一起。想要拆除日晷的運動一夕之間出現，一群麥加人要求沙里夫拆除日晷、驅逐馬格利比。沙里夫和法官商量，兩人達成移除日晷的共識。馬格利比向伊斯坦堡的伊斯蘭大長老、也就是首席穆斯林學者申訴。伊斯蘭大長老裁定，天文學是必要的科學，日晷是重要且不可或缺的設備。日晷重新設置，但為期不久。[30]

麥加還有一個名人：艾維亞・瑟勒比（Evliya Celebi），學識、修養極佳的歐斯曼旅行家。《古蘭經》有句話說，「天上和地上都有跡可循」❸❶，「對於相信主並四處旅行見證祂如何創造生命的人」❸❷，這句話激勵瑟勒比走遍安納托利亞、敘利亞、高加索、亞塞拜然、亞美尼亞，也走訪伊拉克、伊朗、俄羅斯，並探訪希臘、匈牙利、奧地利、克里米亞，他的全球探索以麥加朝聖告一段落。他表示，在麥加看到民眾否定、忽視知識而變得無知、消極，感到心痛。他的旅遊經歷收錄在十冊的《遊記》（*Seyahatname*）。❸❸

瑟勒比發現，大部分麥加男人不善交際，無知又高傲。「他們交易時言談粗魯，以傳統方式交談」，他寫道。「他們技藝水準有限，沒有太多能力負荷重物；他們大多是商人，另有一個階層依賴蘇丹施捨過日子」。❸❹他們一天大部分時間無所事事，穿上好衣服，鬍子和腳染色，「從一家咖啡館逛到另一家，接著一手拿咖啡杯、一手拿餅乾走回家，躺在床上一邊喝咖啡、一邊吃餅乾，吃喝到一半睡著了」。另一方面，麥加女人「以美貌和優雅聞名；擁有天仙臉孔、天使外貌，有如滿月或花園裡的孔雀；走路有如碎步的鷓鴣」。不過，她們也「行動緩慢、笨重」，更遑論懶散，而且「從不做任何工作，不洗衣、紡紗或掃地」。瑟勒比寫得和伊本・巴圖塔一樣，指麥加女人大量灑香水：「如果有個女性經過神職人員的身旁，他的腦袋會瀰漫麝香、龍涎的香味」。麥加也有許多「衣索比亞奴隸女孩，她們其實是歌女，歌聲讓人神魂蕩漾。有的在咖啡館當眾跳舞。她們都穿淺藍色絲襪和藍色拖鞋」。❸❺瑟勒比認為，整體而言，麥加人「非常奢侈」、「學習的意願不高」——城裡沒有醫生——除了到處閒晃，他們最喜歡的休閒活動是打架。

毫不意外，當時的伊斯坦堡蘇丹穆罕默德四世（一六四八至一六八七年在位）對麥加的爭鬥和亂象以及麥加人生活方式感到震怒。他在一六六九年指派信任的將領哈山（Hassan Pasha）讓聖城恢復些許政治穩定。哈山以朝聖隊伍領隊身分出發，但他尚未抵達麥加，聖城就謠傳他要罷黜沙里夫，將漢志地區納入蘇丹控制範圍。這個謠言是故意散播的——從麥地那開始——而麥地那巴不得有這種消息。沙里夫薩德和家人決定死守麥加，甚至不願出城到阿拉法特和穆納進行必要的朝聖儀式。哈山受到鄙視；生意人不賣東西給他的屬下，麥加在他抵達時關上城門。相較之下，哈山非常有禮，他要求召開會議，以便公開宣示，他到麥加不是要罷黜沙里夫，藉此破除謠言。

麥加人對哈山置之不理好幾天，因為波斯沙赫（Shah，意為君王）的駱駝隊抵達讓他們欣喜。隊伍帶來的大量財寶分發給沙里夫家族、他的軍隊、護衛隊，以及少數特定麥加民眾。薩德心情變好，因此出城觀看穆納的擲石儀式。三天儀式順利進行，但接著出事。哈山四處訪查，捲入糾紛，爆發衝突。哈山受了傷，被部下帶到安全地點。薩德立刻返回麥加，下令準備打仗。朝聖繼續進行。必要的儀式完成後，哈山和所有朝聖者進入麥加，進行象徵朝聖結束的繞行卡巴儀式。朝聖者獲准進入聖寺，但聖寺的大門後來關閉。瑟勒比目睹接下來的過程：

> 沙里夫的侍從此時已登上古貝斯山，沙里夫同時派神射手占據聖寺七座宣禮塔，後者朝被包圍的朝聖者、隨行部隊與附近神學院的人開火，在聖寺範圍內打傷七百人、打死兩百人。聖寺從未發生如此血腥的大屠殺，即便是伊本．祖拜爾時代……戰鬥持續一晝夜……聖寺庭院屍體堆積如山，哈山中彈，朝聖者和部隊的財物遭到洗劫。㊱

朝聖者和部隊終於離開麥加後，回程途中受到哈姆德和他的手下攻擊。許多人被長矛刺死，其他人死於刀劍。哈山在加薩附近傷重不治。

麥加發生屠殺的消息傳到伊斯坦堡，蘇丹震怒。他立刻出動親自挑選的兩千名精兵，另外分別從埃及和敘利亞派遣三千名部隊。大軍由胡笙大人（Hussain Pasha）率領，與朝聖隊伍一同出發，在距離麥加不遠的法赫谷（Wadi Fah）紮營。麥加所有上流人士——學者、主要商人、沙里夫氏族重要成員——出城向胡笙致敬。每個人獲得豐富禮物。有個人大剌剌缺席：沙里夫薩德。大家知道，胡笙這次來是奉命解決薩德。

進入麥加後，胡笙進行宗教儀式，然後直接會晤薩德。兩人互相恭維並交換禮物，胡笙邀請薩德翌日上午回訪，因為蘇丹要送他榮譽袍並頒詔書。薩德到達指定地點後，再度受到稱讚和餽贈。他的職位獲得確認，所有人在盛大排場中前往穆納和阿拉法特。麥加所有民眾出城參與持續進行四天的慶祝活動。

朝聖活動一結束，胡笙開始動手。他占據阿拉法特的水源，並在所有通往麥加的道路部署軍隊。薩德自知前途如何，選擇拋棄所有財產逃亡。胡笙和所有朝聖者進城，然後召開公開會議。所有麥加人出席，胡笙要他們推選新的沙里夫。民眾討論熱烈，但胡笙傾向採納麥加最有學問的人：摩爾族天文學家馬格利比的意見。兩人彼此認識。被稱為「摩爾人穆罕默德」的馬格利比因為厭惡麥加人，先前離開聖城，在伊斯坦堡擔任總督的教師。他在歐斯曼首都為帝國官員教授天文學，並為胡笙上課。他以顧問和導師身分隨著胡笙返回麥加。

馬格利比建議，巴拉卡特·伊本·穆罕默德（Barakat ibn Muhammad）應該被任命為新的麥加統治者；他是巴拉卡特二世的曾孫，操守和學識出名。胡笙聽從他的建議。不過，光以正直、有學問的統治者取代腐敗、殘忍的統治者，安達魯西亞天文學者出身的馬格利比並不滿意。他建議，麥加應該進行某些改革；教育機構的課程應該重新引進數學和天文學；當地應該有適當的會計機制，尤其是宗教布施作業單位；苦修派（Dervish）學院中的擊鼓、舞蹈、星相占卜，以及聖陵內與麥加特定區域的逾矩行徑，應該禁止；服裝不整、香水味濃而且半夜獨自在市區內遊蕩的女性應加以勸阻。

巴拉卡特・伊本・穆罕默德是個明智和能幹的統治者，因為馬格利比隨侍身旁，隨時提供知識和智慧建言。他在位十一年期間，麥加恢復和平。可是，想當然耳，他一六八二年去世後，隨即爆發動亂。兒子薩伊德（Said）繼承後，成功瓦解幾次家庭成員策畫的叛變。麥加人受夠了數學和天文學，巴不得恢復星相占卜、擊鼓作樂、在聖陵黑暗角落幽會。他們開始把中傷馬格利比的謠言傳給蘇丹。此時，馬格利比在伊斯坦堡的朋友已大多流失。蘇丹命令沙里夫薩伊德將馬格利比放逐到耶路撒冷。薩伊德嘗試隱瞞、延後執行命令，但迫不及待趕走馬格利比的麥加人發現詔書，堅持立刻執行命令。薩伊德被迫落實驅逐令。一年後，薩伊德因為看不慣支持者和城市居民的行徑，加上無力處理無政府狀態和混亂，放棄心愛的麥加，遷到大馬士革。

戰亂接著出現。巴拉卡特和札伊德兩個家族大打出手，導致數不清的流血事件。接下來幾百年，眾多沙里夫來來去去。沒幾位沙里夫能掌權超過四、五年。伊斯坦堡的蘇丹們如今認定，幾乎不可能控制交戰的部族，以及麥加目無法紀的貝都因人。他們最好的對策是讓當地人繼續專注於晦澀難懂的儀式。十八世紀伊始，蘇丹勒令正式慶祝先知穆罕默德的生日。在指定的日子，遊行隊伍在聖寺庭院集合。昏禮之後，隊伍離開卡巴，信眾手持蠟燭和布條，走向聖誕清真寺（Mosque of Nativity）；這座清真寺建於一五四七年，位於傳說中的先知誕生地點。信眾會在聖誕清真寺唱詩歌和聖歌讚美先知。儀式在夜間的獨唱詩歌聲中結束。群眾隨著歌聲左搖右擺，歌唱者開始唱：

伊曆三月（Rabi al-Awwal）十二日的夜晚，
穆罕默德之母阿米娜……

歌唱者唱到敘述先知誕生時辰的段落時，越來越激動，最後在狂喜狀態下與群眾合唱：

讚美你，皎潔的月，讚美你！
讚美你，被遺棄者的救星！
真主賜福穆罕默德，窮人的先知！㊲

不過，這種儀式只能為麥加人帶來短暫的解脫。當地經濟每況愈下。政治動盪經常導致麥加遭到劫掠，使民眾遭到騷擾、攻擊與謀害。麥加向來呼之欲出的種族主義和仇外心態此時浮上檯面，麥加人對付被認為是外來的人。麥加貴族說服沙里夫阿布迪拉・賓・薩伊德（Abdilla bin Said，一七二三至一七三三年在位）驅逐所有住在當地的外國人。麥加人聲稱，他們搶走工作和政府職位。其實，外國人受僱擔任店員、公務員、抄書吏、行政主管、教師和醫師——麥加人沒資格或不願意做這些工作。阿布迪拉下令所有外國人離境。大多數摩洛哥人和埃及人走了。印度人、波斯人、烏茲別克人比較不願意離開，但最後還是被趕走。只有少數歐斯曼人因為被蘇丹派任負責管理駱駝商隊而留下來。阿布迪拉接著發布更多命令：公共場所禁止吸菸，並且在宗教學者堅持下，所有菸草店和咖啡館關門。麥加的活動戛然而止，隨即變成鬼城。

沙里夫如今控制權有限。唯有歐斯曼部隊派駐麥加當沙里夫後盾，秩序才可能恢復。一七七〇年七月十二日，巴拉卡特家族的阿布都拉·伊本·胡笙成為沙里夫，札伊德家族的候選人落敗。可是，沙里夫胡笙只能在歐斯曼部隊支持他的期間掌權。歐斯曼部隊一離開，札伊德家族候選人阿赫瑪德·伊本·薩伊德（Ahmad ibn Said）就在當地貝都因族支援下攻擊麥加。他苦戰後攻進麥加，下令焚燒巴拉卡特家族所有房屋。麥加遭到洗劫，市民幾乎沒得吃，因此出現饑荒。少數巴拉卡特家族成員逃到吉達，獲得阿赫瑪德的代理人尤席夫·卡畢勒（Yusif Al Qabil）的保護。阿赫瑪德火冒三丈，派部隊前往吉達將卡畢勒押到他面前。

麥加再度出現一名英勇青年，在存亡關頭挽救這個城市。他是蘇陸爾·伊本·馬薩德（Surur ibn Masaad），阿赫瑪德的外甥。蘇陸爾年僅十七歲，但已有豐富作戰經驗，具有強烈正義感。他對舅舅的過分行為義憤填膺。他聽到逮捕卡畢勒的命令下達之後，半夜溜出麥加，盡速趕到吉達。阿赫瑪德的士兵抵達吉達要抓卡畢勒時，蘇陸爾拔劍擋在前面。他宣稱，卡畢勒如今受他保護。可是，蘇陸爾和卡畢勒寡不敵眾，因此雙方妥協。蘇陸爾同意讓士兵把卡畢勒帶到麥加，唯一條件是他要隨行，而且抵達麥加之前不能處罰卡畢勒。不過，蘇陸爾和卡畢勒半途設法逃走，躲到瑪爾谷（Wadi al Marr）。蘇陸爾從瑪爾谷寫信給舅舅，告知他打算反抗。阿赫瑪德回覆說，蘇陸爾是薩伊德家族成員，有效忠的責任，更何況區區一名少年哪有本事挑戰麥加沙里夫。

蘇陸爾花了幾個月時間召集年輕朋友，並擬定計畫。一七七三年二月五日，他率領三百騎兵，在敏哈納谷（Wadi al Minhana）遭遇舅舅的部隊。戰鬥兩小時就結束。沒多久，蘇陸爾進入麥加，成為新的沙里夫。

大約同一時間，一個「狀似星矢、長度如矛的長尾巴」物體出現在空中。這顆彗星從日出一直停留到日落。麥加人看了嚇得魂不附體。聖寺進行特別禮拜。一如以往，麥加人認為那顆彗星是壞兆頭。占星家不是預測，一個天象出現後，末日即將來臨？占星家宣稱，這個天象是警告，一名新的危險異教徒將偽裝成穆斯林抵達麥加。

這次，他們說對了。

第七章

The Wahhabi Threat

瓦哈比主義分子的威脅

瓦哈比認為，穆斯林已經墮落到伊斯蘭誕生前在阿拉伯很普遍的蒙昧局面。伊斯蘭非常重要理念的原始與真正意義已經煙消雲散。我們應該邀請偏離信仰正道的人回歸信仰；如果他們拒絕，繼續走偏門，那麼可以將他們處死。麥加人認為，嚴謹的瓦哈比主義者是危險的狂熱分子，是偽裝成穆斯林的異教徒。

蘇陸爾．伊本．馬薩德掌權後，一開始就撤銷先前任意課徵的賦稅，並改善麥加的行政管理。麥加人開始欣賞他的慷慨作風、講求正義態度和寬恕心胸。他一七七九年和摩洛哥蘇丹的女兒成親，名望更上一層樓。整座城市的人參加婚禮，他將摩洛哥饋贈的禮物大方分送給民眾。不過，雖然蘇陸爾的統治為麥加帶來迫切需要的和平，但他的生活並不順遂。

他必須對付兩位明確的敵人。他的舅舅阿赫瑪德雖然一敗塗地，卻未放棄統治麥加的野心。他有一群支持者仍留在麥加，不斷滋事並圖謀讓他復位。他們屢次派人接觸歐斯曼派駐麥加的代表，嘗試說服他對付蘇陸爾。但愛戴這位年輕沙里夫的官員基於伊斯坦堡的清楚指令，拒絕阿赫瑪德支持者的要求。有一次，阿赫瑪德支持者包圍蘇陸爾的房子，開火攻擊。不過，蘇陸爾輕鬆壓制他們。阿赫瑪德設法組織一支新部隊，並以塔伊夫為基地攻擊聖城。蘇陸爾再度擊敗他，將他和追隨者逐離麥加。這對甥舅互鬥長達六年，交戰十五次之多。最後，蘇陸爾不得不將阿赫瑪德、他的幾個兒子和主要追隨者關進監牢。一再嘗試奪回麥加的阿赫瑪德身心俱疲，一七八〇年死在獄中。

一名新的敵人立刻出現。這名敵人是凶猛的獨立部族哈爾卜（Harb），控制麥地那周邊大片區域。由於朝聖隊伍必須經過他們的地盤，哈爾卜人不放過攻擊、劫掠的機會。很少人懷疑，麥地那和哈爾卜人沆瀣一氣，積極鼓勵哈爾卜人攻擊朝聖隊伍並綁架麥加人。蘇陸爾認為，除了攻擊麥地那，別無他法。先知之城麥地那頑抗，但經過一星期戰鬥，蘇陸爾奪下麥地那，釋放幾百名被哈爾卜人綁架的麥加人。哈爾卜人逃離麥地那，消失在原野。蘇陸爾如今面臨難題：返回麥加的路要經過哈爾卜人地盤，免不了會遭到伏擊。

他在麥地那宣布，有意經由哈爾卜人掌控的原野通行。其實，他走比較迂迴的路線，朝東穿過沙漠前往塔伊夫。他途中喝完水，被友善的游牧民族搭救。到達塔伊夫之後，他聽到哈爾卜人攻擊並占領麥加。他們也攻占揚布俄港，並綁架當地總督。另一場大戰似乎山雨欲來。

蘇陸爾說服幾個不同的部族，加入他匆忙發動的討伐哈爾卜人戰役。他率領一萬兩千名士兵和部族成員組成的大軍，另有一百五十名工匠和工程師隨行，動用七千頭駱駝載運裝備，往哈爾卜人領土前進。那是一趟穿越沙漠的艱辛征途；部族成員怨聲載道。最後，胡德海爾（Hudhail）部族的駱駝夫拒絕繼續走下去。陣營中接著出現小衝突；有槍枝走火，子彈射向蘇陸爾的方向，差一點打到他。胡德海爾人驚慌失措，他們認為蘇陸爾會報仇，因此集體逃走。蘇陸爾向他們保證，他無意處罰他們，可是白費唇舌。相反的，胡德海爾人宣布他們要攻擊、搶劫麥加。蘇陸爾被迫放棄征討哈爾卜人，追擊並打敗胡德海爾人。胡德海爾人討饒，向來寬大為懷的蘇陸爾立刻放過他們。

哈爾卜人繼續劫掠和恐怖行徑，促使蘇陸爾精心策畫第二次討伐哈爾卜人的行動。這次從長計議，組成一支比上次規模更大的軍隊之後，哈爾卜人傷亡慘重。可是，哈爾卜人並未被擊垮。他們重新集結並滋事。同一期間，蘇陸爾「舉行盛宴慶祝兒子和姪子的割禮後隨即病倒」。❶他被人下毒，凶手可能是舅舅的支持者，一七八八年九月二十日去世，當時年僅三十四歲。接下來數十年，麥加人忘不了這位勇敢、英俊的沙里夫，提到原本前途無量的他就肅然起敬。

蘇陸爾領導對付哈爾卜人的行動之際，阿拉伯其他地區醞釀另一場風暴。和他同時期的內志宗教學者穆罕默德．伊本．阿布杜．瓦哈比（Muhammad ibn Abd al-Wahhab，一七〇三至一七九二年）正在阿拉伯中心地帶建立宗教復興運動的基礎。瓦哈比屬於一個沒沒無聞的部族；他的家族出了幾位宗教學者，但不特別富有。他「與三名妻子貧窮度日。他擁有一塊農地、一個棗樹園，以及一、二十頭牛」。❷他跟隨祖先腳步，前往巴斯拉和麥地那念書，並尋求發展機會。他受到漢巴理學派學者的影響。一如捍衛傳統主義而被哈里發馬蒙迫害的伊瑪目阿赫瑪德．伊本．漢巴勒，瓦哈比也是堅定的傳統主義者。

在十八世紀的麥地那，有個知識傳統蔚為風潮，並橫掃印度洋的穆斯林地區邊緣：聖訓（先知言行紀錄）方面的研究再度熱門，同時想讓蘇非道團的作法符合伊斯蘭律法的規矩。❸瓦哈比可能受到這個運動的影響。總之，他認為穆斯林已經變得腐敗、迷信、墮落，必須清除伊斯蘭的所有汙染。他的追隨者所謂的「革新」——形同偶像崇拜的行為——已滲入穆斯林信仰。他對看到的麥加景象不以為然。麥加人比較專注於膜拜聖人的陵墓，而不是每天的禮拜。在市內常可聽聞舞蹈和音樂，許多男女染上菸癮。伊斯蘭必須淨化，穆斯林必須回歸先知教導的神學純淨狀態。他在內志展開改革運動，以改變穆斯林為目標。起初，瓦哈比並不想改變他們的社會、文化或政治情況。他的復興運動目標純粹是淨化信仰，清除穆斯林信仰中的邪說與外來因素，並讓伊斯蘭信徒落實正確的教條。

瓦哈比認為，穆斯林已經墮落到伊斯蘭誕生前在阿拉伯很普遍的蒙昧局面。伊斯蘭非常重要理念的原始與真正意義——「我見證，除了真主沒有別的神，穆罕默德是真主的使者」——已經煙消雲散。一個人並不會因為光說了上面這段話就成為穆斯林，雖然穆斯林必須說這段話。要當真正的、道地的穆斯林，必須把所有形式的禮拜獻給真主，而且只獻給真主，沒有例外。❹因此，宣示信仰伊斯蘭但崇拜偶像的穆斯林，或者不恪遵先知穆罕默德典範的穆斯林，是不信教者（kafir）。向聖人禮拜或使用符咒的人，違反認主獨一（Unity of God）原則，偏離信仰的正道。我們應該邀請這種人回歸信仰；如果他們拒絕，繼續走偏門，那麼可以將他們處死。此外，國家有責任確保穆斯林在各方面——包括政治、文化、社會——遵循正確、正統的伊斯蘭道路。

起先，瓦哈比的立論遭到強烈反對。即便是他自己的父親和兄弟，也反對他的主張。他成功在烏亞伊奈鎮（Uyayna）吸引少數追隨者，當地首長認同他的理念，關閉了幾座聖陵，夷平先知一位門徒的墓地。附近的部族反應激烈，揚言要殺瓦哈比。瓦哈比被迫離開烏亞伊奈，躲到附近的城市德里耶（Dariyya）。這是恰當的抉擇。德理耶統治者穆罕默德・賓・紹德（Muhammad bin Saud）的兩名兄弟是瓦哈比的學生。這對兄弟歡迎瓦哈比到他們的城市，並說服賓・紹德與瓦哈比訂約。一項「無法撤銷的聯盟」成立：

> 穆罕默德・賓・紹德立誓說，他本人和家人將維護、推廣瓦哈比的伊斯蘭理念，伊本・阿布杜・瓦哈比則承認其統治權。象徵王位的劍以及伴隨而來的政治權力，將屬於穆罕默德・賓・紹德與他的後代。《古蘭經》和相關的宗教、道德、教育權威，將屬於教長（Shaikh）穆罕默德・伊本・阿布杜・瓦哈比與教長家族（Al al-Shaikh）——瓦哈比後代的稱謂。❺

瓦哈比與紹德家族一七四七年結盟，代表瓦哈比運動的濫觴。瓦哈比一七九二年去世時，瓦哈比分子勢力正如日中天，並且對他們認為是非信教者的穆斯林和叛教者——包括什葉派、蘇非道團和其他各教派——宣布發動聖戰。「將瓦哈比分子之外的穆斯林視為泛神信仰者（mushrikin）的結果是，向他們開戰不僅名正言順，而且一定要戰：可以合法殺掉他們，可以將財產充公，可以將他們的婦孺變奴隸」。❻瓦哈比分子的第一個行動針對伊拉克。一七九九年，他們已攻抵巴格達城門，逼得歐斯曼與他們締和。兩年後，他們攻陷什葉派聖城卡爾巴拉（Kerbala）。現在，他們把目標轉向麥加。

麥加人認為，嚴謹的瓦哈比主義者是危險的狂熱分子，是偽裝成穆斯林的異教徒。麥加的卡迪好幾次譴責他們不是穆斯林，不應該獲准進入麥加。歐斯曼人認為他們如同九世紀的嘎爾馬提派（見第四章）和出走派（見第三章）。瓦哈比分子每次要求朝聖，都遭到斷然拒絕。瓦哈比分子向蘇陸爾求情，獲得允許，但有一個條件：他們必須支付和波斯朝聖者一樣的費用，而且每年送一百頭駱駝給麥加。這是委婉說「不」的方式，瓦哈比分子聽了心裡有數。

雖然瓦哈比分子在蘇陸爾和更早的時代就為人所知，他們以洪水之勢侵襲麥加，是蘇陸爾繼任者加里布・賓・馬薩德（Ghalib bin Masaad）的事。加里布雖然在一七八八年順利接替兄弟蘇陸爾，但他的統治一開始，就出現傳統的麥加模式——他和兄弟們面臨叛變陰謀。即便是他十二歲的姪子阿布都拉・伊本・蘇陸爾（Abdullah ibn Sarur）也想造反。加里布是個了不起的人，接觸過他的人形容他「有技巧」、「有魅力」、「客氣又謹慎」。❼他文雅且有國際觀，小時候在貝都因人之間長大的他，敬重這個沙漠民族。

瑞士探險家布克哈特（John Lewis Burckhardt，一七八四至一八一七年）在麥加停留期間曾拜會沙里夫加里布。布克哈特受僱於英國的非洲協會（British African Association），名義上是要尋找尼羅河源頭。當時是探險的新時代，歐洲各國政府派遣探險家前往世界各地探險，名義上是科學考察，實際上也會探索他們有興趣的知識。他的旅程穿越現今利比亞南方不適合居住的費贊（Fezzan）沙漠，再前往西非。為了準備這趟旅程，他先到埃及。他研習阿拉伯語和伊斯蘭律法，以便在埃及加入費贊駱駝商隊時，能完美偽裝成阿拉伯商人。有人推論，他偽裝穆斯林不只是做樣子，雖然他的家人一直否認他真的皈依。他走遍埃及、努比亞（Nubia）和黎凡特，還發現一個遺跡——現今約旦境內的納巴特王國古城佩特拉（Petra），「『幾乎和時間一樣久遠的』玫瑰紅城市」。他在旅程的每一階段，暗地將筆記和信函寄給倫敦的雇主。

雖然用心、周全準備，布克哈特因為痢疾和發燒喪生，從未加入費贊駱駝商隊。他返回開羅之前的最後一趟探險，是前往麥加進行朝聖。他在麥加看到加里布對貝都因人非常客氣，稱呼他們是父親、母親和兄弟。貝都因人到麥加時，借住他的其中一間房子。他的政府「寬大為懷、謹慎：他尊重麥加人的自尊，很少侵犯他們的人身安全或個人財產……他容忍死敵和他們家人安穩地住在一起，允許民眾公開血腥鬥毆，而這種情形很常見。」❽

不過，加里布的寬容不施予瓦哈比主義者，因為他認為他們是暴力的激進分子。瓦哈比分子要求讓他們到麥加進行朝聖，加里布不僅斷然拒絕，並宣布對所謂的「瓦哈比威脅」開戰。「瓦哈比分子」原本是歐斯曼人創造的字，「以代表這個運動不屬於伊斯蘭主流，且以穆罕默德・伊本・阿布杜・瓦哈比而非真主為中心」❾；如今，這個詞普遍用於形容瓦哈比的追隨者。加里布對瓦哈比分子的第一次戰爭由他的兄弟阿布都・阿齊茲・伊本・馬薩德（Abdul Aziz ibn Masaad）在一七九〇年展開。戰事持續六個月，相當順利。第二次戰爭由加里布親自率領。他動用火砲，確保攻擊行動奏效。雖然加里布的戰事成功，瓦哈比分子並未退卻。他們的軍隊龐大，打起仗來勇猛。瓦哈比分子「有如蝗蟲或雨後從山丘沖下的激流湧至」❿，造成加里布陣營傷亡慘重。加里布只能讓他們和麥加保持距離，但無法給他們致命一擊。瓦哈比分子開始騷擾朝聖者隊伍，並向路過的朝聖者收取越來越重的稅。不出幾年，朝聖隊伍不再抵達麥加。

加里布無計可施，求助歐斯曼蘇丹。他一七九三年向伊斯坦堡緊急請求彈藥和援助，一七九八年再度求援。但中央政府認為，比起歐斯曼面臨的問題：因應歐洲大國擴張計畫的深遠影響和未來的效應，麥加遇到的瓦哈比威脅只是地方小麻煩。麥加未得到援助，反而在一七九八年底接到命令——加強防禦工事，準備防範可能出現的法國侵略。整個城市動起來；民眾排隊參加每個黃昏舉辦的軍事訓練，準備迎戰即將抵達的法國軍隊。加里布接獲通知，卡巴的帷幕——吉斯瓦——不會像往常來自埃及。帷幕如今在伊斯坦堡製作，蘇丹阿赫瑪德清真寺整個庭院禁止通行，以便用黑絲線編織帷幕。成品及時送達。

歐洲局勢的變化影響穆斯林世界。麥加無法倖免。殖民時代的全面衝擊正在成形；在那個時代，歐洲強權在占領外國領土和統治歐洲以外人民方面一較高下。北歐國家一六〇〇年涉足印度洋的貿易世界時是看似無足輕重的小角色，卻獲得龐大利潤。隨著時間過去，全球經濟的重心轉移。英國東印度公司一七五七年在普拉西（Plessey）之役擊潰孟加拉太守（nawab）和他的法國盟友後，成為蒙兀兒王朝代理人，統治大量穆斯林人口。他們年復一年推進，控制越來越多印度領土。法國逐漸被擠出印度。帝國的財富正在改變歐洲社會。在法國，要求改變的呼聲導致血腥革命，讓拿破崙的軍事天賦得以出頭。拿破崙忌憚英國海軍實力，因此放棄進攻英國的計畫，改而攻擊英國和印度之間通訊的關鍵連結：埃及。

拿破崙的軍隊在一七九八年七月登陸亞歷山大港（Alexandria），經過兩場迅速結束的戰役，擊敗防衛歐斯曼帝國省分的瑪穆魯克部隊。可是，他的計畫被他原本想避開的英國海軍打亂。他所有的軍艦在八月的尼羅河口之役被納爾遜（Horatio Nelson）將軍俘虜或摧毀，只有兩艘例外。拿破崙不往印度挺進，反而把目標轉向征服聖地。不是麥加人擔心的聖寺所在穆斯林聖地，而是《聖經》提到的聖地、十字軍想要取得的地方。他揮軍進入歐斯曼的大馬士革省，攻下阿里什（Arish）、加薩、賈法和海法，但無法奪得阿卡，後來退回埃及，在阿布基爾（Abukir）打敗歐斯曼軍隊。他接著撇下軍隊返回法國，隔年發動政變，成為第一執政官。五年後，法國參議院讓他成為皇帝。

拿破崙戰爭席捲歐洲期間，歐斯曼帝國捲入歐洲強權之間角力的程度越來越深。歐洲國家從全球角度考量、規畫它們的戰爭。它們彼此爭奪遙遠地區的所有權，議和時有越來越多由歐洲統治的外國領土被拿來當作籌碼。歐斯曼帝國在歐洲的戰略中舉足輕重。歐斯曼中央政府絞盡腦汁，設法在歐洲強權之中變換最好的結盟對象，不僅為了保護自己龐大的領土，也保障自主權。歐洲對中央政府構成的壓力越大，內部歧見造成歐斯曼帝國瓦解的威脅越大。內鬨為歐洲強國製造新的缺口，藉機使力並控制穆斯林地區。聖寺的僕人無法自外於這種更廣大的地緣政治遊戲。其實，他們忙著和法國結盟之際，把保護麥加的工作交給埃及附庸。和敵人結盟似乎是當時的辦法。

因此，拿破崙一七九八年遠征亞歷山大港的隔年，麥加匆忙和瓦哈比分子停戰。這使得朝聖駱駝隊伍得以在一七九九年抵達，並在一八〇〇年從伊斯坦堡帶來吉斯瓦。隊伍由紹德・伊本・阿布都・阿齊茲・穆罕默德・伊本・紹德（Saud ibn Abdul Aziz Muhammad ibn Saud）親自率領，他是沙烏地王國的王儲，也是瓦哈比追隨者的主要保護者。瓦哈比分子獲准參與朝聖，麥加人非常不是滋味。瓦哈比分子趁機鞏固地位：奪得紅海的哈里港（Hali），於一八〇二年第二度掠奪卡爾巴拉（正好在伊曆一月〔Muharram〕十日，什葉派紀念胡賽因在卡爾巴拉殉難的日子），並攻擊波斯的朝聖隊伍。伊本・紹德擁有非常好的特務網和線民網，對沙里夫加里布的意圖和動作消息靈通。

加里布設法奪回哈里，但一八〇二年再度失去。他覺得，最好的解決辦法是和瓦哈比分子洽談新的停戰協議，派舅子歐斯曼・馬哈伊菲（Othman al-Madhaifi）和伊本・紹德協商可能的新協議。這是天大錯誤。歐斯曼・馬哈伊菲對麥加另有盤算。他未洽談新的停戰協議，而是和伊本・紹德祕密協議：伊本・紹德讓他擔任麥加沙里夫和塔伊夫的埃米爾，交換他的支持。歐斯曼・馬哈伊菲隨即在伊本・紹德的鼓勵和協助下攻擊塔伊夫。他的攻勢被阿布杜・穆因（Abdul Muin）阻擋，後者是加里布的兄弟，當時擔任塔伊夫總督。加里布對歐斯曼的陰謀大感震驚，不知向誰求助。他認為，歐斯曼．馬哈伊菲會和規模更大的瓦哈比軍隊二度攻打塔伊夫，因此決定先發制人。他要在歐斯曼．馬哈伊菲的地盤上發動攻擊；歐斯曼．馬哈伊菲當時撤退到塔伊夫附近的阿巴克拉（Al Abaqla）城堡。率領大軍前往阿巴克拉意謂麥加可能受到瓦哈比分子攻擊。不過，他還是和阿布杜．穆因一起討伐歐斯曼．馬哈伊菲。還未抵達目的地，瓦哈比軍隊在漢志集結準備攻擊麥加的消息傳來，逼得他折返。歐斯曼．馬哈伊菲在新部隊支援下，輕易就拿下塔伊夫，隨後大開殺戒。城裡幾乎每個人都被殺，即使是躲在清真寺的人。他接著迅速攻陷吉達南方的港口昆費哈，留下的活口不到兩百人。在歐斯曼．馬哈伊菲成功激勵下，伊本．紹德準備對麥加動手。

麥加一片恐慌。學者和法學家聚集聖寺討論即將來臨的侵略。他們認為，這是伊斯蘭誕生前的「大象之役」——阿比西尼亞王的基督教總督阿卜拉哈攻打麥加——以來，麥加首次被漢志地區之外的人侵略。與會者宣布對瓦哈比分子發動聖戰。公告傳報員被派到市內各地宣布聖戰和徵求義勇軍的消息。加里布嘗試說服到訪朝聖隊伍的領袖給予支持並加入聖戰。可是，朝聖者只想完成宗教儀式，盡快離開麥加，加里布只能靠自己。

伊本．紹德和歐斯曼．馬哈伊菲的聯軍開到麥加附近，在麥加有錢人夏季度假別墅區胡山尼亞（Al Hussainiya）紮營。瓦哈比部隊切斷往返麥加的交通，並截斷來自阿拉法特的新鮮水源。他們偶爾突襲麥加。但整體而言，他們留在麥加外圍等待。加里布英勇抵抗。他在麥加市內和周邊埋設地雷，防止敵人大舉進犯。

兩個月後，麥加開始缺乏飲水。即便是滲滲泉又鹹又髒的水也要配給。糧食開始短缺。加里布軍隊的補給品耗盡。加里布覺得，除了離開麥加，別無他法。他把帶不走的燒掉，趁晚上和家人、士兵溜出城，逃到吉達。

一八〇三年五月初某天黎明，瓦哈比分子進入麥加。瓦哈比分子攻占塔伊夫時，在市場和民宅殺了大約兩百人⓫；卡爾巴拉人的命運雷同。因此，麥加人預料會出現大屠殺，躲在家裡栓上大門。可是，出乎麥加民眾意料的是，瓦哈比分子秩序井然入城。伊本·紹德宣布，不得傷害民眾，並下令商店開門營業，恢復正常生活。接著，麥加學者和法學家被叫到他面前集合。他告訴他們，他在夢中看見穆罕默德，這是拉攏他們相當聰明的辦法。他表示，先知警告他，不得不當對待麥加人民。他的任務只是要將純真的伊斯蘭教義重新帶給麥加。因此，他下令封閉聖陵，禁止男性戴黃金或穿絲衣，並禁止主麻禮拜按照慣例提到蘇丹的名字。抽菸以及公開場合男女混雜也被禁止。水菸（shisha）被沒收，在伊本·紹德的辦公室前焚毀，菸草店關門。規定每個人要參與每天五次的禮拜，缺席的人要公開遭到毒打。

瓦哈比分子在麥加的占領只持續兩個月。伊本·紹德自知，只要加里布活著，就不容易掌控麥加，因此把注意力轉向吉達；加里布在那裡忙著重新集結部隊。伊本·紹德迅速行動，包圍吉達。加里布轉移到吉達時，已透過埃及、葉門和印度的港口確保補給與通訊無虞。他的實力如今強多了，部隊奮勇作戰。伊本·紹德陣營有些折損，包圍十一天後決定撤兵，退到內志。

加里布幾乎立刻重返麥加。伊本·紹德留下的小規模瓦哈比部隊未多加抵抗就投降。麥加舉城歡騰，此外，菸草店重新開張，生意興隆。不過，加里布心裡有數，他的前途如今掌握在瓦哈比分子手中。他們已控制麥地那，並在先知之城實施嚴格的禮拜和節約規定。聖陵被封閉，先知清真寺的珍寶被取走。瓦哈比分子也封鎖駱駝隊路線；一八〇三年以後，沒有朝聖隊伍到麥加。不安全和不確定的感覺瀰漫麥加之外所有地方，加里布現在無力阻止瓦哈比分子進行朝聖。

接下來幾年，瓦哈比分子浩浩蕩蕩抵達麥加朝聖。化名阿里·貝伊·阿巴西（Ali Bey al-

Abbasi）的西班牙貴族萊伯里克（Domingo Badia y Leyblich）正好在麥加，目睹瓦哈比主義朝聖者抵達。阿里．貝伊和布克哈特不一樣，是真的穆斯林，雖然他可能也受僱於歐洲國家。他穿過北非，在一八〇七年到達麥加，剛好趕上朝聖。他上午九點左右在麥加主要街道，看到大批瓦哈比分子進城：

好不壯觀！一大群人擠在一起，除了腰際圍著一小片布，別無遮掩。只有少數人肩上披著布巾，布巾穿過右邊腋下，此外其他部位赤裸，他們肩膀掛著火繩槍，腰際掛著大刀（khanjear）。所有人看到這些洶湧而至的男性後全部逃走，把整條街留給他們……我看到一大隊人散開，人數可能有五、六千人，他們塞滿街道，擠得摩肩擦踵。隊伍前方有三、四名手持十二呎長矛的騎兵，後面跟著十五到二十名騎馬、騎雙峰和單峰駱駝的士兵，也持類似的長矛；不過，他們行進時未舉旗、打鼓或使用其他樂器，也未攜帶軍事獎座。有些人發出宗教喜悅的呼喊，有些人以混亂的聲音大聲禮拜。⓬

瓦哈比主義朝聖者繼續前進，一直走到聖寺。此時，麥加大多數成年人已經出城，只有小孩留下來。兒童們引導瓦哈比分子走一圈聖寺和卡巴。第一批朝聖者開始繞行卡巴時，瓦哈比主義群眾：

湧向黑石以便親吻它，其他人無疑因為不耐久候，胡亂往前擠，和第一批人混雜在一起；場面隨即混亂不堪，群眾因此聽不見年輕嚮導的聲音。混亂演變成騷動。大家都想吻黑石，撲向卡巴；許多人手持棍棒開路。他們的領袖爬上卡巴附近的基座，希望能恢復秩序，但徒勞無功：他們的吶喊和手勢毫無作用，因為群眾被接觸天房的宗教渴望吞噬，容不得他們聽從理性或聽見領袖的聲音。圈圈的移動因為彼此激動而加速。他們最後有如繞著蜂窩沒頭沒腦上下飛舞的蜂群，快速卻沒有秩序地繞行卡巴，在混亂推擠中，他們肩上掛的槍敲破環繞卡巴的全部油燈。⓭

接著，瓦哈比主義朝聖者集體衝向滲滲泉。這群人朝滲滲泉奔來的景象，嚇壞受僱看管泉水井的人。他們棄守自己的崗位逃命。轉眼間，水桶、繩索和滑輪損壞。瓦哈比分子跳入井裡，然後「互相手拉手，形成人鏈潛入井底，想盡辦法取水」。⓮

瓦哈比分子在朝聖期間出現，象徵加里布的權力嚴重受損。瓦哈比分子在漢志地區自由流竄，想攻擊誰就任意動手。光是提到他們的名字，就足以讓麥加人腿軟。加里布一再向伊斯坦堡的蘇丹求援，指瓦哈比分子對歐斯曼帝國本身也是威脅。可是，中央政府太專注於歐洲的戰爭，繼續毫無作為。等到瓦哈比分子一八一〇年攻擊大馬士革，蘇丹才採取行動。歐斯曼的埃及總督穆罕默德・阿里（Muhammad Ali，一七六九至一八四九年）被指派提供援助。蘇丹下令開羅清剿麥加與漢志的瓦哈比分子。

穆罕默德・阿里來自歐斯曼轄下馬其頓的卡瓦拉（Kavalla），在卡瓦拉義勇軍崛起。他的部隊一八〇一年併入拿破崙撤軍後重新占領埃及的歐斯曼軍隊。穆罕默德・阿里是個手腕高明的政治家，挑撥並未完全潰敗的瑪穆魯克部隊和歐斯曼部隊互鬥。他利用無政府狀態，在宗教學者支持下於一八〇五年成為埃及總督。他的目標是自治並建設現代化的埃及，使埃及趕上歐洲國家的進步。

他實施新型態的政府和經濟系統，讓埃及工業化，擴大灌溉，更新官僚體制，將瑪穆魯克人先前的改革發揚光大，並大量運用歐洲理念和歐洲「顧問」，尤其是英國人。因此，他同時被認為是「最後的瑪穆魯克蘇丹」⓯和「現代埃及之父」⓰。

加里布一聽到穆罕默德·阿里奉命攻打漢志，就開始祕密和他聯絡。加里布向埃及總督保證，他願意合作制伏瓦哈比分子，並提供伊本·紹德軍隊、瓦哈比分子習性和最佳攻擊路線的資訊。相對的，加里布希望獲得保證，他在麥加與漢志的權威被尊重，吉達港的關稅收入——他的主要收入來源——繼續由他掌握。不太相信加里布保證的穆罕默德·阿里答應了。可是，埃及的政治局勢一點也不穩定，穆罕默德·阿里不願離開權力所在地太久。他轉而要求伊斯坦堡保證，他不在的時候，埃及不會被占領。同一時間，蘇丹得到的勸告是，「即使你給穆罕默德·阿里全世界，他仍不會到漢志打仗」。⓱最後，穆罕默德·阿里決定派兒子杜松·貝伊（Tousoun Bey）率兵攻打瓦哈比分子。

如同蘇陸爾和更早的阿布·努梅伊二世，杜松·貝伊是個非常傑出的青少年——年僅十七歲已有作戰經驗。他的父親認為，最好派一位更有經驗、必要時能提供明智建議的人輔佐。他選擇司庫阿赫瑪德·阿格哈（Ahmad Agha），後者忠誠效力穆罕默德·阿里。阿格哈的勇敢和剽悍都聞名。他從穆罕默德·阿里的司庫做起，後來成為成功的指揮官，領導對埃及境內瑪穆魯克人、阿拉伯人的戰爭。他的戰功和勇猛為他贏得「拿破崙的姓」（Bonaparte，波拿巴），他對此稱號相當高興，並以這個姓在埃及廣為人知。⓲兩人在一八一一年十月率領艦隊到達揚布俄港，從瓦哈比分子手中奪下港口。麥加人聽到消息，歡天喜地，認為攻占揚布俄是對阿拉伯中部狂熱分子的重大勝利。騎兵幾星期後從陸路抵達，一路沒有部族作梗，因為大多數部族已被鉅資收買。不過，杜松隨即發現，和加里布告訴他父親的不一樣，並非所有部族和瓦哈比分子為敵，尤其勇猛的哈爾卜族敬畏伊本・紹德。哈爾卜族不喜歡瓦哈比分子，殷切期盼再度參與朝聖的生意，並不代表他們願意和歐斯曼人一起對抗伊本・紹德。杜松花了幾個月和各部族談判，嘗試組成對抗瓦哈比分子的聯盟。

即便是加里布，也不是那麼熱中加入歐斯曼部隊。如果杜松・貝伊無法收服瓦哈比分子怎麼辦？瓦哈比分子會嚴厲報復他和麥加。因此，加里布當騎牆派，他寫信給杜松表示支持，但找藉口不加入他的部隊。他向杜松表示，他的軍隊規模相當小，而且他不能讓麥加後防空虛。伊本・紹德也和加里布接觸，提醒他，歐斯曼人習慣撤換麥加統治者。他加入瓦哈比陣營對抗歐斯曼入侵者，不是比較好嗎？加里布以類似理由搪塞伊本・紹德。他希望歐斯曼和瓦哈比分子兩敗俱傷，那麼他就抵擋得住勝利的一方。

杜松原本考慮出兵麥加，但又改變心意。他認為，加里布遲早會被迫表達支持對象——而他挺瓦哈比分子的可能性一直存在。杜松爭取貝都因部族支持的努力徒勞無功。他決定不再浪費時間，攻占距離揚布俄六天腳程的麥地那。先知之城是瓦哈比分子重鎮，是他們通往漢志的門戶。

杜松・貝伊一八一二年一月開始向麥地那推進。麥加人屏息觀察。他們聽說，經過短暫交鋒，杜松進入巴德爾——先知六二四年和敵軍知名戰役的地點。到麥地那只有兩天路程。

巴德爾屬於哈爾卜族地盤。它位於山區入口；前往麥地那，必須穿過山區。杜松預期會遇到控制隘口的哈爾卜族抵抗。他在巴德爾留下一支小部隊看守，然後行軍八小時到哈爾卜族市集城鎮薩夫拉（Safra）。哈爾卜族奮勇戰鬥但落敗。薩夫拉四小時路程外有個綠洲叫猶達伊達（Judaida），是哈爾卜族主要城市。薩夫拉往猶達伊達的路經過一道狹窄山谷，五、六十呎寬的山谷被陡峭、布滿岩石的山壁包夾。這裡是理想的伏擊地點。歐斯曼軍隊通過山谷時，哈爾卜族突然出現。杜松料到會有這個局面，早已準備妥當。雙方短暫激烈交鋒，歐斯曼軍隊自以為對方招架不住，在後緊追。他們被引誘深入山谷。杜松沒有準備好面對接下來的發展。數千名瓦哈比士兵在伊本·紹德的兒子阿布都拉（Abdullah）和費瑟（Faisal）率領下，從兩側山壁衝下，攻擊歐斯曼部隊。

歐斯曼步兵震驚又意外，往後退。騎兵奉命掩護步兵撤退，加入戰局。數百名騎馬和騎駱駝的瓦哈比騎兵從山裡冒出來。阿拉伯人動作敏捷迅速，輕鬆在崎嶇地形占上風。他們朝歐斯曼軍隊發射一波又一波子彈。歐斯曼陣營軍心大亂，士兵開始臨陣脫逃。只有年輕的杜松堅守陣地。他試著鼓勵部隊，吶喊要士兵站在他身邊。大約二十名騎兵上前保護杜松。騎兵奮勇作戰，歐斯曼步兵得以在掩護下撤退。瓦哈比分子從山上下來，但未追擊歐斯曼軍隊，而是專心搶奪戰利品。杜松損失一萬兩千人。疲倦又氣餒的他撤到巴德爾，接著返回揚布俄。

歐斯曼軍隊在猶達伊達戰敗的消息引起麥加震撼。麥加人擔心，這次成功會鼓勵瓦哈比分子把目標轉向聖城。歐斯曼·馬哈伊菲和他的部隊在麥加附近虎視眈眈，讓大家更擔心。加里布研判，除了公開支持瓦哈比分子，別無選擇。他前往巴德爾，和昔日敵人為伍。瓦哈比分子氣焰正盛，認為他們在阿拉伯隨時隨地可擊敗歐斯曼人。猶達伊達的勝利提高了他們的威望，他們要求貝都因部族進貢、繳稅，範圍遠及巴格達和大馬士革。

杜松也因為戰敗心灰意冷。不過，他父親的信函讓他重振士氣。穆罕默德·阿里寫道，「不要喪志，戰爭是娛樂，火藥的味道在我聞來是蘆薈和玫瑰的香味……我曾經和英國人、法國人、埃及親王作戰，在真主的協助下打敗他們，提升我們的名聲，擴大我們的領域。」[19]穆罕默德·阿里也拿出許多錢分給貝都因部族。接下來八個月，杜松準備第二次進攻麥地那。他運用鉅額資金，逐一爭取一些部族的支持。他特別花心思拉攏哈爾卜族，最後靠特別大袋的黃金，成功說服幾個哈爾卜族氏族加入他的行列。新的部隊和彈藥經常從埃及運到。到了一八一二年十月，杜松・貝伊已準備妥當再度揮軍進擊麥地那。

另一方面，加里布歸順瓦哈比陣營，似乎不是真心之舉，而是權宜之計的聯盟，因為他情急之下寫信給杜松，保證效忠杜松，並堅稱他在巴德爾加入瓦哈比陣營，純粹是出於恐懼，而且想讓他們打消攻擊麥加的念頭。杜松似乎諒解局勢，向加里布保證他並未耿耿於懷。

歐斯曼軍隊以巴德爾為大本營。杜松把軍隊指揮權交給阿赫瑪德・阿格哈・波拿巴，後者順利通過歐斯曼軍隊先前戰敗的山谷，並在猶達伊達留下大批看守部隊，再向麥地那前進。先知之城設備完善、物資充足，準備好迎接長期包圍。瓦哈比部隊出兵到郊區防衛，但他們這次沒有真正的優勢，被迫退回市中心。麥地那的中央有堅強的高牆保護，這道牆數百碼外有一座堅固城堡。歐斯曼士兵試圖用炸藥將城堡炸出開口，但瓦哈比分子阻止他們接近護牆。瓦哈比分子忙著做晨禮時，第二次機會出現。護牆被炸穿，歐斯曼軍隊一擁而上。瓦哈比分子驚慌失措，逃向城堡。超過一千人在街道被殺。

大約一千五百人成功逃進城堡。歐斯曼軍隊無法突破堅硬岩石興建的城堡，因而決定包圍城堡，坐等裡面的補給品耗盡。三個星期後，瓦哈比分子願意投降，條件是歐斯曼軍隊保證他們可以安全撤出麥地那，並提供駱駝和物資給那些想返回內志的人。可是，瓦哈比分子走出城堡後，被剝光衣服並殺害。只有少數人獲准回到內志，傳播慘敗的消息。

征服麥地那後，杜松・貝伊和阿赫瑪德・阿格哈・波拿巴將注意力轉向麥加。一八一三年一月，一千名騎兵和五百名步兵開抵麥加。在麥加外圍紮營的瓦哈比部隊指揮官歐斯曼・馬哈伊菲認為，不要和歐斯曼部隊交戰比較明智，因此前往塔伊夫的要塞。加里布出城歡迎杜松・貝伊部隊，並下令舉城慶祝。幾星期後，他加入歐斯曼軍隊陣營攻打塔伊夫。瓦哈比陣營再度大敗。

對加里布而言，事情還沒了結。背叛他的舅子歐斯曼．馬哈伊菲仍在逃。沙里夫想到一個抓他的辦法。他宣布懸賞五千元，聽到消息後，最先行動爭取獎金的人是沙漠裡的貝都因人。沒多久，假裝成貧窮游牧民族的歐斯曼．馬哈伊菲就逮，被五花大綁送到加里布面前。他接著被送到開羅，繼而當成禮物送到伊斯坦堡給蘇丹，抵達後不久遭到斬首。

至此，整個漢志地區再度屬於歐斯曼人。歐斯曼旗幟飄揚在麥加、麥地那、吉達、塔伊夫和揚布俄。阿赫瑪德．阿格哈．波拿巴接獲指示返回開羅。杜松．貝伊被任命為吉達總督，朝聖隊伍再度前往麥加。聖城的生活恢復正常，或者說勉強恢復常態。不過，在其他地方，歐斯曼勢力正在減弱，因為埃及統治者穆罕默德．阿里設法將統治範圍擴大到蘇丹，接著延伸到黎凡特，甚至威脅伊斯坦堡。穆罕默德．阿里宣布自己是埃及赫迪夫（khedive，相當於總督），成立的政體一直延續到一九五二年。

雖然遭遇逆境，即使紀念碑和聖陵被瓦哈比分子摧毀，麥加仍然「是個美城」，相對上富裕，「處境平庸」的家庭不多。[20]總之，這是布克哈特的看法。這位瑞士旅行家或許是間諜，但他也是鑽研麥加所有事務的學者，對細節觀察入微。他提供我們麥加、當地人以及他們在十九世紀初關心事項的最完整敘述。和大多數其他歐洲旅行家不同的是，布克哈特對阿拉伯沒有偏見，而且沒有高人一等的想法。

根據布克哈特描述，麥加街道寬闊，有高大民宅、宮殿、伊斯蘭學校和大學、旅館和公共浴室。民宅以石頭搭建，有許多裝飾繁複的窗戶，可看到外面景觀。大部分民房隔成公寓，彼此獨立，供朝聖者居住。然而，連年戰亂和掠奪造成破壞，聖城裡的民宅和建築都亟需整修。街道沒有鋪石頭，一下雨就泥濘和積水。沒有警察或行政系統照顧民眾的基本需求。街道晚上沒錢點燈，生意人的安全很少人過問。家戶垃圾直接倒在路上沒人清理，招來蒼蠅和害蟲。街上到處是乞丐、病患和貧窮朝聖者，要求施捨並討乾淨的水喝。然而，郵件卻經常收送。

布克哈特發現麥加是高度國際化城市，居民大多是他口中的「外國人」。麥加原始居民古萊什族幾乎已經絕跡。布克哈特只能找到三個古萊什家庭。人數多，而且血脈可以追溯到古代的家族只有沙里夫氏族。現在的麥加人出身葉門、哈德拉畝特（Hadhramout）、印度、埃及、敘利亞，也有歐斯曼人和摩洛哥人。還有少數波斯人、韃靼人、庫德人、阿富汗人，以及來自撒馬爾干（Samarkand）、布哈拉（Bukhara）的人。他們大多以朝聖者身分到麥加，迎娶當地女性，然後定居下來作生意。每個族群都嘗試保存故鄉的風俗、傳統。來自穆斯林世界各地的新朝聖者加入他們。本地人為了和新來的人區別，以刺青方式在雙頰紋上三條長線，在右太陽穴紋上兩條線。刺青會在小孩出生四十天後進行，以確保外地人不能宣稱擁有聖城出生的榮耀。

麥加或許是國際化、種族多元的大都會，但也是個有隔閡的城市，這個現象並不罕見。麥加以階級、職業和種族區隔。大部分阿拉伯人住在施貝卡區（El Shebeyka），是麥加最乾淨、最通風的區域，全城最好的房子位在這裡。沙里夫加里布在這裡有棟房子，他的大多數直系親屬居住在此。宗教學者和法學家住在聖寺附近的施貝卡富人區。朝聖者嚮導（mutawwaf）住在靠近聖寺的數條街道，那個區域稱為哈里特・巴卜－烏姆拉（副朝門區）（Haret Bab al-Umra），也是歐斯曼朝聖者最喜愛的區域。許多窮人，包括沙里夫的家庭奴僕，住在吉亞區（Haret al-Jyat）的半倒房子，那個區域位於山丘附近。最窮的人，包括一些貝都因人，住在一個廢棄舊公墓旁邊，那裡沒有什麼商店和設施。

麥加的珠寶商大多是印度人，主要來自蘇拉特城（Surat）；他們買賣金銀，小心地看守自己的區域。這些富商住在目達阿（Modaa），在自己的豪宅作生意。比較窮的印度人住在梅斯法勒區（Mesfale），那裡以前有漂亮房子，但現在年久失修。這些印度商人，不管有錢沒錢，認真進行所有宗教儀式，但在許多阿拉伯人眼中，他們的伊斯蘭知識有點不足。布克哈特說，印度人受到「很大歧視」。中國人和其他中亞人也同樣被歧視。中國人在麥加居住的地區位於目達阿和馬拉區（Mala）之間。這裡的建築物情況非常糟，狹窄街道髒亂不堪：「垃圾從未清掃，永遠沒有新鮮空氣」。[21]

最被人瞧不起的區域是夏布阿莫（Shab Aamer），一些「公娼」住的地方。她們打扮得花枝招展，在公共場合必定戴面紗。不少人是阿比西尼亞奴隸，她們的主人會抽成。加里布對這些性工作者課稅，她們在朝聖期間生意興隆，稅率會提高幾倍。相對起來，奴隸市場位於名氣很高的蘇伊嘉區（Soueyga）。待價而沽的奴隸大多來自阿比西尼亞，他們的主要功用是富人拿來炫耀財力。麥加幾乎每個有錢人都有奴隸，女奴被當成情婦的情形司空見慣。不過，如果奴隸懷孕生產，主人必須娶她，否則他會受到麥加市民唾棄。奴隸買家坐在石凳上觀察商品。可是，並非每個人都想買奴隸或買得起。許多朝聖者，有老有少，假裝「和奴隸販子討價還價，以便到相鄰公寓看幾眼奴隸女孩」。[22]

麥加的幹道位於薩法山和瑪爾瓦山之間，稱為梅薩區（Messa），朝聖者會在這裡奔跑進行朝聖的儀式之一。布克哈特說，這裡商店林立又吵鬧，很像「君士坦丁堡市集」。有很多歐斯曼商店，販賣衣服、高級劍、高級英國手錶、繪製精美的《古蘭經》。「在這裡，君士坦丁烘焙師傅上午賣派和蜜餞，下午賣烤羊肉串（kebab），晚上賣果凍（mehalabye）。這裡也有許多咖啡館，從凌晨三點到深夜十一點，一直高朋滿座」。不過，咖啡不是唯一出售的飲料：「有兩家商店夜間公然販售酒類，雖然白天不賣：有種酒以發酵葡萄乾製作，雖然通常攙不少水，還是很烈，幾杯下肚後會讓人喝醉。另一種是某種葡萄酒，和香料混著喝，稱為蘇拜（soubye）」。[23]這些店「大致是位於房屋一樓的倉庫，前面擺一張石長凳。賣酒人坐在長凳，頭頂有長竿撐起的斜棚遮蔭」。[24]這條街也有特殊的工匠，他們製作攜帶滲滲泉水的錫瓶。這個區域的房子全都租給朝聖者。這個區域有許多高級的公共建築，包括一所大型公立學校，有七十二間教室和一座大型圖書館。梅薩區星期五變成公開施刑場所，被定罪的犯人在此斬首。

麥加最好的建築是副朝門區的公共浴室。和市內其他浴室一樣，這個浴室的客人大多是外國人和朝聖者。城裡最涼爽的區域是蘇伊嘉，街道兩旁的高大建築提供涼蔭，還有高聳的石拱天篷遮蔽。街道中午通常人滿為患，晚上是抽菸斗的熱門地點。加里布的花園在麥加東端的莫貝德區（Moabede），位於通往法蒂瑪谷的狹窄通路上。花園內種植成排椰棗和果樹，並設有噴泉，被高牆和高塔圍繞。園區內的建築大多傾頹，可是想要參觀花園的人，不論貧富都能自由進出。

麥加各地可見到紀念知名市民出生地的建築、小清真寺或聖陵。在紀念先知穆罕默德出生地的默烏納比區（Mauoud al-Nabi）有棟建築坐落在先知誕生地點，包含「一棟圓形房子，有階梯通往低於街道二十五英尺左右的地板」[25]。地板有個小坑，據說穆罕默德之母坐在那裡生產。另有一棟紀念先知女兒法蒂瑪的石造建築，有階梯通往低於街道的地板。一棟小清真寺和這棟建築相連，它紀念的是阿布・巴克爾——先知密友和第一任哈里發。清真寺對面有顆石頭，標記阿布・巴克爾在路上遇見先知時打招呼的地點。毫不意外，這兩棟建築所在的街道稱為「石頭街」，距離中國區不遠。還有一座小清真寺位於夏布阿里區（Shab Ali），紀念先知堂弟、女婿也是第四任哈里發阿里。

加里布位於馬拉區的房子附近有先知叔叔阿布．塔里布的墓。馬拉區的大型墓地有先知第一任妻子哈蒂嘉的墓。這個墓很簡單，除了正方形的牆和庫法體（Kufic style）篆刻的墓碑，別無他物。哈蒂嘉墓地不遠處是先知生母阿米娜的墓，同樣也很簡單，可是有大理石墓碑。瓦哈比分子摧毀兩人的墓，但歐斯曼人將其修復。其實，源自中亞的瓦哈比分子摧毀大部分名人的聖陵；但所有聖陵被沙里夫或歐斯曼人修復，只有阿布．塔里布的墓例外。

麥加的和平與穩定維持不久。瓦哈比分子或許在漢志落敗，但他們在內志沙漠遊走，而且實力不可小覷。其實，整個內志地區承認紹德家族的當家作主地位。每有機會，瓦哈比分子就攻擊、騷擾歐斯曼部隊。而且，每次雙方交戰，歐斯曼部隊都吃敗仗。

穆罕默德．阿里認為，瓦哈比分子對麥加與漢志構成未來的嚴重威脅，必須徹底收服他們。穆罕默德．阿里完全控制埃及後，就親自率兵到瓦哈比地盤，給他們致命一擊。他率領兩千名步兵和規模相當大的騎兵，於一八一三年九月抵達吉達。一支八千頭載運軍火和補給品的駱駝隊，大約同時從陸路抵達。加里布前往吉達迎接，獲得穆罕默德．阿里熱情相待。加里布最關心的是，他獨享而不是和歐斯曼人分享的吉達關稅和稅收，繼續歸他所有。穆罕默德．阿里同意，兩人約定互相支持，不做任何會損及任一方利益或安全的事。穆罕默德．阿里也要求加里布確保他在作戰期間擁有數千頭運送補給和軍火所需的駱駝。加里布要求相當大筆的報酬，獲得應允。

穆罕默德．阿里是第一次到麥加，因此進行必要的儀式後，他分送禮物給麥加的法學家和宗教學者，爭取他們的好感。他也打開財庫，發錢給窮人和需要幫助的人，並盡量投入時間整修聖寺。可是，他比較想繼續進行對付瓦哈比分子的戰事，並將物資從吉達運到塔伊夫，而這個任務亟需數千頭駱駝。

不過，加里布出爾反爾。穆罕默德．阿里再度催促他履行諾言，但「加里布要求支付第二批款項，卻沒有任何駱駝出現」。㉖或許漢志的貝都因人捨不得他們喜愛的載重動物，即使拿到一大筆錢；又或許加里布不願落實承諾。於是穆罕默德．阿里對加里布的動機起疑。加里布不斷抱怨，雖然獲得保證，吉達的關稅收入並未送到他手上，這種抱怨未讓兩人關係更密切。穆罕默德．阿里得知，吉達附近的貝都因人將加里布視為對抗瓦哈比分子和歐斯曼人的靠山，尤其是逮捕歐斯曼．馬哈伊菲之後。他的結論是，如果要成功戰勝瓦哈比分子，加里布絕非盟友，而是必須除掉的障礙。

穆罕默德．阿里決定動手對付加里布，將他軟禁。加里布被困在名叫貝特薩德（Bait al-Sade）的宮殿——位於山坡，防禦工事堅強。這裡雖無堡壘之名，卻有堡壘之實，眾多寬闊庭院和廳房被非常堅固的高牆包圍。其實，瓦哈比分子占領麥加、加里布逃離時，曾試圖縱火燒毀這座宮殿，但它太堅固了。宮殿有重兵保護，也有祕密地道，同時也是通訊路線——連接阿布．古貝斯山頂的大城堡。蘇陸爾曾大舉整修城堡，加里布再大幅強化它，圍牆上加裝大砲。外界普遍認為，城堡圍牆不怕炸藥，因此無法攻破。大約一千名士兵常駐城堡內。部隊補給充足，經由地下引水管道獲得豐富水源供應。

此外，還有其他堡壘要應付。加里布在距離宮殿不遠的小丘建了一座堡壘，有兩座裝了大砲的高塔保護。加里布在對面的山丘辛迪山（Jabal Hindi）也建了堡壘，同樣補給充足、配置大砲。加里布總共有一萬五千名士兵，還可以從吉達和塔伊夫動員更多部隊。他隨時有一支勇猛忠誠的衛隊和十二門大砲保衛。穆罕默德．阿里不得不做出結論：大舉正面進攻加里布將死傷慘重，可能徒勞無功。如果加里布死守阿布．古貝斯山上的城堡，圍城可能要幾個月才奏效。穆罕默德．阿里也認為，麥加人將力挺加里布，而麥加附近的貝都因人會對抗他。因此必須將加里布和他的人馬隔離，並悄悄逮捕，不引起注意。

穆罕默德・阿里和加里布玩起貓捉老鼠遊戲。加里布因公務必須見穆罕默德・阿里時，前往總督位於聖寺附近大型學校的辦公室，而且有數百名士兵保護。不過，整體而言，加里布除了主麻禮拜，不願離開宮殿。穆罕默德・阿里試圖只帶幾名隨從拜訪加里布，希望加里布回訪時會仿效，屆時殺他個措手不及，可惜白費心機，加里布並未回訪。受挫的穆罕默德・阿里考慮主麻禮拜時在聖寺逮捕加里布，但麥加的卡迪勸他不要這樣做，以免引起眾怒。

一天天過去。幾星期後，穆罕默德・阿里終於想出詭計。他要兒子杜松・貝伊在特定日子的深夜到麥加。按照規矩，加里布必須迎接來訪的吉達總督。如果未盡這項責任，不但嚴重違反禮儀，按照歐斯曼帝國的規矩，更形同宣戰。加里布心裡有數，不出門歡迎杜松・貝伊，可能被拿來當成攻擊他的藉口，因而決定在凌晨天還沒亮時拜會杜松・貝伊。他帶了幾名士兵到杜松住處，打算日出前離開。對方早料到他會下這一步棋。加里布抵達後，侍從把他和隨行士兵引導至一個房間。侍從告訴加里布，杜松因為旅途勞累，在寢室休息，要加里布進去探視，並要求他的士兵留在原地。加里布一進入總督寢室，躲藏的歐斯曼士兵現身，包圍加里布的隨行士兵。杜松熱烈招呼加里布，兩人開始聊天。加里布起身告退時，杜松表示，他已成為囚犯。他被帶到窗邊，並被命令告訴聚集樓下的隨行士兵返回營區，因為杜松無意傷害他或他的手下。

麥加人醒來，聽到沙里夫加里布被逮的消息。大家擔心遭到血洗。加里布兩個兒子和士兵堅守城堡，開始準備防禦。不過，加里布保持冷靜，穆罕默德・阿里要他寫信給兒子下令投降。加里布起先猶豫，但因害怕聖城遭到攻擊且自己性命不保，後來同意寫信。歐斯曼部隊翌日上午進入城堡。加里布的士兵鳥獸散——有些回到麥加附近的部族，有些加入瓦哈比陣營。

法官開始清點加里布的財產，發現加里布累積的財富不可勝數。許多祕密地點找到藏匿的成捆鈔票、各種形狀的金銀，以及貿易合約、文件。加里布在印度積極從事貿易，擁有兩艘各為四百公噸的船，另有幾艘在葉門進行咖啡貿易的小船。他似乎涉足區域內各種生意，是紅海貿易的重量級人物。

加里布被關在麥加幾天，接著送到吉達，再用船連同他囤積的大部分財產載到埃及。布克哈特在埃及看見他時，發現加里布說話雄糾糾氣昂昂，並未意志消沉。他一天大部分時間都在下棋。一八一六年夏天，他被移到薩洛尼卡（Salonica），中央政府在那裡特別為他準備了住處，還每個月支付他豐厚月俸。他「帶著四十名隨從抵達，受到最高規格禮遇；幾年後，死於瘟疫。他的兒子兼繼承人阿布都·穆塔里布（Abdul Muttalib）——『六十歲的高大老人，膚色非常深、接近黑色，膚質好，穿藍色長袍，戴喀什米爾頭巾』——最後追隨父親的腳步，成為麥加沙里夫。他甚至造了一座有圓頂的墓紀念父親，這座墓一直維持到二十世紀初」。[27]

在麥加，穆罕默德·阿里仍千方百計想取得攻打瓦哈比分子所需的數千頭駱駝。事實證明，這個任務遙不可及。

第八章

Camels, Indians and Feudal Queens

駱駝、印度人與女主公

麥加的社會結構大幅改變。城內將近二成居民是印度人，比例名列第一。大部分朝聖者也來自印度。而且，印度是麥加最大捐贈來源。其實，麥加經濟逐漸與印度貿易緊密相連，在朝聖季節，一艘艘船載著朝聖者和商品、物資從印度出發。因此，麥加十八世紀下半葉具備明顯的印度風情，經濟和財務狀況變得依賴印度穆斯林。可是，沙里夫們與印度人的關係並非一直和諧。

大部分麥加人只在乎自己城市的和平穩定，並不太關心他們的領袖沙里夫加里布被捕、流放。不過，對貝都因人、沙里夫氏族和他們的支持者而言，情況截然不同；他們都擔心自己的性命。加里布所有家人，以及許多支持沙里夫的有權有勢家族，立刻離開麥加，前往附近貝都因部族尋求庇護。他們不再把歐斯曼人視為聖寺的僕人。雖然他們先前遭受外來威脅時請求伊斯坦堡提供保護，但他們如今認為歐斯曼人是決心統治聖城的侵略者。在這個聯盟對象不斷改變的時代，他們公開和瓦哈比分子站在同一邊。有些加里布的親戚前往瓦哈比首府德里耶，加入信奉瓦哈比主義的紹德氏族領袖伊本．紹德。他們獲得熱烈歡迎，並得到大量金錢援助。伊本．紹德授予他們響亮的頭銜，但正如麥加長久歷史顯示，這只是麥加精英階級從某個保護者投效另一個的又一實例。

漢志地區貝都因人很快聯合起來，組成對抗歐斯曼的聯盟。此聯盟主力是巴克姆（Baqoum）阿拉伯人，區域內最強大的部族，曾幾度和歐斯曼人對戰並獲勝。巴克姆族從事農牧，根據地在麥加東方小城塔拉巴（Taraba），距離塔伊夫大約一百英里。這個部族很特殊，因為他們由英勇的女性傑哈莉（Ghalia）領導，她的決心和凶狠有如辛德——穆罕默德的死敵。傑哈莉的丈夫曾經是部族酋長，她喪夫後繼承丈夫財產。雖然巴克姆有個名義上的男性領袖，但傑哈莉的想法和意見在會議上向來舉足輕重。歐斯曼軍隊吃過她的苦頭，害怕她；他們甚至傳播謠言，說她會巫術，對瓦哈比領袖下咒，讓他們戰無不勝。[1]傑哈莉歡迎麥加逃來的沙里夫家人和貝都因人，分送金錢給他們，並鼓勵他們準備和歐斯曼人打仗。

歐斯曼的埃及總督穆罕默德．阿里巴不得拿下阿拉伯，以當作他在歐斯曼領土內建立自己帝國的一部分；他非常清楚，沙里夫和貝都因人正在組成對抗他的聯盟。他指派加里布的姪子亞希亞．伊本．薩陸爾（Yahya ibn Sarur）擔任麥加沙里夫。亞希亞並非最適合人選，但總督想要一個他可以輕易控制、擺布的人。他命令杜松·貝伊攻打剛組成的沙里夫和瓦哈比同盟。聽話的兒子照辦，於一八一三年十一月初帶著兩千名士兵和三十天補給從塔伊夫出發。他沿途追擊並征服許多部族。等到他抵達沙里夫和瓦哈比同盟總部塔拉巴，只剩三天的補給。

他下令部隊立刻攻擊塔拉巴。貝都因聯盟在傑哈莉激勵下英勇抵抗，輕鬆擊退第一波攻勢。歐斯曼部隊翌日再度攻擊，但被迫撤退，行李、帳篷、武器和有限的補給未帶走。貝都因人乘勝追擊，在幾個地點伏擊痛下殺手，以致歐斯曼部隊撤退路線沿途留下七百多具屍體。殘存的歐斯曼部隊回到塔伊夫時，疲憊又士氣低迷；許多生還的人後來飢渴而死。其他攻打沙里夫和瓦哈比聯盟的部隊遭到類似命運。在昆費哈港，一萬名瓦哈比部隊突然出現，歐斯曼人措手不及。堡壘被攻陷；瓦哈比部隊進城，殺死數百名士兵。戰敗之軍跳入海裡企圖逃亡，但瓦哈比部隊咬著劍跳進海裡追殺。

穆罕默德·阿里吃了丟盡顏面的敗仗後改變策略，選擇花更多時間規畫、贏得麥加人心。他廢除或調降許多關稅，尤其是咖啡的稅；他注意學者和法學家的需求，大手筆捐贈給他們；他還投入更多時間修復聖寺。他處罰汙辱麥加人或和麥加人談話時出言不遜的歐斯曼士兵。雖然他曾宣布自己是懷疑論者，但他花許多時間做禮拜，並花心思進行伊斯蘭儀式。朝聖期間，朝聖者駱駝隊伍滿載禮物和商品抵達麥加。即便是十年前停止朝聖的敘利亞朝聖隊伍也獲准進入，雖然他們不但要付一八一三年的買路錢，也要支付前十年的費用，才能通過貝都因人地盤。麥加人看到如此多朝聖者到達聖城，歡天喜地。穆罕默德·阿里決定打開荷包送錢給麥加市民和朝聖者，大家心花怒放。眾人對瓦哈比分子的恐懼暫時消退，穆罕默德·阿里接下來幾個月思索下一步。

終於，有個機會出現；或者，穆罕默德·阿里的奉獻和禮拜獲得回報。瓦哈比分子大家長伊本．紹德一八一四年五月去世。據說他發燒彌留之際，輕聲向兒子阿布都拉．賓．紹德（Abdullah bin Saud）提出最後忠告：「絕對不要在開闊原野和歐斯曼人交戰。」❷阿布都拉繼承父親的位子，雖然有紛爭；糾紛最後由瓦哈比主義學者裁決。他雖有相當技能和勇氣，卻無法像他父親那樣妥善管理貝都因部族。許多部族各行其是，酋長之間發生爭執。南方部族——穆罕默德．阿里最接近的目標——不再獲得北方盟友的支援，穆罕默德．阿里知道自己可以將他們各個擊破。

然而，載運物資穿越遼闊沙漠所需的駱駝仍然短缺。埃及出發的商隊將數千頭駱駝和新的馬匹帶到麥加供軍隊使用，但數目遠不敷所需。吉達和塔伊夫通往麥加的道路上，「駱駝屍體沿途絡繹不絕，顯示持續補充載貨工具有其必要」。❸麥加有許多死駱駝，屍骨腐臭味讓麥加民眾難以正常過生活。民眾要求沙里夫亞希亞清理市區，他徵召了一群貧窮朝聖者做這項工作。他們從山區運來乾草，用來焚燒駱駝屍體，花了幾天完成任務。據估計，穆罕默德．阿里到達麥加後，聖城裡面和附近總共死了三萬頭駱駝。

穆罕默德．阿里努力取得更多駱駝。為了獲得駱駝，他派亞希亞到麥加外圍尋覓。亞希亞帶回幾百頭駱駝。杜松．貝伊沒收路過隊伍的駱駝。穆罕默德．阿里也從敘利亞購買了三千頭駱駝。一八一四年十一月，敘利亞和埃及的朝聖隊伍安全抵達麥加。穆罕默德．阿里之妻、杜松的母親經由海路抵達麥加進行朝聖。她帶了四百頭駱駝，大多用來載運行李。八萬名朝聖者進行朝聖後，穆罕默德．阿里控制了敘利亞和埃及朝聖隊伍的駱駝。埃及隊伍失去兩千頭駱駝，朝聖者經由吉達從海路遣返。敘利亞隊伍有一萬兩千多頭駱駝，穆罕默德．阿里要求朝聖者延長在麥加停留的時間，讓他們的駱駝載運軍隊物資。

穆罕默德．阿里有了足夠的駱駝，終於準備妥當。一八一五年一月七日，他率領兩萬大軍從麥加開拔，前往塔拉巴。他有十二門重砲，另有五百多名持斧壯丁，隨時可砍掉阻擋前進路線的樹木，還有許多泥水匠和地雷人員可用來炸開敵人城池的護牆。此外，有幾頭駱駝載運罕見的貨物——西瓜種子；這些種子是麥加民眾從法蒂瑪谷收集來的，穆罕默德．阿里打算摧毀塔拉巴之後，在當地種西瓜。

瓦哈比分子也準備就緒。他們由阿布都拉的兄弟費瑟以及令人敬畏的傑哈莉領導，部隊超過兩萬五千人，另有五千頭駱駝——沙里夫和瓦哈比聯盟如今已擴大為涵蓋阿拉伯東南部所有部族與許多葉門部族。他們決定按照伊本．紹德的建議，在塔拉巴外的一個區域和穆罕默德．阿里交戰；在那裡，平原被山丘構成的天然壁壘圍繞，狹窄山徑穿過山丘通往塔拉巴。瓦哈比陣營部署在山上，以逸待勞。歐斯曼部隊接近時，瓦哈比部隊按兵不動。等到歐斯曼部隊攻擊時，他們利用居高臨下的優勢逼對方撤退。在平原上，可以鎖定歐斯曼騎兵擊殺：瓦哈比部隊以迅雷不及掩耳速度大開殺戒，然後迅速退回山上據點。為了提振部隊信心，穆罕默德．阿里決定栽種攜帶的西瓜種子，花一整天進行這項白費力氣的工作。瓦哈比部隊利用機會對歐斯曼部隊發動更多突襲——他們的一波波攻勢如此快速、致命，恐懼在歐斯曼士兵和同陣營的貝都因人之間蔓延。瓦哈比陣營得意洋洋，開始談論勝利，而歐斯曼士兵再度感到絕望，認為敗戰即將來臨。有些人臨陣脫逃，逃回麥加。

逃兵在麥加散播謠言，說穆罕默德．阿里陣亡，瓦哈比分子已經獲勝。替英國效力的瑞士旅行家布克哈特表示，「這些消息帶來的恐懼難以想像。我本人當時住在那裡，能以目擊者身分說出實況。眾多軍隊留守人員和歐斯曼朝聖者準備回家鄉；歐斯曼商人和城內士兵也料想勝利的瓦哈比分子一旦進城，他們就死路一條。」❹大家爭先恐後離開麥加。很多人決定徒步前往吉達，而且當晚就走。有些人穿上貝都因服裝掩飾身分，有些人躲到阿布．古貝斯山的城堡。沙里夫亞希亞雖然未接到正式報告，仍計畫迅速逃往吉達。布克哈特加入躲到聖寺的群眾裡，雖然沒有人認為，趾高氣昂的瓦哈比分子會尊重聖寺的神聖地位。所有人都害怕死期不遠。

在塔拉巴附近的戰場上，局勢沒有謠傳那麼糟糕。穆罕默德．阿里自知，只要瓦哈比分子留在山上，他就贏不了。必須設法將他們引誘到平地。經過一番思索，他以伊斯蘭歷史為師：說得明確一點，效法先知穆罕默德在六二五年對抗古萊什族的烏互德之役。穆斯林當年落敗，是因為他們自以為獲勝，因此放棄烏互德山上的安全陣地，下到平地收集戰利品。他們一下到平地，遭到兩面夾攻，勝利變成慘敗。穆罕默德．阿里採取相同戰術。他花一整天撤離相當大比例的部隊，將這些部隊部署在後方的戰略有利位置。翌日一早，他下令其餘部隊往瓦哈比陣地推進，比先前更靠近對方，並在開槍後撤退。不過，他們撤退時必須顯得潰不成軍。計畫按部就班實施。瓦哈比分子看到歐斯曼士兵撤退時慌亂無章，以為自己獲勝，覺得殲滅敵人的時機已到。他們下山，在平原追擊逃走的歐斯曼士兵。此時，穆罕默德．阿里的部隊完美執行計畫：瓦哈比分子離山區已有一段距離後，立刻被穆罕默德．阿里安排的部隊包圍。

穆罕默德．阿里選了一小片平地，「命令部下張開地毯，拿來他的菸斗，他坐下來說，他不會移動半步，而是坐在那裡等待他的行動帶來勝利或死亡」。❺他懸賞每顆瓦哈比分子人頭六塊錢。他的部隊不到五小時贏得戰役。大約五千顆頭顱堆在他面前：「在一個狹窄山谷，一千五百名瓦哈比分子被包圍，死無全屍。」❻瓦哈比戰士屍體散布整個平原。只有三百名瓦哈比戰士存活，但費瑟和戰鬥女王傑哈莉兩個人都撿回性命。

穆罕默德．阿里奪下塔拉巴之後，決定乘勝追擊，出兵攻打一些瓦哈比主義支持者，包括昆費哈港。然而，穿越沙漠長征要付出代價。每天有幾百匹馬和駱駝死亡，士兵又餓又累。等到三月二十一日他終於返回麥加時，只有一千五百名歐斯曼士兵和不到三百頭駱駝還活著——比起十個星期前才出發的浩大軍隊，無法相提並論。

瓦哈比分子元氣大傷。他們在塔拉巴附近的敗仗被穆罕默德．阿里當成大勝向中央政府呈報。三百名瓦哈比戰俘在麥加——原本聽到他們名字就顫抖的城市——遊街示眾。五十人被插在麥加各城門前面；十二人插在咖啡館和其他民眾聚集地點；其他人插在吉達主城門前。他們的屍體任由野狗和禿鷹啃食。

穆罕默德．阿里重返麥加後，召集所有學者、法學家和地方貴族。會議上宣讀寫給阿布都拉．伊本．紹德的信。這封信呼籲德里耶的瓦哈比主義領袖投降，提出和平的條件。幾個月後，穆罕默德．阿里返回開羅。

麥加的統治架構如今已經改變。埃及政府在麥加的代表是馬哈菲茲（mahafiz），意思指監護人。歐斯曼帝國在吉達有總督。麥加沙里夫亞希亞成為夾心餅乾。他現在只是名義上的領袖，無權置喙行政，對麥加事務無足輕重。麥加人依賴埃及的馬哈菲茲——確保聖城有足夠玉米和小麥製作麵包的人——維持麥加法治。他們從吉達總督獲得大筆捐款和禮物。大多數麥加人接受如此安排，快樂過日子。

可是，亞希亞並不滿意，把氣出在傳遞穆罕默德．阿里的公報和命令給麥加居民的信使身上。一八二七年，信使宣讀總督的指令時，亞希亞派人暗殺他。亞希亞立刻前往城堡準備防禦，但埃及人的槍口已經對準他。他投降，並承諾前往開羅向穆罕默德．阿里請罪，但實際上卻躲到哈爾卜族。他最後在塔伊夫附近被埃及士兵逮捕送到埃及，一八三八年去世。

麥加需要新的沙里夫。穆罕默德．阿里起先支持加里布之子阿布都．穆塔里布，他一八一五年隨父親流放到薩洛尼卡。他廣受麥加人歡迎，回到麥加統治一年。但穆罕默德·阿里三思之後改變心意。他的老戰友穆罕默德·伊本·阿布都·莫英·伊本·奧恩（Muhammad ibn Abdul Moin ibn Aun）會是更理想、更能幹的統治者，曾在漢志地區的戰爭中協助他。伊本·奧恩一八二八年取代阿布都·穆塔里布。接下來三十年，權柄有如鐘擺，在伊本·奧恩和阿布都·穆塔里布之間擺盪，兩人各自擔任沙里夫多達三次。

一如慣例，伊本·奧恩必須和親屬進行常見的權力爭奪戰。不過，他是正確的選擇，雖然未按照穆罕默德·阿里的本意行事。見過他的人形容，他「有智慧、性情溫和、懂外交手腕，身高五呎七吋，長相英俊、下巴有稜有角、牙齒整齊、鬈髮很長」。❼他的衣著品味出名，據說穿顏色鮮豔的長袍，戴寬鬆白色頭巾、綁彩色頭帶，還穿棉紗襯衫、刺繡長褲，總是腰繫金匕首、閃亮的波斯劍，手持駱駝棍。所有看到他高貴氣質、和顏悅色、平易近人態度的人，無不感到驚訝甚至傾倒。不過，在隨和的外表下，他有鋼鐵般的意志，決心爭取獨立統治麥加的權力。如今瓦哈比分子不再構成威脅，伊本·奧恩認為他的首要任務是去除麥加的埃及部隊。他和祖先一樣，開始與漢志地區貝都因部族結盟，尤其是哈爾卜族。可是，他的動作引起埃及馬哈菲茲懷疑，兩人之間的糾紛導致他們雙雙在一八三六年被調到開羅。

伊本·奧恩運用外交技巧，一八四〇年恢復原先職務和地位。穆罕默德·阿里和伊斯坦堡蘇丹之間的協議，已讓麥加再度由中央政府直接管轄。中央政府在希臘獨立戰爭徹底失敗後重新調整；希臘獨立獲得歐洲列強支持。伊本·奧恩再度擔任麥加沙里夫的任期持續十二年。這段期間，伊斯坦堡變成「歐洲病夫」，逐漸受歐洲列強的計謀影響，這些歐洲國家的競爭最後導致克里米亞戰爭（一八五三至一八五六年）。這是伊本·奧恩設法為聖城取得更大獨立地位的時機。他的努力再度製造摩擦：這次的對象是吉達總督歐斯曼（Osman Pasha）。

歐斯曼是穆罕默德・阿里的朋友，他利用自己和穆罕默德・阿里的關係破壞伊本・奧恩的外交努力。歐斯曼曾把麥地那管理得有聲有色，受到蘇丹肯定。他也因為多次征討瓦哈比分子而博得伊斯坦堡好感；瓦哈比分子如今已在利雅德建立新首都。歐斯曼在阿拉伯南部的征戰也為歐斯曼帝國統治葉門鋪路。因此，他比單打獨鬥的伊本・奧恩占有很大優勢。

哈爾卜族叛亂時，局勢演變成危機。哈爾卜族對歐斯曼發出怨氣，因為他們讓朝聖者安全通行，歐斯曼未提供補助回報。他們在酋長伊本・盧米（ibn Rumi）率領下攻擊麥地那附近一個歐斯曼小型軍營，表達不滿。歐斯曼按照歐斯曼帝國傳統方式因應。他邀請伊本・盧米到他那裡談判，並舉辦盛宴，以鋪張排場歡迎酋長。他設置特別的帳篷，安排小丑表演娛賓。表演進行到一半，歐斯曼藉故離席，他的士兵割斷帳篷繩索，酋長和隨從有如網中受困的魚，接著是無可避免的殺戮。每個人身首異處，即便是酋長的十二歲弟弟也被殺。他們的頭插在木樁上，送到麥加示眾。

伊本・奧恩一直努力和哈爾卜族發展融洽關係，歐斯曼的行動嚴重破壞這項政策，也重創他在貝都因部族的名聲。毫不意外，哈爾卜族現在把歐斯曼人當成頭號敵人，開始騷擾朝聖隊伍。接下來二十年——一八五〇和一八六〇年代——朝聖路線發生無數攻擊事件，唯有支付高額買路錢，哈爾卜族才允許隊伍通過。

伊本・奧恩和歐斯曼公開決裂，但雙方實力懸殊。歐斯曼說服蘇丹撤換伊本・奧恩，並在一八五二年八月接獲逮捕他的命令。命令送達的同一天，伊本・奧恩的宮殿未接到通知就被包圍。伊本・奧恩大可以抵抗，可是眼見大砲在宮殿前架好，他覺得乖乖就範比較明智。六十歲的阿布都・穆塔里布・伊本・加里布再度被任命為統治麥加的沙里夫。

待在伊斯坦堡歐斯曼宮廷的日子，對阿布都．穆塔里布產生重大影響。他是個膚色較深的瘦高男子，打扮像宮廷官員：頭戴喀什米爾頭巾，穿藍色長袍，腰際掛著閃亮鑽石裝飾的匕首。他善用蘇丹宮廷中的人脈，尤其是首相，並嘗試讓麥加享有一些和平穩定。可是，他的兩次統治都未持續太久。

他開始第二次任期時，麥加正經歷當地歷史上最不名譽的事件。伊斯坦堡發布一連串禁止奴隸的法令，惹惱麥加人。如同歐洲和其他國家，中央政府正在因應現代化的需求，而那個時代已經知道講人權，說得明確一點，或者應該說意識到大部分民眾的人權非常沒保障。法國在大革命初期的一七九四年率先宣布廢除奴隸制度，但一八〇二年又恢復奴隸制度，直到一八四八年才永久廢除。英國在一八〇七年禁止奴隸交易，雖然大英帝國的奴隸制度一八三四年才廢除——錫蘭和東印度公司管轄地區除外。美國在一八六〇年代面對這個大問題，經由血腥內戰方才解決。俄羅斯在一八六一年解放農奴。

歐洲也為授予權利給宗教少數族群而奮戰。一七八九年，法國第一屆革命議會首開風氣，通過《人權與公民權宣言》（*Declaration of the Rights of Man and the Citizen*），導致猶太人在一七九一年解放。荷蘭接著在一七九六年解放猶太人。在英國，天主教徒一八二九年解放，猶太人一八五八年解放。歐斯曼帝國的觀念不比歐洲其他地方落伍，對不知改變的保守分子同樣不留情，尤其是在情況令人搖頭的麥加。

蘇丹馬哈茂德二世（Mahmud II，一八〇八至一八三九年在位）頒布敕令，讓白人奴隸自由。他的兒子和繼任者蘇丹阿布達．馬吉德一世（Abdal Majid I，一八三九至一八六一年在位）認為，「有理智的人類買賣同類，是可恥、野蠻行徑」[8]，於一八五四年十月發布另一項敕令，禁止買賣切爾克西亞（Circassia）兒童。一八五六年二月十八日，被形容為「十九世紀歐斯曼大憲章」的蘇丹敕令（Hatti-Humayun）頒布❾，給予猶太人和基督徒法律上的平等權利，並包含嚴格的反奴隸措施。不過，奴隸制度是麥加固有現象，當地人認為理所當然，它是麥加經濟不可或缺的一環。黑人奴隸擔任保鑣和士兵。切爾克西亞兒童被當成僕役使喚。女奴隸被當成妾，且正如布克哈特說的，變成大多數富商的情婦。許多虔誠的麥加人認為，《古蘭經》和先知穆罕默德贊成奴隸制度。他們聽到廢除奴隸的構想，非常不以為然。他們主張，既然沒有時間區別、永恆的《古蘭經》提到奴隸制度，那麼奴隸制度也應該永遠存在。此外，《古蘭經》讚許行善，如果沒有奴隸可解放，他們哪能藉由解放奴隸行善？

他們同樣不能接受，蘇丹敕令允許猶太人和基督徒在穆斯林法庭作證，並給他們平等機會在政府工作和擔任主管。其實，敕令禁止猶太人和基督徒是希米（dhimmi）階層的傳統觀念；希米是指必須繳納人頭稅（jizya）以獲得保障的少數族群。歐斯曼人認為他們是法律權利平等的公民，擁有所有公民的全部權利和待遇。麥加人認為這直接牴觸伊斯蘭律法。

所有麥加人站出來反對蘇丹敕令。城內出現激烈抗議。學者和法學家呼籲麥加人，不論土生土長還是外地來的人，起而反對違反真主律法的行為。歐斯曼人在街上遭到攻擊，他們——包括居民、朝聖者、士兵——無法在城內自由行動。沙里夫阿布都・穆塔里布嘗試恢復秩序但失敗。他曾想請蘇丹協助，但他知道歐斯曼此時正參與克里米亞戰爭，意謂他無法對蘇丹伸援期望太高。他決定自組軍隊，以軍事手段建立秩序。可是，這個動作引起歐斯曼人誤會，他們以為他想造反。麥加的歐斯曼官員在抗議活動中被石頭砸到臉，局面火上加油。沒幾星期，阿布都・穆塔里布被調回薩洛尼卡，伊本・奧恩第三度掌權。但後者恢復麥加秩序的努力也不是那麼成功。他如今年事已高，無法在麥加發揮實質影響力。麥加人拒絕在主麻禮拜中提到蘇丹的名字。歐斯曼人持續覺得在麥加缺乏安全感。伊本．奧恩一八五八年三月去世，享壽九十歲。

伊本．奧恩的兒子阿布都拉．伊本．穆罕默德．伊本．奧恩（Abdullah ibn Muhammad ibn Aun）一八五八年繼位。阿布都拉和他父親一樣，在伊斯坦堡待了相當久，而且是蘇丹樞密院成員。不同的是，阿布都拉明白，時代正在改變。英國和法國如今已在吉達設立領事館，他必須和歐洲強權打交道。麥加也因為有了電報，和世界其他地區相連。阿布都拉試著調適變動的環境。他大致恢復麥加的秩序後，利用兩艘英國蒸氣船運送物資，成功在一八六九年攻打昆費哈。

蘇伊士運河同一年開通，也為阿拉伯帶來深遠影響。瑪穆魯克朝和歐斯曼帝國都討論過開鑿運河的構想，尤其是後者十六世紀面對進入印度洋的葡萄牙部隊時。當時的問題是，如何將歐斯曼海軍力量從地中海轉移到紅海。這是我不願但無法不想的諸多「如果」之一。如果擁有運河，歐斯曼人是否會繼續留在他們辛苦努力想要認識的印度洋世界？世界貿易路線重新調整的利益是否由他們獲得，而不是歐洲？果真如此，歷史走向會是如何？蘇伊士運河構想成真，是法國工程師德雷賽布（Ferdinand de Lesseps）和法國資金的成果。運河讓歐洲左右埃及事務的局面確立——拿破崙未能達成的目標——是財力勝過武力的實例。由於這條運河代表英國和帝國皇冠上的珠寶印度之間的重要通道，埃及成為英國和法國持續較勁的地點，兩國互相爭奪埃及內政的操縱、主導權。對於麥加而言，運河意謂歐斯曼軍隊如今可以迅速抵達吉達，也能快速增援，不像以前要幾個月才能抵達聖地，而且因為長途跋涉穿越沙漠，到達時筋疲力盡。全球趨勢開始對聖城造成衝擊。

麥加的社會結構大幅改變。城內將近二成居民是印度人，比例名列第一，他們來自古吉拉特、旁遮普、喀什米爾、德干高原，被當地人總稱為 Hindis（這個詞有貶意，源自印度的原始名稱印度斯坦 Hindustan）。大部分朝聖者也來自印度，他們乘船到吉達。而且，印度是麥加最大捐贈來源。其實，麥加經濟逐漸與印度貿易緊密相連，尤其是古吉拉特首府蘇拉特（Surat）的貿易；蘇拉特幾乎完全投入「紅海生意」——船隻滿載的紡織品、香料、其他商品不是只在朝聖期間運到麥加，而是全年運送。在朝聖季節，一艘艘船載著朝聖者和商品、物資從印度出發。因此，麥加十八世紀下半葉具備明顯的印度風情，經濟和財務狀況變得依賴印度穆斯林。

可是，沙里夫們與印度人的關係並非一直和諧；其實，在印度次大陸創建蒙兀兒王朝的巴卑爾（Babur，一四八三年至一五三〇年）一開始和麥加人關係相當差。蒙兀兒人和阿巴斯哈里發們、歐斯曼蘇丹們不同，未經常送貴重物品到聖城。印度雖然經營載運朝聖者到阿拉伯的船隻，但沒有朝聖隊伍從印度前往麥加。而且，蒙兀兒從未協助麥加統治者。此外，十八世紀末之前，印度朝聖者人數有限，比起埃及、敘利亞或歐斯曼的朝聖者較無分量。印度朝聖者相對較少，可能是因為很多印度人不認為朝聖非去不可。這種觀念的主要根據不是神學而是地緣政治因素，因為當時要從印度前往麥加，只能從海路航行穿越葡萄牙控制的海洋，或經由陸路穿過什葉派的波斯。蒙兀兒皇帝「偉大的阿克巴」（Akbar 'the Great'，一五四二至一六〇五年）曾提出派遣印度朝聖隊伍的構想，就像埃及、敘利亞那樣，但構想從未實現。蒙兀兒皇帝們將親手抄錄的《古蘭經》當成禮物送給麥加。並不特別虔誠的巴卑爾是第一位贈送這種手抄本的皇帝。麥加領袖們比較有興趣的是現金，對這種禮物嗤之以鼻，沙里夫們和蒙兀兒皇帝們的關係因而欠佳。

蒙兀兒皇帝奧朗澤布（Aurangzeb，一六一八至一七〇七年）在一六五九年致贈六十六萬盧比給聖城。沙里夫認為這筆金額微不足道，甚至拒絕承認奧朗澤布——可能是蒙兀兒皇帝中最虔誠的一位——是合法帝王。比起其他捐贈，這筆錢確實相當少，但奧朗澤布故意這樣做，因為他和以前的帝王們一樣，認為沙里夫們徹底腐敗。他擔心自己的捐款會被沙里夫中飽私囊，而不是用來嘉惠麥加民眾，因此跳過沙里夫，直接將錢分發給聖城的學者、法學家和居民。他的作法徒然造成沙里夫更加不快。

蒙兀兒帝王雖然瞧不起沙里夫，但他們一開始將麥加視為烏托邦。它是個真誠、純潔的城市，是救贖的地方。因此，他們把身敗名裂的貴族放逐到聖城：「被趕到麥加，進行可能長達一年、通常更久的旅程，在政治上是嚴厲處罰，被罰的人很難取回原有財富。」❿各種不當行為可能導致貴族或朝臣被流放到麥加。有時威脅要放逐，就足以讓當事人改過遷善。不過，威脅無法達成期待效果時，貴族真的會被送上船載到麥加悔改。阿克巴將兩位宗教領袖送去參與朝聖，因為他們不斷公開爭吵。打輸戰役也可能導致宗教旅行。一六九〇年，奧朗澤布有位將領在戰場上表現不佳，他被革職並送到麥加。這樣做的目的是讓當事人洗心革面、改變觀念，但不見得每次奏效。有些人回來後表示遭到麥加人不當對待，有的人變本加厲。毫不意外，蒙兀兒皇帝們對麥加人的看法逐漸改變。最後，他們對聖城幾乎毫無興趣——除了把它當作處罰不規矩貴族最後手段的地點。

相對於蒙兀兒皇帝，印度行省的統治者們深愛麥加。王侯（raja）、蘇丹、太守（nawab）投入相當多時間和資源照顧麥加朝聖者。例如，希望聯合歐斯曼帝國對抗葡萄牙的古吉拉特蘇丹穆薩法二世（Muzaffar II，一五一一至一五二六年在位）在麥加興建房屋，供貧窮的印度朝聖者居住，並付錢租船免費送窮人到麥加。古吉拉特另一統治者蘇丹馬哈穆德二世（Mahmud II）將轄區部分村莊的稅收保留下來，當作在麥加分發現金和興建各種宗教建築的基金。孟加拉和其他地區的統治者仿效他。

麥加與印度人關係失和，對麥加的印度居民造成不良影響。麥加經濟從依賴埃及、歐斯曼變成依賴印度，麥加人並不樂見。首先，英國東印度公司在印度洋擁有一席之地，印度朝聖者由英國商船載到目的地，此舉大幅減少沙里夫的陸路稅收，導致中央政府分配的資金縮水。此外，麥加人認為印度人對他們不大方，因此印度人不管有錢沒錢，都同樣受到不客氣的對待。這使得印度人處境堪虞，因為印度人沒有軍隊保護，不像比例只占麥加百分之五的歐斯曼人。其實，阿拉伯人和歐斯曼人都對印度人不友善。馬來人和印尼人受到更差待遇；他們總共占麥加居民百分之五左右，在當地合稱為「爪哇人」（Jawah）。

在這種背景下，太守希康達夫人（Nawab Sikandar Begum，一八三八至一九〇一年）到麥加，當時沙里夫阿布都拉仍當權。希康達夫人是印度次大陸第二大英屬印度行政區、封建制度波帕邦（Bhopal）的世襲統治者，精力充沛、個性獨立又見多識廣。她從不遵守男女隔離（purdah）的習俗，學過武術，甚至帶兵打過幾次仗。她極為富有，生意頭腦好又精明。⓫

她從母親繼承波帕統治權，也是波帕連續四任女性統治者之一。在維多利亞擔任英國女王的時代，女性當家在全世界並不稀奇。希康達夫人和一八七六年即位的印度女王之間的相似處，一直讓我感到訝異。照片中的希康達夫人看起來和維多利亞女王一樣不苟言笑，而且一樣胖。希康達夫人對英國非常忠誠，在第一次印度獨立戰爭、也就是一八五七年的印度起義中支持英國統治，而產生爭議。波帕境內宗教領袖想宣布起義行動是聖戰，遭到她推翻。她和後代因此獲得英國的好感，讓她在獎賞對象中名列前茅，包括贈予徽章和頭銜。《倫敦畫報新聞》（*London Illustrated News*）一八六三年報導⓬，希康達夫人是印度之星騎士團（Order of the Knights of the Star of India）唯一的女性——除了維多利亞女王之外。英國統治全盛時期，這些都是排場的重要一部分；當時，印度統治者地位高低區分詳細，並展現在每位統治者適用的響炮致敬次數。英國帶來的宮廷禮儀、尊稱和繁複的正式儀式，掩飾印度本土統治者缺乏獨立和自主的情況。

希康達夫人進行朝聖時，遵循巴卑爾時期以來的傳統——印度女貴族帶著隨從到麥加。她的前輩包括巴卑爾女兒、阿克巴的姑姑古爾巴丹公主（Gulbadan Begam）。古爾巴丹在一五七五年到麥加，數百名隨從幾乎全部是女性，除了僕役。他們全部留在麥加，進行多次朝聖，並在七年後的一五八二年返鄉。一六六〇年，守寡的比賈布爾（Bijapur）女王帶了另一團女隨從到聖城。十七世紀期間，德干的公主和女貴族經常去麥加。獨立、自信但非常富有的印度女性沒有丈夫陪伴，克服路途上的所有風險和危險到麥加，希康達夫人可說是追隨她們的腳步。

希康達夫人在一八六四年一月抵達吉達，她帶了幾船的禮物和現金，準備在麥加分送，而她身為印度一個邦的統治者，預期會受到符合自己地位的禮遇。可是，阿拉伯人和歐斯曼人對她的態度非常惡劣。沙里夫阿布都拉甚至未迎接她或會晤她，卻希望她表現敬意，並遵守他的禮儀規定。另一方面，她露白的財富吸引聖城的強盜和土匪，不論是阿拉伯人還是歐斯曼人。她的船一停靠吉達港，行李就被破壞。吉達總督也對她不客氣，還向她課徵離譜的重稅。她八十頭駱駝組成的隊伍從吉達前往麥加途中，幾度遭到搶劫。在麥加，她預訂好下榻的居所，卻當著她的面分租給別人。總之，聖城對印度來的尊貴太守極盡輕蔑之能事。

她面對每項羞辱的回應是，寫信給沙里夫和歐斯曼官員。她以烏爾都文（Urdu）寫了兩封信，一份給她自己，一份給維多利亞女王，英文翻譯版在一八七〇年出版。她的麥加之旅經歷寫成《夫人朝聖記》（*The Princess's Pilgrimage*），內容大多是這些信函和得到的回覆。書中有個事件抓住麥加人和印度人關係的本質。

希康達夫人抵達麥加後，按照傳統直接前往聖寺。完成儀式後，她走向下榻處，陪同者有近臣毛拉阿布都・卡伊烏姆（Molvi Abdul Kaium，毛拉頭銜〔molvi〕意謂他是宗教學者），以及歐斯曼官員賈菲爾・艾方迪（Jafir Effendi）。麥加沙里夫的四名奴隸追著毛拉，將他推到牆邊，然後開始毆打他：

> 毛拉大聲呼叫：「夫人！沙里夫的奴隸打我，太汙辱人了。」我問那名奴隸，「兄弟，你為什麼打毛拉？他是我的部屬。」他回答：「你必須來我們沙里夫家，吃他準備的晚宴。」我回應：「沙里夫沒有邀請我；等我發完捐獻，我會過去。」說完，我繼續走，一名跟著賈菲爾・艾方迪的高大壯碩奴隸拔劍，開始攻擊毛拉。一如剛才，毛拉向我呼救；我向攻擊他的人抗議，說毛拉正按照我的指示，帶領我到住的地方。奴隸回答：「我的主人沙里夫的大餐都快餿了，他花了五千盧比，錢都白花了。」賈菲爾・艾方迪接著說：「閣下最好去沙里夫家，不然他會非常生氣。他生氣可就難看了。」[13]

希康達夫人被迫前往沙里夫的宅邸。可是，沙里夫伊本・奧恩並未在家迎接他，只見到一張餐桌擺了菜餚。「晚宴包括大約五百道阿拉伯菜色，有的鹹，有的甜。他們說，『吃吧』。我以未受到邀請為由婉拒」。不過，希康達夫人被迫坐下來吃不美味的冷菜，並留下來過夜。翌日醒來，她發現寢室門口「鋪了一張繡了許多金絲的地毯」。[14]希康達夫人和大部分印度貴族一樣，喜歡嚼荖葉包裹、添加熟石灰和香料的檳榔（paan）。嚼檳榔的後遺症是身邊要準備痰盂。夫人認為，在地毯上或附近嚼檳榔，可能弄髒地毯，因此要求將地毯收起來。地毯尚未捲起，賈菲爾・艾方迪帶著二十五個托盤的菜出現。

「我昨晚已經吃了他的晚餐。」希康達夫人說，「為什麼早上又送來更多菜？第一天讓客人大吃大喝，並不合習俗。」他回答：「我們國家的習俗是，一天請旅客吃兩次，連續三天。」她回應：「我未接到通知，未獲沙里夫邀請，怎麼可以接受招待？」他說：「你必須接受，不可以退回，因為這樣做會讓沙里夫非常生氣。」希康達夫人回答：「如果沙里夫有意按照貴賓地的禮儀連續招待我三天，應該在我的船載著所有隨從靠岸時宴請。我只帶二十到二十五人來這裡，沙里夫卻給我足夠一、二百人吃的食物。我要分給誰吃？沙里夫的好意浪費了。」這名送食物的歐斯曼官員勃然大怒說：「你不遵從沙里夫的命令，對他不禮貌。」⓯

希康達夫人再度被迫用餐，而且當天食物不斷送來。隔天一大早，穿著制服的武裝士兵衝進房子。他們搶走沙里夫的繡毯，以棍子毆打希康達夫人的女侍，洗劫廚房並威脅希康達夫人。

可想而知，希康達夫人不論對沙里夫或麥加都沒有好感。她覺得，麥加人「狂野」且不友善，當地人不老實。她宣稱，麥加男女都是「沒價值的人」。她寫道：「大家都富有，可是他們小氣、貪婪，沒有人認為乞討是丟臉的事；不論地位高低，不分男女老少，某種程度上都是乞丐。不管你給多少，他們永遠不滿足。即便是依靠勞力賺錢的人也不知足，工作尚未完成就要求酬勞。雇主本身也是能騙就騙。」⓰每個人，「包括貴族和平民」，為了布施物爭得「你死我活」。

「在麥加，民眾不善歌唱，也不懂舞蹈」，夫人寫道；她在自己的宮廷鼓勵詩歌、演唱、舞蹈、藝術和高尚文化。希康達夫人也不喜歡麥加女性吹口哨的習慣，這或許比較反映她的成見，而不是反映麥加女性的模樣。「婚禮上，女性唱逗趣的歌並跳舞，但表現很差，一點也不賞心悅目，反而令人相當反感。」⓱她更厭惡麥加女性頻繁地再婚。結十次婚不稀奇，「只結兩次婚的人寥寥無幾。一名婦女如果覺得丈夫老了，或者如果她喜歡上別人，她會和沙里夫討論之後拋棄丈夫，找一個新的對象，對方可能年輕、英俊、有錢。因此，婚姻很少維持兩年以上」。[18]喪夫的希康達夫人對此不以為然，雖然她未像維多利亞女王一輩子守寡；後者無疑是歷史上最有名的寡婦。希康達夫人認為，幾乎所有「被印度斷絕的壞操行，都可在麥加看見」[19]，而她發現，麥加的德里人數目高居印度之外地區的首位。不過，印度人受到惡劣對待，沒有人怕他們。她親眼多次目睹貝都因人對印度朝聖者暴力相向。

麥加或許如希康達夫人形容，是個「野蠻、乏味、令人反感的」地方[20]，但它仍相對安全。麥加之外的生活不穩定、危機四伏。朝聖者從麥加到麥地那的旅程，如今幾乎和十世紀嘎爾馬提派時期一樣危險。希康達夫人明智地決定不去麥地那，她提出一長串理由，包括「道路品質不良」、「我的部隊不多」、「貝都因人每一站都要求布施」，以及「地方當局不保護朝聖者」。[21]麥加人嘗試說服朝聖者不要去麥地那，不過，虔誠、狂熱的人，其中許多人來自遙遠地方，經常堅持走一趟危險旅程。如果可能，沙里夫會試著為前往麥地那的朝聖隊伍提供保護。

麥加到麥地那的路有多危險，在「哈菲茲」（Hafiz）阿赫瑪德．哈山（Ahmad Hassan）身上展現無遺；他比希康達夫人晚幾年進行朝聖。他是按照古老傳統，在「天房」停留後造訪先知之城的人之一。阿赫瑪德．哈山是印度拉賈斯坦邦（Rajasthan）通克（Tonk）太守的官員，一八七一年隨著一百五十人的隊伍抵達麥加；「哈菲茲」這個頭銜是指能夠背誦全本《古蘭經》的人。一如希康達夫人，他效忠英國王室。正如他的著作《卡巴與查令十字朝聖之旅》（*Pilgrimage to the Caaba and Charing Cross*）名稱顯示，他的旅程在倫敦結束，可是和希康達夫人不同的是，他和沙里夫交好，後者同意派人護送他到麥地那。

阿赫瑪德．哈山發現，沙里夫阿布都拉是一位「非常有修養的紳士」和「非常英俊的男人」。

[22]即使如此，他和夫人一樣討厭麥加人。他宣稱，大部分麥加人無知、缺乏教養、貪婪。「當地人非常喜歡穿鮮豔、花俏的絲質和羊毛衣服」，他這麼寫。「衣服布料來自英國和法國廠商，但無知民眾認為它們全部是伊斯坦堡製作，打死不相信來自其他國家，即使布料上面寫著生產廠商名稱和地點」。[23]這是個有趣的以偏概全例子。當然，改變歐洲風貌的是印度紡織品——說得準確一點是內衣。然而，隨著美洲和印度洋海運開通，傳到歐洲的五花八門時尚和新奇產品被認為屬於歐斯曼式，是歐斯曼領土的產品，不論原產地為何。被拿來祭五臟廟的鳥類火雞（turkey）因此得名。希康達夫人和阿赫瑪德．哈山都認為，麥加市內市外的貝都因人粗魯、惹人厭，是「凶暴的掠奪者」；考量到他們的遭遇，這種感受不讓人意外。

阿赫瑪德．哈山準備前往麥地那時發現，麥加許多駱駝夫和貝都因強盜、土匪狼狽為奸。他們帶著朝聖者直接走進精心布置的陷阱和預謀的殺戮。沙里夫答應提供十名可靠的武裝駱駝夫，外加一群奴隸：「可以依賴的孔武有力男子」。翌日，「沙里夫帶給我大約十名長相惹人厭、醜陋、體態欠佳的傢伙，外貌窮凶惡極，他們穿著以舊毯子或舊地毯製作的鬆垮衣服。他們攜帶笨重火繩槍和匕首，怎麼看都是最不受歡迎、鋌而走險的人」。[24]阿赫瑪德．哈山以為他們是強盜，但沙里夫安撫說，他們是他的保鑣。雖然已召集人數不少的隊伍，「相當足以抗衡任何貝都因匪幫」，他仍然覺得自己保障不夠。因此，他另覓管道尋求更多保護。

阿赫瑪德．哈山在距離聖寺不遠的地方遇到一名男子，他被當地印度人稱為哈拉姆親王（Sheikh al-Haramme，意思是盜賊之王）。Haramme 在烏爾都語的意思是壞蛋，我懷疑印度人用這個詞泛指貝都因人。阿赫瑪德．哈山寫道，「據說，他屬於地位最高的強盜部族，他的影響力龐大，光是他和我們的隊伍同行，就足以確保我們不受攻擊」。[25]老邁的哈拉姆親王被僱用——一步好棋——阿赫瑪德．哈山和隨行人員從麥加出發。

雖然有預防措施和保鑣，阿赫瑪德．哈山的隊伍仍然在第一個夜晚遭到打劫。他的一些駱駝被搶走，部分團員受到攻擊。他們翌日遇到另一支遭到攻擊的隊伍，後者有幾個人傷勢嚴重。「我親眼看到一名男子」，阿赫瑪德．哈山寫道，「他是喀什米爾人，膚色白皙、身材壯碩。他的眉毛和臉頰被搶匪砍傷，傷口嚇人。」搶匪最喜歡的戰術是從後方攻擊，以匕首劃傷眼睛、割開臉頰。「我覺得，那個喀什米爾人的傷似乎沒救了，他臉部和眼部的傷太嚴重」。還有一件令人不安的事件：「那個隊伍中有個歐斯曼人，因為五個同伴在睡夢中連同駱駝被土匪劫走而嚇得精神失常。這個可憐的男子被帶到偏僻處，然後遭到無情殺害」。[26]

貝都因人不斷攻擊阿赫瑪德．哈山的隊伍。雖然哈拉姆親王提高戒備，現身並不斷勸阻貝都因人，隊伍幾名成員被抓走並遭到冷血殺害，尤其是落在隊伍後方的老弱者。若不是有哈拉姆親王，整支隊伍可能全部送命。

在麥加與漢志其他地區遭到惡劣對待、經常被搶劫的不只有朝聖者。麥加似乎陷入仇外心態無法自拔。城內出現對付猶太人和基督徒的瘋狂運動。由於麥加沒有穆斯林以外的人，麥加人前往基督徒和猶太人居住的吉達發洩怒氣。吉達的基督徒遭到多次攻擊，大多由麥加人策畫、進行。阿拉伯人和歐洲人之間的糾紛已變成吉達生活常態，最後導致法國領事被謀害。

在麥加，仇外態度迫使沙里夫阿布都拉接受市區重新劃分，他的自主權因而打折，法治幾乎無法落實。阿拉伯人拒絕由歐斯曼人審判、遵守現代化改革後的歐斯曼法律，因為他們認為這些法律違反伊斯蘭法。因此，阿拉伯人必須由沙里夫親自審判，除非案子需要由麥加的伊斯蘭法庭審理。歐斯曼人由歐斯曼法官（Wali）審判。印度人和其他種族尋求各自的法官。可是，貝都因人和麥加在地人——在麥加出生的麥加人——只能由沙里夫審判的傳統有不足之處。沙里夫審判過的人可能被歐斯曼法官逮捕或釋放，反過來也一樣。因此，情況混亂。

阿布都拉的繼任者、沙里夫胡笙・伊本・穆罕默德・伊本・奧恩（Hussain ibn Muhammad ibn Aun）成為麥加人的出氣筒。胡笙在一八七七年接下兄弟的沙里夫位子，並延續他的政策。溫和、開明的胡笙認為，歐洲對漢志與日俱增的影響力不可忽視。對於麥加人來說，這無異數典忘祖，與基督徒沆瀣一氣。

關於沙里夫胡笙的外貌、舉止，有兩筆敘述，雖然內容簡短。第一筆來自基恩（John F. T. Keane），他是英國裔印度探險家，一八七七至一八七八年曾在麥加居住六個月。他出生在吉卜齡時代的印度，是加爾各答聖公會法政牧師（canon）的兒子，小時候曾離家出走去海邊。不過，基恩像英屬印度時代的白人統治者一樣，注意細節和典型。他能說流利的烏爾都語，和印度穆斯林相處非常自在，因此他的白皮膚和英國口音在麥加未引人側目——很多麥加人可能以為他是喀什米爾人。他隨著一位盛大進行朝聖的印度王子到麥加。基恩融入群眾，在麥加自由走動。雖然麥加太擠，他並不喜歡，但對當地多元族群現象興致盎然，並提供詳細敘述。這是英屬印度習性的真正反射作用和反映，而英屬印度按照人種學制定法典、劃分行政區、統治。英國因為知識局限而在印度形成這種耐人尋味的策略，並輸出至其他所到之處。基恩表示，除了人口主力印度人、阿拉伯人、歐斯曼人，麥加也有比例相等的小部分非洲人、波斯人、馬格里布（Maghreb）人，以及敘利亞人、韃靼人和貝都因人。其他比較明顯的少數民族包括中國人、俄羅斯人、「天知道打哪來的野蠻人」。[27] 對於基恩而言，麥加是個令人興奮的地方，如果有門路，可以找到樂子。

基恩的祕密樂趣來源，是一名已在麥加居住二十年的英國婦女。他經常定期找當地印度理髮師傅刮鬍子，從師傅那裡聽說她的存在。基恩稱呼她是「維納斯女士」（Lady Venus，娘家在德文郡，姓麥津塔），他在麥加停留期間，曾和她幽會幾次。他幻想這個臉部完全遮住的婦女被迫賣身，被逼皈依伊斯蘭——對於一個過著「最狂野冒險生活」、夢想英雄救美的男人而言，這種想像不足為奇。比較可能的實際情況是，她在印度一八五七年叛亂的勒克瑙（Lucknow）圍城中被俘，變成叛軍成員的妾。英國擊敗叛軍後，懸賞那名叛軍成員的人頭，他按照蒙兀兒古老傳統，躲到麥加，脫離英國殖民政府勢力範圍。丈夫死亡後，她雖然有點寂寞，但甘於接受自己從事的行業和居住地。

基恩出於興趣進行朝聖時，在阿拉法特遇見沙里夫胡笙。儀式過程中，胡笙騎著鐵灰色的馬，「穿比達威（Bedawi）酋長服裝；肩部和領部圍著鑲金邊的淡藍色披風；頭戴尋常比達威絲巾；以駱駝毛做的環將絲巾固定在頭上」[28]——基恩是傑出的人口學觀察者。據說胡笙是個「清瘦但結實、勻稱的男子，身高中等偏矮；即使以比達威標準而言，臉部膚色相當深，幾乎算黑。他的頭不大，圓滑如彈頭，臉看起來讓人想說他長得像猴子，雖然他露出非常精明的神情。他的鬍鬚短又粗」。[29]基恩也以猜測胡笙的年齡為樂：「我猜他不到四十歲。不過，他的年齡很難判斷，他可能介於二十四到四十歲，或者四十歲以上，如果他像許多麥加人那樣染髮。」[30]他還提出一項重要觀察：「胡笙使用英國馬鞍，他坐在豬皮上進行朝聖，高興得很，毫不自知！那隻豬的靈魂，不管飄到哪裡，必定得意地咕噥說哈雷路亞。」[31]

基恩的描述和道提（Charles Doughty，一八四三至一九二六年）南轅北轍，後者是第二位看過胡笙的英國人。個性古怪的道提兼具詩人、地質學家、旅行家身分，宗教狂熱程度不輸聖城裡的任何宗教狂熱分子。他在一八七〇年代打扮成「敘利亞平民」哈利勒（Khalil）在漢志地區遊蕩，尋找探險機會。他加入敘利亞的朝聖駱駝隊，走在隊伍後面，為伍的是被鄙視的波斯什葉派——他們沿途遭到順尼派貝都因人吐口水。他覺得，胡笙是「長相好看的男子，眼神機敏，外表和善」，說話「聲音柔和，充滿樂觀」。道提對胡笙的年齡沒有懷疑：四十五歲左右。基恩只從一段距離外看到胡笙，道提則曾經面對面接觸胡笙，並以模仿欽定本《聖經》的個人典型細膩筆風描述見面過程：

他坐著的時候，似乎是個充滿陽剛氣概的棕皮膚高大男子，胸膛和四肢壯碩。沙里夫衣著像歐斯曼城鎮尋常百姓，穿著毛織布做的藍色連身長袍（jubba）。他在臥椅上直挺挺坐著……表情自若；他像「老歐斯曼」用菸斗抽菸。簡單的土缽放在面前的淺碟：白色茉莉菸桿長度幾近長矛——他高興地抬起頭，以客氣的慎重態度接待我。[32]

胡笙接見道提後不久，在吉達遭到殘忍謀害。道提詳細敘述刺殺過程，內容收錄在他寫的《阿拉伯沙漠遊記》（*Travels in Arabia Deserta*）索引：

一八八〇年三月十四日上午六點半，沙里夫胡笙進入吉達時，被一名假扮成波斯蘇非道團門徒的人刺中腹部。受傷的胡笙被送到代理人的寓所；接下來一小時，他覺得情況沒有惡化，對傷勢不以為意；他將自己情況無大礙的訊息傳給伊斯坦堡的大官和親屬。不過，內出血在腸子堵塞；活過當晚的胡笙翌日上午奄奄一息；他十點安詳離世（原文如此），在醫師懷抱中斷氣。刺客引起眾怒，被軍警逮捕後打入大牢，但審判結果不得而知。不過，歐斯曼官員之間傳聞，胡笙是因為喜歡英國而被謀害！[33]

沙里夫阿布都．穆塔里布第三度擔任麥加統治者，這次時間更短。基恩表示，霍亂此時肆虐麥加。朝聖結束時，麥加有大量的獻祭動物屍體。這些屍體在麥加市區和周邊腐爛。瘟疫迅速蔓延，籠罩聖城。根據基恩描述，第一天有六十三人不治。即使如此，麥加人出城迎接沙里夫穆塔里布到來，因為他們對他的決心和高齡佩服不已。但還有別的因素，或許是他的生存本能，也可能因為他是保守傳統的化身。不論原因為何，麥加人如今在他身上看到神祕特質；他們擁戴穆塔里布，宛如他是最後的希望所寄。他怪異的、有時殘酷的行為，反而提高他在麥加人心中的聲望。他撤銷以往沙里夫頒發的貿易許可，改以拍賣方式售出。他在半夜逮捕三個名聲良好、無辜的人，純粹因為他懷疑他們別有居心，然後在聖寺前方鞭笞他們，直到其中兩人喪命。對於麥加人而言，這是麥加實力和自主權的展現。他拆掉親戚蓋在他房子對面的宮殿。一群貝都因人向歐斯曼法官申訴穆塔里布無情對待他們，因而遭到突襲，幾個人被殘殺。這個行動也讓他聲望更上一層樓，不論是在麥加人還是在貝都因人的心目中。

瘋狂宛如再度降臨麥加。可是，不到一年，即便是最死忠的支持者，也變得無法忍受這個狂熱老人的政府。蘇丹接到祕密陳情，內容主要出自沙里夫家庭和氏族成員。蘇丹在一八八一年十一月下令撤換穆塔里布，絕對不能讓他逃亡。麥加不少居民仍然推崇他，伊斯坦堡擔心他們可能聚集支持他、對抗歐斯曼人。三更半夜，歐斯曼法官無預警包圍穆塔里布的家；部署在附近山丘上的大砲對準房子。悄悄準備人手的沙里夫家族領袖站在附近，堵住所有逃亡路線。日出時，罷黜穆塔里布的伊斯坦堡命令宣讀，穆塔里布就範。他獲准在麥加附近的穆納度過餘生，一八八六年一月去世。

麥加所有人參加他的喪禮，當地人和貝都因人有如失去摯愛的親人痛哭。就某方面而言，他們確實失去親人。綿延的沙里夫血脈幾乎畫下句點。沒多久，麥加將有一批新統治者。這個向來由沙里夫掌管、特色和歷史經常由他們作為象徵的城市，已不再如此封閉，變成一個不如以前拒人於千里之外的禁城。它現在對外在世界開放。

歐洲殖民主義不斷逼近漢志地區。道提之前有歐洲強權僱用的旅行家，後面還有一連串同業。有些旅行家皈依伊斯蘭，有些純粹假裝皈依伊斯蘭、假冒阿拉伯人。歐洲強權在世界各地統治越來越多穆斯林，原本對非穆斯林封閉的誘人城市麥加，在歐洲強權的謀略中成為焦點。他們的代理人和探險家出版越來越多聖城遊記。這些敘述不論是寫來引起大眾遐想，或是充實學術單位的研究資料，就西方國家對麥加、伊斯蘭和穆斯林的了解造成政治方面的影響，而阿拉伯未來的前途由西方國家決定。麥加的命運繼續隨權力主導者的興趣起伏。麥加越對世界開放，越多外國人士進入麥加。而且，外國人士抵達的方式和數量，是沙里夫統治時期無法想像的。其實，麥加歷史的整個時代，似乎隨著沙里夫穆塔里布被埋葬了。

第九章

Western Visitors, Arab Garb

西方訪客、阿拉伯服裝

到麥加的英國訪客，皆以類似角度形容這個城市。韋維爾發現，麥加不如麥地那讓人感覺愉快，與俗世相當脫節，太沉迷於晦澀的宗教事務。陸特認為麥加是個醜陋的阿拉伯舊城市，沒有裝飾或花園，但引人好奇。麥加的迷人處主要來自聖寺和朝聖。看到人潮擁擠，大家穿著簡樸的白衣，集體伏倒進行各種儀式，每個人都嘖嘖稱奇。

一八八〇年從阿布．古貝斯山城堡拍攝的全景照片，讓麥加完整的昔日光輝一覽無遺。最主要焦點是聖寺開放庭院裡的卡巴。聖寺周圍的房屋最高五層樓，裝了木製窗花，而且有中庭，坐向背對聖寺，井然往外散布到聖寺四周巔峰突出的山丘。在聖寺，分配給四大法學派——哈那非、瑪利基、夏非儀、漢巴理——的圓頂建築清晰可見；聖寺圖書館和決定禮拜時間的鐘樓也很顯眼。麥加顯然亟需整修：比鄰阿布．古貝斯山城堡的房子不是年久失修就是淪為廢墟，聖寺裡的人不多，記錄主麻禮拜圍繞卡巴的照片顯示，現場一點也不擁擠。這並不意外。由於城內政治動盪，加上居民經常大規模出走，當地人口起伏劇烈。十九世紀最後幾十年，麥加人口降到四萬人以下。接下來幾十年才緩慢回升，增至六萬人，但仍和前幾世紀的十五萬人相去甚遠。

這張全景照片是龐大照片檔案《耶爾德茲相片集》（*Yildiz Albums*）的一部分。❶相片集約有三萬六千張照片，是聖城最早拍攝的影像，由熱愛歌劇的歐斯曼蘇丹阿布都哈米德二世（Abdulhamid II，一八七六至一九〇九年在位）派人拍攝。他的嗜好還包括木工——他製作自己的家具，我曾在伊斯坦堡的多爾瑪巴赫切宮（Dolmabache Palace）欣賞過。蘇丹指派軍官拍攝建築物、學校、城堡、碉堡、軍營、政府辦公室、麥加和卡巴，記錄伊斯坦堡朝聖者途經黎巴嫩到麥加的全部旅程。照片內容呈現朝聖隊伍行經路線、他們走過的城鎮、住過的客棧，以及貝魯特、麥地那，麥加的知名自然、文化、軍事地點，還有和朝聖相關的全部儀式地點（阿拉法特、穆納、穆茲達理法）。

麥加市集買得到聖城和聖寺的照片。市內書店也買得到朝聖的明信片，畫面有阿拉法特、穆納、投石拒魔，以及王室所屬聖地特別捐（surre）駱駝隊的照片。聖城裡的書店幾乎只賣埃及印刷的進口書。賣的書主要關於神學、《古蘭經》註解、先知生平、教會法著作，以及書法和阿拉伯詩歌、文學。《天方夜譚》（*The Arabian Nights*）❷到處買得到，非常熱門。另一本長期暢銷書是《哈里里文集》（*The Assemblies of al-Hariri*）。❸這本十一世紀的著作包含五十個「偶遇」或短篇小說，每篇傳達特定寓意，借書中人物之口說出知名諺語、成語和經典詩句，全書或部分內容供教育程度較高的麥加人記憶。麥加作者的一些作品也買得到，包括大師哈奇（Sheikh Haqi）一八八二年在埃及印刷的《談話六講》（*Six Discourses*）。哈奇對異教現代文化的警告呼應麥加大眾的想法。他寫道，西方文化「在人類使用的所有物品加上活物的照片，因此現在的房屋、店鋪、市場、澡堂、堡壘或船隻幾乎都有照片」。這無疑是魔鬼的象徵和「把人帶往地獄的事物」。❹

關於科學和藝術的書籍，即便作者是穆斯林，很少逃得過檢查者的怒火。書店也販賣二、三種當地報紙。歐斯曼法官歐斯曼・努瑞（Osman Nuri Pasha）在麥加成立印刷廠後，官方公報《朝拜方向》（*Al-Qibla*）一八八五年開始出現。周報《漢志》也出現，這份刊物有四個版，半數是歐斯曼文（當時以阿拉伯文拼寫），半數是阿拉伯文。這些地方報紙很少報導外面世界的消息。

照片、印刷書籍和報紙，都是現代傳播抵達聖城的前兆。新時代正要展開，而新沙里夫嘗試反映時代的精神。新的沙里夫叫奧恩拉菲克（Aun-al-Rafiq），是沙里夫穆罕默德・伊本・奧恩的兒子。他在沙里夫阿布都・穆塔里布去世後，於一八八二年成為麥加統治者，當時五十歲。他的第一項行動是找人為自己拍照，大出麥加民眾意料。對沙里夫而言，蘇丹的嗜好沒什麼不好。

他的照片出現在《十九世紀末葉的麥加》（*Mekka in the Later Part of the 19th Century*）附錄；這本書的作者是荷蘭東方學泰斗許爾赫洛涅（Christiaan Snouck Hurgronje，一八五七至一九三六年）。❺一八八〇年拍攝朝聖和麥加的照片時，他正在萊頓（Leiden）大學以〈麥加慶典〉為論文題目攻讀博士。荷蘭政府當時統治很多穆斯林人口，它的東印度殖民地包含當今穆斯林人口最多的國家印尼。荷蘭政府尋找合適代理人研究叛亂原住民的問題，看中許爾赫洛涅，因為他是阿拉伯語流利的伊斯蘭學者。他在荷蘭政府資助下前往阿拉伯，雖然經費是透過皇家語言學及人類研究所（the Royal Institute for Linguistics and Anthropology）支付；這種安排是西方殖民主義歷史上常見的「科學考察」、「情報蒐集」、「祕密行動」交雜的典範，尤其是在企圖滲透聖城麥加方面。

許爾赫洛涅待在吉達的荷蘭領事館幾個月，找好聯絡對象後，於一八八四至一八八五年間到麥加住了六個月。他採用穆斯林假名阿布杜·嘉法爾（Abd al-Gaffar），打算進行朝聖——這個願望未達成，因為他被歐斯曼法官逐出麥加。他被趕出聖城的故事比《法櫃奇兵》精彩。拍攝這部關於考古學家、冒險家兼特務瓊斯博士的好萊塢賣座電影，是要緬懷、模仿特定電影類型。儘管如此，在動作場面之下，電影的確真實反映各國十九世紀末競相收集知識、文物之餘，爭相擴展帝國的情況。許爾赫洛涅會被趕出麥加，是法國駐吉達副領事惡意中傷的結果。兩位科學家，法國籍和德國籍各一名，無意間在南阿拉伯發現一處令人好奇的石刻。法國人隨即遇害，兩人的財物運送回國時出現了問題，包括留在吉達的謎樣石刻。許爾赫洛涅單純幫法國副領事翻譯信函，因為後者不會歐斯曼文和阿拉伯文。副領事在過程中產生一種想法——許爾赫洛涅企圖協助德國取得問題的關鍵文物泰馬石（Taima Stone）；於是，他在一篇刊登於法國報紙的文章汙衊許爾赫洛涅，立刻引起歐斯曼和麥加當局注意。在此之前，外界誠心相信許爾赫洛涅是學者和皈依伊斯蘭的人士。報紙文章讓大家認為自己遭到無情利用、背叛、欺騙。許爾赫洛涅隨即變成不受歡迎人物。後來他雖然獲得歐斯曼當局平反，澄清沒有違法行為，但他從未設法返回阿拉伯。他本人以長篇大論從哲學和語言學角度對「皈依」的真正意義和本質維持模稜兩可，卻又明白表示他並未真正皈依伊斯蘭。

許爾赫洛涅在麥加期間完全自由，且獲得市民信任，第一手了解他們如何教書、學習，以及如何在清真寺、臥椅上、咖啡館、起居室談論政治與探討宗教議題。他娶了麥加女子，花許多時間詳細研究麥加市民的日常生活。他被命令離開的時候，拋下妻子。一如任何優秀的人類學家或者特務，許爾赫洛涅需要的是可以擔任研究助理的可靠線民。在這方面，他的妻子價值非凡。一名年輕的爪哇學生也是如此，他顯然迫切需要一名保證人，以協助他在祖國爭取到荷蘭政府的差事。許爾赫洛涅發現，這名學生不論接到什麼要求都會做到，而且異常努力滿足老闆的研究需求。許爾赫洛涅離開麥加後，他的妻子或學生有何遭遇，我們一無所知。

被不名譽地趕出麥加，對許爾赫洛涅的事業毫無傷害。他成為東印度荷蘭政府的政策顧問。印度殖民總督、史家麥考萊（Thomas Babington Macaulay）在一八三五年向英國提出遭到後人詬病的《教育備忘錄》（*Education Minute*），許爾赫洛涅提出的主要建議和他雷同。麥考萊主張推行西方教育，建立服從的本土階級，使其成為殖民國的複製品，能夠代替殖民國管理被殖民的帝國。許爾赫洛涅主張以西方教育取代伊斯蘭宗教教育，並透過在地精英推動服從的和平統治，以滿足、維持帝國的目標。他結束東印度的工作後返回荷蘭，成為知名學者，也是現代伊斯蘭研究學科的創始人之一。

許爾赫洛涅收集的麥加照片也有可觀之處。他的書分為三部分——「麥加景象」、「麥加百姓群像」、「朝聖者風貌」——收錄了細緻和壯觀的照片。有一張照片顯示規畫良好的麥加坐落群山圍繞的山谷，美觀的房屋均勻分布在聖寺周圍，畫面比《耶爾德茲相片集》清楚。照片中的麥加人大多坐著，穿正式服裝，看起來嚴肅但高雅。朝聖者穿著各自的民族服裝成群入鏡，看起來疲憊，但很高興被人拍攝。

許爾赫洛涅書中照片裡的沙里夫奧恩拉菲克站著，未直視鏡頭。他留著流行的八字鬚，落腮鬍不長，臉部皮膚光滑而色深。他顯然已放棄以往沙里夫的大頭巾和金色長袍，戴著不起眼的小型白頭巾，穿著有許多刺繡圖案的黑衣，以白邊的淺黑色領巾固定衣服。他的外袍鈕釦掛著一顆大星星。他到外地時，穿著更簡樸，衣著經常像貝都因人。他採取公共場合不談政治的政策，對麥加人而言，這似乎很怪異；但對沙里夫而言，這樣做是要避免引起歐斯曼特務的注意，並隱藏他對歐斯曼統治的強烈憎恨。他未獲得歐斯曼法官歐斯曼．努瑞的支持；歐斯曼．努瑞的照片收錄在許爾赫洛涅的照片集。歐斯曼．努瑞的服裝和他類似，但頭戴歐斯曼毯帽（fez）而不是頭巾。他留著長落腮鬍，表情嚴厲，手握掛在腰際的劍站在地毯上。他是個精力充沛和能力高超的人，和奧恩拉菲克同時上任。他們倆似乎彼此看不順眼，意謂麻煩等著發生。

他們擁有類似的行政權力，經常衝突。歐斯曼．努瑞因為掌握吉達的關稅，嘗試並成功削減沙里夫的權力。沙里夫拿到的關稅是以薪水形式而不是天經地義的收入支付。歐斯曼．努瑞直接支付薪水給沙里夫的衛兵，並接管司法權，只讓沙里夫審判牽涉自己家人、氏族和麥加本地人的官司。此外，他還負責聖城的公共工程。他改善供水，整修朱貝妲引水道，興建一棟新的政府辦公室、新的軍營和衛哨站。這樣做形同直接蠶食沙里夫的地盤，奧恩拉菲克認為他的職位和尊嚴受汙辱。他不願意看到自己的權威進一步被侵蝕，因而採取果斷行動。

沙里夫奧恩拉菲克決定仿效先知穆罕默德。他要遷徙（hijra）——從麥加移居麥地那。有一天晚上，他和家人、麥加大部分法學家、學者、貴族、商人溜出城。翌日上午，歐斯曼人發現城裡只剩他們，除了朝聖者和旅客。麥加大多數房屋人去樓空，且上了鎖。有的房子貼著告示說：「遠離麥加可惡、腐敗法官的人，不必付錢賄賂即可進入天國。」

奧恩拉菲克從麥地那寫信給蘇丹申訴歐斯曼．努瑞的過分舉動，一封接一封。伊斯坦堡最後讓步，在一八八六年罷黜歐斯曼．努瑞。奧恩拉菲克和他的人民以勝利之姿返回麥加。他的宮殿前方立起一塊新石碑，上面以大字刻著：「高貴埃米爾和他的榮耀政府所在地」。好幾位法官來來去去，不過，奧恩拉菲克總是有辦法讓他們乖乖就範，或者將他們撤換。唯有假裝沒看見他的所作所為，或者願意接受賄賂的人，才能保住職位。

奧恩拉菲克在一九〇五年去世後，由姪子阿里・伊本・阿布都拉・伊本・穆罕默德・伊本・奧恩（Ali ibn Abdullah ibn Muhammad ibn Aun）繼任。他因為當時的麥加法官阿赫瑪德・拉提布（Ahmad Ratib Pasha）推薦而成為沙里夫。兩人是朋友，而且互相欣賞，得以共同治理麥加四年。可是，一場革命正在伊斯坦堡醞釀。老化、搖搖欲墜的歐斯曼帝國——中央集權的官僚體系、打壓所有反對意見、處心積慮監視民眾，加上領土和威望流失——氣數已盡的情況很明顯。帝國到處發生動亂和叛變。在伊斯坦堡，「外國強權的經濟滲透力唯有靠帝國瓦解才能應付」的想法深植人心。改革運動領導者「青年突厥黨」（Young Turks）反對蘇丹阿布都哈米德二世，主張採取由他們控制的議會制政體。他們的運動成功，得以在某種程度上和阿布都哈米德二世並行統治。阿布都哈米德二世在兄弟被罷黜後成為蘇丹，但一九〇九年也被罷黜，由另一個兄弟繼任。不過，他們之間有一個重大差異：由於一九〇八年底頒布歐斯曼新憲法，梅赫梅五世（Mehmet V）成為蘇丹時，只是一個沒有實權的傀儡。麥加法官阿赫瑪德・拉提布被青年突厥黨認為死忠於舊政權，因此隨即被撤換。沙里夫阿里面臨類似情況時，到埃及投靠英國人。

一八七五年，法國人眼睜睜看著英國人向赫迪夫買下蘇伊士運河的股份，成為埃及境內主要勢力。英、法兩國花了幾十年，終於解決曖昧不清的埃及地位問題。埃及從來不是正式的殖民地，但藉由簽訂誠信協定（Entente Cordiale，即《英法協約》），法國認同埃及是英國勢力範圍，而法國可自由宰制摩洛哥、阿爾及利亞和突尼西亞。對於埃及人而言，實質差異不大：他們生活的管理仍然由外國人「指導」。沙里夫阿里下台後，阿布迪拉（Abdilla）取而代之，他是奧恩拉菲克的兄弟，和中央政府一樣老邁、衰弱。阿布迪拉因為被任命為沙里夫而欣喜若狂，決定到兒子墓前告別。他在墓碑前禱告時嚴重中風，當場死亡。

阿布迪拉去世的消息傳到麥加，沙里夫氏族兩個派系——札伊德家族和奧恩家族——之間的競爭浮上檯面。札伊德家族推出加里布的孫子阿里．海達爾（Ali Haider）為人選。海達爾是個有教養、溫和的人，痛恨暴力，生平大部分時間住在伊斯坦堡。他雖然深受歐斯曼人敬重和信任，麥加人卻大多認為他傾向英國；他娶英國女子，更加深這種看法。奧恩家族人選胡笙（Hussain）也在伊斯坦堡的蘇丹宮廷待很久——大約十五年。自我中心、喜歡爭辯、擅長政治手段的胡笙，輕鬆勝過溫和的海達爾，贏得中央政府支持，一九〇八年成為麥加沙里夫。他是統治麥加的最後一任沙里夫。

沙里夫胡笙在漢志鐵路通車的同時接掌麥加。這條鐵路是朝聖旅行的轉捩點。從大馬士革開到麥地那，接著前往麥加的列車，取代了敘利亞的駱駝隊伍。對歐斯曼帝國來說，這項工程另有重大意義：能以便宜、簡易方式為漢志的駐軍提供補給品和援軍。歐斯曼未把工程宣傳為帝國的計畫，而是伊斯蘭的建設，為朝聖者提供服務，載他們到心靈旅程的終點——麥地那，接著到麥加。這條鐵路以伊斯蘭基金會（waqf）的名義籌募資金，蘇丹阿布都哈米德二世向穆斯林世界各地募款。他承諾，為回饋教友，鐵路全部用穆斯林土地的工人和材料興建。除了一位德國工程師和歐洲製造的鐵軌、車廂，他說到做到。大部分勞力由歐斯曼軍隊提供，其他工作由埃及和印度工人進行。經過八年努力，大馬士革到麥地那的第一階段工程完成。朝聖者只要花三．一英鎊小錢買三等火車票，就可以相當舒適、安全地旅行一千英里。

大馬士革開往麥地那的第一班列車上有個乘客叫韋維爾（Arthur J. B. Wavell），他是二十五歲的威爾斯軍團軍人。韋維爾是抵達麥加的最新一位探險家兼特務。他在桑德赫斯特（Sandhurst）的皇家軍事學院受訓，參加過波耳戰爭（Boer War），曾在非洲南部（史瓦濟蘭、東加蘭〔Tongaland〕和祖魯蘭〔Zululand〕部分地區）為英國情報單位工作，後來在東非從事情報工作，前往蒙巴薩（Mombasa）。眾多英國間諜在阿拉伯四處活動，蒐集資訊和情報，韋維爾是其中之一。英國對阿拉伯地區興趣濃厚，因為他們想在穆斯林聖地建立據點，同時削弱歐斯曼帝國。中東是英國和印度之間通訊、交通的重要環節，因此整體而言，中東引起英國興趣。在拿破崙入侵埃及的刺激下，加上蘇伊士運河開通，英國更加強中東地區的努力。他們看中科威特、波斯和波斯灣周邊的公國；伊斯坦堡和麥加發生的事，關係英國利益，對荷蘭當局也是。英國在印度次大陸和馬來各邦統治眾多穆斯林人口。

英國也資助布克哈特的旅行。布特哈特之後，有個最有名、喜歡炫耀的英國人到麥加：波頓爵士（Sir Richard Burton）。波頓一八五三年抵達麥加，當時三十二歲；他先前在印度（信德省）待了七年，擔任東印度公司的士兵，建立出色間諜的名聲。他決定訪問麥加並進行朝聖，其實是事業生涯的聰明舉動。他告訴皇家地理學會（Royal Geographical Society）贊助者，麥加之旅的重點是增進科學知識，並為東印度公司提供阿拉伯貿易路線方面的珍貴資訊。很早就展現語言天賦的波頓，起先假扮波斯人，察覺什葉派朝聖者面臨敵意後，改為假冒阿富汗人。不過，關於布克哈特對麥加的描述，他能補充的有限，因此乾脆直接引述布克哈特撰寫的內容。即使如此，波頓仍然是維多利亞時期的傑出探險家。麥加任務之後，他跟隨斯皮克（John Hanning Speke）從事尋找尼羅河源頭的探險。斯皮克任性、脾氣壞，舉止引發爭論，而波頓認為自己的成就無人賞識。波頓將注意力從探險轉到翻譯，尤其是《天方夜譚》。他發現，引起英國大眾興趣的不是《天方夜譚》的古老故事，而是他活色生香的注釋，因此翻譯《波斯愛經：芬芳花園》（*The Perfumed Garden*）❻，讓他們覽盡東方神祕。從許多方面而言，這是恰當的成就，因為許多旅人的故事一再提到麥加人的性開放、喜好說法。

另有一個可能是特務的陸特（Eldon Rutter）在一九〇五年進行朝聖，他也提供了麥加生活最全面、詳細的敘述。他的著作有兩冊，最大賣點是他從南方前往麥加，這在相關遊記中是全新局面，因為其他人全都是從北方前往麥加。

這些造訪麥加的非穆斯林英國人，說得一口流利的阿拉伯語。他們很多人具有豐富的伊斯蘭和穆斯林風俗知識，穿著阿拉伯服裝，以穆斯林假名進入麥加。波頓使用各種假身分；韋維爾使用黑市取得的偽造歐斯曼護照，有兩名同伴同行，一位是會說斯瓦希里語（Swahili）的蒙巴薩人馬紹迪（Masaudi），另一位是住在柏林、阿勒坡出身的阿拉伯人阿布都．瓦希德（Abdul Wahid）。陸特假裝敘利亞人，化名薩拉．艾丁（Salah ed-Din）。英國絕對不是唯一資助這種旅行家的國家。除了許爾赫洛涅效力的荷蘭，法國也這樣做，因為他們在非洲北部、西部、中部殖民地管轄的穆斯林人口越來越多。許爾赫洛涅到麥加十年後，法國派遣考特勒蒙特（Gervais Courtellemont）到聖城進行祕密任務。麥加的神祕色彩使得這些探險家和特務的挑戰增加。他們絕對要避免在這個禁止非穆斯林進入的城市引起注意。考特勒蒙特似乎違反這條金科玉律，因為連他自己都承認，他的言行舉止不得體、格格不入，情況幾乎令人難以置信。他的同行夥伴阿里經常被逼得無計可施，還被考特勒蒙特要求安撫當局以挽救局面。雖然任務荒腔走板，考特勒蒙特是個技術高超的攝影師，而他在那個喜歡拍照的年代，提供了不少精彩的麥加照片。

韋維爾是第一位不必忍受旅途中資源匱乏的人。他經由漢志鐵路到達麥地那，接著前往麥加，在當地停留了幾個月。一九〇八年朝聖期間，他經過沙里夫胡笙的營地。他寫道：

> 營地搭在人工高台上，包含四座大型帳篷和許多較小的帳篷。一排排士兵形成通道，管制群眾進入。樂隊在士兵之間的開闊空間來回表演。各個重要人物在隨從伴隨下陸續抵達，由坐在最大帳篷深處寶座上的沙里夫接見……（貴賓離開後，沙里夫舉行）某種形式的接待會，想參加的人都獲准進入……雖然胡笙貴為沙里夫，他努力遵守先知和早期哈里發們的古老傳統，也就是讓三教九流的人都能接近，並落實《古蘭經》灌輸的平等與友愛理論。[7]

韋維爾在麥加發現，書店裡賣的明信片不全然是麥加和朝聖的純真畫面。在一條通往聖寺大門的短巷中，一家書店的老闆給他看幾張明信片，「不論怎麼說，在英格蘭都不適合拿來通信」。在麥加出生的老闆以為他對更情色的照片有興趣，把他帶到「店面後方的較暗角落，拿出一本相簿，裡面的畫面不必更詳細說明」。[8]書店顧客幾乎都是外國人、朝聖者和類似韋維爾的旅客，因為麥加人對讀書幾乎毫無興趣。

大部分麥加人讀的唯一書籍是《古蘭經》。會背誦《古蘭經》、能以漂亮字體書寫經書中字句的麥加人，已夠格稱為受過教育。因此，兒童的教育完全集中在背誦和書法。孩子在三、四歲的小小年紀，就被帶到庫塔（kuttab，傳統的《古蘭經》學校）；在那裡，背書被認為是唯一重要的課。最凶的老師擁有很高聲望，學生們面對嚴厲要求。沙烏地記者兼社會評論家阿赫瑪德・蘇巴伊（Ahmad Suba'i，一九〇五至一九八四年）被父親送到穆達區希斯巷（al-Shish Alley）的庫塔。他父親告訴老師，「皮肉屬於您，骨頭屬於我們。老師，您打斷他的骨頭也沒關係，我們會醫好」。[9]蘇巴伊在自傳《我在麥加的日子》（*My Days in Mecca*）表示，眾老師因而對他們管理的孩子沒耐心、沒愛心。他們「經常用一端綁著打結繩索的粗棍子痛打、教訓我們，這是庫塔制度的一部分」。[10]庫塔沒有下課時間；孩子們必須坐上一整天，逐節背誦《古蘭經》。蘇巴伊背誦了三年《古蘭經》之後，改成背誦文法以及名詩人的作品、生平。

蘇巴伊是沙烏地阿拉伯第一位現代史學家，在沙里夫胡笙掌權期間於麥加長大。一如聖城所有兒童，他在嚴厲管教下成長。孩子們必須嚴格遵守公眾服裝的規矩：頭巾配地區束帶，外袍繫腰帶，穿傳統鞋子——全部都有規定。兒童要對長輩畢恭畢敬，尤其是對父親。蘇巴伊和父親同席時，必須以展現絕對尊敬和服從的姿勢坐著。他不准在父親面前說半個字。如果違反規矩，他會遭到毒打。確實，只要被認為不守規矩，體罰是家常便飯：「不論我犯了錯或是無辜的，總之免不了挨打」。[11]他在麥加目睹太多心狠手辣的行徑——不管是人或牲畜的待遇，尤其是驢子。蘇巴伊心靈受到創傷，因此變得叛逆。他青春期時渴望閱讀任何《古蘭經》、文法書和神學之外的書籍。不過，求知欲強的少年在聖城找得到的閱讀素材有限。他讀了蘇非主義和精靈的故事，以及科學根據存疑的書籍，像是《花卉之美》（*The Beauty of Flowers*）、《世界奇觀》（*The Wonders of the World*）、《海洋的奧祕》（*Mysteries of the Sea*）。「我學習到世界有七個層級，以及每一層有不同的精靈數目。我也讀到有關尼羅河的源頭，以及它為何從天堂流下來的說法」。[12]

麥加雖然反智，卻像磁鐵般吸引國際學生，這些學生主要來自印度、非洲、東南亞。他們不是在庫塔念書，而是跟著知名學者和法學家學習。最有聲望的學習和教學地點是聖寺，教師們在這裡搶學生。聖寺內不同區域保留給各個名師上課，上課時間是白天禮拜之間的空檔，以及昏禮到宵禮之間的夜間空檔。課程免費，任何十六到六十歲的人都能參加。除了經典評論和伊斯蘭法書籍，基本教材是《宗教知識復甦》（*The Revival of Religious Science*）；本書作者是十二世紀神學家和法學家伊瑪目阿布．哈米德．嘎札里（Abu Hamid al-Ghazali，一〇五八至一一一一年）。⓭嘎札里雖然是哲學家，但他不能上哲學課。其實，伊斯蘭理性學派（Mutazilites）理念和著作嚴禁傳授，因為他們被視為異端，還被比喻為無知的異教徒。教授告知所有學生，「理性學派是愚蠢的豬頭，認為人類理性是真理的度量衡——可怕的迷信」。⓮

教授必須先通過考試，才能開始執教鞭，獲得薪津。想當教授的人，要向資深宗教學者（the sheikh of ulamas）申請，後者通常由政府指派。教長（sheikh）如果認定申請人適合，已準備好接受考試——這個決定需要現有學者說服、推薦，甚至可能涉及賄賂——然後把申請人找來。考試通常在下午於聖寺特定地點登場，而且公開進行。教長和副手們會圍成圓圈坐著，申請人坐在他們對面，申請人的朋友和民眾坐在他後方。一小群教授隔一段距離坐著，見證過程。考試題目只有一個：申請人必須針對奉阿拉之名（bismillah）發表意見；朗讀《古蘭經》任何章節或開始任何事之前，都要說這句話。考官透過申請人的論述評判他對阿拉伯語和文法、邏輯與神學、《古蘭經》傳統注釋、伊斯蘭法條文的知識，進而判定他針對信仰問題發表裁決的能力。

學者和教授之間競爭激烈。屬於夏非儀派，而且在埃及愛智哈爾（al-Azhar）大學受教育的人最受敬重。來自印度和東南亞的學者較不被敬重，很少人能夠在聖寺授課。他們通常在自己的房子授課，學生大多和自己背景相同，依賴印度王公資助的宗教基金會提供捐款餬口。學者們互相指摘的情況屢見不鮮，他們可能屬於不同學派；寫文章譴責某些行為的情況也常見。蘇非道團教長之間時常衝突，撰文抨擊對方的神祕主義行為違反伊斯蘭法。許爾赫洛涅曾寫過一位學識精深學者和資深宗教學者之間的衝突。這位學者是科普特教派（Copt）皈依者的兒子，他把批評抽菸的文章分發給學生，文中暗示抽菸不是伊斯蘭信徒該有的行為。喜歡抽水菸的資深宗教學者立刻寫文章反駁。他表示，「如果抽菸是不神聖行為，那麼抽菸的人，應該說幾乎所有麥加人，因為這個不神聖的動作，將不適合見證婚姻，因此，麥加大多數的婚姻無效」。⓯基於這個理由，學者原本的理論必定錯誤、荒謬，而且理論本身違反伊斯蘭法。學者之間爭論時，風俗習慣和正統作法通常獲勝，而不是根據論點一較高下。這樣的糾紛導致書籍被禁、被焚毀的例子屢見不鮮，作者甚至被貼上異端標籤而入獄。

基於教育注重朗讀和背誦《古蘭經》，會朗讀的人自然被看重。這些人自認為是類似歌劇演唱家的藝人，而非念過書的人，在正式或非正式聚會朗讀《古蘭經》時索取高價酬勞。整體而言，許多人常自視甚高、嫉妒對手，這點和一些歌劇演唱者很像。他們若認為酬勞太低，會故意表現得不如水準，惹得聽眾不滿意。

未閱讀《古蘭經》或聽人講經，或者未在朝聖期間照顧朝聖者時，麥加男人無所事事。對於麥加男性而言，日常生活很悠閒。麥加男人聽到宣禮員的晨禮宣禮（Azan）後，在天亮前一個半小時起床。接著如廁、在小石室淨身，然後口含稱為咀嚼棒（miswak）的小樹枝狀牙刷刷牙，再到聖寺做禮拜。（咀嚼棒至今仍流行，以刺茉樹〔arak〕製作：樹枝一端經由咀嚼讓纖維散開，以纖維充當刷毛，樹枝汁液則當牙膏）。晨禮後，回家吃早餐，餐點內容通常包括麵包、一碗豆子、一些蛋和幾杯甜茶。早餐後，花幾個小時討論家務事、抽水菸。接著上市集，採買肉類、蔬菜和當天的必需品。一天的主要任務完成後，坐在個人最喜歡的地點——通常是一樓的小房間，或是廳堂裡墊高的平台——在這裡接待朋友、訪客，抽更多水菸，直到晌禮的宣禮傳來。晌禮後，麥加人休息或午睡，直到晡禮。一天的主餐通常包括添加扁豆（lentil）的米飯、一盤加番茄和洋蔥調味的燉羊肉、一盤蔬菜，蔬菜大多是炒西葫蘆、菠菜或茄子。吃飽後繼續休息和小睡，直到日落時分。昏禮結束後便到戶外，在清涼空氣中聊天和抽水菸。

毫不意外，大多數麥加人不願外界打亂他們愜意的生活。因此，漢志鐵路被視為干擾他們的麻煩，讓聖城受到他們不樂見的注意。沙里夫胡笙有另一個憂慮：他認為鐵路是直接的威脅，因為它可以方便、迅速地將歐斯曼軍隊帶到麥加。對於他的貝都因盟友，這代表收入流失：朝聖者不必經過他們地盤，他們因而無法收取買路錢，也無法輕易搶劫。因此，所有相關各造，包括沙里夫、麥加民眾和阿拉伯貝都因人，強力反對鐵路工程。

麥加上下的共識是，阻止漢志鐵路從麥地那延伸到麥加。麥加人運氣好，歐斯曼帝國如今捲入第一次世界大戰，它們對這條鐵路的興趣消散。歐斯曼在緩慢沒落過程中，陷入不斷改變國際盟邦的遊戲，選擇站在德國陣營參戰。胡笙面臨兩難：在這歷史關鍵時刻支持歐斯曼，贏得歐斯曼的感激和肯定；還是公然反叛，為麥加和阿拉伯人爭取自由。雖然蘇丹梅赫梅五世只是傀儡，但名義上仍是哈里發、先知的繼承人和教友的指揮官。他最後的重大行動是宣布向聯合起來對抗德國、歐斯曼的盟軍發動聖戰。這項宣示顯然是要鼓動法國、英國、荷蘭的穆斯林臣民起而反抗帝國主子。

如果獲得麥加支持，聖戰的呼籲將更有力。胡笙接到許多伊斯坦堡公文，要求他加入號召聖戰，因為他是伊斯蘭最神聖城市的統治者和穆斯林的宗教領袖。歐斯曼人表示，加入對抗「異教」歐洲人的戰爭，是所有穆斯林的宗教責任。胡笙熱烈回應：他回覆說，他在精神上支持歐斯曼，祈求他們獲勝，全心祝福他們。可是，一如智慧無邊的梅赫梅五世清楚知道，現實情況造成他無法公開宣布聖戰。紅海被英國掌控，他們可以封鎖港口，使麥加和漢志地區民眾斷糧。他愛莫能助。其實，胡笙暗地和英國連絡，而英國希望他支持英國對抗歐斯曼。他也接洽中東的祕密團體，尤其是美索不達米亞的「聯盟」組織和敘利亞的「自由」組織，這些組織主張公然反叛歐斯曼人。胡笙喜歡麥加變成獨立城邦的構想，開始夢想成為阿拉伯國王。

不過，胡笙擔心，公然造反可能失敗，導致嚴重後果。他也認為，英國和法國圖謀在該地區取得更多領土，例如伊拉克、黎巴嫩和敘利亞，而這個看法不無道理。要阻止更多阿拉伯土地被殖民，意謂他必須站在歐斯曼陣營，至少初期如此。他擔心，如果英、法戰勝，這些阿拉伯領土可能和歐斯曼落得同樣悲慘下場。

胡笙決定提供足夠熱烈回應，讓英國維持興趣，同時派特使接洽阿拉伯地區的統治者，確定他們是否準備叛變。他雖然得到正面回應，卻仍然猶豫。他致函歐斯曼派駐阿拉伯的指揮官說，如果要我繼續安分，你必須承認我的獨立地位——不只在麥加，而是整個漢志地區。他還堅持，將他立為世襲的國王。歐斯曼的回覆含混其詞。

相對上，英國的麥加政策比較明確。英國戰爭部長基欽納伯爵（Lord Kitchener）給胡笙的信函清楚表達立場。

> 這封信包含明確承諾，並向胡笙保證，如果他和他的追隨者加入英國陣營對抗歐斯曼，英國政府將保障他能維持沙里夫的尊嚴和所有相關權益、特權，並保護沙里夫不受任何侵略。信中承諾，如果他們和英國站在同一邊，他們將支持阿拉伯整體追求自由的努力。信函結尾暗示，假如沙里夫被宣告為哈里發，可以指望獲得英國承認。[16]

這是令人安心的訊息。胡笙心懷成為哈里發的想法。此外，英國樂於透過英國部隊的勞倫斯上校（Colonel T. E. Lawrence）提供無限量的黃金給胡笙。勞倫斯善於自我宣傳，就像在他之前到阿拉伯探險的旅行家，但他並非一九六一年電影《阿拉伯的勞倫斯》（*Lawrence of Arabia*）當中描述的浪漫人物。勞倫斯從牛津大學畢業後，花不少時間以考古學家身分在中東旅行。確實，他的第一次戰爭任務是以內蓋夫（Negev）沙漠考古名義進行情報工作；他和知名考古學家伍萊（Leonard Woolley）一起工作。「科學」探索和具有政治、軍事重要性的情報工作之間的關聯，在戰時比和平時期明顯。

勞倫斯錯誤地自認為英國重要。他寫道，英國人一向「肯定自己的優勢」。他們「集體感覺到自己對國家肩負責任」，而且覺得「個人有責任促使苦苦掙扎的人類更上一層樓」。他宣稱，他到阿拉伯是要撥亂反正。[17]他和胡笙的第三個兒子費瑟（Faisal）結為好友，費瑟試圖說服父親相信，有了英國幫忙，叛變可以成功。費瑟也是幾個阿拉伯祕密團體的領袖，他告訴胡笙，區域內各地已為叛亂準備周全。胡笙仍存有疑慮，但當他聽聞一支歐斯曼特遣部隊即將從麥地那開拔前往葉門時，疑慮消失。他知道，部隊可能改道到麥加，將他罷黜。他終於做出決定。

胡笙在一九一六年六月五日單方面宣布獨立，並加入協約國參戰。歐斯曼部隊被包圍在麥加據點，但拒絕投降。接下來的戰鬥猛烈，戰事集中在歐斯曼法官和駐軍死守的政府辦公室。三天後，胡笙的部隊攻入，迫使駐軍投降。分布在麥加不同地點的其他軍官不願放下武器。聖寺甚至發生戰鬥，有人朝卡巴方向開槍。從吉達運來的重砲派上用場後，歐斯曼人終於在七月四日全面投降。整個麥加不再有歐斯曼人。歐斯曼成為聖城宗主國，恰好滿四百年。麥加籠罩在戰火之際，胡笙在一九一六年六月二十二日自行宣布成為阿拉伯國王、阿拉伯人的解放者、所有伊斯蘭地區的哈里發。他譴責歐斯曼人的專制，呼籲所有穆斯林追隨他，並履行對他這位麥加沙里夫和他們的哈里發的責任。

英、法立刻承認胡笙是「漢志國王」。費瑟在勞倫斯的協助和鼓勵下，設法團結不同部族，主要是靠英國提供的黃金，他並領導各部族對抗歐斯曼人。九月間，英國軍艦首度用來運送宗教儀式資材到漢志。胡笙以為他的雄心壯志已經達成。

叛變的消息引起歐斯曼帝國不安。青年突厥黨聽到他們支持、指派的沙里夫反抗蘇丹，覺得震驚，因為他們一直未注意到他的謀叛之心和缺失。叛變的消息被隱瞞好幾個星期。伊斯坦堡找來札伊德家族的人選阿里．海達爾。他被任命為新的麥加沙里夫，並派往漢志。由於當地被費瑟和他的部隊包圍，海達爾只能前進到麥地那，他在那裡滯留了幾個月。海達爾不斷要求伊斯坦堡提供援軍和彈藥，但未得到答覆。過了十八個月，海達爾放棄防衛麥地那，被迫回到歐斯曼。沒多久，胡笙在英國大力支持下，控制了漢志大部分區域。

第一次世界大戰結束後，一九一六年五月十六日的《賽克斯－皮科協定》（*Sykes-Picot Treaty*）曝光；英、法在這項密約同意歐斯曼帝國戰敗後的領土瓜分方式。它們創造「託管領土」一詞，美化殖民統治，以及土地和人民按照歐洲強權利益大舉重新劃分的局面。阿拉伯脫離歐斯曼帝國獨立，卻淪為英、法魚肉。在此大環境下，胡笙自稱的「阿拉伯國王」頭銜和他本人一樣突兀。阿拉伯大多數行政區和公國完全獨立。長期和英國往來的科威特親王被認定為獨立統治者，和法國、美國簽訂條約的馬斯喀特（Muscat）蘇丹也是。巴林、葉門也成為獨立國家。阿拉伯境內最大的區域內志，由一個完全獨立的瓦哈比主義國王統治，他是阿布都．阿齊茲．伊本．紹德（Abdul Aziz ibn Saud）。

奪取麥加的嘗試被穆罕默德．阿里阻擋後，瓦哈比分子專心在內志建立可生存的國家。阿布都．阿齊茲國王一九〇二年從拉希迪（Rashidi）埃米爾手中奪得利雅德；拉希迪家族一八九一年在阿拉伯中部建國，勢力從北方首都哈利（Hali）延伸到中部的卡希姆，往南達到利雅德。瓦哈比分子取得利雅德之後，目標轉向卡希姆。歐斯曼帝國以軍隊和彈藥支援拉希迪，阿布都．阿齊茲則有英國撐腰，一九〇六年成功奪下卡希姆。不過，英國雖然支持阿布都．阿齊茲，卻認為他同情歐斯曼。歐斯曼反過來和阿布都．阿齊茲締約，承認他是內志的實質統治者。一次大戰期間，他和拉希迪家族的敵對狀態持續，而阿布都．阿齊茲為了利益，和歐斯曼、英國兩者都結盟。一次大戰後，阿布都．阿齊茲在英國彈藥和資金支援下，於一九二一年攻占哈利。控制內志的努力幾乎大功告成後，阿布都．阿齊茲成為擁有實際權力的國王，這一點和胡笙不同。如同瓦哈比分子的祖先，他虎視眈眈地鎖定漢志。

胡笙的叛變讓阿布都．阿齊茲國王相當訝異。他認為，胡笙家族造反只會帶來傷害和紛爭。胡笙自稱哈里發，令他更加惱火。不過，他還是幾度致函邀請胡笙見面，平心靜氣討論歧見。胡笙拒絕。他甚至未參加一九二五年在科威特舉行的會議，各國領袖在這場會議中齊聚，解決國界的問題。英國努力調停，但胡笙仍然堅持自己的立場。瓦哈比分子入侵漢志如今箭在弦上。

一九二四年八月，瓦哈比分子朝漢志進軍，胡笙寫信給英國首相，希望獲得援軍和彈藥，並要求英國在一次大戰提出的保證應該落實——他的權益和特權將維持，英國將保護他不受侵略。此時，胡笙已經成為英國外交部的笑柄。他被視為精神錯亂的自大狂，他的脫序行為，不論是真的還是虛構的，在公務員之間流傳。他未得到答覆。瓦哈比分子九月入侵漢志，奪下塔伊夫。

胡笙的防衛能力不足。他的兩萬支毛瑟槍沒有彈匣，大砲沒有砲彈，飛機沒有炸彈。麥加居民徒步逃往吉達。商店關門。胡笙耗盡原本就不充裕的財庫，把家人和官員移往亞喀巴。一九二四年十月十三日，麥加再度被瓦哈比分子占領。綿延許久的沙里夫名單終止。

胡笙的兒子阿里回到吉達，希望有朝一日能奪回麥加，延續政權。阿布都・阿齊茲國王包圍吉達和麥地那一年，試圖避免流血衝突以及破壞他和歐洲強權的關係。兩個城市都在一九二五年十二月投降。胡笙在亞喀巴進行最後一搏，要求俄羅斯恢復他的麥加沙里夫地位。他在一九三一年六月四日客死於異鄉安曼，當時身無分文，斷氣前仍宣稱自己擁有統治麥加的神聖權力。

阿布都・阿齊茲國王如今控制的區域遠大於任何沙里夫，擁有阿巴斯朝滅亡以來阿拉伯最強的實力。他迅速行動鞏固地位，包括嚴格維持貝都因人的紀律、成立憲兵、僱用道德警察（mutawwa）維持宗教秩序，並改善朝聖者的安全。他也用心向穆斯林世界保證，麥加的聖陵和文化資產在他管理下很安全。他考慮過在聖城再立一名沙里夫的構想。伊斯坦堡、大馬士革、巴格達、海德拉巴和紐約的報紙甚至報導，把沙里夫阿里・海達爾找回去的計畫正在進行。可是，阿布都・阿齊茲最後認為，最好的辦法是直接統治聖城；他任命兒子費瑟擔任新的總督。沙里夫海達爾一九二六年未獲准進行朝聖，甚至不准下船，雖然一大批麥加人聚集歡迎他。

麥加緊張地等待瓦哈比分子即將實施的改變，可是，阿布都・阿齊茲國王的心態似乎傾向和解。他召集不同學派的泰斗開會，請他們和瓦哈比宗教學者辯論，解決歧見。陸特是瓦哈比主義者接管麥加後第一批到當地的外人，他目睹會議過程。他表示，會議的大致共識是，瓦哈比主義者行為和其他學派的差異並非那麼大。這項共識徹底改變聖寺的禮拜安排。在此之前，聖寺為不同學派安排不同的禮拜地點：夏非儀、瑪利基、漢巴理、哈那非的伊瑪目各有自己的地點。每位伊瑪目的追隨者跟著自己的領袖禮拜，時間略微錯開。瓦哈比主義學者問：不同學派為何必須在聖寺各據一方，在不同伊瑪目率領下於不同時間禮拜？瓦哈比主義學者表示，既然宣禮來自同一來源，所有教友不分教派，由同一位伊瑪目領導在同一時間共同做禮拜，不是比較好嗎？這個論點勝出。國王下令，清除不同學派的專屬區域，禮拜現在由單一瓦哈比主義伊瑪目領導。

會議上有個議題引發嚴重分歧。不同學派的學者指出，瓦哈比分子痛恨所有不屬於自己學派的穆斯林。阿布都・阿齊茲國王嘗試說服與會者，這並非事實。瓦哈比主義學者表示，他們只憎恨從事違反伊斯蘭儀式的穆斯林。瓦哈比分子之外的人不相信。陸特說：

> 如果一群男子喊「唯一的真主」，而他們遇到另一群語言、服裝、行為不同的人也喊「唯一的真主」，那麼這兩群人可能做兩件事。第一是拋開習慣、語言、服裝的差異，像兄弟般齊聲喊「唯一的真主」，這是穆罕默德的作風。第二是彼此厭惡，如果對方人數占上風，就避而遠之；如果對方人數較少，就消滅他們。這是無知的瓦哈比分子的作風，而大多數瓦哈比分子是無知的。⓲

而且，無知的一方掌權。因此，宗教儀式的差異，以及不同伊斯蘭法學派，迅速在麥加銷聲匿跡。

整個十九世紀期間，由於鐵路出現，以及燃煤蒸汽船一八五〇年代之後普及，長途旅行更加方便。到了一九二〇年代，也就是一次大戰結束後不久，大眾運輸時代拉開序幕。穆斯林前往麥加的便利程度超越以往，穆斯林朝聖者湧入人數增加好幾倍。知名穆斯林學者穆罕默德・阿薩德（Muhammad Asad）是其中一個例子，他在一九二七年訪問聖城。他是皈依伊斯蘭的奧匈帝國猶太人（本名李奧波．魏斯，Leopold Weiss），擔任《法蘭克福報》（*Frankfurter Zeitung*）記者而走遍漢志。阿薩德在阿拉伯待了六年，成為阿布都．阿齊茲國王的好友與親信，在《麥加之路》（*The Road to Mecca*）描述他的冒險經歷[19]；順帶一提，這本書的內容幾乎完全未提到麥加本身。像阿薩德這種皈依伊斯蘭的外國訪客很多，其中不少是英國人。

這個現象的原因很簡單。二十世紀初期幾十年，英國的白人穆斯林族群逐漸成長。和世界各地有海運路線的英國海港，長期以來是摩羅（lascars）的家。所謂摩羅，是英國船隻從殖民地僱用的水手，他們許多人是穆斯林，靠岸後在港口附近的國際化區域形成自己的小社區。葉門人很顯眼，因為亞丁是所有通過蘇伊士運河前往東方船隻的主要加煤站。英國皈依者是不同的一群人。他們的領導者是海德利男爵五世（the 5th Baron of Headley，一八五五至一九三五年），他在一九一三年皈依伊斯蘭。海德利是一位優秀的數學家，也是重量級和中量級拳王，影響力龐大。他帶頭在倫敦攝政公園（Regent's Park）建立中央清真寺。一九二三年和一九二七年進行朝聖的海德利，也擔任英國穆斯林協會主席。協會有不少重要人物，包括知名《古蘭經》翻譯家碧可（Muhammad Marmaduke Pickhall）[20]、皈依後改名薩伊娜（Zainab）的活躍貴族艾芙琳．寇柏女爵（Lady Evelyn Cobbold）、藝術家兼劇院畫師邱吉沃德（Mahmoud Mobarek Churchward）。由於既有體制的人以懷疑眼光看待皈依的穆斯林，許多人對信仰保密一段時期。不過，訪問麥加的渴望強烈，而且若不宣布自己皈依伊斯蘭，要公開進行朝聖是不可能的事。寇柏女爵一九一五年初公開皈依的消息。不久之後，她在克拉里奇飯店（Claridge's）的晚宴中說服碧可公開宣布自己是穆斯林，由兩名服務生見證。寇柏女爵和邱吉沃德雙雙進行朝聖，而且以精彩文字寫出體驗。

可是，他們是穆斯林的事實，並未使他們能夠輕易前往麥加。在一個對外人心存保留和懷疑態度的城市，他們的歐洲面孔比信仰更受注目。此外，麥加人已經見識過，非穆斯林的歐洲人穿著阿拉伯服裝前來，然後寫出抹黑他們心愛城市的文字。邱吉沃德被指控是基督徒和間諜，遭到逮捕。他被帶到歐斯曼法官的法庭，出示埃及法官簽署的皈依證明後方才獲釋。邱吉沃德以普通朝聖者身分抵達麥加，貌美和氣質出眾的寇柏女爵則以貴族身分到達。她已有豐富旅行經驗，但獨自前往麥加特別困難：即便是今日，女性若沒有男性陪同，無法單獨進入聖城。不過，對於釣魚好手、槍法準、擅長獵鹿，而且是英國第一位獵到鹿角有十四個分叉的巨大公鹿的女性，這不是太大問題。她幼年在北非度過，結交許多有名的朋友，他們知道她天生同情阿拉伯人。這些朋友幫她拿到阿布都・阿齊茲國王親自發的邀請函。她特別倚賴一位朋友：哈利・聖若望・布利哲・費爾比（Harry St John Bridger Philby），他是阿布都・阿齊茲國王的親信顧問，也是蘇聯知名雙面間諜金・費爾比（Kim Philby）的父親。

費爾比是居住在麥加最有名的外國人，當地人稱呼他為阿布都拉酋長（Sheikh Abdullah）。他兼具探險家、作家和英國殖民辦公室的情報官員身分。他是第一批加入印度公務部門的名流，烏爾都語、阿拉伯語和英語一樣流利。一九一七年十一月，他擔任訪問阿布都・阿齊茲國王的英國代表團團長。兩人成為朋友，費爾比更違背英國政策，暗中支持這位瓦哈比主義國王，將有關麥加沙里夫胡笙的情報透露給他。他在一九二一年十一月成為英國駐巴勒斯坦情報處的首長。可是，費爾比認為，英國一次大戰期間採行的《貝爾福宣言》（*the Balfour Declaration*）承諾讓猶太人在巴勒斯坦地區建立家園，背叛了阿拉伯人。阿布都・阿齊茲國王邀請他擔任顧問時，費爾比皈依伊斯蘭，定居麥加。

他住在賈瓦勒區（Jarwal）一棟豪宅，比鄰國王宮殿。這棟房子是國王在他皈依時贈送的禮物。

國王也賜給他一名奴隸女孩。費爾比的妻子朵拉（Dora）住在吉達，他則大部分時間待在麥加，照顧他精心開闢的花園，並撰寫遊記《空曠的區域》（*The Empty Quarter*）㉑和阿巴斯哈里發傳記《哈倫．拉希德》（*Harun Al Rashid*）㉒。他和妻子感情融洽，但因為她不是穆斯林，無法前往麥加。費爾比擔任利雅德的阿布都．阿齊茲國王朝廷和國王之子、麥加總督費瑟的橋梁，如魚得水，這使得他的另一份工作——加州標準石油公司（Standard Oil）的代表——輕鬆許多。這也意謂他擁有地利人和，能幫寇柏女爵爭取到訪問麥加的許可。

寇柏女爵在一九三三年三月二十六日抵達聖城。費爾比為她安排適合的住所和汽車，形容她「身材和性格有如格特魯德．貝爾（Gertrude Bell，英國旅行家、官員），纖瘦、有活力，相當愛慕虛榮，喋喋不休時令人莞爾」。㉓她搭車從吉達前往麥加：駱駝隊通常要走兩天的路程，她在兩小時內走完。她不但是有紀錄以來第一位造訪麥加的英國女性，也是首位坐汽車朝聖的外國人、首位報告有新朝聖巴士的人、首位坐車從穆納前往阿拉法特的朝聖者——一連串精神之旅的第一人，她宣稱自己也是第一個搭飛機前往非洲的女性。根據她在一九三四年出版《麥加朝聖》（*Pilgrimage to Mecca*）的扉頁照片，她穿著朝聖者服裝抵達麥加：裝扮包括兩片白布組成的衣服，以薄紗遮臉。費爾比顯然很快就發現，人們不需要太多的寇柏女爵。英國政府似乎也抱持這個看法。雖然她有成就，但她的書只獲得英國外交部和皇家地理學會冷淡反應。她和費爾比的友誼，以及她以同情角度描述麥加人和瓦哈比分子的內容，沒有人欣賞。

到麥加的英國訪客，不論是穆斯林還是非穆斯林，皆以類似角度形容這個城市。韋維爾發現，麥加有幾家好咖啡館——他經常光顧——還有一個有遮棚的主要市場，裡面有不錯的商店。可是，它不如麥地那讓人感覺愉快，與俗世相當脫節，太沉迷於晦澀的宗教事務。陸特認為麥加是個醜陋的阿拉伯舊城市，沒有裝飾或花園，但引人好奇。

麥加的迷人處主要來自聖寺和朝聖。看到人潮擁擠，大家穿著簡樸的白衣，集體伏倒進行各種儀式，每個人都嘖嘖稱奇。韋維爾為聖寺裡面的禮拜場面折服：

> 聖寺裡的主麻禮拜確實是最壯觀的情景。偌大空間幾乎座無虛席。禮拜時，這個龐大大廳裡的人動作整齊，且瀰漫怪異的寂靜，讓人充滿無限想像。叩頭（sijda）的禮拜階段，除了鴿子的咕咕叫聲，別無聲響；接著，數十萬甚至更多禮拜者站起來，衣服的摩擦聲和武器碰撞聲有如陣風橫掃整個空間。[24]

寇柏女爵認為，要形容阿拉法特的場景，她需要一個「綱要計畫」：

> 遼闊大廳裡人滿為患，我只是其中一小部分，完全被周遭的宗教狂熱淹沒。許多朝聖者淚流滿面；有的人抬頭仰望星空，千百年來目睹這種壯觀場面經常上演的星空。淚光閃閃的眼睛，般切的禮拜，禮拜時伸出的可憐手臂，讓我感動無比，我感覺到精神提升的強烈感受。[25]

她第一次進入聖寺，親自面對卡巴時，有類似的體驗：「我因為周圍氣氛和壯觀景象無法言語」。[26]

陸特一大清早進入聖寺，站在卡巴前思索它的重要性：

我走向迴廊的邊緣，隔著聖寺的寬廣庭院，遠望黑布罩著的偉大立方體——為了到達那個奇特的建築，成千上萬甚至數百萬人的性命提前結束；看到它，數目無法確定的數百萬人覺得自己站在天堂的門檻。簡單的巨石獨自矗立人海中——認主獨一的明顯表徵，它是真主之家。它顯得高聳又神秘，在寬廣開放四邊形中央拔地而起，氣勢非凡：朝聖者喘氣疾步繞著它的底座走，說出可憐的乞求——「主啊！賜給我們世界上的美好事物；賜給我們來生美好事物；拯救我們不受火燒的懲罰」。[27]

然而，在聖寺和朝聖期間之外，麥加截然不同。麥加人沒有多少值得救贖的特質。一八五三年九月抵達麥加，剛好趕上朝聖的波頓認為，麥加人有點粗俗、懶散：

麥加人是貪心的揮霍者。他們的財富得來容易，等閒視之。收費所得、撫恤金、津貼、禮物和朝聖者，讓當地人有本錢懶惰。一切講究鋪張，包括婚禮、宗教儀式；娛樂活動司空見慣，女性的甜點費用一年下來累積金額龐大，被高利貸業者控制的情況屢見不鮮。麥加人指望朝聖季節來臨，如果運氣好，他可以逮到一個甚至更多富有的朝聖者敲竹槓。[28]

波頓覺得，麥加人的傲氣，尤其是認為自己的語言和血統高人一等，最讓人不愉快和惱火。他們自認「地靈人傑」，即使聖城受到最輕微的批評，也感到氣憤。「他們自鳴得意出身高貴、城裡沒有異教徒、齋戒嚴格、有學富五車的人、語言純淨。其實，他們的自傲隨時顯現」。[29]

陸特有同感。他寫道，麥加人從小就展現驕傲、刻薄、自命不凡、貪婪的個性。他們生性排外，「不容忍外國人置身他們之間」，極度虛偽。他覺得，麥加人最令人反感的特質是自認「屬於優秀民族」，因為他們以為自己是「真主的鄰居」[30]，是朝聖者的老師。「所有階層斤斤計較於盈虧，而且討論要緊的事務時不講細節，包括宗教，營造出不自在和絕望的氣氛」，他寫道。[31]「有時候，麥加的生活似乎有瘋狂的奇特感覺。我內心比較眾多麥加同伴和較幸運國家居民的舉止，發覺他們令人反感。有時候，他們一起開玩笑時，我覺得他們的笑聲屬於瘋人院，他們扭曲的臉和瞪大的眼睛，只能透過鋪著軟墊病房門口的小孔看到。」[32]韋維爾呼應這種看法。他覺得，聖城居民「虛偽無比」。[33]

相對於這些嚴厲的評論，穆斯林歐洲人對麥加人較有好感，因為聖城對他們意義重大。可是，驕傲、偏執、貪婪、炫耀、虛偽等字眼，經常出現在他們對麥加人的描述中。

穆斯林朝聖者為麥加的房屋著迷。邱吉沃德對他住的賓館非常滿意。那是棟七層樓的建築，插了旗子的正方形庭院被七道走廊包圍。大部分走廊被彎曲木料製作的窗花包圍，女性可透過窗花看到男性，而站在低處的男性看不到任何女性臉孔。他坐在噴泉邊非常愜意，在「高大陽台的涼蔭中怡然自得」。[34]享受女性前所未見禮遇的寇柏女爵，訪問一間女眷空間（harem）時，高興萬分。那是一間漂亮的大房子，女性住在優美的環境，有山羊為伴，一切不缺：

> 房間明亮，鋪東方地毯，躺椅用絲綢包裹，有個小鳥籠關著一隻夜鶯。最大的房間可通往如今變成花園的露台……幾位女士蹲坐躺椅上，年紀較大的正在抽水菸。這個女性專屬空間有烤麵包的地方、理想的廚房、洗衣間、工作室，讓她們邊做女紅邊嚼舌根。持家所需的所有物品在女眷空間完成，露台用來晾曬，春天時房間太熱不舒服，每個人有自己的露台空間可睡。我

們不能忘記，山羊也有自己的露台，牠們有充足的苜蓿可吃，苜蓿來自西方山丘上的法蒂瑪綠洲。㉟

可是，麥加屋內沒有足夠歡樂氣息。邱吉沃德特別困惑，這個城市明顯缺乏笑聲和音樂，街道上看不到女性，就算女性罕見地出門時，她們「被漿燙的布料遮住，布料比身體寬鬆幾吋，因此看不出身材，而且長度觸地」。㊱街道相當髒亂，許多有毒蜥蜴橫行市區。聖城永遠帶點臭味。邱吉沃德和陸特將原因歸咎於簡陋的下水道系統──「民宅前的馬路挖個又大又深的洞，汙水管直通它」㊲──以及不計其數的化糞池，每年特定日期在深夜掏空。邱吉沃德認為自己很幸運，躲過清糞的日子，但陸特目睹過程。一群貧窮的朝聖者，大多是馬來人和印度人，受僱打開化糞池，將水肥舀出來，用驢子運到市區界限外倒掉。飲食也要小心，麥加不止到處有蒼蠅、塵土和垃圾，也有潛在的危險。邱吉沃德特別喜歡下榻賓館附近一名屠夫以遠低於市價賣的烤肉串。可是，他的麥加朋友們可從自家屋頂看到屠夫的屠宰場，發現他把野狗引誘到屋內。他賣的美味烤肉串是狗肉。屠夫遭到逮捕、鞭笞，然後逐出聖城，離開時騎驢但臉朝驢尾。

麥加的少數現代便利設施顯然落後。邱吉沃德表示，麥加人雖然對貨幣「態度無比開放」，來自世界各地的硬幣、紙鈔幾乎都能流通使用，但麥加卻沒有銀行。韋維爾要兌換支票，吃盡苦頭。聖城有一間郵局，但不投遞郵件。民眾必須前往粉刷成白色的建築物，和郵局局長面談，方能從那位穿著長袍的官員手中搶過信函。買郵票難如登天，如果想買的數量不只一張，局方必須先仔細檢查庫存量，才慎重其事地交到顧客手上。

邱吉沃德對無數次禮拜和拜訪聖寺生膩，於是騎驢閒逛市區找樂子。他在市場發現一些趣味場景，那裡可以看到穿著白袍的商人抽長長的水菸。有個商人叫賣：「以阿拉之名發誓，好手錶。」另一個喊：「珍珠，天堂的珍珠。」還有人賣檸檬：「真信徒吃的檸檬！」打赤膊的壯碩送水人也是不容錯過的景象，他們腰際綁著羊皮水袋，到處穿梭送水。邱吉沃德最後發現，麥加找得到一些笑聲，地點是郊區的咖啡館，麥加居民在那裡針對最喜歡的遊戲——西洋棋——唇槍舌劍，並聽說書人講《天方夜譚》故事。

在聖寺餵鴿子也是樂趣。波頓、韋維爾、陸特、寇柏女爵都喜歡鴿子，對牠們讚譽有加。「這裡的鴿子數量不輸威尼斯的聖馬可廣場」，韋維爾宣稱，「而且幾乎一樣溫馴」。[38]可是，牠們有很多食物，很難吸引牠們靠近吃手上的食物。陸特指出，這些「藍灰色漂亮鴿子」由特地成立的捐贈基金照顧，以供應穀物和滿足其需求。「四方形開放廣場設有兩個與地面同高的小石槽，裡面隨時裝滿飲水。一個人負責供應穀物，另一個人則負責供水。」陸特認為，麥加人把鴿子視為聖鳥，而鴿子從不飛上卡巴頂端棲息或排便。為了證明這項說法，他每晚睡在可俯視卡巴的屋頂，連睡幾個月，後來高興地寫道：「我一再檢視那座神聖建築的頂端，從未看過任何鳥或其他動物。有時候，聖寺屋頂和下方地面布滿各鴿群，我卻看到卡巴頂端總是空無一物而且安靜。」[39]寇柏女爵也觀察到，鴿群「很乖，從不玷汙聖寺」。[40]

所有到過麥加的人，包括穆斯林和非穆斯林，覺得麥加社會有兩個面向特別令人無法接受：奴隸制度和無知。奴隸制度在麥加欣欣向榮。每個家庭都有幾名奴隸，以及麥加男人把非洲奴隸女孩當妾的情形司空見慣。奴隸市場交易熱絡，是所有訪客必看的景點。韋維爾去過幾次。他認為，聖城是：

少數仍然如此大剌剌進行這種交易的地點之一。奴隸們被關在特別的展示室，通常坐在高台上一字排開的長椅。他們全部是女性；男奴隸或閹人可以私下訂契約買賣，但不會在市場曝光。顧客被主人帶進展示室，主人滔滔不絕說明商品的優點，並說他的價格低廉。如果想要，買方可以觸摸奴隸的肋骨、檢查她們的牙齒，或者以其他方式確保她們各方面健康，而主人面對要求，通常願意提供相關保證。不過，保證她們沒有不良習慣的例子並不罕見——這種毛病只會減損商品價格……女奴隸的售價大多介於二十到一百英鎊。41

波頓認為，整體而言，麥加人皮膚比漢志地區其他阿拉伯人黑許多，因為「市場有不少女奴隸待價而沽」，而且「大部分麥加男人養黑人妾」。42

許多想要定居麥加並研讀伊斯蘭文化的窮學生，尤其是印度人和馬來人，最後和奴隸結婚。他們太窮，無力幫妻子贖身，因此孩子生下來就是奴隸，變成女奴隸主人的財產。陸特說，「主人可以任意許配奴隸，安排他和另一奴隸結婚。通常，一名主人的男奴隸和另一名主人的女奴隸成婚，這種結合生下的孩子被認為屬於女奴隸的主人」。43陸特發現麥加有許多老奴隸，他們因為無法再工作而被主人釋放或拋棄。「我停留麥加期間，有幾個這樣的可憐蟲，有的是女性，住在聖寺」，靠乞討維生。44

陸特鑽研《古蘭經》，是伊斯蘭律法專家。他無法理解伊斯蘭教義和麥加奴隸制度盛行現象為何並存。他表示，如果伊斯蘭的禁令「正確落實」，會導致「奴隸制度在伊斯蘭國度完全終止……《古蘭經》一再重申，在真主眼中，解放奴隸是最好的行為之一。因此，在理想的穆斯林社會，奴隸制度必須很快停止存在」。45邱吉沃德抵達麥加後，立刻由幾個蘇丹黑人奴隸伺候洗澡，他發現三分之二麥加居民是奴隸，大驚失色。他曾就讀埃及知名的愛智哈爾大學，因此能夠向麥加朋友和認識的人提出伊斯蘭反對奴隸制度的強力論點，可是他的反對被嗤之以鼻：「大家覺得，這是完全自然而無害的制度。」46 寇柏女爵也很訝異，每個麥加家庭都有幾名奴隸。她雖然主張伊斯蘭不允許蓄奴，卻指出，奴隸們似乎對自己的處境「怡然自得」，試圖輕描淡寫這項傳統。奴隸大致上被視為家庭一分子。「有個皮膚深黑色的老媼是重要角色，在家可發號施令。我看到她作勢打年輕人阿布都拉的耳光，體型大一倍的阿布都拉因此把她抬離地面親吻她，老人家邊笑邊搖乾癟的手指跑開」。47

麥加人無知、迷信的故事在文獻中大量出現。陸特表示，麥加人生病時認為，最有效的治療法是在紙上寫《古蘭經》詞句，接著把紙浸在水裡直到墨汁脫落，然後把含有墨汁的水喝掉。陸特停留麥加期間曾遇到月食。城裡大部分人連忙進行特別的禮拜。漫長的禮拜結束後，有人問他：「哪個比較亮，你們大馬士革的月亮，還是我們的？」他回答：「月亮是同一個。我們在這裡看到的月亮和敘利亞人看到的相同，和埃及人、印度人、世界各地的人看到的都一樣。」大家不以為然，陸特嘗試引述《古蘭經》的證據說服麥加人。他表示，《古蘭經》說，「我們翻開《月亮書》（*The Moon*）。假如月亮不只一個，不是應該稱為《一個月亮書》（*A Moon*）或《眾月書》（*The Moons*）嗎？」48 經過一番討論，大家終於接受《古蘭經》確認月亮只有一個的說法。49

因為奇怪的巧合，邱吉沃德抵達麥加時，哈雷彗星正好在天空中清晰可見——的確，他從賓館抬頭就可輕易看到彗星在屋頂上。麥加人認為，他「跟著彗星一起到達」，是個無比幸運的人。邱吉沃德表示，這純屬機緣。「人類可以計算彗星什麼時候會出現」。他的回答引起憤怒反應。大家要他懺悔。「這是真主的旨意，你絕對不能說人類知道彗星何時會來」。

邱吉沃德也敘述一名印度朝聖者的故事。這名印度人把留聲機帶到麥加，希望賺一點盤纏。他在市集擺好機器，開始播放幾首歌。群眾聚集，印度人請大家聽了歌之後捐點錢。出乎他意料的是，群眾痛罵他。「邪靈已經進入真主的城市」，他們怒吼。留聲機被沒收；印度人被逮，送到穆斯林法官面前。法官要他示範。印度人播放一首讚美先知的宗教歌曲，希望打動法官，可是法官感到不安，而且有點害怕那個音樂器材。「擁有這種裝置，違反麥加法規」，他怒斥。法官要人拿來榔頭，然後當著龐大群眾的面前，把會發出人聲的機器敲得支離破碎。印度人被判重刑。[50]

可是，麥加人無法將科技拒於門外。沒多久，科技席捲而來，將他們的城市改變得難以辨認。

第十章

Mecca Under the Saudis

紹德家族統治下的麥加

伊斯蘭最神聖的都市，如今變得醜陋、吵鬧、骯髒、發臭，而且擠滿令人搖頭嘆息的誇張現代建築。麥加有新的真主：金錢。聖城似乎被新發現的石油財富吞噬。麥加確實脫胎換骨，幾乎一夕之間；它變得現代化，但沒有值得救贖的特質。只有聖寺內卡巴的美景，以及麥加邊緣村莊提供的慰藉和社區精神，能讓我們一窺麥加幾年前的模樣。

阿布都・阿齊茲・伊本・紹德國王一九五三年駕崩前，已將大量現代化事物引進麥加。一如過去經常發生的情況，聖城的新主人留下他們的印記。不過，新的統治者和以前的沙里夫不同，和麥加並無血統或親屬關係的淵源。血統和親屬關係，後來成為紹德家族控制麥加的主要工具。

阿布都・阿齊茲國王帶來的變化，和回歸傳統或接納現代的關係較小，和遵循瓦哈比主義世界觀的關係較大。[1]聖城後來的命運取決於下面兩者複雜又經常矛盾的關係：紹德家族、他們與日俱增的石油財富，以及給予統治家族掌權正當性的瓦哈比主義神職人員。起初，雖然阿布都・阿齊茲提出保證、其他穆斯林國家也抗議，但麥加所有陵墓仍然被拆掉，包括先知家人的陵墓。瓦哈比分子特別憎恨的蘇非道團聖陵被夷為平地。學校教學內容徹底改變：只有瓦哈比主義的著作和一些傳統文學可以當作教材。

沙烏地阿拉伯於一九三八年三月發現石油，啟動沙烏地重大開發計畫，麥加因為新取得的財富獲益。同一時期，麥加積極追求宗教純淨，教派多元化幾乎完全消失。諷刺的是，麥加作為伊斯蘭大都會的角色卻提升。中東其他地區的人湧入定居，尤其是埃及人、葉門的哈德拉米人（Hadramis）和中亞人，定居的馬來人和印尼人也增加。不過，沙烏地人自認比其他所有人優秀，瞧不起非瓦哈比分子的麥加居民，認為他們是較低階的穆斯林。

阿布都・阿齊茲由兒子王儲紹德繼承，紹德一九五三年到一九六四年在位。紹德缺乏父親的政治和行政能力，他虛擲王國的財富，引發王室家族內部不滿和紛爭。為了鞏固地位，他揮霍重金收買特定部族的效忠，並建立龐大的禁衛軍，這些衛兵穿傳統阿拉伯服裝而不是軍服，被稱為「白衫軍」。問題和內鬨頻傳的紹德統治期間只有一件事出名：沙烏地首度擴建聖寺。

沙烏地其他地區的人湧至，導致聖城人口增加。麥加如今有十五萬人定居。朝聖期間，麥加要照顧二十萬訪客，發現難以負荷。❷前往麥加的旅程變得相對容易。大部分朝聖者走海路，在吉達下船後，轉乘巴士和汽車前往麥加，以及在麥加市內、周遭神聖地點移動。航空業的進展即將使朝聖人數暴增。一九五三年，哈佛大學商學院學生阿布都．賈法．謝克（Abdul Ghafur Sheikh）是第一批以這種方法到麥加的人，他的經歷以《國家地理雜誌》（*National Geographic Magazine*）封面故事發表，標題是「美國到麥加的空中朝聖之旅」。❸沒多久，包機載來的朝聖者與日俱增。現有的聖寺顯然必須擴建，以容納快速成長的朝聖人潮。

擴建聖寺的決定原本出自阿布都．阿齊茲國王。他指派兒子費瑟負責、督導一九五六年開始的工程。擴建分四階段進行。第一階段以薩法山和瑪爾瓦山一帶為重點。拆除附近房屋，朝聖者在兩山之間奔跑的區域鋪平，加設圍籬隔開移動方向相反的朝聖者，並興建第二層路面，讓朝聖者可在不同樓層進行奔跑儀式。聖寺開設新的門和入口：東面朝向主要馬路的一樓加開八扇門，二樓側面加開兩個入口，靠近薩法山和瑪爾瓦山各一個。聖寺內部鋪上白色大理石。一九六一到一九六九年的第二階段，增設一扇更大的新門。寬廣的大門將原有三扇較小的門包圍進去，並按照新統治者的名字命名為紹德國王門。❹

聖寺新的紹德國王門落成，紹德國王隨即在一九六四年被費瑟推翻。費瑟具有魅力、管理能力強，繼續擴建聖寺。

第三階段，拆除聖寺西側的房子，以興建新的西側拱廊。第四階段、也是最後一個階段，增建兩座宣禮塔，並將聖寺所有的門整修為類似風格，讓整座建築在視覺上較協調。聖寺園區擴大六倍，有七座宣禮塔，以及兩座設有女兒牆的陽台。朝聖者可利用四線道公路從吉達快速前往麥加，並經由新道路和陸橋繼續前往穆納和阿拉法特。朝聖者擲石拒魔的地點賈馬拉（Jamarat）興建兩層樓的建築，以便更多朝聖者進行這項儀式。以麥爾坎．X（Malcolm X）較為人所知的非洲裔美國民運人士夏巴茲（Malik al-Shabazz）一九六四年四月進行朝聖時，搭乘汽車只花了幾小時就從吉達到達聖寺。一開始，他遭到移民官員刁難，要他證明自己確實皈依伊斯蘭，但這件小事解決後，他被奉為費瑟的貴賓。「路燈明亮的現代化高速公路讓車程順心」，他進入麥加後，感覺當地「古色古香。我們的車在蜿蜒街道上緩速行駛，道路兩側商店林立，還有巴士、汽車、卡車，舉目盡是來自世界各地的成千上萬朝聖者」。他看到聖寺擴建工程，非常興奮。他寫道，「工程完成時，建築之美將超越印度泰姬瑪哈陵」。❺

麥加或許看起來「古老」，卻已經改頭換面。這個城市已經漫無章法地往各個方向擴展，山谷自然屏障範圍內只要有空地，都出現新建築。麥加西、東、南緣蓋起新的住宅區，主要容納朝聖者的導遊，並提供廉價住宿給朝聖者。少數高樓太顯眼，很多麥加人認為會侵犯聖寺和卡巴的神聖，因此麥加實施規定，限制市區內建築物的高度。新建房屋必須採用符合麥加傳統的在地建築風格和形式。新建築的牆壁要刷白，設置格子窗櫺和窗戶，以便維護隱私，並在濕熱的麥加保持涼爽。聖寺周邊只限行人通行。官方甚至規畫整修其他的歷史建築和文化資產（主要是古老清真寺），保存都市環境和開放空間，管制市區開發，以確保延續、遵守傳統特色。麥加從未看起來更好：一個兼顧「古老」和「現代」的國際大都會。

不過，費瑟有更大的野心。他把聖城視為穆斯林團結象徵，認為沙烏地阿拉伯是穆斯林世界的中樞。為了改革國際穆斯林社群（ummah），沙烏地阿拉伯必須改變並且現代化。他接管王國後，立刻宣布十點改革計畫。王國將有新憲法，有世俗和宗教法官兼備的獨立司法制度，權力將下放地方政府，並進行一系列社會改革，包括社會安全、失業補助、男女皆可享受免費教育。費瑟的第一項改革是，在一九六二年廢止奴隸制度。

同一年，費瑟邀請穆斯林領袖在麥加舉行大型國際會議。一些國家的代表聚集，聽他主張穆斯林應加強合作與團結。更明確地說，他希望建立類似聯合國的穆斯林組織。他開始周遊穆斯林國家首都，爭取各國支持伊斯蘭高峰會，讓「伊斯蘭世界大國齊聚一堂討論穆斯林事務，如果順利，做成有利大家的決定」。❻費瑟希望一九六五年在麥加召開伊斯蘭高峰會，但實際上高峰會在一九六七年的以阿戰爭後才舉行——一九六九年九月在摩洛哥拉巴特（Rabat）登場。伊斯蘭合作組織（OIC）常設祕書處一九七〇年在吉達成立，這個組織後來改名為伊斯蘭會議組織，最後又改回原名。費瑟雖然努力，仍無法讓第二屆伊斯蘭高峰會在麥加舉行；第二屆高峰會一九七四年二月在巴基斯坦拉合爾（Lahore）舉行。其實，熱心、有魅力的費瑟雖然成為當年穆斯林世界最受歡迎的領袖，但他生前未能看到夢想實現。

一九七五年三月，費瑟遭到一名姪子暗殺，事件顯然是獨立的報復行為。費瑟當時公開接見訪客和陳情民眾。行凶者是費瑟．賓．馬薩伊德（Faisal bin Masaid）王子，費瑟同父異母兄弟的兒子。他冷靜地走向費瑟，費瑟傾身親吻他的額頭時，他開了兩槍。費瑟的改革連同遺體被繼任者、弟弟哈立德（Khalid）國王埋葬。

哈立德玩獵鷹的興趣大於治國，他一九七五至一九八二年在位期間，王國實際上由王儲法赫德（Fahd）親王管理；法赫德是個極端現代化主義者，特別不喜歡看起來老舊、傳統、古代的東西。對於新國王而言，保守和異教一樣不能接受。他希望麥加看起來極現代化，有如典型美國城市，像是德州的休士頓。這是恰當的選擇：一個石油國家的中樞，設計成類似另一個石油國度的重鎮。我們很難不注意到當時情況和《朱門恩怨》（*Dallas*）雷同處。這齣一九七八年開始播映的電視影集，在全球蔚為風潮，劇情曲折，涵蓋家族恩怨，暴發戶的光鮮亮麗和未受過教育的老派樸實作風交織，引人入勝——尤恩家族（the Ewings）雖然家財萬貫，眾人卻住在同一屋簷下。可是，在他們家外頭，達拉斯（Dallas，美國德州城市名）每樣東西必須看起來新穎、龐大、高科技、盡可能高調宣揚現代化。

麥加以相同模式快速轉變。醜陋的高樓、垂直交會的路口、高聳的路燈一夕之間出現。市區內僅存少數有歷史價值的建築被夷平。規畫限制放鬆，房地產投機客進入，導致無法避免的市容雜亂現象和嚴重社會問題。伊斯蘭最神聖的都市，如今變得醜陋、吵鬧、骯髒、發臭，而且擠滿令人搖頭嘆息的誇張現代建築。市內幾乎沒有綠地——綠樹不見蹤影反而引人注意，少數造景區域的設計缺乏創意。整個城市被汽車接管，幾乎未顧及行人需求。而且，麥加有新的真主：金錢。聖城似乎被新發現的石油財富吞噬。麥加確實脫胎換骨，幾乎一夕之間；它變得現代化，但沒有值得救贖的特質。只有聖寺內卡巴的美景，以及麥加邊緣村莊提供的慰藉和社區精神，能讓我們一窺麥加幾年前的模樣。

毫不意外，世居麥加的望族有識之士為他們的城市憂心。年輕人對周遭發生的事冷漠看待。老一輩感嘆他們的舊社區和他們維繫的連結——傳統社區活動、經濟模式和建築——都消失了。❼麥加望族的祖先可追溯到沙里夫，再早更可上溯先知穆罕默德，他們以身為漢志人自豪。他們自認為、也確實和北方省分內志人相當不同；內志是沙烏地統治者的故鄉。瓦哈比分子帶來的巨大經濟、社會和宗教變化，已經改變了他們的地位和認同。漢志人喜歡音樂和聖紀節（malud，先知誕辰慶祝活動），傾向於蘇非主義，運用宗教神祕主義的都市傳統。❽內志宗教純淨派對這些事物非常反感，漢志人被迫在自己房屋內偷偷進行傳統儀式。他們尊崇的傳統作法如今變得多餘，他們的宗教權威甚至被國家掠奪。他們覺得遭到邊緣化和壓迫。他們鄙視接管麥加、因為掌握石油財富而崛起、缺乏素養的內志家族。漢志人認為，麥加不僅是伊斯蘭的中心，也是他們認同的來源。麥加的文化遺產和複雜傳統建築和他們的血脈密切相連，是漢志人生存所不可或缺的。在一九六〇和七〇年代比較開明的費瑟國王統治期間，他們推動小規模的傳統建築復興運動，興建許多壯觀的傳統漢志房屋和建築，而這些建物結合哈希姆朝風格和傳統歐斯曼、埃及、摩爾人的設計。如今，這些建築面臨威脅。麥加到處流傳耳語：必須拯救聖寺，以免遭到漫無節制地開發、著迷於科技和現代化的可鄙內志人的毒手。

可是，很少人有勇氣或能力做任何事。唯一例外是出身知名漢志商人家庭的麥加建築師薩米．恩格威（Sami Angawi）。他曾留學英國和美國，熱心投入保護聖城的傳統建築和文化資產。恩格威散發魅力，很多麥加人把他當成有實無名的漢志領袖。我一九七四年第一次遇見他的時候，他讓我想起沙里夫胡笙的兒子費瑟；奧瑪．雪瑞夫（Omar Sharif）在大衛．連（David Lean）導演的電影《阿拉伯的勞倫斯》飾演費瑟，這個角色省思改變帶來的挑戰，最後成為片中蘊含的道德良知。恩格威認為，不分青紅皂白運用科技，正造成麥加徹底轉變。官方投入天文數字的巨資，將麥加改造得像休士頓——政府許多部長曾經前往深造的地方。雖然有「聖城麥加主計畫」❾，但它從未被當成開發商指南，而且西方顧問推出破壞環境的更壯觀計畫。這些計畫一旦落實，將夷平山丘，興建高樓大廈，撕裂聖城的原本質地。恩格威表示，麥加面臨的挑戰是調和傳統與現代，進而「將變化融入永恆」。❿他的結論是，這項任務唯有透過跨學科研究才能完成。

恩格威與另一名漢志人阿布都拉．納西夫（Abdullah Naseef）合作。納西夫在英國取得地理學博士學位後返國，在吉達的阿布都．阿齊茲國王大學擔任主任祕書。他來自吉達傑出的學者和商人家庭。沙里夫阿布都拉．伊本．奧恩和奧恩家族歷代繼任者十九世紀下半葉統治麥加期間，他祖父奧瑪．納西夫．艾凡迪（Omar Naseef Effendi）擔任吉達總督。艾凡迪愛書成痴，畢生大部分時間花在收集珍貴手稿與善本書。為了容納收藏的六千本書，他在吉達市中心主要街道阿拉威市集（Suq al-Alawi）蓋了一棟歐斯曼風格的豪宅。這棟房子有一百零六個房間、許多走廊、精緻的木雕、華麗的凸窗（rawashin），將近十年才蓋好，一八八一年完工。艾凡迪本身並非學者，但他確保姪子穆罕默德．納西夫走上學術這條路；穆罕默德．納西夫三歲成為孤兒後，由他撫養長大成為知名宗教、法律、語言學學者。艾凡迪過世後，穆罕默德．納西夫後半生退出公眾生活，大部分時間專注於管理藏書；藏書如今已增至一萬六千冊。納西夫宅邸現在已變成知識和社會的大磁鐵，吸引學者、知識分子和藝術家聚集。⓫阿布都．阿齊茲國王在一九二五年十二月首度到吉達時，曾借住這棟房子。

一如麥加，吉達也因漫無節制的開發而改頭換面。許多有柚木雕刻門、美麗陽台、凸窗的傳統建築，遭到推土機摧殘。不過，大家積極為納西夫宅邸請命，以保存舊吉達的代表性象徵。一九七五年，穆罕默德．納西夫將宅邸改為公共圖書館。這個舉動和穆罕默德．納西夫的名望挽救了這棟歷史性建築，納西夫宅邸庭院裡的數百年老樹也得救；這棵樹是麥加唯一生長在民宅內的樹。

阿布都拉．納西夫因而成為薩米．恩格威天生的盟友。兩人都對保護文物和傳統建築具有熱誠，決心拯救麥加不受突兀的現代化荼毒。恩格威一九七四年九月成立朝聖研究中心，納西夫邀請他將中心設在吉達的阿布都．阿齊茲國王大學。六個月後，我在恩格威和納西夫的邀請下加入這個中心，並搬到吉達；我在學生時期就和納西夫結為好友。

我們以大學內的半自主單位運作，至少我們以為如此。可是，以內志人為主的學校官僚痛恨納西夫和恩格威；他們認為朝聖研究中心是非法的漢志獨立區域。幾乎所有想像得到的官僚障礙施加在中心和五、六位研究人員身上。不過，我們在更崇高的目標——搶救麥加免於毀滅——激勵下，繼續堅持。我們收集麥加的資料，包括歷史和文化資產、傳統社區和社會結構、地理和地質、都市問題和新建築，以及和朝聖相關的所有資訊，例如朝聖者的住宿和交通、壅塞和汙染、健康問題和物資供應。我們以拍照、錄影（包括紀錄片、空拍和紅外線影片）的方式，將聖城和朝聖環境鉅細靡遺地記錄下來，還製作麥加和朝聖的電腦模擬模型。

我們的研究顯示，麥加其實是坐落小山谷或山頂上的一些村落總合而成。在大都會的表象之下，麥加以村落脈絡網的方式運作。麥加提供大城市的經濟機會和村莊的社會安全。我們分析聖城麥加主計畫，導向一個無法迴避的結論：它會摧毀聖城獨特的綜合特色、導致地形單調、夷平山丘、為了讓汽車通行而使居民邊緣化。朝聖研究中心強調，麥加兩個與生俱來的特點——美麗和永恆的特質，會在「現代規畫」的扼殺下消失。高大的醜陋建築會在貪婪的滋養下，在水泥叢林中蓬勃發展。[12]似乎沒有人理解，麥加有天然界線，不能無止境擴張。剛好相反，參與開發麥加的各個政府單位，以及他們的西方顧問（他們無法實際走訪聖寺，只能從遠處想像），對麥加成長有其限制毫無概念。我們不只擔心神聖區域的自然環境和它的歷史被抹滅，也憂心麥加居民。我們的研究顯示，維繫社會與心理安全的家庭單位及組織會被撕裂，精神疾病會增加，漢志的傳統特色會瓦解。麥加會變成沒有人性的水泥叢林，醜陋的鋼鐵和玻璃建築物將互別苗頭。

另外還有急迫的問題。到麥加進行朝聖的國際朝聖者二十年間增加三倍——從一九五〇年代末期的二十萬人左右，變成一九七〇年代中期的八十多萬人。[13]加上在地的朝聖者，總數超過一百萬人。我們的預測顯示，朝聖人數十年後會增至兩百萬人。要容納這麼多人住宿，並讓他們從一個儀式地點快速移動到下一個地點，形成巨大的衛生和安全挑戰。這個問題在一九七五年顯而易見，當年我們在米納的朝聖者帳篷區從事田野調查時，我進行了第一次朝聖，當時發生瓦斯桶爆炸事件引發火災，導致兩百名朝聖者喪生。

我在一九七六年朝聖期間記錄，朝聖者從米納搭巴士到阿拉法特，平均要花九個多小時，但這段路程不到九英里。麥加部分區域、米納大部分區域和阿拉法特附近隨時都在塞車。空氣汙濁，讓人難以透氣。我們估計，每天尖峰時段，汽車製造八十公噸廢氣。⓮車輛廢氣、炎熱、疲勞的致命效應顯而易見：我目睹幾個人倒地死亡。大約八十萬頭綿羊、山羊和駱駝被拿來獻祭；你可能會踩著牲畜屠體走上好幾英里。⓯屠宰區被一堆又一堆牲畜屠體堵住，工作人員無法進入；相關單位必須用推土機清出緊急出口。將屠體埋進預先挖好的大坑要花好幾天。在擲石拒魔的賈馬拉橋，有些人摔落橋下，所幸那年沒有人喪生。

朝聖研究中心團隊發現，如果持續現狀，可能發生重大災難。確實，有了電腦模型，我們可以在視覺上呈現，如果趨勢不變，賈馬拉區、聖寺裡面會發生什麼事，以及汙染和塞車情況。我們建議，應該立刻引進防火帳篷，並規畫有遮蔽的行人區，讓朝聖者可以坐下來休息。另外，鼓勵每個人盡量徒步走到米納、阿拉法特和穆茲達理法。我們呼籲禁止民間車輛通行，除了緊急和必要的服務用途。中心也呼籲政府「凍結所有拆除和興建工程，因為它們有深遠和無法逆轉的效應」。⓰此外，我們提出詳細批評主計畫的報告，提供一些以較環保方式開發麥加和朝聖環境的替代政策與方法。沙烏地政府對我們的建議嗤之以鼻。朝聖研究中心和固執的主任薩米．恩格威被視為必須清除的肉中刺——而且要盡快除掉。

同一時期，沙烏地因為更迫切的問題分心。伊斯蘭即將滿一千四百年，官方正準備以適當方式慶祝，迎接新世紀來臨。在麥加，「伊斯蘭復興」引起熱烈討論。穆斯林知識分子建議，伊斯蘭的第十五個世紀開始，將力圖重新成為全球事務的一股勢力和穆斯林社會的推力。沙烏地將扮演主導角色，準備以油元（petrodollar，指一國出售石油所賺取的報酬）驅動復興。麥加或許未能主辦伊斯蘭高峰會，可是它如今已成為穆斯林會議的首都。麥加在一九七六年主辦第一屆伊斯蘭經濟學國際會議（International Conference on Islamic Economics），建立了「伊斯蘭經濟學」這門新興學科，後來促使一些伊斯蘭銀行、金融機構成立，以及世界各地大學設置伊斯蘭經濟系。[17]翌年，第一屆世界穆斯林教育大會（World Conference on Muslim Education）的代表齊聚麥加。[18]這項會議直接促使英國劍橋大學成立伊斯蘭研究所，並引發國際討論如何將伊斯蘭文化注入高等教育。我兩場會議都有參與，第一場以觀察員身分出席，第二場則以會議代表的身分出席。眾多涉及五花八門主題的其他會議規畫都在這裡舉行，官方積極邀請伊斯蘭高峰會的主要國家領袖到麥加。宗教學者和教師從麥加派往世界各地清真寺和大學，傳播瓦哈比主義思想，協助引導伊斯蘭復興。如果神職人員無法前往，就以雪花般灑下大量瓦哈比主義書籍和宣傳手冊代替。

一九七九年十一月十九日星期三下午，我在伊斯蘭新世紀前夕從吉達前往麥加拜訪烏姆古拉（Umm al-Qura）大學校園。這是沙烏地政府在聖城設立的第一所高等教育學府，一九四九年阿布都．阿齊茲國王創設時稱為伊斯蘭法學院。烏姆古拉屬於阿布都．阿齊茲國王大學附屬單位。王室公布詔令，這所大學大約在一年後將成為獨立大學，將切斷和吉達的所有關係。消息引起我們的憂慮，因為擔心朝聖研究中心也會被這所極為保守的學校併吞。我們認為，這是馴服、斷絕不同聲音的高招。

我完成烏姆古拉大學的短暫公務後，走向聖寺和中心的同事會合。我們打算計算卡巴附近的禮拜信眾人數。麥加充滿歡樂氣氛，大街小巷摩肩擦踵，很難前進。很多原本在節慶期間因為擁擠而避免前往聖寺的麥加居民，此時卻朝那裡走。聖寺裡擠得水泄不通。我們本以為，朝聖十天前剛結束，加上伊斯蘭的第十五個世紀即將來臨，人潮沒什麼好意外。不過，人數多得令人好奇的麥地那大學學生在聖寺園區內集會，有點不尋常。我們彼此之間很熟悉，因為我們會在朝聖期間聘用幾百名學生收集研究用的資訊。我們和他們開玩笑，笑他們的不理性理念和蒙昧主義觀點，然後繼續我們的工作。我留下來做昏禮，接著到市郊朋友家借宿。大部分信眾留在聖寺，徹夜讀《古蘭經》。

翌日上午，我想搭計程車回吉達時，注意到一輛裝甲車往聖寺疾駛。我也聽到聖寺方向傳來槍聲。我跑過去想看個究竟，卻被警方管制線阻擋。警方要大家立刻離開那個地區，離得越遠越好。一群火力強大的男子已經占領聖寺，超過十萬名禮拜的群眾困在裡面。麥加處於圍城狀態。

等我回到吉達，沙烏地對外通訊已全部中斷。沙烏地是警察國家，壞消息很快就被永久埋沒。消息完全封鎖，沒有任何人知道怎麼回事。吉達謠言滿天飛。有人說，麥加遭到猶太復國主義者和美國帝國主義陰謀分子攻擊。其他人揣測，何梅尼（Ayatollah Khomeini）統治下伊朗的什葉派占領了聖寺。還有人說，王室內鬨，王儲法赫德的人馬想推翻哈立德國王。

憤怒的穆斯林在各個穆斯林國家首都的歐美大使館前聚集，激烈抗議他們的聖城遭到褻瀆。在伊斯蘭馬巴德，兩萬名暴民攻擊美國大使館，導致六人喪生。好戰群眾在土耳其、孟加拉、印度的使館外示威。

真相開始浮現時，令人更加不安。五公里的路障環繞聖寺。住在管制範圍內的民眾被疏散，成千上萬名朝聖者由飛機載到吉達。我們訪問來自麥加的目擊者、居民和朝聖者，拼湊出大概情況。

晨禮結束後不久，聖寺傳出第一聲槍響。數百名貝都因人取出藏在長袍下的衝鋒槍、步槍和手槍，對空鳴槍。叛亂者利用棺材將大量武器和彈藥偷運到聖寺內，據說他們攜帶的槍枝「主要是蘇聯製卡拉什尼科夫（Kalashnikov）攻擊步槍和以色列製烏茲（Uzi）衝鋒槍」。部署在每個大門和卡巴旁邊的聖寺警衛寡不敵眾，很快被制伏。三人中彈身亡。叛亂者占領聖寺，並宣布馬赫迪（Mahdi，意為救世主）降臨，要淨化伊斯蘭。他們的領袖要求，聖寺內的伊瑪目和神職人員必須承認他是馬赫迪，並宣讀他譴責王室家族腐敗和背離宗教的聲明。他的要求遭到拒絕。叛亂者將聖寺所有三十九個門反鎖，開始開槍，殺死至少十二名民眾和一名神職人員。困在裡面的朝聖者方寸大亂，有些人從聖寺牆壁上的小洞逃出來。恐慌平息後，叛亂者允許外國朝聖者自由離開。他們要沙烏地人留在寺內，但不強迫這樣做。到了傍晚，聖寺園區內的人逃光，叛亂者在宣禮塔和聖寺上層走廊的拱門選好據點部署。

帶頭造反的是貝都因宗教學者朱海曼·烏塔比（Juhayman al-Uteybi）以及他的妹婿穆罕默德·阿布都拉·卡赫塔尼（Muhammad Abdullah Qahtani），二十七歲的卡赫塔尼就是所謂的馬赫迪。叛軍包括埃及人、巴基斯坦人和美國皈依者，但大部分是沙烏地的歐泰巴（Oteiba）族。阿布都·阿齊茲國王在一九〇二年攻打拉希迪埃米爾奪得利雅德時，歐泰巴族大力支持他。沙烏地阿拉伯建國後，歐泰巴族大多被聘僱為地位很高的禁衛軍，獲得王室優渥薪津。可是到了一九三〇年，他們已經背叛紹德家族。對於歐泰巴族而言，沙烏地的瓦哈比主義改革還不夠瓦哈比主義。他們認為，王室完全腐敗，國家主張異端思想，宗教學者與王室狼狽為奸傳播不道德行為，沙烏地沉迷於財富和消費主義。他們尤其認為，王室推動的沙烏地和麥加、麥地那兩個聖城的現代化是褻瀆行徑。歐泰巴族和麥加建城初期的出走派一樣主張宗教純淨，和十世紀的嘎爾馬提派一樣手段激烈。此外，現代化威脅了貝都因人的游牧生活型態。

朱海曼和同夥追隨失明學者伊本·巴茲（Sheikh ibn Baz，一九一〇至一九九九年）。伊本·巴茲是當代沙烏地瓦哈比主義的主要建構者，擔任數個要職。他一九六一年被任命為麥地那伊斯蘭大學副總裁，後來成為總裁和校長。他也擔任科學研究與伊斯蘭飭令（Dar al-Ifta）委員會主席，這個單位是沙烏地發布伊斯蘭飭令的主要機構。他在一九九二年成為沙烏地大穆夫提（grand mufti）和高階學者委員會主席。他在麥地那伊斯蘭大學將煽動性的宗教淨化灌輸給成千上萬學生。比較虔誠的追隨者會獲邀接受招待，並給予特別關注，朱海曼是其中一人。我經常在聖寺遇見伊本・巴茲。他總是被學生圍繞——他們陪同他到各個地點、親他的手、讚美他。我時常和學生交談，確定他們是不理性的狂熱分子，無一例外。他們大多來自部族，從效忠部族改成效忠他們的伊斯蘭教派。對他們而言，伊斯蘭就是他們定義的宗教——比較重視未經證實、自古以來不無疑問的穆罕默德傳記，而不是《古蘭經》的教誨。他們自認是伊斯蘭唯一真正的守護者及捍衛者。所有神聖理念範圍之外的人都可定義為非信徒、與伊斯蘭為敵。這些人包括什葉派、蘇非主義者，和我這種自由派。學生們經常告訴我，我和非信徒打交道，無異叛教。我和研究中心的同仁認為，麥地那大學學生最後採取極端行動，乃意料中事。其實，歷史好像致命的諷刺作品一再重演。

沙烏地當局很晚才明白發生了什麼事。第一批警察和安全人員被殺後，國家才勉為其難採取應變措施，出動國民兵，但即使有戰車和直升機支援，他們的行動仍然不成功。叛亂者在聖寺九座宣禮塔占據有利位置，能夠消滅任何接近的人。軍方神射手瞄準塔上的狙擊手，但他們擔心破壞聖寺，反攻行動因而受限。警察、國民兵和陸軍參與的幾波攻擊，以死傷慘重收場。

這次叛亂的因應行動，不但曝露當局完全無能，更令人震驚的是，當局竟然沒有聖寺的結構圖。三支安全武力各有指揮系統，彼此不信任，由於使用不同的無線電系統，無法互相連絡。整個沙烏地境內只有兩個機構擁有聖寺的詳細結構圖。一個是賓・拉丹（Bin Laden）營造公司，這家公司和王室關係密切，負責聖寺的最新擴建工程。另一個機構是我服務的朝聖研究中心。過去四年來，我們把聖寺幾乎每一寸地面都加以測量、攝影。研究中心主任薩米·恩格威冒著生命危險，親自把資料送給前線部隊。

官方原先的策略是包圍叛軍，讓他們彈盡糧絕，可是，哈立德國王在一九七九年十一月二十二日星期六晚間下令國民兵奪回聖寺。有扇門被指定為這波新攻勢的切入點，以大量炸藥炸開。突擊隊在裝甲運兵車掩護下衝入，卻遭到伏擊，導致另一次慘烈犧牲。不論政府軍如何攻堅，叛軍似乎都有辦法應付。即使炸掉聖寺宣禮塔，效果仍有限。後來，陸軍和國民兵動用大砲和數十輛裝甲運兵車，一路血戰挺進，終於抵達卡巴所在的園區中央。自稱馬赫迪的卡赫塔尼異常勇猛，最後戰死。

不過，這只是部分勝利。叛軍撤到聖寺的地下區域。在稱為卡布（Qaboo）的地下區，房間和通道有如迷宮般複雜，叛軍把大部分武器藏在這個迷你城。事實再度證明，軍方嘗試進攻仍徒勞無功且代價高昂。

經過一星期死傷慘重的血戰，沙烏地顯然需要幫手。沙烏地找來最堅強的盟友：美國和中央情報局（CIA）。調查記者卓菲莫夫（Yaroslav Trofimov）苦心調查後出版《麥加圍城》（*The Siege of Mecca*）⑲，他表示，一些中情局特務迅速皈依伊斯蘭，以便取得資格進入聖城，親自評估戰場。他們決定使用化學武器。強力催淚瓦斯從不同入口灌入卡布，但這項行動一敗塗地。頑抗的叛軍用墊子、紙板和衣服堵住通道，阻止催淚瓦斯擴散進入狹窄地下走道。他們用打濕的頭巾蒙住口鼻，避免吸入瓦斯。瓦斯會往上升，因此升到聖寺園區地面。沙烏地士兵不適合戴防毒面具，他們臉上毛髮濃密，大鬍子使面具無法貼合。毒氣從鬍子滲入，許多人嗆昏。毒氣接著擴散到附近地區，麥加其餘居民因而必須疏散。

吉達的謠言說，卡布最後遭到水攻，沒被淹死的叛軍被迫回到地面並被俘虜。可是，卓菲莫夫發現，沙烏地不得不向法國傭兵求助。根據他的說法，法國政府派出巴希爾（Paul Barril）上尉到沙烏地進行「重要任務」，他是擅長這種情況的突擊隊傭兵。巴希爾建議再度使用毒氣——足以毒死小城市的一噸CS毒氣。可是，法國庫存的CS毒氣只有三百公斤，因此只能將就使用這個分量的毒氣。這次，毒氣以別出心裁的方式運用。他們在地面鑽無數個孔通到卡布，將毒氣從這些孔灌入。同一時間，傭兵從兩個點進入卡布，形成包夾狀態。他們成功制伏叛軍，逮到朱海曼。解放聖寺整整花了兩個星期。

朱海曼在宗教法庭受審，被帶到他的導師伊本．巴茲面前。當初提出宗教認可，讓軍方攻擊聖寺的伊本．巴茲同情叛軍。宣讀叛軍的罪名時，他認同叛軍大部分作法。他表示叛軍是對的，包括指出真正的瓦哈比國家不應該和非信徒往來，異端和背離純真伊斯蘭的行為應該終結，各種影像必須禁止，消費主義和金錢崇拜已經成為沙烏地常態。麥加的內志人和沙烏地幾乎所有宗教機構都同意這種說法。可是伊本．巴茲表示，叛軍犯下兩點錯誤：挑戰王室和宣布馬赫迪降臨。一如過去的麥加法官，他只能做出一項裁決：「真主的審判」。他的裁決確實執行，朱海曼被斬首示眾。[20]

順尼派的朱海曼為何宣稱他的妹婿是馬赫迪？雖然大多數穆斯林籠統地相信有馬赫迪，這是什葉派的教義。理論上，馬赫迪是失蹤已久的第十二位伊瑪目，他在西元八六九年消失，未來某個時間會以人類救世主之姿再度出現。或許這是一種相信太平盛世會到來的理念熱潮，導致在伊斯蘭第十五世紀的開端出現這股狂熱，造成朱海曼抱持馬赫迪再臨的信念。不過，正是這種信念使得許多麥加人以及更廣泛的沙烏地阿拉伯人一開始就懷疑，想要傳播革命的什葉派好戰分子是占領聖寺的幕後主使者。時間點也讓人聯想到什葉派陰謀論。伊曆一月的第十日，什葉派紀念先知孫子胡賽因在伊拉克的卡爾巴拉殉難。確實，沙烏地對這個企圖早有防備，以分發革命文宣的罪名逮捕一群伊朗朝聖者。一組 C-130 力士型運輸機隨時待命，以便沙烏地當局必須把成千上萬什葉派滋事分子遣送出境時使用。即便叛亂分子身分明朗後，許多麥加人仍然認為，伊朗什葉派不懷好意，什葉派和順尼派長久以來的敵對已到了必須做個了結的地步。

伊朗人對這種抹黑並未忍氣吞聲。初期的報導暗示，叛亂者是什葉派，伊朗革命的精神與政治領袖何梅尼對此提出適當的反駁。由於伊拉克和伊朗爆發戰爭，一九八〇年伊朗朝聖者相對減少。到了一九八一年，沙烏地和伊朗已經公開決裂。哈立德國王呼籲伊拉克總統薩達姆．胡笙（Saddam Hussain）擊垮伊朗。伊朗朝聖者為了報復，在聖寺前面舉行大規模抗議，高喊革命口號。哈立德致函何梅尼，指摘伊朗朝聖者的褻瀆口號侵犯聖寺的神聖地位。哈立德宣稱，伊朗朝聖者繞行卡巴時，高喊「真主偉大，何梅尼偉大」。這是預謀把伊朗朝聖者描繪成順尼派眼中的泛神信仰者，其實伊朗朝聖者喊的是「真主偉大，何梅尼是我們的領袖」。何梅尼在回函中提出一個問題，但哈立德未回覆。何梅尼寫道，「按照真主的教誨和《古蘭經》，聖寺是所有人的庇護所，即便是偏差者。沙烏地警察怎麼會在聖寺裡以馬靴和武器攻擊穆斯林，毆打他們，逮捕他們，將他們送到監獄呢？」[21]他說的偏差者顯然指朱海曼和追隨者。

伊朗不只將朝聖視為心靈活動，也把它當成政治活動。革命後的伊朗認為沙烏地腐敗，不適合看顧伊斯蘭最神聖的城市。第三屆伊斯蘭高峰會終於在麥加舉行，這場會議於一九八一年一月登場，籠罩在伊朗和沙烏地的緊張局面中。不過，尚未從圍城恢復元氣的麥加無力主辦大型會議。開幕典禮過後，會議轉移到附近的塔伊夫進行。會議結束的公報稱為《麥加宣言》，呼籲穆斯林兄弟之間「團結」，並敦促他們「根據正式協定，以及友愛、團結、互助原則，克服歧見和分裂，以和平方式解決所有糾紛」。[22] 宣言達到預期效果，至少有一段時間，伊朗和沙烏地之間關於麥加與朝聖的糾紛似乎化解。何梅尼指示伊朗朝聖者在聖寺內跟在順尼派伊瑪目後面禮拜，並收斂政治行動。沙烏地則允許這些朝聖者在麥加特定區域抗議，但要接受嚴格監督並遵守特別規定。抗議者可以喊反對美國和以色列的口號，可是不能反對其他穆斯林政府或地主國。而且不能把海報和文宣從伊朗帶到麥加分發。接下來幾年，沙烏地和伊朗都遵守協議。

一九八六年，一群反對麥加現代化和摧毀文化資產的伊朗朝聖者，企圖以行李走私大量炸藥，被沙烏地當局查獲，情況急轉直下。一百多名伊朗朝聖者被捕。沙烏地認定，伊朗人圖謀占領聖寺。隔年，也就是一九八七年，沙烏地全面警戒。朝聖期間，武裝士兵幾乎接管麥加街道。聖寺每道入口都有人看守，而且每個進入聖寺的人都要搜身，這是第一次出現的現象。沒有任何人可以攜帶物品進入聖寺。七月三十一日伊朗人計畫抗議當日，麥加在風聲鶴唳中開始新的一天。當地居民預料會出事。

當天下午，抗議活動在尋常的演說、呼口號中展開。抗議群眾由一名穿著黑色恰多爾（chador）罩袍的女性帶領開始遊行；他們被沙烏地警察和國民兵限制走在預定路線。接近路線終點時，抗議群眾被軍警管制線擋住，軍警要求抗議群眾折返，抗議群眾則要求隊伍獲准進入聖寺。抗議群眾和安全部隊協商之際，有人開始朝抗議群眾扔磚塊、石頭。抗議群眾反擊。配備警棍和電擊棒的警察與示威者爆發衝突，抗議群眾就地取材找東西反擊，他們像海嘯般向前湧，警方似乎一度無法招架。警方召來援軍。一支國民兵隊伍隨即趕到，發射催淚彈驅散抗議群眾。他們接著開火。根據沙烏地官方數據——這種數字永遠要以保留態度看待——共有四百零二人喪生，包括二百七十五名伊朗朝聖者、八十七名沙烏地警察、四十二名其他國家朝聖者；六百四十九人受傷。[23]

這起流血事件引起各地穆斯林震驚。沙烏地和伊朗互相叫罵。沙烏地指責伊朗人「作亂」、褻瀆聖寺。伊朗人宣稱，麥加落入「一群異端者」、「罪大惡極瓦哈比惡棍的邪惡幫派」手中。[24] 兩個國家都訴諸更廣泛的穆斯林大眾——按照古老方式。沙烏地一九八七年十月在麥加舉辦會議，花了好幾億美元將六百多名支持者——大多以頭等艙機票——從世界各地接到麥加。會議由法赫德國王主持開幕，他在兄弟去世後於一九八二年六月掌權。這些受到禮遇的會議代表直言不諱，譴責煽動「邪惡火燄」、「對恐怖主義習以為常和渴望殺害穆斯林」的什葉派伊朗人。伊朗人還以顏色，七月舉辦自己的「國際保障大清真寺神聖與安全大會」。與會代表呼籲將麥加「從紹德家族的掌控解放」，並主張組成國際穆斯林聯盟，以獨立城邦模式管理聖城。[25]

沙烏地移動到第二道攻擊線。伊朗朝聖者每年約有十五萬人，是人數最多的群體，沙烏地建議，應該刪減到四萬五千人以下。另外有一個真正的隱憂，一九八七年時，國際和沙烏地本土朝聖者總人數已超過一百萬人。有人說，朝聖人數十年內會增至兩百萬人。自稱「兩座聖寺監護人」的法赫德國王希望一勞永逸地解決朝聖人數與日俱增的問題。伊斯蘭會議組織一九八八年三月在安曼開會時，沙烏地提出構想，建議實施以各國人口為計算基礎的配額制度，以減少進行朝聖的整體人數。每一年，每個國家可以朝聖的人數比率是千分之一。沙烏地起先提議暫時實施三年，這樣他們將有足夠時間改善麥加設施，並從事現代化。沙烏地雖然主導這個組織，卻未能完全控制。上述構想引發不少爭論，遭到伊朗和其他支持伊朗的國家反對。但最後，沙烏地達成目標。會議通過配額制成為朝聖籌備的常設機制。由於一九八八年伊朗人口為五千一百萬人，伊朗朝聖者減至五萬人。伊朗憤而宣布抵制朝聖。沙烏地關閉駐德黑蘭大使館，使得伊朗朝聖者無法進行朝聖。一九八八至一九九〇年期間，麥加沒有任何伊朗朝聖者。

爭議持續，花了幾年才解決——沙烏地和伊朗各自讓步。伊朗朝聖者一九九一年重返，但在雙方協議下，配額人數特別放寬到十一萬五千人。不過，伊朗和沙烏地仍互相猜忌。

沙烏地和伊朗這段齟齬時期中，沙烏地繼續進行聖寺的工程。起先的要務是修復一九七九年圍城造成的破壞。聖寺基本結構完整，卡巴未受槍砲毀損。不過，薩伊（Sai）區——沿著聖寺一側延伸的有棚長廊，涵蓋薩法山和瑪爾瓦山之間區域——嚴重受損；許多扇門和大理石牆必須整修，而且一長排的吊燈必須更換。五座宣禮塔受到重創，必須重建。寺內馬賽克磁磚彈痕累累，需要大幅置換，而數十條來自世界各地的無價地毯受損嚴重，因此必須更換。修復工程花了一年多的時間。

聖寺修復後，沙烏地在一九八二年進行第二次擴建，也就是法赫德國王即位那一年展開。想當然耳，第一項工程是興建法赫德國王門，這扇門位於聖寺西方的新側翼。聖寺地下室增加十四扇門和入口，還蓋了三個新圓頂、兩座新宣禮塔；另外聖寺屋頂改建，讓教友可在屋頂禮拜。聖寺周圍裝了五座電扶梯，讓教友上下二樓和屋頂。聖寺西側以白色大理石鋪了露天禮拜區，這個區域就坐落阿布．古貝斯山的山腳。

亮晶晶的新聖寺在外觀上和歷史悠久的建築沒有什麼相似處。聖寺有四扇大門、五十四扇小門，地下室有六個入口，二樓有更多入口。聖寺平日可容納八十二萬人，朝聖期間可容納一百萬人。當局興建新的道路和隧道，讓朝聖者可從聖寺直接前往米納和其他儀式地點。

朝聖研究中心有些建議雖然在第二次擴建獲得採納，但我們憂心的事項大多成真。沙烏地通過法案，禁止私人車輛進入朝聖區域。米納和阿拉法特之間興建行人專用道，使得這區段成為朝聖區域最安全、最自在的部分。可是聖寺和相關宮殿令人搖頭，它們雖然壯觀，但沒有任何麥爾坎．X

想像的美麗之處。

朝聖研究中心在一九八〇年終於獲得法赫德國王給予正式、合法地位，我們強烈反對興建隧道。我們認為，隧道會變成「死亡陷阱」：擁擠的狂熱朝聖者離開聖寺，經由隧道湧向米納，必定會引發致命意外。情況會像三十個大型球場的足球球迷同時散場，一起湧向同一個隘口。一如往常，朝聖研究中心的反對意見被置之不理。沙烏地展開聖寺的第三次擴建。

工程在配額制度實施不久的一九八八年展開，一直持續到二〇〇五年。聖寺進一步擴建，興建更多宣禮塔，加裝冷氣解決夏天炎熱問題，寒冷的夜晚則有加溫地板。穆納、阿拉法特、穆茲達理法也大規模開發。賈馬拉區從兩層變成五層；它現在包含九百五十公尺長的永久結構，有十一個入口、十二個出口，每小時可吞吐三十萬名朝聖者。朝聖研究中心向來認為賈馬拉區是危險地點，新的擴建工程遲早會釀成大禍。第三次擴建二〇〇五年完工時，喜歡蓋宮殿的法赫德國王可以從他的麥加新行宮俯視卡巴。行宮位於聖寺東側，高度凌駕整座聖寺。歷史悠久的比拉爾（Bilal）清真寺因為緊鄰行宮，基於安全考量而拆除；這座清真寺年代上溯先知穆罕默德時期。開發計畫確保國王可將聖寺園區內的禮拜群眾一覽無遺；因此，行宮正面未興建宣禮塔。不過，國王待在新行宮的時間有限，因為他於同年駕崩。

一連串重大事故發生後，麥加開發計畫大而無當的危險本質顯而易見。一九九〇年，馬艾希姆（Al-Ma'aisim）隧道發生踩踏事件，一千四百二十六名朝聖者喪生。[26]朝聖者從聖寺前往米納途中，停電造成隧道空調和照明系統停擺。朝聖者驚慌失措，成千上萬人困在裡面，有人窒息死亡。隧道後來封閉。不意外，下一場重大事故發生在賈馬拉區：一九九四年的踩踏事件造成兩百七十名朝聖者死亡。其實，群眾在賈馬拉突然湧現，導致朝聖者被擠死或踩死，或者斜坡因為人數眾多無法負荷而崩塌，並不罕見。這裡事故屢見不鮮：一九九八年有一百一十八人被擠死，二〇〇一年有三十五人被踩死，二〇〇三年有十四人死亡，二〇〇四年有兩百五十一人喪生，二〇〇六年有三百四十六人送命。最近一次的事故發生在朝聖者從賈馬拉橋右側坡道下巴士的時候。朝聖者下車後衝向以水泥柱為象徵的「魔鬼」，有人跌倒，引發致命的踩踏。同一年，位於聖寺附近的迦薩（Al Ghaza）飯店倒塌。投宿飯店或在飯店餐廳用餐、在附設便利商店購物的朝聖者共有七十六人喪生。每次事故過後，賈馬拉重新開發，但基本設計不變，因此風險未改善。

在朝聖研究中心待了五年之後，我在一九七九年底離開中心和沙烏地。[27]我覺得，顯然沒有任何事可以阻止沙烏地把麥加變成迪士尼樂園——他們令人不敢苟同的現代化構想。聖城也顯然會不斷發生意外——我預測每三年發生一次重大事故。我佩服薩米．恩格威的熱誠和毅力，但不像他那麼樂觀。研究中心一九九三年移出吉達的阿布都．阿齊茲國王大學，轉到麥加的烏姆古拉大學時，拯救麥加的努力其實已經終結。中心變成統計單位，由極度保守的機關管理，有如蘇聯的作法。恩格威被貼上異議分子標籤，下半輩子形同遭到軟禁。

我感到愧疚。因為這麼快就認輸而內疚。恩格威犧牲一切，拯救所有穆斯林尊崇、認為神聖的城市脫離漫無章法和醜陋的現代化魔爪，我為自己背棄他感到慚愧。我想得到——應該說需要——第二次機會。

機會在一九八七年出現。穆斯林世界當時仍未從伊朗朝聖者在麥加遭到屠殺的震驚恢復過來。我獲邀在麥加主辦穆斯林思想家和知識分子的會議，以探討可行、永續的發展方式，並嘗試讓順尼派、什葉派和其他穆斯林派系建立共識。這項會議獲得相當大的支持，我們募得一百多萬美元經費，來源包括馬來西亞、巴基斯坦，以及美國、英國的穆斯林與沙烏地企業家。因為沙烏地的政治敏感度，也為了避免不當聯想，我想出一個不尋常的名稱：「穆斯林世界的達瓦和發展：展望未來」（Dawa and Development in the Muslim World: The Future Perspective）。「達瓦」是穆斯林神學的專有名詞，參與的人通常把它翻譯成「宣教」，未參與的人則翻譯成「傳福音」。沙烏地對派遣傳教士（dai）到世界各地傳播瓦哈比主義思想感到自豪，而這些教士以受薪員工身分受聘。不過，達瓦也有「邀請」的意思。先知穆罕默德要追隨者邀請其他人從事「所有善事」。我主張，達瓦必須包含管理改變的良好方法。

我認為，「改變必須以恭敬和謙虛態度進行研究，透過有計畫、有系統的方式導入，而且由社區提供構想、獲得社區全面參與、取得完整共識。」[28]我主張，規畫是達瓦的一種模式。規畫不只是考量如何從A到達B，不是因應快速變化採取的連串短期措施。它考量的重點是哪個B點比較好，哪個策略可以讓我們順利抵達目標。規畫必須用心、理性思考，要保護環境和歷史資產，並在一定的價值觀和規範內運作。穆斯林有識之士從伊斯蘭角度討論以更有利民眾、文化和環境的方式開發聖城，我和籌備會議的同仁盼望，當權者能聽這些具有影響力人士的聲音。

這場一九八七年十月舉行的會議徹底失敗。一開始很順利，許多年輕沙烏地知識分子認同會議討論的大部分內容。後來，一群重量級沙烏地學者在五天會議中途加入，接著立刻開始爭辯，好的達瓦應該以好的、正確的信仰為基礎。抱持有缺失、異端或受到汙染信仰的人，無法執行好的達瓦。言外之意很明顯：身為信仰「正確」的人，沙烏地人是唯一能做好事的人；沒錯，他們一切所作所為本質上是好事。激烈爭論出現，導致什葉派和許多其他學者提前離開會議。

有個發展出乎預料。沙烏地政府自知他們干擾會議，而且四百多位國際與會人員大多公開批評他們、避免與他們接觸，因而提出特別讓步舉措。他們宣布，打開卡巴的門，邀請所有與會者進入內部。這是一項殊榮，歷史上大部分時期只提供給少數人士——哈里發、歐斯曼蘇丹和總督、其他達官顯要。批評聲浪幾乎立刻消失；沙烏地的善心和寬大為懷備受稱讚。所有與會者在指定時間手持特製識別證前往聖寺，排隊進入卡巴內部。

我待在聖寺的眾多日夜中，從未看過卡巴大門打開。除非整修或打掃，沒有開門的實質需求；清潔工作每年進行兩次而已。裡面空無一物。它純粹是個黑暗房間，有三根柱子但沒有窗戶——就像納瑟・霍斯羅在十一世紀形容的那樣。會議代表每四十人一組輪流進入，但我未參與。我婉拒這項邀請，大出朋友和同事意料。

卡巴以磚塊和灰泥構築，這個披上黑布的正方體的作用，是讓穆斯林掌握方向。不論他們身在真主眷顧的大地何處，穆斯林每天五次禮拜時都朝向卡巴。他們進行朝聖或副朝聖時，繞著卡巴走七圈。卡巴是一個象徵，是穆斯林朝向的方向指標，在他們之間灌輸團結的感覺。從外面看，卡巴讓人注意周邊的萬象和穆斯林之間的困境、不和睦。卡巴裡面沒有方向感，因而沒有意義。這就是裡面為何是空的。進入卡巴，就失去方向和意義的全部感覺。環視麥加重新開發和現代化的環境，這裡缺乏方向和意義的現象如此明顯而普遍，我不須進入卡巴內部面對這種教諭。麥加已淪為平庸的空間，失去了認同和意義。

我很難擺脫這種感覺：穆斯林已經住在卡巴裡面很久。原本是象徵性的結構，現在幾乎轉變為實質的獨立巨大柱體。除了嚴守字面解釋的純淨，沙烏地似乎不在意任何其他事物，不關心麥加應該有的歷史、文化資產、藝術與文化、辯論與不同意見、多元與複雜。聖城是穆斯林世界的縮影。麥加發生的事不但在穆斯林社會迴盪，其實也在界定穆斯林文明的狀態。麥加正發出明確的宣示：穆斯林世界處於惡劣、危險的狀態。

第十一章

The ReconS gured Utopia

改頭換面的烏托邦

他們清楚看到這個城市珠光寶氣，是消費主義和奢華旅遊的天堂。他們稱呼麥加是「沙烏地的拉斯維加斯」。麥加已變成有錢人的遊樂場。一年內的大部分時間，麥加接待宗教觀光客，他們到麥加一方面是去聖寺做禮拜，一方面也是為了去無數高檔購物中心血拼。許多人購買聖寺附近的房地產，這樣做不但是為了投資，也是希望它們變成「天堂的房地產」。

我想，一切從走進歷史的渴望開始。將近四十年前，我和好友札法、嚮導阿里與不聽話的驢子「成吉思」展開旅程。我們的共同目標是和心中嚮往城市的歷史合而為一。我們當年在沙漠中跋涉，體會到伊斯蘭聖城被矛盾圍繞。從那時候起，走進歷史的渴望帶領我前往聖寺無數次，以解開麥加的謎團。我在過程中領悟到，舒服地坐在扶手椅上閱讀、反省，和辛苦穿越沙漠一樣，能讓人了解世界。

我徒步到麥加朝聖的時候發現，原先懷抱的夢想必須和越來越多不愉快因素、不樂見的現實情況干擾互相角力。我心目中超凡入聖的麥加，存在於一個陷入浮濫現代化的平凡居住地。麥加是個歷史悠久的城市，我越是探索漫無節制現代化的麥加，越感到不安。如此的麥加完全無法打動我。我們忘了記住這樣的麥加：隱藏在最多人觀察、最受穆斯林尊崇地點表象後面，未獲得仔細剖析的麥加。真實情況無人承認，可以也應該被人知道的史實受到隱蔽，暴露了穆斯林和歷史的關係。而我必須面對的終極問題是：在穆斯林認同的起始地點，歷史軌跡遭到剷除，穆斯林該如何做？

有句摩洛哥古諺說：「麥加不停呼喚你，直到你去過那裡。接著，你會呼喊要麥加回來。」我憂心的是，不樂見的情況出現，以及麥加歷史在我們的時代被抹滅的事實。穆斯林越是重視理想化、幾乎當成偶像崇拜的麥加，他們對共同歷史的看法越是浪漫化。麥加不只是個象徵、宗教渴望的濃縮，不論現在或以往，它是民眾生活在構成歷史的不光彩人為變遷的地點。我們越不理睬歷史的波折，麥加的精神層面是否會變得越脫離俗世、更和人類生活脫節？

麥加歷史的紀錄顯示，朝聖者湧至這個城市追求心靈提升，但當地統治精英階層和大多數居民整體上不值得敬重。大部分穆斯林不知道這段歷史，因為他們對自己的歷史抱持浪漫情懷，這種想法越來越有選擇性，而且選擇自圓其說，同時不完全有悔意。他們必須主張，很久以前，穆斯林文明曾經偉大，有過「黃金時期」，這種態度，很容易變成穆斯林文化向來美好的說法，並導致穆斯林必須停止批判歷史上發生過的幾乎所有事件。你我對過去的看法，對處理目前現實情況的方式、用來形塑未來理念的品質，具有重大影響。

從一開始，麥加目睹的派系主義、歧見、暴力就是穆斯林歷史不可或缺的一部分。在宗教意義、詮釋和落實方面引發內鬥的是第一代穆斯林，也就是「先知的門徒」。這些門徒開啟了帝國主義計畫控制權的爭奪戰。帝國能有多良善？先知的門徒被理想化，正如奇蹟被冠在先知身上，雖然穆罕默德以及《古蘭經》堅稱他只是凡夫俗子：「我難道不是凡人嗎？」（17．93）。他們的實際生平和言行舉止幾乎完全被抹除，不是因為真相佚失，而是因為怪異的理由：先知門徒的神聖地位不能受到批判性檢討、不容受到質疑。所有事蹟必須是歷史中最完美的，否則會意謂伊斯蘭本身可能存在一些問題。

人類錯誤地拘泥於文字，把人類的缺失歸咎於啟示、經書，是常見的範疇謬誤。我們必須以麥加發生的漫長、經常不光彩的歷史反駁傳統觀點。這個人類居住地的史實是重建真相的必要憑藉；思考身為二十一世紀人類和穆斯林的意義，麥加是你我在資訊較充分的情況下展開重要思考的地點。

二〇一〇年九月某天早上，我聽見麥加召喚。當時我一如平時，邊喝咖啡邊讀《衛報》（*Guardian*）。我翻頁時，看到一則全版廣告。「宇宙神聖中心只有咫尺之遙」，大幅聖寺照片下方的廣告詞這麼說。「在麥加尋找房子，第一個考慮的是距離聖寺多近」，廣告詞說。廣告賣的房子是麥加費爾蒙酒店艾瑪爾公寓（Emaar Residences at the Fairmont Makkah）。[1]

這些公寓位於皇家麥加鐘塔大樓（Royal Makkah Clock Tower）裡，這棟大樓高一千九百七十二英尺，是僅次於杜拜哈里發塔（Burj Khalifa）的世界第二高樓。大樓是包含數棟摩天樓的龐大開發案之一；開發案除了大樓，還有專賣奢侈品的購物中心、專門服務富豪的七星級飯店。正如廣告照片清楚顯示，鐘塔大樓讓卡巴相形見絀，與聖寺比起來高高在上。聖寺上方的天際線不再是周圍山丘的起伏線條。聖寺被醜陋的無情矩型鋼筋水泥建築包圍，這些建築用龐大的石油收入興建，反映沙烏地對麥加的願景。它們看起來宛如任何美國中部城市的辦公大樓。報紙上的廣告不是要你住在聖寺「咫尺之遙」，而是要你住在可以居高臨下看聖寺的地點。

廣告沒說的是，這整個突兀的大都會蓋在美麗無比、歷史悠久的房屋和文化資產地點舊址上。據估計，麥加九五%的千年古蹟遭到拆除，包括四百多棟具有文化與歷史意義的建築，以興建這些如雨後春筍般冒出的光鮮亮麗建築。推土機半夜開抵，摧毀歐斯曼時期的連棟透天民宅。皇家麥加鐘塔大樓所在的開發案原址是阿亞堡（al-Ayad fort），這座堡壘建於一七八一年，已經失去保護麥加免於入侵的作用。在大清寺園區另一端，先知穆罕默德第一任妻子哈蒂嘉的住屋變成一排公廁。[2]

皇家麥加鐘塔大樓不是唯一高度凌駕聖寺的高樓。萊佛士麥加宮殿（Raffles Makkah Palace），一家二十四小時提供管家服務的豪華飯店也是如此。還有麥加希爾頓（Makkah Hilton），它蓋在先知最密切門徒、第一任哈里發阿布·巴克爾的故居上。這些大樓和洲際麥加飯店（Intercontinental Mecca）爭奪天際線優勢。此外，還有眾多五星級飯店和混合式住辦大樓。接下來十年，將有一百三十棟摩天樓陸續出現，俯視聖寺。

當局擬大興土木進一步重新開發聖寺，以便容納五百萬名教友。似乎不在乎歷史的沙烏地正在拆除並重建聖寺歐斯曼時期的建築，那是聖寺殘存的最古老部分。聖寺內部美輪美奐，精緻的雕刻大理石柱，將會被八十公尺高的多樓層禮拜大廳取代；這些石柱由一五五三至一六二九年的歷任歐斯曼蘇丹——蘇雷曼、薩利姆一世、穆拉德三世、穆拉德四世——興建。以書法體刻上穆罕默德門徒姓名的石柱將拆除。其實，整座舊聖寺都會拆除。可追溯到伊斯蘭第二任哈里發歐瑪爾、犧牲性命重建卡巴的伊本．祖拜爾以及阿巴斯哈里發們的歷史，將會被超現代的甜甜圈狀建築物取代。新的賈馬拉橋將高達十二層樓，以便朝聖者能從更多不同樓層「擲石拒魔」。

先知穆罕默德出生的房子位於高聳的皇宮對面，被夷平似乎是遲早的事，可能變成停車場。沙烏地統治時期，它大部分時間被當成牛墟；漢志人努力爭取把它變成圖書館。可是，即便只是踏入圖書館，也顯然觸犯不可饒恕的罪，因此沒有人獲准進入。即使如此，一再要求拆除這棟房子的激進教士仍無法容忍它。他們也看光明山不順眼；山上有個希拉洞，是先知當初冥想自省、第一次獲得啟示的地點。

讓我特別困惑的是，願意站出來公開批評沙烏地政府官方政策的人少之又少。土耳其和沙烏地的死對頭伊朗曾表態反對抹除歷史，但大多數穆斯林國家太害怕沙烏地。他們的朝聖配額被刪減的疑慮真實存在——一如沙烏地一九八〇年代末期拒絕發簽證給伊朗朝聖者。公開場合同意沙烏地作法的成年人私底下痛罵政府，雖然是穆斯林圈常態，但對局面無關痛癢。建築師，包括一些穆斯林建築師，非但未勸阻沙烏地，反而積極合作摧毀麥加。和平運動人士與考古學家在報紙和學術期刊表達疑慮，但人數龐大的穆斯林保持沉默。考古學家擔心，開放給他們的少數殘存古蹟將會封鎖。朝聖的信徒擔心，他們可能被禁止從事必須進行的朝聖儀式。麥加是伊斯蘭信徒「五功」之一的目的地，對於信徒而言，其他所有事都是其次。

今日的麥加是它自身歷史以悲劇重演的縮影。這個城市不斷按照統治者的財富和帝國光環形象改造，是最新主人的玩物——目前不巧是缺乏美學敏感度的主人，因此赤裸裸追求權力和財富驅使的過度消費本質曝露無遺，完全不留顏面。

現代的麥加是個矛盾的城市。它的矛盾從名稱開始。Mecca 是阿拉伯語聖城名稱最早的音譯名。可是在英文中，Mecca 被當成通稱廣泛地使用，意思可指：終點；吸引大量人潮的地方；志同道合者活躍的中心。例如，我們稱呼洛杉磯是演藝事業的麥加，稱呼巴黎是時尚的麥加。沙烏地官員不滿這種「貶意的」用法。他們認為，「麥加賓果」、「麥加汽車」使用聖城之名為品牌，更糟的是，穿著清涼的美國女郎取名麥加，都是褻瀆行徑。因此，沙烏地政府一九八〇年代正式將聖城拼法從 Mecca 改成古時候的 Makkah，以凸顯其神聖特殊地位和傳統特點。如今，沙烏地政府機構，以及聯合國等國際組織、美國國務院、英國外交部，採用 Makkah 或者更完整的名稱 Makkah al-Mukarramah（受到祝福的麥加）。

Makkah 或許受到祝福，可是比較講求精神層面的麥加人，麥加望族的後代，覺得再度使用 Makkah 這個名稱並無特別「神聖」之處。他們清楚看到這個城市珠光寶氣，是消費主義和奢華旅遊的天堂，後面兩個特點已經取代精神層面成為麥加存在的理由。他們稱呼麥加是「沙烏地的拉斯維加斯」。

正如那個以賭場和俗麗建築聞名的美國城市，麥加已變成有錢人的遊樂場。一年內的大部分時間，麥加接待宗教觀光客，他們到麥加一方面是去聖寺做禮拜，一方面也是為了去無數高檔購物中心血拼。許多人購買聖寺附近的房地產，這樣做不但是為了投資，也是希望它們變成「天堂的房地產」。對於世界各地的有錢穆斯林——尤其是波斯灣、馬來西亞、印度、土耳其以及歐美散居的穆斯林——短暫前往麥加進行副朝聖或宗教拜訪（ziyarat），已成為家常便飯。其實，對許多人而言，前往麥加已變成高人一等的象徵：去越多次，你似乎越虔誠、越投入。窮人只在朝聖季節抵達，被人匆忙安排、處理，沒有太多尊嚴，從入境到出境不到兩個星期就結束。然而，即便是相對貧窮的人，也被鼓勵隨時把握機會購物。舉目所及，周遭都有人賣東西。除了精品購物中心，還有眾多市場，例如加薩夜市（Souk Gaza）或萊爾夜市（Souk al-Lail）；在這些夜市，只有一件事可做：採購。夜市裡滿是攤位、小販，賣的東西五花八門，上至仿冒手錶、塑膠瓶裝「滲滲泉聖水」，下至香水、廉價禮拜用地毯和塑膠小玩意。理念很清楚：到麥加，沒有人應該空手而回。

麥加紀念品向來具有特殊價值、帶著神聖光環。我只是無法理解，這種感受為何會延伸到廉價的塑膠卡巴模型或貴得離譜的卡巴造型瓶裝香水。穆斯林史家堅稱，早在先知時代之前的不可考年代，麥加就是重要貿易城市。修正主義的西方歷史學家反駁說，由於伊斯蘭誕生，不得不捏造麥加是貿易城市的說法。看看現在的麥加：這個城市不但生意興隆，也生產消費產品。麥加周圍有眾多家庭工廠，製造或進口消費產品，以迎合、供應各個等級的觀光客便宜貨市場：儲存電器的倉庫、汽水和滲滲泉水裝瓶工廠、植物油榨油廠、家禽飼養場、冰淇淋工廠、生產小飾品的工廠、照片沖印廠，不一而足。前面說過，麥加一直是交易場所，朝聖者會在當地市集買賣商品。不過，以往的次要活動如今變得舉目皆是、無所不賣。

除了卡巴和聖寺，麥加沒有獨一無二的事物留下——它是個對自身歷史和自身世界地位毫無頭緒的焦點。它也不再調適自己的地理和生態：有空調設備，雖然位於阿拉伯沙漠，卻有空氣汙染問題。城裡沒有配得上聖城名號的古蹟、遺物、文化、藝術和建築。在當代關於朝聖的敘述中，例如奈特（Michael Muhammad Knight）的《伊斯蘭終點之旅》（*Journey to the End of Islam*），麥加未受到著墨，主要是這個城市本身沒有特別之處。❸奈特是美國穆斯林，具有龐克背景，發展出不拘一格的伊斯蘭解放神學；他發現，聖城「沒有根」。除了「完美的」聖寺，麥加根本平凡無奇。一九九九年進行朝聖的摩洛哥人類學家阿布德拉・哈莫迪（Abdellah Hammoudi）覺得，麥加「在崇高神聖和電影布景之間躊躇」。❹美國詩人兼電影製作人沃爾夫（Michael Wolfe）認為，「麥加街道類似休士頓」；由於麥加當代的重新開發構想源自休士頓，一九八〇年代四處遊歷穆斯林世界後皈依伊斯蘭的沃爾夫有這種感覺很正常。❺

一如它模仿的休士頓，麥加愛錢。有史以來，麥加利用「真主之家」的特殊地位平白獲得財富，從阿巴斯哈里發以至歐斯曼蘇丹等外人手中拿到捐贈。穆斯林文明中的最佳事物必須送到麥加，在那裡驚鴻一瞥，但未生根。這必定是麥加輕易接受不重視歷史或文化價值的神學的原因。穆斯林歷史上多如牛毛的偉大學者和思想家訪問麥加後，轉往其他地方進行思辨。穆斯林作家堅稱，缺乏理性的信仰並不完備，但伊斯蘭中心已成為感官、情緒、狂熱的代表，不需要理性的地方。平心而論，自從先知從麥加遷徙到麥地那之後，確實沒有關於伊斯蘭或其他任何偉大理念在麥加誕生。過去兩個世紀，所有想出伊斯蘭現代意義的努力，所有重新思考、改革伊斯蘭的策略，都來自遙遠的地方。在麥加，這些努力遭到批判，被置若罔聞，而不是受到認真評估。

老實說，這並非瓦哈比分子崛起當家作主的產物。這是早就存在的情況：偏好保守的蒙昧主義，是麥加作為宗教學習中心在千百年間發展的原始風格。更糟的是，麥加頑固抗拒批判性思考的同時，也強力反對增進人類知識、互相了解。整體來說，麥加神職人員痛恨現代世界的每樣東西，除了消費主義的享受。無知是神聖的。所有非穆斯林的人、事、物因而遭到公開詆毀。從聖城散發的這種代表性態度，助長極端分子運用於宣傳仇恨和濫殺的可怕意識形態。在今日的麥加，和平、容忍、講人道、尊重他人、互相了解的夢想在哪裡？這種夢想可在朝聖者心中找到，但聖城其他地方哪裡還存在？隨著瓦哈比分子掌權湧入的內志人，以及長久以來住在麥加的漢志人之間，現在出現一種簡化的區分。有人認為，比起嚴厲、暴力的內志人，漢志人斯文、比較開明、懂得維護環境。這是迷思。畢竟，在聖寺殺了許多人的沙里夫們是漢志人。歷史顯示，雖然在本質上或許有程度和風格的差異，漢志人與內志人提出的世界觀在基本立場上相去不遠。

先知穆罕默德心知肚明，他的許多麥加同鄉視錢如命；有個事件將這個現象表露無遺。事情發生在六三〇年的胡乃恩之役，穆斯林在此戰役獲得可觀戰利品。先知將戰利品分給追隨者，包括許多麥加的新皈依者，他們在麥加一個月前被攻陷後加入先知的部隊。先知將幾百頭駱駝在內的大部分戰利品分給麥加人。他的麥地那追隨者幾乎一無所獲，被稱為輔士的麥地那人大感不滿。先知被趕出麥加，出走到麥地那保命之後，麥地那人就開始無條件追隨他，是忠誠的支持者。麥地那人之間開始流傳謠言：穆罕默德出身麥加，他如今再度和鄉親團聚，所以對他們這麼偏心。他們說：「以主之名，使徒已經和自己人團聚。」最後，有個麥地那人把謠言告訴先知。先知問他：「你對這件事的立場是什麼？」他回答：「我和同鄉站在同一邊。」穆罕默德對他說：「那麼把你的鄉親叫來集合。」

所有麥地那人在他面前集合，穆罕默德問群眾：我無依無靠找你們時，你們不是相信了我？我遭到背棄時，你們不是幫了我？我流亡的時候，你們不是收容了我？我身無分文時，你們不是給了我安慰？」眾人都點頭表示認同他的說法。先知接著說：「難道你們現在因為我把好東西分給麥加人而不高興？」「那些（麥加）人拿走成群牲畜，而你們和真主的先知凱旋，你們不滿足嗎？穆罕默德的靈魂掌握在真主手中，要不是出逃，我不會成為輔士之一。如果所有人往東走，而輔士往西走，我會和輔士為伍。」眾人聽了跪地痛哭，「哭得淚水沿著大鬍子流下」。❻

不管來自漢志或內志，歷史上許多麥加人只有一個真愛：物質財富，以及他們的羊群——朝聖者。除了少數例外，麥加市民一向貪婪、愛財。

卡巴原本是平等的象徵，如今矗立在花俏的摩天大樓和籠罩麥加的瘋狂消費主義之間。然而，聖城缺乏平等的現象很明顯。麥加向來是閉鎖的城市，封閉在自認為具有的歷史重要性——親屬關係和血脈的重要性。千百年來，它努力捍衛這種平白得來的傳承地位的特權。宗教虔誠的光環無法繼承。可是，這不妨礙麥加的親屬關係和血脈價值觀，反而是貿易上的本錢。因此，麥加是個充斥種族歧視、宗教固執和排外情結的地方。內志人認為漢志人種族不純淨而地位較低，因此和他們保持距離。漢志人為了維護權力結構中的利益和地位，傷害了自己的大都會特色和文化開放性。沙烏地人、內志人與漢志人合起來自成一個社會，和麥加其他居民區隔——有如某種凡人的「禁區」。在麥加，一如在沙烏地阿拉伯其他地方，沙烏地人高人一等，但這種較高地位也分等級。

最「高級」的沙烏地人是王室，半專制封建國家的統治者，而這個國家的基礎是擁有絕對統治權的紹德氏族。其次是不容易和王室區分的富有家族，依序是負責麥加和沙烏地其他地區大部分營造工程的賓．拉丹家族；❼沙烏地宗教機構主要勢力瓦哈比主義十八世紀創辦人瓦哈比的後代伊瑪目家族；擁有幾家投資與開發公司的突爾奇氏族（the al-Turkis）；擁有幾家銀行的拉賈西家族（the Rajhis）。大部分富有家族和一些億萬富翁透過婚姻與王室結為親戚，或因為商業交易、宣誓效忠或其他部族儀式等方式迂迴搭上王室。如今，就像歷史上大部分時間，某人在麥加的地位可從他在聖寺周邊擁有的房子高低和地點看出來。國王居高臨下看到卡巴的宮殿，顯然地位無人能比。社會結構最底層包括貧窮的貝都因人，他們四處為家不願定居，無法獲得沙烏地公民身分；還有比他們更窮、想要成為沙烏地人的葉門人。

沙烏地人之後，地位等級從阿拉伯人往非阿拉伯人降低，仍然區分詳細，分類根據是種族和財力。最高級的是歐美的伊斯蘭皈依者，他們地位比享有特權的沙烏地家族低幾級。沙烏地人認為，他們證明伊斯蘭這個信仰有生命、會擴展的天生優越性。階級次高的是會說阿拉伯語的穆斯林。由於他們會說「《古蘭經》的語言」，沙烏地人認為他們比其他母語不是阿拉伯語的穆斯林高級。最再下來是巴基斯坦人、印度人、馬來人、土耳其人。假如有錢，他們會獲得某種程度上的尊重。最後，處於麥加不當階級制度最底層的是非洲人——蘇丹人、衣索比亞人、索馬利亞人——他們原本為了朝聖而到麥加，後來留下來，通常是非法居留。任何去過麥加進行朝聖的人可以作證，黑皮膚在麥加不被認同。我們可以看到，非洲黑人男女在聖寺前面受到麥加市民惡劣對待。在麥加工作、居住的外國穆斯林也同樣被人瞧不起，雖然聖寺周遭的巨大建築是他們興建的。奴隸制度或許已經廢除，但它在麥加仍然維持不變，只是現在以「勞動法規」的形式存在。法規認為，「外籍人士」本來就不值得信賴，不能讓他們自由在沙烏地境內遷徙，必須隨時監控。因此，自從納瑟．霍斯羅和伊本．朱貝爾分別於十一和十二世紀造訪以來，聖城的種族和民族隔閡維持原狀。

外國人想在麥加工作，必須先找好代理人（vakeel）——名義上是照顧他們在沙烏地利益的「保證人」（sponsor），實質上是完全掌控他們生活和行動的主人。❽外籍勞工幾乎沒有人權：他們可能，也經常受到各方面剝削。「保證人」扣住外勞的護照，可阻止他們旅行，或把眷屬接到沙烏地，甚至拜訪沙烏地境內的親戚。而且沒有更上一級的管道可以申訴：代理人說的話神聖得不可更改。麥加許多貧窮外勞過著悲慘、奴隸般的生活。外勞哭求代理人允許他們工作多年之後返回故鄉探親，場面屢見不鮮。把亞洲家事幫傭當成奴隸燙傷、凌虐、毆打的情況司空見慣。屬於同一社區的兄弟姐妹情操，超越種族、膚色、語言、文化、民族差異的溫瑪（群體）情誼，想要在麥加找到聚焦處，但麥加統治者緊抱親屬關係和血統的獨特性不放。

群體成員一視同仁，是朝聖者到麥加的體驗。然而這個最崇高、進步的理念，也受到親屬關係和血統的觀念影響。這種觀念從麥加傳播出去，在麥加精英階層後代、伍麥亞朝的思想留下印記，就像今日麥加存在的半種姓制度一樣明顯。宣布麥加封閉、禁止所有非穆斯林進入的是伍麥亞族人。最早的溫瑪，在麥地那圍繞先知的群體，成員並非只限穆斯林，而是不同信仰者之間的社會約定，異教泛神信仰者也參與。雖然存在差異，作為道德主體的群體共同努力克服差異，改善人類集體福祉，是伊斯蘭原始的理念。可是，麥加對這種觀念卻很陌生——麥加人永遠無法也不想落實。除了穆斯林，所有人不得進入這座聖城的作法，違背了伊斯蘭原有的戒律和這個時代迫切需要的準則。這一點值得所有穆斯林深思和自我檢討。這麼多穆斯林不知道為何非穆斯林不准進入麥加，也不曉得這個禁忌何時、為何、如何出現，令我百思不解。隨意瀏覽網路上的一連串留言，足以看出來，大多數人認為是十字軍造成的——歸咎於他人，把穆斯林視為受害者。這是常見的反應。如果穆斯林真的開始認清實際情況——上述現象是穆斯林帝國主義選擇的方式，是麥加精英主義產物造就的優越感和特殊地位的呈現，結果會如何？

麥加的出現和生存要歸功兩位女性——亞伯拉罕之妻夏甲，她尋覓之後終於找到水源，讓這個城市在「荒谷」誕生；阿巴斯哈里發哈倫．拉希德之妻朱貝妲，她首先為這個城市提供可用的水源，持續數百年——但女性被當成個人財產。她們必須包住身體、藏起來；如果出門，必須有男性監護人陪同；這個城市和周邊環境被汽車霸占，但她們絕對不能開車。許多麥加家庭僱用來自東南亞、印尼或非洲國家的外傭，僱主任意宰割她們，包括監禁、毆打、性侵害。

麥加的基礎是宗教。大家會以為，完全信奉單神主義的城市不會有迷信和偶像崇拜現象。瓦哈比主義神職人員主張，拆除古蹟和聖陵是正確之舉，因為這些建築助長以物配主（shirk）——泛神信仰大罪。可是麥加身陷大罪，這個現象的證據不只是崇拜金錢、財富和消費主義，聖寺本身也找得到證據。一九九〇年代末期，我有一次到聖寺時聽到宣禮員喚拜。由於昏禮已經結束，我相當意外。可是我還是加入群眾做禮拜。伊瑪目開始唸《古蘭經》第二章，也是最長的一章；我立刻明白，這會是一場漫長的禮拜。我注意到，有些教友抬頭看天空。我跟著抬頭，發現當晚有日偏食。群眾正在進行月食禮（Salat-ul-Kasuf），一場專門針對月亮變暗的禮拜。我大驚失色──還有什麼比這個更接近大罪？我退出禮拜──它進行了三個多小時──但被執行道德規範和確保儀式嚴格落實的宗教警察穆陶瓦（Mutawwa）阻止。一如二十世紀初造訪麥加的前輩邱吉沃德和陸特，我告訴穆陶瓦，月食和其他天文事件是自然現象，《古蘭經》說得清清楚楚：「太陽也按照無所不知的真主定下的路徑運行。月亮有既定路徑，它最後會變得有如果實掉光的椰棗柄。太陽無法凌駕月亮，夜晚也無法勝過白晝：日月在各自軌道漂浮。」（36：38－40）我還告訴他們先知穆罕默德幼子易卜拉欣夭折的故事。他死的時候，剛好日食。當時的穆斯林認為這是奇蹟，是真主提供的象徵。麥地那到處傳聞，即便真主也為先知的沉痛哀傷和損失哭泣。然而穆罕默德並不欣慰，這種謠言讓他光火。「日月是真主的象徵」，他宣布。「它們不因為任何人的死亡或誕生而消蝕。」❾穆陶瓦回應說，伊斯蘭律法（Shariah）規定要做禮拜，於是逼我走回禮拜的群眾。

的確，先知移除了聖寺的所有偶像。如今，麥加所有牆壁都是殘缺的人像廣告，不是少了一顆眼珠，就是女性少了一隻手掌，或者一隻腳掌被塗掉。穆陶瓦破壞這些人像，避免民眾崇拜雕刻的偶像。可是麥加人認為科技的進展不可或缺，崇拜財富，追隨無盡的欲望。當代的麥加已回到昔日狀態，成為阿拉伯異端理念的中心。

麥加是一個視儀式為無比重要但沒有德行的城市。沙烏地男子做完禮拜，手持唸珠走出聖寺的場面在麥加很常見。在聖寺外的非洲黑人婦女會上前乞討，她們在炎熱天氣中穿著長罩袍。沙烏地男子非但不施捨，還對她們嗤之以鼻，邊走邊罵。朝聖導遊收了貧窮朝聖者的錢之後丟下他們不管，讓他們不知所措又沒得吃喝，只能自生自滅，這種情形屢見不鮮。穆陶瓦、情報單位和國民兵當中的貝都因人通常對女性禮拜者很凶，我親眼看過很多次。如果外地客或外籍勞工因為某種原因被捕，很容易就遭到凌虐，不管無辜還是犯了法。麥加最著名景象是祕密進行的星期五行刑，遭到斬首的大都是貧窮外勞——巴基斯坦、孟加拉和非洲的弱勢勞工。[10]

表面上，麥加快速轉變。可是它也凍結在如此狀態：缺乏多元文化、多元宗教、政治反對意見、藝術和音樂、知識成就、學術自由、跨越性別和國家隔閡的橋梁。麥加外觀看起來像兩部電影布景的結合，一部是《天方夜譚》，另一部是科幻片。宣禮塔和摩天樓比高；公路和高樓朝卡巴排列。單軌列車將朝聖者從麥加載到麥地那（原本只載沙烏地人和波斯灣的阿拉伯人）。可是如果觀察地底下，所有新穎建設化為烏有。麥加沒有新的下水道系統；如果在聖寺附近隨意挖掘，深度超過三公尺後會挖到汙水。沙烏地人會拆除歐斯曼時期建築物和連棟透天房屋，卻不會興建下水道系統，以致下水道系統和邱吉沃德、陸特形容的沒兩樣。當然，麥加的汙水——就像它的財富——已經超過老舊系統的負荷能力。知名的穆阿拉（Al-Muala）公墓是先知穆罕默德家族許多成員葬身之處，正被汙水淹沒。在麥加外圍，汙水從家戶溢出。

穆斯林小說家兼詩人阿赫瑪德．卡瑪勒（Ahmad Kamal）形容，麥加「並非地理位置」而是「一種心態」。卡瑪勒是土耳其裔國際化作家，曾住在巴格達和印尼萬隆（Bandung），一九五三年進行朝聖。他看到麥加的二分法和派系主義，深感不安，寫成《神聖之旅》（*The Sacred Journey*），為進行超越所有派系界線的朝聖者提供文字優美的導覽。他寫道，「只要我們繼續不彼此容忍」，而且不承認「哈那非、瑪利基、夏非儀及漢巴理等不同思想學派——什葉派和順尼派

——沒什麼，伊斯蘭才是一切，那麼我們沒有人值得獲得自由」。他建議，有意朝聖的人，不要因為「尋求啟發」前往麥加，而是因為「獲得啟發」才去。「朝聖者在麥加只會發現他們帶去的東西」。⓫

卡瑪勒似乎暗示，先知時代過後，麥加未發生任何影響穆斯林生活和信仰的事。這是過時的觀念，只具有少許真實性，一如許多陳年迷思。穆斯林以往、現在也追隨麥加。在許多方面，當前在麥加發生的事、出現的變化，是各地穆斯林的處境、他們面臨的挑戰、他們繼承的問題的最佳寫照。麥加的所作所為在穆斯林世界迴響。如果伊斯蘭核心麥加受到破壞、汙染、文化貧瘠、被貪腐籠罩，伊斯蘭世界其他地方幾乎好不到哪去。先知時代以來在麥加發生的種種，讓我們得知穆斯林本身的許多情況。麥加不僅是個象徵，也是穆斯林文明史的一部分。在血腥的歷史中，麥加一直是難以判讀的宗教中心：狹隘、封閉，不在乎更寬廣世界的現實變化。這向來是麥加對穆斯林世界影響的本質，尤其是在穆斯林世界大部分地區受到殖民的時期。麥加是不受歷史衝擊的堡壘。它未因時間推移改變，停留在某個時期，世上沒有其他地方和它一樣。麥加輸出的模式與世界脫節，過去是、現在也是，變成把欲望當作傳統主義的堡壘。麥加模式並非麥加市民的生活方式，而是它傳播為適用麥加之外所有地區的理念。這就是問題所在。麥加保有幾乎無法推翻的權威地位光環，穆斯林經常發現這個光環難以去除，即使他們不認同。麥加模式試圖在快速變化的世界形成當代認同，似乎像個標竿，一個持久的參考點——這正是卡巴所在地應該具有的作用。我希望藉由將麥加置於歷史中，藉由揭露形塑麥加特色、展望的人物和壓力來源，讓大家更容易思考麥加應該代表什麼。我們對麥加的了解，以及麥加提供的經驗，在現今和未來的真實世界應該如何運作？我們應該如何把麥加當成人性、包容、開放、與人為善、寬恕的理想？

對於大多數穆斯林信仰者而言，麥加是理想城市。不過，這種理想沒什麼歷史根據。我住在馬來西亞期間，曾在朋友的辦公室目睹正式、嚴肅的告別，感到好奇和有趣。朋友的一個同事向他辭行。他們正經八百地握手，不斷噓寒問暖、互相祝福，接著大家沉默坐著相當長時間，客人最後告辭之前，獲得更熱烈的祝福。我等不及想知道原因。「噢，他要去朝聖」，朋友告訴我，好像這個答案的意思很明顯。我進一步詢問後得知，按照馬來西亞人風俗，啟程進行朝聖之前，要向每個認識的人告別。這個風俗源自前往麥加要花幾個月甚至幾年的時代，而以前不少朝聖者可能永遠無法返鄉。如今有飛機可搭、有疫苗可施打，而且朝聖獲得伊斯蘭史上最好的籌備和管理，這個風俗仍流傳。在歷史上，朝聖最大風險是遭到相同信仰的人搶劫、虐待甚至殺害，而他們認為朝聖是犯罪賺錢的特許時期。我們是否忘了這回事？這個現象對麥加是理想城市的觀念有何影響？更重要的或許是，這個現象為何毫無影響？

所有穆斯林都知道，朝聖是伊斯蘭五功之一，如果能力許可，一生必須進行一次。歷史告訴我們，古往今來的穆斯林大多沒有能力從事朝聖。朝聖人數起伏劇烈，就像精密的氣壓計反映穆斯林世界的政治和經濟情勢。即便是在光景最好的年代，不論哪個國家，完成朝聖屬於少數人的特權，通常是最富裕、最有學問的人。對麥加的理念，麥加在穆斯林心目中地位上升、被理想化的歷史，是朝聖經驗罕見的作用。朝聖是值得渴望、夢想的事。五功的其他四項每一項都可以在自己家裡舒服地完成，但去麥加朝聖另當別論。

毫不意外，千百年來朝聖旅行家的著作中，旅行過程、抵達麥加經歷的千辛萬苦占了主要篇幅。由於很少穆斯林可以真正進行朝聖，麥加成為強權國、帝國朝廷、想要宣傳自己是「穆斯林存在根基守護者」的人關注目標，也就不足為奇。在全球旅行日益簡單的時代，我們難道不必解開這個歷史關聯？如果世上大多數穆斯林可以計畫、期望前往麥加，不是一生一次而是隨時可以去，這個宗教理念的焦點、穆斯林認同的磁石，難道不應該認可、效勞所有因為它而生命變得智慧、豐富的人？它要如何從世界的燈塔轉型為屬於全世界的地方？麥加是否能變成真正國際化的都市、屬於全體信徒的中心，而不是任由有幸統治麥加者天馬行空想像擺布的阿拉伯落後地區？我聽過人們提出這些主張。問題在於，這種轉型要包含什麼，會在麥加和穆斯林世界各地造成何種變化？麥加歷史上司空見慣的派系主義和歧見，不包容異己的態度，絕未從穆斯林世界消失。可是，將麥加國際化是遠大的構想。不論你住在這個真實世界的哪個角落，在資訊充足的情況下迫切思考當一名穆斯林的意義，是更遠大的工作。

在我的所有旅程中，包括實際進行和透過文學作品進行的旅程，我心中的麥加仍然穩固。沒有任何事可以改變我和小時候接觸到的麥加的關係。我夢過麥加、愛過麥加、渴望過麥加，也找到麥加。這個麥加向來不只是個地理位置；它是一種精神狀態、禮拜的焦點、崇敬真主的象徵。它是我感受此生最重大時刻的地方。我並不是說，前往麥加、詳細探究麥加歷史後，我的想法未改變。我獲得的心得比我夢想的多很多，其中不少是惡夢。我的結論是，夢想還不夠。一如每件事，我們的夢想必須接受嚴格檢視和客觀評斷，如果它們是可以協助我們因應世界現實情況的有價值理念。透過麥加的存在來塑造我們，而不是逆來順受地被人類的愚蠢行為或怪異癖好左右。

即使如此，我對自己和所有人的最後一個最大指望是，明白麥加不受時間影響的平和——我從跋涉到聖城死亡的巴基斯坦老農夫眼中看到這種平和。對於像他這樣的信徒，麥加是永遠和諧的地方，是值得追求、努力達成的目標。它向來如此，未來也永遠如此。

大事年表

西元前一八一二至一六三七年左右　先知亞伯拉罕在兒子以實瑪利協助下興建卡巴。

西元前一百年左右　希臘史家狄奧多羅斯在《歷史叢書》提到卡巴。

九〇年至一六八年　埃及的托勒密在《地理學》提到麥加。

一〇〇至二五〇年　葉門朱爾汗族統治麥加。

二五〇至三八〇年　胡札伊族統治麥加。

四〇〇年　古塞伊統一古萊什族，在聖殿附近建立小村落。

五五二年　阿卜拉哈攻擊麥加（可能）。

五七〇年　先知穆罕默德出生。

六〇五年　古萊什族在穆罕默德協助下重建卡巴。

六一一年　穆罕默德首度領受啟示，成為伊斯蘭先知。

六一三年　先知開始在麥加傳教。

六二二年　先知被迫從麥加遷徙到麥地那。

六三〇年	先知攻占麥加。
六三二年	先知進行第一次、也是僅有一次的朝聖，並在麥加附近的阿拉法特進行「告別朝聖」演說。
六三二年	先知在麥地那歸真。
六四六年	伊斯蘭第三任哈里發歐斯曼擴建聖寺，以容納與日俱增的朝聖者。
六五六年	先知堂弟、哈里發阿里與先知最年輕的妻子阿伊莎爆發駱駝之役。
六六一年	敘利亞總督穆阿維亞建立伍麥亞朝，立都於大馬士革。
六六一年	麥加市區開始發展。
六八〇年	先知孫子胡賽因在卡爾巴拉之役喪生。
六八一至六九二年	伊本・祖拜爾帶頭反抗伍麥亞統治，成為麥加領袖並整修卡巴。
六九二年	麥加被伍麥亞將領哈嘉吉・伊本・尤素福・沙乍非包圍。祖拜爾獨自防衛聖寺而戰死；他整修的卡巴被毀，後來重建。
七四七至七五〇年	聖寺興建走廊。

七四九年	阿巴斯朝推翻伍麥亞朝，首都從大馬士革遷到巴格達。
七六一或七六七年	第一本先知傳記《穆罕默德的生平》作者、史家伊本·易斯哈格去世。
七六七至八二〇年	穆罕默德·伊本·伊德利斯·夏非儀出生，在麥加進修，自創夏非儀法學派，於麥加去世。
七八三至七八六年	阿巴斯哈里發馬赫迪開始大規模擴建聖寺，工程在他兒子兼繼任者哈里發穆薩·哈迪任內完成。聖寺此時有四百八十四根柱子、十九扇大門，裝飾美輪美奐。
七八五至七八六年	亞伯拉罕立足處興建永久性聖陵。
七八六年	什葉派在麥加滋事。
七八六至八〇九年	阿巴斯哈里發哈倫·拉希德訪問麥加。哈里發夫人朱貝妲在聖城興建引水道。
八三三至八四八年	阿巴斯哈里發馬蒙實施文字獄——論證《古蘭經》本質上是創造物的考驗，導致法學家伊本·漢巴勒被囚禁。
八四八至八五五年	伊本·漢巴勒到麥加，建立漢巴理法學派，在此去世。
八六五年	阿茲拉奇出版第一本關於麥加歷史的書籍《麥加報告》。

八七〇年	狂熱的嘎爾馬提派出現。
八九四至八九五年	阿巴斯哈里發穆俄塔迪德拆除聖寺附近建築物，往西擴建聖寺，整修圍牆並增設大門。
九二三年	《歷代民族與帝王史》作者塔巴里去世。
九三〇年	嘎爾馬提派進入麥加，屠殺眾多朝聖者，掠劫卡巴並帶走黑石。
九五〇至九五一年	嘎爾馬提派歸還黑石。
九六五年	沙里夫自立為麥加統治者。
一〇四六至一〇五二年	波斯詩人、哲學家和易司馬儀派學者納瑟・霍斯羅訪問麥加。
一一八一至一一八三年	法國騎士沙蒂永的雷納德威脅麥加；雷納德的部隊侵略漢志；法國人遭到殲滅或被俘。
一一八三至一一八五年	安達魯西亞地理學者兼詩人伊本・朱貝爾訪問麥加。
一二〇一至一二二〇年	卡塔達・伊本・伊德里斯擔任麥加沙里夫。
一二〇二年	伊本・阿拉比在麥加停留，出版《麥加啟示錄》。
一二二〇至一二三二年	哈珊・伊本・卡塔達擔任麥加沙里夫。

一二二六至一二三〇年	有文學理想的呼羅珊貿易商人伊本・穆加維爾訪問麥加。
一二三二至一二五四年	里加勒・伊本・卡塔達擔任麥加沙里夫，斷續統治麥加八次。
一二五四至一三〇一年	穆罕默德・阿布・努梅伊斷續擔任麥加沙里夫。
一二六〇至一五一七年	麥加由統治埃及、敘利亞的瑪穆魯克蘇丹控制。
一二六九年	埃及的瑪穆魯克蘇丹拜巴爾進行朝聖。
一三〇一至一三四四年	魯梅薩・賓・阿布・努梅伊斷續擔任麥加沙里夫。
一三二五至一三五四年	丹吉爾旅行家兼探險家伊本・巴圖塔環遊世界過程中五度造訪麥加。
一三二五年	馬利皇帝曼薩・穆薩進行朝聖，以大批駱駝載運黃金到麥加。
一三四四至一三七五年	阿吉蘭・賓・魯梅薩和其他人共同統治麥加。
一三六〇至一三八六年	阿赫瑪德・伊本・阿吉蘭擔任麥加沙里夫。
一三八七年一三九四年	阿里・伊本・阿吉蘭擔任麥加沙里夫。
一三九四至一四二五年	哈珊・伊本・阿吉蘭和其他人共同統治麥加，幾度失去權柄又重新掌權。

一三九九年	聖寺西側失火燒毀，部分天花板塌落。
一四二五至一四五五年	巴拉卡特一世斷續統治麥加。
一四五五至一四九五年	穆罕默德．伊本．巴拉卡特擔任麥加沙里夫。
一四六八至一四九六年	埃及蘇丹卡特巴在麥加成立神學學校。
一四八一至一五一二年	歐斯曼蘇丹貝耶齊德二世成立聖城特別捐制度，定期把官方禮物送到麥加。
一四九五至一五二四年	巴拉卡特二世斷續擔任麥加沙里夫。
一五一七年	麥加由歐斯曼帝國統治。
一五二〇至一五六六年	蘇丹蘇雷曼整修並擴建聖寺。
一五二四至一五八四年	阿布．努梅伊二世擔任麥加沙里夫。
一五三三年	印度畫家穆西．丁．拉瑞出版《兩聖地導覽》，此為最早的麥加畫冊。
一五五一年	蘇丹蘇雷曼重建聖寺屋頂。
一五六六至一五七四年	蘇丹塞利姆二世擴充並重建聖寺的基礎。
一五七五至一五八二年	蒙兀兒皇帝阿克巴的姑姑古爾巴丹進行朝聖。

一五八四至一六〇二年　哈珊·伊本·阿比·努梅伊擔任麥加沙里夫。

一五九五年　歐斯曼藝術家阿布都拉·陸特菲出版麥加的插畫，搭配蘇非主義學者穆斯塔法·達里里·艾斯尼所著的《先知穆罕默德生平》。

一六〇一至一六二四年　伊德瑞斯·伊本·哈珊和其他人共同統治麥加。

一六一一至一六一二年　建築師梅赫默德·阿加整修卡巴。

一六二四至一六三一年　麥加沙里夫頻繁更換。

一六二九年　卡巴淹水，由蘇丹穆拉德四世重建。

一六三〇至一六三一年　脫序的歐斯曼部隊占領麥加；卡巴被突然出現的洪水毀損。

一六三一至一六六六年　札伊德·伊本·穆赫辛斷續統治麥加。

一六六六至一六八七年　眾多沙里夫爭奪麥加權柄。

一六七一年　歐斯曼旅行家艾維亞·瑟勒比進行朝聖。

一六八七至一七一六年　薩伊德·伊本·薩德斷續統治麥加。

一七〇三年　瓦哈比主義創建者穆罕默德·伊本·阿布杜·瓦哈比出生。

一七一六至一七三四年　麥加出現眾多統治者，互相爭奪權柄。

一七三四至一七五二年	馬薩德・伊本・薩伊德第二次擔任麥加沙里夫。
一七五六至一七七〇年	馬薩德・伊本・薩伊德第三次擔任麥加沙里夫。
一七七〇至一七七三年	一些沙里夫爭奪權力。
一七七三至一七八八年	蘇陸爾・伊本・馬薩德成為麥加統治者。
一七四七年	內志統治者穆罕默德・賓・紹德與瓦哈比主義創建者瓦哈比達成宗教和政治聯盟。
一七八八至一八一三年	加里布・賓・馬薩德擔任麥加沙里夫。
一七九〇年	瓦哈比主義分子和麥加沙里夫反目。
一七九一年	瓦哈比去世。
一八〇三年	沙里夫加里布把麥加拱手讓給瓦哈比分子，但瓦哈比分子無法掌控局面，加里布重新統治麥加。
一八〇五年	瓦哈比分子包圍麥加。
一八〇六年	麥加向瓦哈比分子投降。
一八〇七年	化名阿里・貝伊・阿巴西的西班牙貴族萊伯里克到麥加朝聖，目睹瓦哈比分子抵達麥加。

一八一三年	麥加一月被埃及總督穆罕默德・阿里的兒子杜松攻陷。
一八一三年	穆罕默德・阿里十一月抵達麥加。
一八一三至一八二七年	穆罕默德・阿里指派亞希亞・伊本・蘇陸爾為麥加沙里夫。
一八一四年	瑞士探險家布克哈特在麥加停留一段時間，會晤前沙里夫加里布。
一八一五年	穆罕默德・阿里帶兵攻打塔拉巴，擊敗瓦哈比分子。
一八二七至一八二八年	阿布都・穆塔里布首度被指派為沙里夫；一八五二至五六年第二度出任；一八八〇至一八八一年第三度出任。
一八二八至一八三六年	穆罕默德・伊本・阿布都・莫英・伊本・奧恩首度成為沙里夫；一八四〇至五二年第二度出任；一八五六至五八年第三度出任。
一八五三年	英國探險家波頓假冒身分，跟著印度朝聖者到麥加。
一八五四至一八五六年	歐斯曼帝國廢除奴隸制度，導致麥加動亂。
一八五八至一八七七年	阿布都拉・伊本・穆罕默德・伊本・奧恩擔任麥加沙里夫。
一八六四年	印度波帕邦太守希康達夫人到麥加朝聖，形容這個城市「野蠻、乏味、令人反感」。

一八七一年	印度拉賈斯坦邦通克太守的官員哈菲茲（Hafiz）阿赫瑪德・哈山訪問麥加，覺得當地人「無知、缺乏教養、貪婪」。
一八七七至一八七八年	英國裔印度探險家基恩到達麥加。
一八八〇年	歐斯曼人拍攝麥加，製作《耶爾德茲相片集》。
一八八二至一九〇五年	奧恩拉菲克・伊本・穆罕默德・伊本・奧恩統治麥加。
一八八四至一八八五年	荷蘭東方學學者、荷蘭東印度殖民政府的地方事務顧問許爾赫洛湼到麥加，拍攝當地居民照片。
一九〇五至一九〇八年	阿里・伊本・阿布都拉・伊本・穆罕默德・伊本・奧恩擔任麥加沙里夫。
一九〇五年	英國旅行家陸特假扮敘利亞人進行朝聖。
一九〇八至一九二四年	胡笙・伊本・阿里成為麥加沙里夫，一九一七年自稱「漢志王」。
一九〇八年	英國軍人韋維爾到達麥加，會晤沙里夫胡笙。
一九一〇年	皈依伊斯蘭的藝術家兼劇院畫師邱吉沃德進行朝聖。
一九二四年	胡笙從漢志王退位，瓦哈比分子占領麥加。

一九二五年	知名蘇聯雙面諜金・費爾比的父親哈利・聖若望・布利哲・費爾比成為阿布都・阿齊茲・伊本・紹德的顧問，定居麥加和吉達。
一九二六年	瓦哈比主義分子領袖阿布都・阿齊茲・伊本・紹德自立為漢志王。
一九三二年	阿布都・阿齊茲・伊本・紹德建立沙烏地阿拉伯王國。
一九三三年	皈依伊斯蘭的蘇格蘭貴族寇柏女爵成為第一位到麥加朝聖的英國女性。
一九五三年	阿布都・阿齊茲・伊本・紹德國王去世。
一九五六至一九六四年	沙烏地首度擴建聖寺：聖寺地下室、一樓和二樓整修，牆面安裝大理石，拱門以人造石裝飾；薩法山和瑪爾瓦山之間區域加蓋篷頂，拆除許多具有歷史意義的建築。
一九六四年	美國黑人穆斯林領袖麥爾坎・X到麥加朝聖。
一九七三年	「聖城麥加主計畫」啟動。
一九七四年	沙烏地建築師、異議人士薩米・恩格威在吉達的阿布都・阿齊茲國王大學成立朝聖研究中心。

一九七五年	米納的朝聖者營區失火，至少兩百人喪生。
一九七九年	一群狂熱分子十一月二十日占領聖寺，成千上萬朝聖者受困。叛亂者的領袖自稱是馬赫迪（救世主），他們控制聖寺兩星期。動亂結束時，共有兩百五十五名朝聖者、亂黨和軍方人員喪生。
一九八二至一九八八年	沙烏地進行聖寺第二次擴建：西側興建新建築，增建法赫德國王大門、十四扇較小的門和新的地下室入口，另外新增三個圓頂、兩座宣禮塔。聖寺的屋頂全面翻修，讓教友可在屋頂禮拜；聖寺周邊和增建部分加裝五座電扶梯；聖寺西側的阿布．古貝斯山腳興建露天禮拜區；興建隧道讓朝聖者可從聖寺直接前往穆納；留存的文化資產和古蹟建築全部剷平。
一九八七年	伊朗什葉派朝聖者在聖寺前和沙烏地安全部隊爆發嚴重衝突，四百零二名朝聖者喪生。
一九八九年	恐怖分子在麥加引爆兩枚炸彈，一人喪生、十六人受傷。
一九九〇年	一千四百二十六名朝聖者在聖寺和米納之間的隧道喪生。
一九九七年	米納火警造成三百四十三名朝聖者喪生。

一九八八至二〇〇五年 沙烏地進行聖寺第三階段擴建：興建新宮殿、增建一座鐘塔、周邊購物中心和聖寺相連。

二〇〇四年 兩百五十一名朝聖者在擲石拒魔儀式中的踩踏事件喪生。

二〇〇六年 三百四十六名朝聖者在擲石拒魔儀式中的踩踏事件喪生。

二〇一一年 沙烏地宣布擴建聖寺，以容納兩百萬名朝聖者。

4 Abdellah Hammoudi, *A Season in Mecca* (Polity, Cambridge, 2005), p. 111.

5 Michael Wolfe, *The Hadj: An American's Pilgrimage to Mecca* (Grove Press, New York, 1993), p. 192.

6 Ibn Ishaq, *The Life of Muhammad*, trans. A. Guillaume (Oxford University Press, Karachi), p. 569.

7 See Steve Coll, *The Bin Ladens: Oil, Money, Terrorism and the Secret Saudi World* (Allen Lane, London, 2008).

8 For more details see Q. Javed Mian and Alison Lerrick, *Saudi Business and Labour Law: Its Interpretation and Application* (Graham & Trotman, 1982).

9 Muhammad Husayn Haykal, trans. Ismail R. A. al-Faruqi, *The Life of Muhammad* (American Trust Publications, Plainfield, Ind., 1976), p. 454.

10 On torture and legal representation in Saudi Arabia, see Anders Jerichow, *Saudi Arabia: Outside Global Law and Order* (Routledge, London, 1997); and for the alleged reforms see Joseph Kechichian, *Legal and Political Reforms in Saudi Arabia* (Routledge, London, 2012).

11 Ahmad Kamal, *The Sacred Journey* (Allen & Unwin, London, 1961), p. 6.

19 Yaroslav Trofimov, *The Siege of Mecca: The Forgotten Uprising* (Allen Lane, London, 2007), p. 173. The involvement of the French Foreign Legion, and of Captain Paul Barril, is described on pp. 188–97 and 209–13.

20 See 'Juhayman's Sins', *Al Majalla*, Arab Press House, London, 21 November 2009, where one of Juhayman's followers, Nasser Al Huezzeimi, tells the background story of the movement.

21 Khalid–Khomeini correspondence, *Al-Nashra al-arabiyya lil-hizb al-jumhuri al-islami* (Tehran), 19 October 1981; and in *Sawt al-umma* (Tehran), 31 October 1981; quoted in Martin Kramer, *Arab Awakening and Islamic Revival* (Transaction, New Brunswick, 1966), p. 169.

22 http://www.oic-oci.org/english/conf/is/3/3rd-is-sum.htm

23 Robert Bianchi, *Guests of God: Pilgrimage and Politics in the Islamic World* (Oxford University Press, 2004), p. 11.

24 Quoted in Martin Kramer, p. 174.

25 Ibid., p. 175.

26 Bianchi, p. 11.

27 It wasn't easy to leave Saudi Arabia due to 'exit visa' problems; see Ziauddin Sardar, *Desperately Seeking Paradise* (Granta, London, 2004), for the full story.

28 Introduction to *An Early Crescent: The Future of Knowledge and Environment in Islam*, ed. Ziauddin Sardar (Mansell, London, 1989), p. 2.

第十一章 改頭換面的烏托邦

1 *The Guardian*, Thursday 23 September 2010, p. 14.

2 This has been widely reported. See, for example, Jerome Taylor, 'Mecca for the rich: Islam's holiest site turning into Vegas', *The Independent*, 24 September 2011, and 'The photos Saudi Arabia doesn't want seen – and proofs Islam's holy relics are being demolished in Mecca', *The Guardian*, 15 March 2013; Damian Thompson, 'The Saudis are bulldozing Islam's heritage: Why the silence from the Muslim World?', *The Telegraph*, 2 November 2012; and Oliver Wainwright, 'As the Hajj begins, the destruction of Mecca's heritage continues', *The Guardian*, 14 October 2013.

3 Michael Muhammad Knight, *Journey to the End of Islam* (Soft Skull Press, New York, 2009).

1968), pp. 449–50.

6 Ekmeleddin Ihsanoglu, *The Islamic World in the New Century: The Organisation of the Islamic Conference, 1969–2009* (Hurst, London, 2010), p. 22.

7 Mohammad Jamil Brownson, 'The Socio-Economic Dynamic of the Sacred City', in Ziauddin Sardar and M. A. Zaki Badawi, *Hajj Studies*, vol. I (Croom Helm, London, 1978).

8 For the difference between the Hijazis and the people of the Najd, who rule Saudi Arabia, see Mai Yamani, *Cradle of Islam: The Hijaz and the Quest for Identity in Saudi Arabia* (I. B. Tauris, London, 2009).

9 Ministry of Planning, 'Master Plan for the Holy City of Mecca' (Government of Saudi Arabia, Riyadh, 1973).

10 Sami Angawi, Preface, in Sardar and Badawi, p. 11.

11 On Naseef House and social life in Jeddah during this period, see Angelo Pesce, *Jiddah: Portrait of an Arabian City* (Falcon Press, Naples, 1974), pp. 101–48.

12 Hajj Research Centre, 'Mecca: Policy Framework and Future Development', Report MEC 2 77/96, King Abdul Aziz University, Jeddah, 1977.

13 Kingdom of Saudi Arabia, Ministry of Finance, General Statistics Department, *Pilgrim Statistics*, Riyadh, 1969, 1970, 1971, 1972, 1973, 1974 and 1975.

14 Hajj Research Centre, 'Atmospheric Quality in Muna During the Hajj Season of 1398 AH' and 'Air Quality in Mina: Microbial Content During Hajj Season 1398/1999 AH', King Abdul Aziz University, Jeddah, 1978.

15 Hajj Research Centre, 'A Quantitative and Qualitative Analysis of Holy Sacrifice', King Abdul Aziz University, Jeddah, 1977.

16 Hajj Research Centre, 'First Hajj Seminar: A Brief Report', Report SEM 1/95, King Abdul Aziz University, Jeddah, 1976.

17 See Khurshid Ahmad, ed., *First International Conference on Islamic Economics* (Amar, Karachi, 1984); see also Nejatullah Siddiqui, *Muslim Economic Thinking* (Islamic Foundation, Leicester, 1981), and *Muhammad Akram Khan, Islamic Economics: Annotated Sources in English and Urdu* (Islamic Foundation, Leicester, 1987).

18 See Syed Ali Ashraf, *The First World Conference on Muslim Education: A Review* (Muslim Institute, London, 1977); and S. S. Husain and Syed Ali Ashraf, *Crisis in Muslim Education* (Hodder and Stoughton, London, 1979).

32 Ibid., p. 78.

33 Wavell, p. 137.

34 Eric Rosenthal, *From Drury Lane to Mecca: Being an Account of the Strange Life and Adventures of Hedley Churchward* (Howard Timmins, Cape Town, 1982), p. 151.

35 Cobbold, p. 192.

36 Rosenthal, p. 150.

37 Rutter, vol. I, p. 197.

38 Wavell, p. 151.

39 Rutter, vol. II, p. 70.

40 Cobbold, p. 187.

41 Wavell, p. 142.

42 Burton, *Personal Narrative*, vol. II, p. 190.

43 Rutter, vol. II, p. 92.

44 Ibid., p. 93.

45 Ibid., p. 90.

46 Rosenthal, p. 160.

47 Cobbold, p. 204.

48 Rutter, vol. I, pp. 204–5.

49 Rosenthal, p. 154.

50 Ibid., pp. 157–8.

第十章 紹德家族統治下的麥加

1 See William Ochsenwald, 'The Annexation of the Hijaz', in Mohammed Ayoob and Hasan Kosebalaban, eds, *Religion and Politics in Saudi Arabia* (Lynne Rienner, Boulder, Colo., 2009), pp. 75–90.

2 David Long, *The Hajj Today* (State University of New York Press, Albany, 1979), Appendix A, 'Hajj Arrival Figures for Selected Year: 1807–1942', pp. 127–8.

3 Abdul Ghafur Sheikh, 'From America to Mecca on Airborne Pilgrimage', *The National Geographical Magazine*, July 1953, pp. 1–62.

4 Muhammad Kamal Ismail, *The Architecture of the Holy Mosque Makkah* (Hazar Publishing, London, 1998), pp. 57–69.

5 *The Autobiography of Malcolm X*, with the assistance of Alex Haley (Penguin, London,

London, 1913), p. 167.
8 Ibid., p. 137.
9 Ahmad Suba'i, *My Days in Mecca*, trans. Deborah S. Akers and Abubaker A. Bagader (First Forum Press, Boulder, Colo., 2009), p. 19.
10 Ibid., p. 21.
11 Ibid., p. 39.
12 Ibid., pp. 86–7.
13 Abu Hamid al-Ghazali's *The Revival of Religious Science* consists of 4 parts, each divided into 10 chapters or 'books' – 40 volumes in all. A selection of individual books, such as the *Book of Knowledge, Foundation of Belief* and the *Book of Purity*, have been translated into English.
14 Hurgronje, *Mekka in the Later Part of the 19th Century*, p. 210.
15 Ibid., p. 191.
16 George Antonius, *The Arab Awakening* (Putnam and Sons, London, 1946), p. 133.
17 T. E. Lawrence, *Seven Pillars of Wisdom* (Jonathan Cape, London, 1926), p. 63.
18 Eldon Rutter, *The Holy Cities of Arabia* (2 vols, Putnam, London, 1928), vol. I, p. 190.
19 Muhammad Asad, *The Road to Mecca* (Simon & Schuster, New York, 1951).
20 Muhammad Marmaduke Pickhall, *The Meaning of the Glorious Koran* (A. A. Knopf, New York, 1930).
21 Harry St John Bridger Philby, *The Empty Quarter* (Constable, London, 1933).
22 Harry St John Bridger Philby, *Harun al Rashid* (P. Davies, London, 1933).
23 Cited in Lady Evelyn Cobbold, *Pilgrimage to Mecca* (Arabian Publishing, London, 2009), p. 41.
24 Wavell, p. 151.
25 Cobbold, p. 183.
26 Ibid., p. 182.
27 Rutter, vol. I, p. 108.
28 Richard F. Burton, *Personal Narrative of a Pilgrimage to Al-Madinah and Meccah* (Dover Publications, New York, London, 1964; first published 1855–6), vol. II, p. 191.
29 Ibid., p. 191.
30 Rutter, vol. II, p. 78.
31 Ibid., p. 77.

21 Ibid., pp. 133–5.
22 Hafiz Ahmed Hassan, *Pilgrimage to the Caaba and Charing Cross* (W. H. Allen, London, 1871; reprinted Wirsa, Karachi, 2006), p. 68.
23 Ibid., p. 69.
24 Ibid., p. 96.
25 Ibid., p. 92.
26 Ibid., p. 109.
27 John F. T. Keane, *Six Months in Meccah* (Tinsley Brothers, London, 1881, p. 100; reprinted Barzan Publishing, Manchester, 2006).
28 Ibid., p. 140.
29 Ibid.
30 Ibid., p. 141.
31 Ibid.
32 Charles M. Doughty, *Travels in Arabia Deserta* (Dover Publications, New York, 1979), vol. II, p. 542.
33 Ibid., p. 673; Doughty's emphasis.

第九章 西方訪客、阿拉伯服裝

1 Mehmet Bahadir Dorduncu, *The Yildiz Albums of Sultan Abdulhamid II* (The Light Inc., New Jersey, 2006). Only a small selection is included here. The landscapes of Mecca are on pp. 68–9, 70–1, 72–3 and 74–5.
2 *The Arabian Nights: Complete and Unabridged*, trans. Sir Richard F. Burton (Halcyon Press, 2010, Kindle Edition); *The Arabian Nights: Tales of 1001 Nights*, trans. Malcolm C. Lyons (Penguin Classic, London, 2010).
3 *The Assemblies of al-Hariri*, trans. Amina Shah (Octagon Press, London, 1981).
4 Quoted in C. Snouck Hurgronje, *Mekka in the Later Part of the 19th Century*, trans. J. H. Monahan (Brill, Leiden, 2007), p. 179.
5 C. Snouck Hurgronje published two volumes in German under the general title of *Mekka* in 1888–9. *Mekka in the Later Part of the 19th Century* is the second volume.
6 *The Perfumed Garden of Shaykh Nefzawi*, trans. Sir Richard Burton (HarperCollins, London, 1993; first published 1886).
7 A. J. B. Wavell, *A Modern Pilgrim in Mecca and a Siege in Sanaa* (Constable and Company,

25 Ibid., p. 110.

26 De Gaury, p. 204.

27 Mark Mazower, *Salonica* (HarperPerennial, London, 2005), p. 112.

第八章 駱駝、印度人與女主公

1 John Lewis Burckhardt, *Notes on the Bedouins and Wahabys* (Henry Colburn and Richard Bentley, London, 1831), vol. II, p. 269.

2 Ibid., pp. 287–8.

3 Gerald de Gaury, *Rulers of Mecca* (Roy Publishers, New York, 1950), p. 218.

4 Burckhardt, p. 314.

5 Giovanni Finati, *Narrative of the Life and Adventures of Giovanni Finati* (2 vols, John Murray, London, 1830), quoted in F. E. Peters, *Mecca: A Literary History of the Muslim Holy Land* (Princeton University Press, 1994), p. 320.

6 De Gaury, p. 227.

7 Ibid., p. 241.

8 Ehud R. Toledano, *Slavery and Abolition in the Ottoman Middle East* (University of Washington Press, 1997), p. 117.

9 Lord Kinross, *The Ottoman Empire* (Folio Society, London, 2003), p. 496.

10 M. N. Pearson, *Pious Passengers: The Hajj in Earlier Times* (Sterling Publishers, Delhi, 1994), p. 116.

11 For further background on Nawab Sikandar Begum, see Shaharyar M. Khan, *The Begums of Bhopal: A History of the Princely State of Bhopal* (I. B. Tauris, London, 2000).

12 'The Begum of Bhopal', *Illustrated London News*, 16 May 1863.

13 *A Princess's Pilgrimage: Nawab Sikandar Begum's A Pilgrimage to Mecca*, ed. Siobhan Lambert-Hurley (Indiana University Press, Bloomington, 2008), pp. 47–8.

14 Ibid., p. 49.

15 Ibid., p. 50.

16 Ibid., p. 60.

17 Ibid., p. 70.

18 Ibid., p. 72.

19 Ibid.

20 Ibid., p. 121.

Muhammad ibn Abdul Wahhab (Islamic University of Imam Muhammad ibn Saud, Riyadh, n.d.), p. 46.

5 John S. Habib, 'Wahhabi Origins of the Contemporary Saudi State', in Mohammad Ayoob and Hasan Kosebalaban, eds, *Religion and Politics in Saudi Arabia: Wahhabism and the State* (Lynne Reinner, Boulder, Colo., 2009), p. 58.

6 Hamid Algar, *Wahhabism: A Critical Essay* (Islamic Publications International, Oneonta, New York, 2002), p. 34.

7 De Gaury, p. 180.

8 John Lewis Burckhardt, *Travels in Arabia*, 1829 (reprinted, The Echo Library, Teddington, Middlesex, 2006), p. 149.

9 Natana J. DeLong-Bas, 'Wahhabism and the Question of Religious Tolerance' in Ayoob and Kosebalaban, eds. *Religion and Politics*, p. 12.

10 De Gaury, p. 182.

11 Uthman bin Abdullah bin Bishr, *Unwan al-Majidfi Tarikh Najd* (Riyadh, n.d.), p. 123, quoted in Algar, p. 26.

12 *Travels of Ali Bey*, vol. II (Longman, London, 1816; reprinted, Garnet, London, 1993), pp. 60–1.

13 Ibid., p. 61.

14 Ibid., p. 62.

15 Afaf Lutfial-Sayyid Marsot, *Egypt in the Reign of Muhammad Ali* (Cambridge University Press, 1984), p. 21.

16 The title of the famous book by Henry Dodwell, *The Founder of Modern Egypt: A Study of Mohammad Ali* (Cambridge University Press, 1931; reprinted 2011).

17 Marsot, p. 198.

18 John Lewis Burckhardt, *Notes on the Bedouins and Wahabys* (Henry Colburn and Richard Bentley, London, 1831), vol. I, p. 345.

19 Marsot, p. 200.

20 Burckhardt, *Travels in Arabia*, pp. 64, 120.

21 Ibid., p. 79.

22 Ibid., p. 75.

23 Ibid., p. 73.

24 Ibid., p. 72.

from the book are on display at various museums such as the Metropolitan Museum of Art, New York, and Chester Beatty Museum, Dublin.
22 Sheila S. Blair and Jonathan M. Bloom, *The Art and Architecture of Islam: 1250–1800* (Yale University Press, 1994), p. 145.
23 Esin Atil, *The Age of Sultan Suleyman the Magnificent* (National Gallery of Art, Washington, 1987), p. 64.
24 Gerald de Gaury, *Rulers of Mecca* (Roy Publishers, New York, 1950), p. 133.
25 Ibid., p. 135.
26 See Ali al-Kharbutli, *Tarikh al Kaabah* (Dar al Jil, Beirut, 1991), and Sayyid Abdul Majid Bakr, *Ashhar al Masajidfial Islam* (Dar al Qiblah, Jeddah, 1984).
27 De Gaury, p. 142.
28 Faroqhi, *Pilgrims and Sultans*, p. 87.
29 Muhammad Haider al Hussaini, *Kitab Tandhid al Uqud* (Baghdad, 1750), quoted in de Gaury, p. 148.
30 De Gaury, p. 148.
31 The Qur'an 45. 3.
32 The Qur'an 29. 20.
33 Evliya Celebi, *Narrative of Travels in Europe, Asia, and Africa in the Seventeenth Century*, trans. Joseph von Hammer (abridged in 2 vols, Cambridge University Press, 2012).
34 *An Ottoman Traveller: Selections from the Book of Travels by Evliya Celebi*, trans. Robert Dankoff and Sooyong Kim (Elaand, London, 2010), p. 359.
35 Ibid., p. 361.
36 Evliya Celebi, *Travels*, quoted in de Gaury, p. 151.
37 Esin, p. 179. Evliya Celebi, *Travels*, quoted in de Gaury, p. 151.

第七章 瓦哈比主義分子的威脅

1 Gerald de Gaury, *Rulers of Mecca* (Roy Publishers, New York, 1950), p. 180.
2 Madawi Al-Rasheed, *A History of Saudi Arabia* (2nd ed., Cambridge University Press, 2010), p. 15.
3 David Cummins, *The Wahhabi Mission and Saudi Arabia* (I. B. Tauris, London, 2008), p. 11.
4 Muhammad ibn Abd al-Wahhab, *Kashf Ashubuhat*, trans. Mualafat Ash-Sheikh al-Imam

5 J. H. Parry, *The Age of Reconnaissance: Discovery, exploration and settlement 1450–1650* (Hutchinson, London, 1963).

6 Yolaç Afetinan, *The Oldest Map of America, Drawn by Piri Reis* (Türk Tarih Kurumu Basimevi, Ankara, 1954).

7 Translations of the notations are available at http://turkeyinmaps.com/piri.html

8 Piri Reis, *Kitab i Bahriye* (Historical Research Foundation, Istanbul Research Centre, Istanbul, 1988). See also Jerry Brotton, *Trading Territories: Mapping the Early Modern World* (Reaktion Books, London, 2003).

9 See A. J. R. Russell-Wood, *The Portuguese Empire, 1415–1808* (Johns Hopkins University Press, Baltimore, Md., 1988).

10 Suraiya Faroqhi, *The Ottoman Empire and the World Around It* (I. B. Tauris, London, 2011), p. 183.

11 See Chris Ware, *Admiral Byng: His Rise and Execution* (Pen and Sword Maritime, London, 2008).

12 Suraiya Faroqhi, *Pilgrims and Sultans* (I. B. Tauris, London, 1994), p. 58.

13 It was in fact a general practice for professors to sit on a chair, surrounded by their students sitting in a circle, throughout the Muslim world. See George Makdisi, *The Rise of Colleges: Institutions of Learning in Islam and the West* (Edinburgh University Press, 1981).

14 See Grace Martin Smith. *The Poetry of Yūnus Emre: A Turkish Sufi Poet* (University of California Press, Berkeley, 1993).

15 Esin, p. 171.

16 Faroqhi, *Pilgrims and Sultans*, p. 85.

17 Michael Axworthy, *The Sword of Persia: Nader Shah from Tribal Warrior to Conquering Tyrant* (I. B. Tauris, London, 2010), pp. 120–1, 125.

18 Ira M. Lapidus, *A History of Islamic Societies* (Cambridge University Press, 1988), p. 245.

19 Faroqhi, *Pilgrims and Sultans*, p. 68. See also Cafer Efendi, *Risāle-i Mi'māriyye: An Early Seventeenth-Century Ottoman Treatise on Architecture*, ed. Howard Crane (Brill, Leiden, 1987).

20 See Zeren Tanindi, *Siyer-I Nebi* (Hurriyet VakS Yayinilari, Istanbul, 1984). On Erzeni's life see Emel Esin, *Turkish Miniature Paintings* (Charles E. Tuttle Company, Rutland, Vt., 1960).

21 Muhi al-Din Lari, *kitab futuh al-haramayn*, Safavid Iran, dated 940AH/1533 CE. Leaves

25 Ibid., p. 33.
26 Ibid., p. 36.
27 The Qur'an 24. 31.
28 Ibn al-Mujawir, pp. 34–5.
29 Ibid., p. 80.
30 Ibid., p. 79.
31 Ibid., p. 78.
32 See P. Thorau, *The Lion of Egypt: Sultan Baybars I and the Near East in the Thirteenth Century* (Longman, London, 1992).
33 See Elias N. Saad, *Social History of Timbuktu* (Cambridge University Press, 1983).
34 Marq de Villiers and Sheila Hirtle, *Timbuktu: The Sahara's Fabled God City* (Walker and Company, New York, 2007), p. 75.
35 There are several translations of *Rihlah*, from the classic *Ibn Battuta, Travels in Asia and Africa 1325–1354* by H. A. R. Gibb (Routledge, London, 1929, which incidentally does not give the name of the translator); to Ross E. Dunn, *The Adventures of Ibn Battuta* (University of California Press, 1989), which describes and paraphrases his journeys; to *The Travels of Ibn Battutah*, ed. Tim Mackintosh-Smith (Picador, London, 2002), which is an abridged version of the *Rihlah*. Mackintosh- Smith has retraced Ibn Battuta's journeys in three enthralling volumes: *Travels with a Tangerine, The Hall of the Thousand Columns and Landfalls* (John Murray, London, 2001, 2005 and 2010, respectively).
36 *The Travels of Ibn Battutah*, ed. Tim Mackintosh-Smith (Picador, London, 2002), p. 47.
37 Ibid., p. 48.
38 Ibid., p. 49.

第六章 運送貴禮的駱駝隊

1 Emel Esin, *Mecca the Blessed, Madinah the Radiant* (Elek Books, London, 1963), p. 172.
2 Halil Inalcik, *The Ottoman Empire: The Classical Age 1300–1600* (Phoenix, London, 1973), p. 57.
3 Justine McCarthy, *The Ottoman Turks* (Longman, London, 1997), p. 89.
4 See C. R. Boxer, *The Portuguese Seaborne Empire 1415–1825* (Hutchinson, London, 1969); and Malyn Newitt, *The First Portuguese Colonial Empire* (University of Exeter, Exeter, 1986).

trans. Michel Chodkiewicz, William Chittick and James Morris (2 vols, Pir Publications, New York, 2002).

8 *Ibn Al-Arabi, On the Mysteries of the Pilgrimage: From the Meccan Revelations*, trans. Aisha Bewley (Great Books of the Islamic World, Chicago, 2009), p. 121.

9 Ibid., p. 43.

10 Ibid., p. 104.

11 For the Arabic original see Ibn Arabi, *Tarjumān al-Ashwāq* (Dar Sadir, Beirut, 1966); for an English translation see Ibn Arabi, *The Tarjumān al-Ashwāq: A Collection of Mystical Odes*, ed. and trans. Reynold Nicholson (Royal Asiatic Society, London, 1911).

12 Quoted in Roger Allen, *The Arabic Literary Heritage* (Cambridge University Press, Cambridge, 1998), p. 194.

13 On the evolution of *ghazal*, see the excellent *The Penguin Anthology of Classical Arabic Literature* by Robert Irwin (Penguin, London, 1999).

14 For a recent translation, see *Poems from the Diwan of Umar ibn Abi Rabia*, trans. Arthur Wormhoudt (William Penn College, Oskaloosa, Iowa, 1977).

15 Allen, p. 175.

16 Ibid., p. 176.

17 On al-Farabi's *The Grand Book of Music* see Owen Wright, 'Music', in *The Legacy of Islam*, ed. Joseph Schacht and C. E. Bosworth (Clarendon Press, Oxford, 1974), pp. 489–505; H. G. Farmer, *The Sources of Arabian Music* (E. J. Brill, Leiden, 1965).

18 *Encyclopaedia Britannica*, http://en.wikipedia.org/wiki/Encyclop%C3%A6dia_Britannica, 'The Canon of Medicine', 2008; and Manfred Ullman, *Islamic Medicine* (Edinburgh University Press, 1978).

19 *Ibn al-Arabi. On the Mysteries of the Pilgrimage*, p. 253.

20 Ibid., pp. 282, 284.

21 Gerald de Gaury, *Rulers of Mecca* (Roy Publishers, New York, 1950), p. 84.

22 Takk-l-Din al Fasi, *Shifa al Ghuram bi Akhbar al balad al haram* (F. Wustenfeld, Leipzig, 1859), quoted in de Gaury, p. 84.

23 Ibn Khaldun, *The Muqaddimah: An Introduction to History*, trans. Franz Rosenthal (Routledge and Kegan Paul, London, 1967).

24 Ibn al-Mujawir, *A Traveller in Thirteenth-Century Arabia: Ibn al-Mujawir's Tarikh al-Mustabsir*, ed. G. Rex Smith (Hakluyt Society, London, 2008).

33 Ibid., p. 174.

34 Ibid., p. 120.

35 Ibid., p. 117.

36 Ibid., p. 187. The 'Divine law' mentioned is the verse in The Qur'an that describes Joseph being sold as a slave: 'Some travellers came by. They sent someone to draw water and he let down his bucket. "Good news!" he exclaimed. "Here is a boy." They hid him like a piece of merchandise – God was well aware of what they did – and then sold him for a small price, for a few pieces of silver: so little did they value him' (12. 19–20).

37 Ibid., p. 91.

38 Ibid., p. 92.

39 Ibid., p. 93.

40 Ibid., p. 72.

41 Ibid., p. 147.

第五章 聖城的愛與兄弟相殘

1 See, for example, Dan Bahat, *Atlas of Biblical Jerusalem* (Carta, Jerusalem, 1994).

2 See Stanley Lane-Poole, *Saladin and the Fall of Jerusalem* (Greenhill Books, Barnsley, 2002; original 1903). Lane-Poole, who worked at the British Museum and later became Professor of Arabic Studies at Dublin University, was a prolific historian with a passionate love for his subject, as demonstrated by his earlier work, *Saladin: All-Powerful Sultan and the Uniter of Islam* (1898). For a broader perspective on the Crusades see Jill N. Claster, *Sacred Violence: The European Crusades in the Middle East 1095–1396* (University of Toronto Press, 2009); and the classic work by Steven Runciman, the 3-volume *A History of the Crusades* (Penguin, London, 1990; originally 1951–4).

3 Steven Runciman, *The History of the Crusades*, vol. II, *The Kingdom of Jerusalem and the Frankish East 1100–1187* (Cambridge University Press, 1951), pp. 445, 450. See also Bernard Hamilton, 'The Elephant of Christ: Reynald of Châtillon', *Studies in Church History 15* (Oxford, 1978), pp. 97–108.

4 Gary L. Rashba, *Holy Wars* (Casemate, Oxford, 2011), p. 116.

5 Joshua Prawer, *The Crusaders' Kingdom* (Phoenix, New York, 1972), p. 71.

6 *Travels of Ibn Jubayr*, trans. Roland Broadhurst (Goodword Books, Delhi, 2007), pp. 51–2.

7 For an abridged version, see Ibn Arabi, *The Meccan Revelations*, ed. Michel Chodkiewicz,

11 Al-Nadim, *The Fahrist of al-Nadim*, ed. and trans. Bayard Dodge (2 vols, Columbia University Press, New York, 1970).

12 *The Collected Poems of W. B. Yeats* (Wordsworth Editions, Ware, 2000).

13 George Makdisi, *The Rise of Colleges: Institutions of Learning in Islam and the West* (Edinburgh University Press, Edinburgh, 1981).

14 Naser-e Khosraw, *Book of Travels*, trans. W. M. Thackston Jr. (Bibliotheca Persia, State University of New York, 1986), p. 69.

15 Ibid., p. 68.

16 Ibid., p. 80.

17 Ibid., p. 68.

18 Ibid., pp. 69–70.

19 Ibid., pp. 71–2.

20 Ibid., p. 76; The quotation from the Qur'an is 3. 96.

21 Ibid., p. 80.

22 Ibid., pp. 76–7.

23 In the *Chansons de geste*, the heroic poems of medieval France, Saladin is treated with some respect while 'Saracens' as a whole are demonized. See Norman Daniel, *Heroes and Saracens* (Edinburgh University Press, 1984). For a more general representation of Islam during this period, see Norman Daniel, *Islam, Europe and Empire* (Edinburgh University Press, 1966). For the Muslim view of the Crusades, see Nabil Matar, *Europe Through Arab Eyes* (Columbia University Press, New York, 2009), and Amin Maalouf, *The Crusades Through Arab Eyes* (Al Saqi Books, London, 1984).

24 *Travels of Ibn Jubayr*, trans. Roland Broadhurst (original 1952; Goodword Books, Delhi, 2007), p. 49.

25 Ibid., p. 71.

26 Ibid., p. 92.

27 Ibid., p. 71.

28 Ibid., p. 85.

29 Ibid., p. 87.

30 Ibid., p. 85.

31 Ibid., p. 80.

32 Ibid., p. 104.

28 The Qur'an 7. 19.
29 The Qur'an 17. 20–5.
30 Al-Tabari, vol. I, p. 301.
31 Ibid., p. 294.
32 Ibid., p. 295.

第四章 沙里夫、蘇丹與教派

1 Knut S. Vikor, *Between God and the Sultan: A History of Islamic Law* (Hurst, London, 2005), p. 91.
2 Maseeh Rahman, 'Among Many, Many Believers', *Time*, 4 March 2002.
3 Gustave. E von Grunebaum, *Medieval Islam* (2nd edition, University of Chicago Press, 1953), p. 197.
4 Marshall Hodgson, *The Venture of Islam* (3 vols, University of Chicago Press, 1974), vol. I, p. 490.
5 Ibid., p. 491.
6 For radical ideas during the English revolution of the mid-seventeenth century, see Christopher Hill, *The World Turned Upside Down* (Penguin, London, 2010).
7 Qutb al-Din, *Kitab al-I'lam bi a'lam bayt allah al-haram*, quoted in F. E. Peters, *Mecca: A Literary History of the Muslim Holy Land* (Princeton University Press, Princeton, 1994), pp. 123–4.
8 Ibid., p. 125.
9 On the science and learning of the 'Golden Age', see Jan P. Hogendijk and Abdelhamid I. Sabra, eds, *The Enterprise of Science in Islam* (MIT Press, Cambridge, Mass., 2003); Ehsan Masood, *Science and Islam: A History* (Icon Books, London, 2008); Michael Hamilton Morgan, *Lost History: The Enduring Legacy of Muslim Scientists, Thinkers and Artists* (National Geographic, Washington DC, 2007).
10 On Islam's contribution to European Renaissance and Western civilization see George Saliba, *Islamic Science and the Making of the European Renaissance* (MIT Press, Cambridge, Mass., 2007); Tim Wallace-Murphy, *What Islam Did for Us: Understanding Islam's Contribution to Western Civilisation* (Watkins Publishing, London, 2006); Jonathan Lyons, *The House of Wisdom: How the Arabs Transformed Western Civilisation* (Bloomsbury, London, 2009).

Qum, 2003); Annemarie Schimmel, 'Karbala and the Imam Husayn in Persian and Indo-Muslim literature', in Muhammadi Trust, *Al-Serat: The Imam Husayn Conference*, vol. 12 (Muhammadi Trust, London, 1986). There is a full list of sources on Imam Hussain in Mohammad Ishtihardi, *Lamentations – Part II: The Tragedy of the Lord of Martyrs*, trans. Arif Abdulhussain (Al-Mahdi Institute, Birmingham, 2001).

14 Asma Afsaruddin, *The First Muslims: History and Memory* (One World, Oxford, 2008), p. 83.

15 Al-Tabari, vol. XXI, pp. 229–32.

16 Esin, p. 139.

17 Al-Azraqi, *Akhbar Makkah* (2 vols, Dar al Andalus, Beirut, 1983), vol. II, p. 79.

18 See M. A. Shaban, *The Abbasid Revolution* (Cambridge University Press, 1970); Jacob Lassner, *The Shaping of Abbasid Rule* (Princeton University Press, 1980); M. J. L. Young, J. D. Latham and R. B. Serjeant, eds, *Religion, Learning and Science in the Abbasid Period* (Cambridge University Press, 1990); Franz Rosenthal, *The Classical Heritage in Islam* (University of California Press, Berkeley, 1975).

19 Louis Massignon, *The Passion of al-Hallaj*, trans. Herbert Mason (4 vols, Princeton University Press, 1982), vol. I, p. 5. This is a magnificent work, a product of forty years' labour of love, which offers not only a definitive account of al-Hallaj's life but also a vivid and detailed portrait of tenth-century Baghdad.

20 Cyril Glassé, *The Concise Encyclopaedia of Islam* (revised edition, Stacey International, London, 1991), p. 203.

21 Seyyed Hossein Nasr, *The Garden of Truth: The Vision and Promise of Sufism, Islam's Mystical Tradition* (HarperOne, London, 2008), p. 178.

22 See Margaret Smith, *Rabi'a The Mystic and her Fellow-Saints in Islam* (Cambridge University Press, 1984).

23 M. M. Sharif, ed., *A History of Muslim Philosophy* (Otto Harrassowitz, Wiesbaden, 1963), vol. I, p. 221.

24 Marshall Hodgson, *The Venture of Islam: Conscience and History in a World Civilization* (3 vols, University of Chicago Press, 1974), vol. I, *The Classical Age*, pp. 387–8.

25 Ibid., p. 386.

26 Walter M. Patton, *Ahmed ibn Hanbal and the Mihna* (Brill, Leiden, 1897), pp. 70–2.

27 Ibid., p. 57.

35 Ibid., p. 505.
36 Ibid., p. 547.
37 Ibid.
38 Ibid., p. 553.
39 Ibid., p. 533.
40 The Qur'an 17. 81.
41 Ibn Ishaq, p. 553.

第三章 真主的凡間統領發生叛變

1 Al-Waqidi, *The Life of Muhammad*, ed. Rizwi Faizer, trans. Rizwi Faizer, Amal Ismail and AbdulKader Tayob (Routledge, London, 2011), p. 539. Classical sources give different versions of the 'Farewell Sermon'. The al-Waqidi version, for example, is rather different from ibn Ishaq's. While al-Waqidi has a section on wife beating, ibn Ishaq makes no mention of it. Tabari, on the other hand, does not report the Farewell Sermon at all!
2 Ibn Ishaq, *Life of Muhammad*, p. 652.
3 Al-Tabari, *The History of al-Tabari* (State University of New York Press, New York, 1988), vol. XVII, p. 227.
4 Imam Ali, *Nahjul Balagha*, selected and compiled by as-Sayyid Abu'l-Hasan Muhammad ibn al-Husayn ar-Radi al-Musawi, trans. Syed Ali Raza (Ansariyan Publications, Qum, 1971).
5 Al-Tabari, vol. V, p. 27.
6 Fatima Mernissi, *Women in Islam: An Historical and Theological Enquiry* (Blackwell, London, 1991), p. 7. Mernissi looks at the Battle of the Camel in some detail to show how it has been used to promote misogyny by classical and modern conservative scholars.
7 Emel Esin, *Mecca the Blessed, Madinah the Radiant* (Elek Books, London, 1963), p. 127.
8 Ann K. S. Lambton, *State and Government in Medieval Islam* (Oxford University Press, Oxford, 1981), p. 27.
9 Al-Tabari, vol. XVII, pp. 109–10.
10 Ibid., p. 115.
11 Ibid., vol. XIX, p. 65.
12 Ibid., p. 67.
13 See Muwwafaq Khwarizmi, *Maqtal al-Husayn*, ed. Muhammad Samawi (Anwar al-Huda,

7 The Qur'an 93. 9–11.

8 The Qur'an 37. 22–3.

9 The Qur'an 89. 17–20.

10 The Qur'an 98. 6.

11 On the Hanifs, see Fred Donner, *Muhammad and the Believers* (Belknap Press, Cambridge, Mass., 2010); and Irving M. Zeitlin, *The Historical Muhammad* (Polity, Cambridge, 2007), pp. 50–63.

12 Ibn Ishaq, *The Life of Muhammad*, trans. A. Guillaume (Oxford University Press, Oxford, 1955), p. 119.

13 Ibid.

14 Ibid., p. 312.

15 The Qur'an 41. 6 8.

16 Ibn Ishaq, p. 133.

17 Al-Tabari, vol. VI, p. 112.

18 Ibid., p. 113.

19 *Sahih Bukhari*, vol. II, book 23, no. 442.

20 Ibn Saad, *Kitab Al-tabaqat Al-kabir*, trans. S. Moinal Haq and H. K. Ghazanfar (Kitab Bhava, New Delhi, 1986), p. 264.

21 Shibli Nomani, *Sirat-un-Nabi* (Kazi Publications, Lahore, 1979), p. 242.

22 The Qur'an 90. 1–2.

23 The Qur'an 95. 1–6.

24 The Qur'an 2. 150.

25 The Qur'an 3. 96–7.

26 The Qur'an 2. 150.

27 Ibn Saad, p. 12.

28 Ibn Ishaq, p. 374.

29 Ibid., p. 385.

30 Ibid., p. 386.

31 Ibid., p. 454.

32 Ibid., p. 460.

33 The Qur'an 2. 97.

34 Ibn Ishaq, p. 504.

25 The Qur'an 2. 130.
26 Ibn Kathir, *The Life of Muhammad*, trans.Trevor Le Gassick (Garnet, London, 1998), vol. 1, pp. 38–40.
27 Ibn Ishaq, pp. 46–7.
28 Ibn Hisham, *Al-Sirat al-Nabawyah* (Cairo, 1936), vol 1, p. 116, quoted in Emel Esin, *Mecca the Blessed, Madinah the Radiant* (Elek Books, London, 1963), p. 37.
29 Ibn Ishaq, pp. 24, 35, 39.
30 Esin, p. 41.
31 Hisham ibn-al-Kalbi, *The Book of Idols*, trans. Nabih Amin Faris (Lahore, 1952), p. 17.
32 *The History of al-Tabari*, vol. VI, p. 54.
33 Ibn Saad, pp. 63–74.
34 Esin, p. 59.
35 Marshall Hodgson, *The Venture of Islam* (Chicago University Press, Chicago, 1974), vol. I, p. 156.
36 The *History of al-Tabari*, vol. VI, p. 10.
37 For a full account of Abrahah's attack on Mecca see ibn Kathir, pp. 20–8.
38 Ibn Ishaq, p. 25.
39 ibid., p. 67.
40 ibid., p. 82.
41 ibid., p. 85.
42 ibid., p. 86.
43 ibid.

第二章　我愛你勝過全世界

1 Al-Tabari, *The History of al-Tabari* (State University of New York Press, New York, 1988), vol. VI, p. 71.
2 The Qur'an 96. 1–5.
3 T. S. Eliot, *Four Quartets* (Faber and Faber, London, 1944).
4 W. Montgomery Watt, *Muhammad At Mecca* (Oxford University Press, Oxford, 1953), p. 55.
5 The Qur'an 111. 1–3.
6 The Qur'an 106. 1–3.

Francisco, 1972), p. 87.

10 Jack Turner, *Spice: The History of Temptation* (Arnold Knopf, New York, 2004), p. 145.

11 Richard W. Bulliet, *The Camel and the Wheel* (Columbia University Press, 1990).

12 Fred M. Donner, *Muhammad and the Believers at the Origins of Islam* (Harvard University Press, Cambridge, Mass., 2010).

13 Genesis 21:15–19.

14 Genesis 21:20.

15 Shaikh Safiur Rahman Mubarakpuri, *History of Makkah* (Darussalm, Riyadh, 2002), p. 32.

16 'Hagar is seen as a victim, a lascivious sinner, an abused slave, or as strong, nurturing mother of Ishmael. Sarah is painted either as a jealous wife, a Jewish prophet, or mother of all true Christians. Abraham is generally regarded as the obedient servant of God, the embodiment of a one-dimensional faith, rather than a complicated, multi-layered individual who suffers greatly during this episode in his life.' Charlotte Gordon, *The Woman Who Named God* (Little Brown, London, 2009),

17 Kamal Al Salibi, *The Bible Came from Arabia* (Jonathan Cape, London, 1984).

18 'They are sagas which were handed down orally long before they were fixed in writing. Sagas are not fairy tales, as a rule they have a historical nucleus, for all their brevity, simplification and concentration on a few persons.' Hans Kung, *Islam* (OneWorld, Oxford, 2007), p.45.

19 Heinrich Schliemann, *Troja und seine Ruinen* (1875), trans. into English by L. Dora Schmitz as *Troy and its Remains*, reissued by Cambridge University Press, Cambridge, 2010.

20 Al-Azraqi, *Akhbar Makkah* (2 vols, Dar al Andalus, Beirut, 1983); see also Abu al-Walid Muhammad bin Abdullah bin Ali al-Azraqi, *Kitab Akhbar Makka*, ed. F. Wustenfeld as vol. I of *Geschichte der Stadt Mekka* (Leipzig, 1858; reprint Georg Olms, 1981).

21 Oleg Grabar, 'Upon Reading Al-Azraqi', in *Muqarnas III: An Annual of Islamic Art and Architecture*, ed. Oleg Grabar (Brill, Leiden, 1985).

22 Al-Tabari, *The History of al-Tabari*, ed. Ehsan Yar-Shater, various translators (40 vols, State University of New York Press, New York, 1988–2007).

23 Ibn Saad, *Kitab al-Tabaqat*, trans. Moinul Haq (Kitab Bhavan, Delhi, 1986).

24 Ibn Ishaq, *The Life of Muhammad*, trans. A. Guillaume (Oxford University Press, Oxford, 1955).

參考資料

前言 麥加的誘惑

1 Some of the work I did on Mecca is reported in Ziauddin Sardar and M. A. Zaki Badawi, *Hajj Studies* (Croom Helm, London, 1978).

2 Ibn Battuta, *Travels in Asia and Africa: 1325–1354* (Routledge and Kegan Paul, London, 1929); trans. Ross E. Dunn, *The Adventures of Ibn Battuta* (University of California Press, Berkeley, 1989). Tim Mackintosh has retraced the journeys of Ibn Battuta in *Travels with a Tangerine* (2001), *The Hall of a Thousand Columns* (2005) and *Landfalls: On the Edge of Islam with Ibn Battutah* (2010), all published by John Murray, London.

第一章 流淚谷

1 Psalms 84: 5–6, New International Version, 2011.

2 Martin Lings, *Mecca* (ArchType, Cambridge, 2004), p. 5.

3 The main proponents of this thesis are Patricia Crone and Michael Cook, *Hagarism: The Making of the Islamic World* (Cambridge University Press, 1980); Tom Holland's controversial book *In the Shadow of the Sword* (Little Brown, London, 2012) draws heavily on the work of Crone.

4 See, for example, W. F. Albright, *Archaeology and the Religion of Israel* (Johns Hopkins University Press, Baltimore, MD., 1946); Israel Finkelstein and Neal Asher Silberman, *The Bible Unearthed: Archaeology's New Visions of Ancient Israel and the Origins of its Sacred Text* (Free Press, New York, 2001); and Jonathan Kirsch, *King David: The Real Life of the Man Who Ruled Israel* (Ballantine Books, New York, 2002).

5 Edward Gibbon, *Gibbon's Decline and Fall of the Roman Empire*, Introduction by Christopher Dawson, vol. V (Everyman's Library, London, 1994), pp. 223–4.

6 *Diodorus of Sicily*, trans. C. H. Oldfather, vol. II (William Heinemann Ltd., London & Harvard University Press, Cambridge, Mass., 1935), p. 217.

7 D. G. Hogarth, *The Penetration of Arabia* (Alston Rivers Limited, London, 1905), p. 18.

8 G. E. von Grunebaum, *Classical Islam: A History 600–1258* (George Allen & Unwin Limited, 1970), p. 19.

9 E. Dixon, J. R. Cann and Colin Renfrew, 'Obsidian and the Origins of Trade', in *Old World Archaeology: Foundations of Civilization* (W. H. Freeman and Company, San

全球視野78

麥加，伊斯蘭千年聖城：文明的崛起與變調，穆斯林最深沉的傾訴

2017年12月初版　　定價：新臺幣480元

著　者	Ziauddin Sardar
譯　者	高平唐
叢書主編	鄒恆月
叢書編輯	王盈婷
校　對	曾琴蓮
封面設計	許晉維
內文排版	林婕瀅

出版者	聯經出版事業股份有限公司
地址	新北市汐止區大同路一段369號1樓
編輯部地址	新北市汐止區大同路一段369號1樓
叢書主編電話	(02)86925588轉5315
台北聯經書房	台北市新生南路三段94號
電話	(02)23620308
台中分公司	台中市北區崇德路一段198號
暨門市電話	(04)22312023
台中電子信箱	e-mail：linking2@ms42.hinet.net
郵政劃撥帳戶第	0100559-3號
郵撥電話	(02)23620308
印刷者	文聯彩色製版印刷有限公司
總經銷	聯合發行股份有限公司
發行所	新北市新店區寶橋路235巷6弄6號2樓
電話	(02)29178022

總編輯	胡金倫
總經理	陳芝宇
社長	羅國俊
發行人	林載爵

行政院新聞局出版事業登記證局版臺業字第0130號

本書如有缺頁，破損，倒裝請寄回台北聯經書房更換。　ISBN 978-957-08-5027-7 (平裝)
聯經網址：www.linkingbooks.com.tw
電子信箱：linking@udngroup.com

國家圖書館出版品預行編目資料

麥加，伊斯蘭千年聖城：文明的崛起與變調，穆斯林最深沉的傾訴/ Ziauddin Sardar著．高平唐譯．初版．臺北市．聯經．2017年12月（民106年）．
392面．14.8×21公分（全球視野78）
譯自：Mecca: The Sacred City
ISBN 978-957-08-5027-7（平裝）

1.聖地　2.朝聖　3.伊斯蘭教　4.沙烏地阿拉伯麥加

735.915　　106018258